国家社科基金后期资助项目
出版说明

后期资助项目是国家社科基金设立的一类重要项目，旨在鼓励广大社科研究者潜心治学，支持基础研究多出优秀成果。它是经过严格评审，从接近完成的科研成果中遴选立项的。为扩大后期资助项目的影响，更好地推动学术发展，促进成果转化，全国哲学社会科学工作办公室按照“统一设计、统一标识、统一版式、形成系列”的总体要求，组织出版国家社科基金后期资助项目成果。

全国哲学社会科学工作办公室

国家社科基金
GUOJIA SHEKE JIJIN HOUQI ZIZHU XIANGMU
后期资助项目

侦查学和证据法学视角下的犯罪标记行为分析研究

Research on Signature Behavior Analysis from the Perspective of Criminal Investigation and Evidence Law

艾明 著

法律出版社
LAW PRESS·CHINA
——北京——

图书在版编目(CIP)数据

侦查学和证据法学视角下的犯罪标记行为分析研究 / 艾明著. -- 北京 : 法律出版社, 2024
ISBN 978 -7 -5197 -8224 -5

Ⅰ. ①侦… Ⅱ. ①艾… Ⅲ. ①犯罪学 - 研究 - 中国 Ⅳ. ①D924.114

中国国家版本馆 CIP 数据核字(2023)第 153949 号

侦查学和证据法学视角下的犯罪标记行为分析研究
ZHENCHAXUE HE ZHENGJU FAXUE SHIJIAO XIA DE FANZUI BIAOJI XINGWEI FENXI YANJIU

艾 明 著

责任编辑 陈昱希
装帧设计 李 瞻

出版发行 法律出版社
编辑统筹 法规出版分社
责任校对 张红蕊
责任印制 耿润瑜
经 销 新华书店

开本 710 毫米×1000 毫米 1/16
印张 18.5 **字数** 315 千
版本 2024 年 1 月第 1 版
印次 2024 年 1 月第 1 次印刷
印刷 北京虎彩文化传播有限公司

地址:北京市丰台区莲花池西里 7 号(100073)
网址:www.lawpress.com.cn
投稿邮箱:info@lawpress.com.cn
举报盗版邮箱:jbwq@lawpress.com.cn
销售电话:010 - 83938349
客服电话:010 - 83938350
咨询电话:010 - 63939796

书号:ISBN 978 -7 -5197 -8224 -5
定价:78.00 元

凡购买本社图书,如有印装错误,我社负责退换。电话:010 - 83938349

基金项目
国家社会科学基金后期资助项目，项目批准号：19FFXB047

目录 Contents

引言　冤假错案中的特殊犯罪行为

犯罪行为是侦查工作的逻辑起点，只有准确分析犯罪行为，才能为顺利开展侦查工作创造条件。我国刑事侦查工作历来重视分析犯罪行为，公安部制定的《公安机关刑事案件现场勘验检查规则》第74条第6项规定，现场分析的内容包括作案方式、手段和特点。这一规定虽然指明犯罪行为是刑事案件分析的重要内容，但从实践来看，犯罪行为纷繁复杂，如果不首先从理论上对犯罪行为进行类型归纳，则不利于侦查人员准确识别、分析案犯的一些特殊行为，从而影响对案件性质和侦查方向的判断。

对犯罪行为类型理论归纳的重视不够，已对我国刑事侦查工作造成了较为严重的负面影响。例如，传统上，我国侦查人员较为重视分析案犯的犯罪手段行为，却对某些案犯实施的一类特殊行为——犯罪标记行为，缺乏自觉的识别意识和分析知识，结果在实践中造成误判，轻则妨碍侦查，重则导致冤假错案。

例如，孙万刚案。由于当地侦查人员未能识别真凶实施的过度伤害、切割尸体器官、异物插入等多个侵害式犯罪标记行为，误判案件性质，错误刻画案犯特征，导致冤案发生。

【案例1】1996年1月3日18时左右，云南省巧家县公安局接群众报警，在巧家县丝厂附近发现一具女尸。经现场勘查，死者系一年轻女子，遭人奸淫后被勒昏，颈部被割开，左眼、右乳房及腹部各有一处刀伤，左乳房、阴部、肛门被割下，盆腔里塞有泥土。经尸源调查，认定死者为巧家县大寨乡的22岁女子陈某某，被害前为云南财贸学院学生。

经连续排查，当地警方锁定陈某某的男友，云南财贸学院学生孙万刚为犯罪嫌疑人。主要理由是：当晚孙万刚与女友分开后没有像往常一样回家，而是在同学家中借宿一夜；孙万刚曾借给陈某某350元作为报考费，陈某某一直没有归还；孙万刚陈述的当晚其和女友遭遇“黑衣人”的说法，像是捏造的事实。

在警方的逼迫下，孙万刚供认了犯罪经过：“1996年1月2日20时30分许，我在城郊红卫山的草地上，对陈某某进行了奸淫。事后，她表示不满并欲告发。我为杀人灭口，将她拖到草地附近一地坎下，用陈某某的挎包带将她勒昏，又用尖刀切割她的颈部致死。后又用尖刀刺了她的右乳房、左眼及腹部各一刀，割下左乳房、外阴、会阴、肛门，还用泥土擦拭手上的血迹并将泥土塞进她的盆腔，在她的右裤腿擦拭手上的泥土。然后我逃离了现场，到同学家躲藏。”

2004年，云南省高级人民法院再审此案，作出撤销原判、孙万刚无罪的判决。

造成孙万刚冤案的原因，除了当地警方不正确的取证方式外，还与侦查人员未能识别、分析案犯实施的犯罪标记行为有关。在该案中，案犯实施了过度伤害（左眼、右乳房及腹部各有一处刀伤）、切割尸体器官（左乳房、阴部、肛门被割下）、异物插入（盆腔里塞有泥土）等多个侵害式犯罪标记行为。这些侵害式犯罪标记行为的出现强烈提示，案犯主观恶性深、人身危险性大、犯意坚决、性格残忍。而且，侵害式犯罪标记行为往往反映出案犯具有某种畸形心理需求，这种畸形心理需求具有内在持续推动的特点，因此，实施这类侵害式犯罪标记行为的案犯是系列案犯的可能性较大。

然而，由于当地侦查人员不具备犯罪标记行为分析的知识，未能解读出案犯行为的真实意义，在刻画犯罪嫌疑人特征和分析案件性质上都出现了失误。在刻画犯罪嫌疑人特征上，当地警方锁定的犯罪嫌疑人孙万刚，胆小怕事，是一名性格软弱的大一新生，与实施侵害式犯罪标记行为的案犯相比，人格特质相差甚远。在分析案件性质上，当地警方将此案分析为因果关系明确的单案，忽视了此案是系列案件之一环的可能。①

无独有偶，2016年，最高人民法院再审改判聂树斌无罪。造成聂树斌冤案的原因，除了当地警方不正确的取证方式外，也与侦查人员未能识别、分析案犯实施的收集“纪念品”或“战利品”的犯罪标记行为有关。

【案例2】1994年8月10日，河北省石家庄市液压件厂女工康某某的父亲到公安机关报案，女儿康某某于8月5日17时下班后失踪。公安机关组织群众寻找。当日下午，康某某的父亲及同事在康某某下班路线西侧附近玉米地草堆下，发现了康某某失踪前穿的连衣裙、内裤。8月11日上午，在发现衣服的附近玉米地内，又发现了康某某高度腐败的尸体。

经排查，当地警方锁定鹿泉县冶金机械厂工人聂树斌为犯罪嫌疑人。

---

① 2002年6月30日，巧家县公安局破获了以李茂富为首的犯罪团伙抢劫、强奸、杀人系列案件。据当地知情民众所说，李茂富在审讯中曾经招认当年陈某某也是为他所杀，并详细供述了作案过程，甚至准确地说出了作案所用的刀子和割下的器官丢弃在桑树林中这一情节。这起系列案件的破获也为孙万刚冤案翻案提供了重要契机。参见何家弘主编：《迟到的正义：影响中国司法的十大冤案》，中国法制出版社2014年版，第142页。

1995年，经河北省高级人民法院二审终审，聂树斌被判处死刑并立即执行。2005年1月17日，河南省荥阳市公安局抓获河北省公安机关网上通缉逃犯王书金。王书金除交代在河北省广平县实施多起强奸杀人案件外，还供称曾在石家庄西郊方台村附近玉米地内强奸、杀害一名青年女性。由此，聂树斌冤案浮出水面。

在1994年康某某被害现场，案犯杀死被害人后，实施了剥脱、带走被害人连衣裙和内裤的行为。如果具备犯罪标记行为分析知识，侦查人员就能较为容易地识别出这种行为并不是案犯顺手牵羊的图财行为，而是案犯为满足某种特殊的心理需求，有意识实施的收集"纪念品"或"战利品"的犯罪标记行为，就能对案犯特征和案件性质有正确的认识。

出现收集"战利品"或"纪念品"的犯罪标记行为强烈提示，案犯为系列案犯的可能性较大。这是因为"战利品"通常是胜利、成功和征服的象征，而"纪念品"则代表着一次愉快的经历，它常常与案犯某种确认的心理需要联系在一起。无论是"战利品"还是"纪念品"，都是推动案犯再犯案的最佳触媒。美国联邦调查局(Federal Bureau of Investigation，FBI)行为科学组的专家指出，这些物品可以提醒凶手该案的详细过程，因此对凶手而言可谓"价值连城"，这些"纪念品"不仅可以证明他对于自己的幻想很兴奋，而且可充当其进一步幻想的触媒。①

具体到康某某被害案，王书金的相关供述表明其实施了收集"纪念品"或"战利品"的犯罪标记行为。王书金供述，他有收藏女人衣物的癖好，他作案后取走了被害人的衣物，准备带走，走到路边听到附近有人的声音，害怕一个大男人手拿女人衣物会被人怀疑，就塞到路边井台下，还扯了一些野草盖上。在河北省广平县王书金犯案的其他现场，也发现了类似情况。例如，在另一名被害人尸体的藏匿地——一口枯井中，除发现女尸外，还发现了一些不是被害人的内衣。

2020年1月13日，山东省高级人民法院再审宣判张志超无罪。该起冤案的发生也反映出，侦查人员没有认真分析案犯实施的特殊行为。

【案例3】2005年1月10日清晨，山东省临沭县第二中学一名女生在校突然失踪。一个月后，该女生的尸体在学校一男生厕所被发现。经临沭县公安局侦查，认定该校时年不满16周岁的高一学生张志超强奸杀人。从当时张志超所作供述及法院判决所认定的事实来看，张志超在该案中实

---

① 参见[美]罗伯·K.雷斯勒、[美]汤姆·沙其曼:《疑嫌画像——FBI心理分析官对异常杀人者调查手记(1)》，李璞良译，法律出版社1998年版，第23-25页。

施了多个特殊的侵害式犯罪标记行为，包括：奸尸和过度伤害行为（2005年1月11日下午，张志超趁其他同学上课之机，携带铅笔刀，潜入该废弃厕所内奸尸，并将尸体多处割破）、异物插入的行为（按照张志超对警方的供述，他拿了一根小木棒，插入被害人的肛门处）。[①]

多个侵害式犯罪标记行为的密集出现强烈提示该案案犯主观恶性强、人身危险性大、性格残忍。不满16周岁的高一学生张志超的人格特质是否符合上述特征，不无疑问。此外，该案亦不排除是系列案件之一环的可能，不知当地警方是否曾作串案分析并案侦查处理，以尽充分调查职责？

上述三起冤假错案表明，我国侦查人员对犯罪标记行为分析的知识还相当陌生，这种状况不利于准确查明案件事实。在总结人类动作倒错的知识时，心理学家弗洛伊德（Sigmund Freud）曾言："你们可能记得杀人犯H的事件，他冒充细菌专家，从科学研究院里取得很危险的病菌，来毒害那些与他有关系的人。一次，他向某一研究院的院长抱怨说，他们送来的培养菌太无效率，但此时他出了一个笔误，把'在我实验老鼠和豚鼠时'误写成了'在我对人类进行的试验中'。这个研究院的医生对这个笔误感到震惊，但是却没有进一步从中推导出结论。你们以为如何呢？假如研究院的医生，留意这个笔误并把它当作口供进行进一步的调查，就能及时阻止杀人犯的行动，那岂不是很好吗？在这个实例中，正反映出我们对有关动作倒错观点的无知，应对忽视动作倒错的实际意义承担一定的责任。"[②]

如果我们继续有关犯罪标记行为知识的无知，那么，还将会有更多的案件真相被掩盖。因此，理论工作者有责任研究、总结犯罪标记行为分析的知识，为司法工作人员查明案件事实真相提供有力的分析武器。有鉴于此，本书拟以犯罪标记行为为研究重点，兼及案犯实施的相关行为，期望构建起符合我国侦查实际的犯罪标记行为分析理论体系，进一步提升犯罪行为分析的本土化、理论化和科学化水平，为犯罪行为分析技术注入源自中国的新鲜血液。本书的学术价值主要体现为，强化了犯罪标记行为分析理论的本土化、体系化和创新性研究。

本土化研究表现在本书紧密依托我国侦查实践和具体案例展开研究，充实了犯罪标记行为分析理论的本土内涵。为了加强本土化研究，笔者专门收集了近百个案例，用于理论的提炼、分析和论证，基本上做到每提出一

---

① 参见卢义杰、田荣娟：《迷雾重重的中学生奸杀案》，载《中国青年报》2015年5月27日，第4版。

② [奥]西格蒙德·弗洛伊德：《精神分析导论讲演》，周泉等译，国际文化出版公司2000年版，第53页。

个理论观点，皆有相应的本土案例支撑说明。

体系化研究表现在本书对犯罪标记行为分析理论进行了体系化研究，弥补了国外研究的不足。尽管国外学者率先提出了犯罪标记行为这一概念，但对犯罪标记行为的一些基础理论，如犯罪标记行为的类型、生成机理、侦查作用、证明作用等，缺乏体系性研究。本书立足中外侦查实践，试图构建起犯罪标记行为分析理论的整体架构。

创新性研究表现为本书在借鉴国外犯罪标记行为分析理论的基础上，结合我国侦查实践进行了新思考，提出了新观点。例如，以我国侦查实践为依据，按照生成机理的不同，将犯罪标记行为区分为内源性的犯罪标记行为和外源性的犯罪标记行为，其中，又将内源性的犯罪标记行为进一步细分为原发性的犯罪标记行为和继发性的犯罪标记行为。这些关于犯罪标记行为分类的新观点，有利于提升犯罪标记行为分析的精细化和科学化水平，国外学者均未论及。再如，国外学者仅以行为目的不同，区分犯罪标记行为、犯罪手段行为和犯罪伪装行为，这种区分过于笼统，不利于侦查人员准确识别。本书对犯罪标记行为、犯罪手段行为、犯罪伪装行为进行了细致区分，并对其多项特征进行了对比分析，有利于侦查人员准确识别、分析三种不同的案犯行为。

此外，本书还从证据法学角度，全面、系统地研究了犯罪行为分析的证明作用、行为证据分析意见的证据资格、展示性证据与行为证据分析、法律推定与行为证据分析、隐蔽性证据规则与行为证据分析、证明标准与行为证据分析等一系列新问题，有助于拓展我国刑事证据法学的研究范围，丰富刑事证据法学的理论内容。

上篇　侦　查

第一章　犯罪行为分析的历史发展

犯罪行为分析（criminal behavior analysis）是20世纪70年代后发展起来的一项重要侦查技术。该技术通过分析案犯在犯案过程中实施的各种行为，为后续侦查的顺利进行提供有价值的指导意见。犯罪行为分析的发展经历了较为明显的转向。在前期发展中，该技术主要致力于刻画案犯特征，缩小摸排范围，因此在这一时期，对该技术的命名主要是从结果意义上的案犯特征刻画方面着手，如犯罪心理画像（criminal profiling）、案犯刻画（offender profiling）、案犯人格评估（criminal personality assessment）。

随着该技术的发展，侦查人员发现，这项技术不仅有助于刻画案犯特征，而且具有其他众多功能。由此，该技术的命名开始集中于过程意义上的案犯行为，如行为分析（behavioral analysis）、行为证据分析（behavioral evidence analysis）、犯罪侦查分析（criminal investigative analysis）。FBI为此指出："由案犯刻画到犯罪侦查分析名称的变化，源于各地执法部门对FBI需求的增长，案犯刻画仅是众多分析服务内容的一项。"①

第一节　犯罪行为分析的发展阶段

一、自发运用阶段

梳理犯罪侦查史可以发现，早在犯罪行为分析技术得到系统研究之前，该技术已被相关人员自发运用到案件侦查中。

（一）英国伦敦"开膛手"杰克案中的犯罪行为分析

1888年8月至11月，5名妓女连续在伦敦东区被杀害。被害人喉咙被切割，腹部被切开。第5起案件是所有案件中最凶残的，该案发生在这名妓女租用的房间内。被害人头部几乎完全被切断，身体部分被肢解，大部分肉被剔下来，放在一张血肉模糊的桌子上。解剖第5位被害人尸体的法医托马斯·邦德（Thomas Bond）为警方刻画了案犯特征：

这名谋杀犯一定是一个力气很大的男性，成熟冷静，敢于冒险。没有

① J. Amber Scherer, John P. Jarvis, *Criminal Investigative Analysis: Practitioner Perspectives* (*Part One of Four*), the FBI Law Enforcement Bulletin, June 2014.

证据显示其有共犯。依我之见,他必定定期有杀人欲望,而且是个好色之徒。分尸的特征表示一种性欲上的状态,那可以称为“男色情狂”;当然,杀人的动机有可能是来自报复心理或宗教狂热,但我认为本案不是如此。

这名杀手外表看起来可能一点也不具有攻击性,中年,穿着整齐得体。我认为他有穿着斗篷或大衣的习惯,倘若他的手上若沾满了血,或者衣着很引人注目,不可能不引起路人的注意。

假设谋杀犯就如同我所说的那样,他大概是个隐士,而且行为古怪;他很有可能没有固定的工作,但是有一些微薄的薪资或救济金。他可能生活在高尚人士之间,有人知道他的个性和习惯,可能也偶尔怀疑他的脑袋有点问题。这些人可能因为担心影响名声而不愿意向警察报告他们的怀疑,但是有些奖赏的话,这些人或许会愿意放弃心中的顾忌,出面发声。

关于案犯的解剖技能,托马斯·邦德认为,“每件分尸案都是由没有科学或解剖知识的人所为。依我之见,他甚至没有屠夫的专业技巧,也不习惯切割死亡的动物”①。

尽管“开膛手”杰克案后来成为犯罪侦查史上最著名的悬案,但是托马斯·邦德对案犯特征所作的刻画成为犯罪行为分析技术运用的先声。

(二)美国纽约“疯狂炸弹客”案中的犯罪行为分析

20世纪40年代至50年代,“疯狂炸弹客”曾威胁整个纽约市。案犯在纽约市的众多公共场所引爆了至少37枚自制炸弹,造成数名人员伤亡。案犯还数次寄信给当地媒体,落款F. P.。纽约市警察局侦查员霍华德·芬内(Howard E. Finney)请求精神病学专家詹姆士·布鲁塞尔(James A. Brussel)博士对案犯特征进行刻画。

在充分研究案情的基础上,布鲁塞尔博士认为,信件并非出自土生土长的美国人之手,因为信中内容并没有日常的美国腔,信中类似的“他们必将为其卑鄙行为付出代价”的表达,显示他是老一辈的人。信函的样式并不是德体或拉丁体,因此这些信件最有可能是出自斯拉夫人之手,他可能是移民,或者是父亲那一代移民至美国。

布鲁塞尔博士认为,案犯是个偏执狂,心理上有被迫害幻想。因为布鲁塞尔博士相信偏执是在人30多岁时发展出来的,他推测这名男子大约50岁。如同其他偏执狂患者一样,尽管他可能处于精神异常边缘,但是他小心翼翼地严密控制着自己。信上整齐的大写字体支持这样的推论,不

① [美]布莱恩·隐内:《犯罪心理剖绘档案》,吴懿婷译,台北,商周出版社2012年版,第24-28页。

过,布鲁塞尔博士被字体异常的“W”吓了一跳,这个“W”是由两个“U”构成的。作为弗洛伊德精神分析学派的追随者,布鲁塞尔博士认为,这些字体看起来像是女人的胸部,并推论这名男子迷恋他的母亲。

布鲁塞尔博士在结论中写道,案犯是一名单身男子,性格内向,与社会疏离,但是不反社会。他是一名经验丰富的机械工,狡猾,善于使用工具,对自己的机械技巧感到自负。他看不起其他人,憎恨苛求他的工作,但是有可能会掩饰他的愤怒。他有道德心,诚实,对女人没有兴趣。他高中毕业,精通军械,笃信宗教。他体态良好,没有胡子。他未婚,可能与一位老妇人(亲属)同住,或许是他母亲。他喜欢穿双排扣西装,扣子扣得好好的。可能的作案动机为被解雇或者被训斥。他觉得自己比批评者优越,怨恨不断增加。他现在或曾经是爱迪森公司的员工。

在后续排查中,警方发现爱迪森公司以前的一名员工乔治·梅特斯基(George Metecky)非常符合布鲁塞尔博士的刻画。他是波兰移民的儿子,时年53岁,曾经在锅炉爆炸意外中受伤,并因此患上肺炎和结核病,他当时拿到180美元的微薄赔偿。他未婚,和两个年长的姐姐住在一起。警方登门调查时,梅特斯基正穿着睡衣,警察叫他穿好衣服。当他再次出现时,他穿着衬衫,打领带,穿着双排扣西装,扣子扣得整整齐齐。警察在他的车库里发现了制造炸弹的工具以及撰写信件的打字机。在警局里,梅特斯基爽快地承认他就是“疯狂炸弹客”。他告诉警察,落款F. P.代表“公平竞赛”(Fair Play)的意思。①

(三)美国波士顿“扼颈魔”案中的犯罪行为分析

1962年6月至1964年1月,有13名中老年妇女相继被杀害在美国的波士顿地区。被害人都遭到性侵害,最后被勒死。案犯在被害人的颈部都整齐地打上了“蝴蝶结”。由当地州政府任命的精神病学家小组认为:该案由两名不同的案犯所为,两人都未婚,一位是教师,另一位则独居。两人都痛恨他们的母亲,他们的母亲可能已经死亡。精神病学家小组大胆主张:在案犯小时候,他们的母亲“裸露半身在屋里走动,但是如果他们对此有什么好奇行为,就会被严厉惩罚”。这些经验导致他们成年后以“既深情又残酷”的方式勒死中老年妇女,以发泄他们的怨恨。

布鲁塞尔博士不同意精神病学家小组的结论,他认为,案犯是一名身体强壮、30岁、身高中等、没有胡子、发色深的男子,可能是西班牙裔或意

---

① 参见[美]布莱恩·隐内:《犯罪心理剖绘档案》,吴懿婷译,台北,商周出版社2012年版,第40-45页。

大利裔。他发现案犯的犯罪手段有一些细微的改变,“在他犯下这些谋杀案的两年内,他曾经经历过一连串变动或者一个渐进的改变。这两年中,从精神方面而言,他突然长大了,从婴儿时期至青少年时期再到成年”。

1964 年 11 月,一名叫阿尔伯特·德萨尔沃(Albert DeSalvo)的男子因性犯罪被逮捕,随后,他向警方承认他就是波士顿“扼颈魔”。警方发现,他与布鲁塞尔博士提供的案犯刻画惊人的一致。德萨尔沃时年 33 岁、发色深、没有胡子,他的个子比平均身高要矮一些,但是很强壮。他在军队服役时,曾被指控性骚扰一名 9 岁的女孩,不过女孩的母亲拒绝提起诉讼。该案被撤销后,德萨尔沃和妻子搬到波士顿,并在此养育 2 名子女。他的妻子抱怨他的性冲动永远得不到满足。后来他承认,他从早到晚都想着性。①

二、系统研究阶段

20 世纪 60 年代以来,美国的谋杀案件急剧上升,谋杀案件的犯罪模式也发生了巨大变化,越来越多的谋杀案发生在陌生人之间。此外,系列杀人案件显著增多。美国学者杰肯斯列出了 49 名系列杀手在 18 年内的活动情况,发现这种系列杀人犯罪比 20 世纪初增长了 4 倍。他认为:“或许,有一些重要的因素使现在越来越容易找到易被侵害的人,犯罪者实施杀人后逃脱逮捕的可能性也在增大。机会增多有可能是经济发展的结果,或者是社会风气改变的后果。而官僚和政治因素都可能影响案件侦破的可能性。无论哪种情况,一条杀人‘波浪线’都可以独立于犯罪人数的变化而存在。”②

这些变化对警方传统的调查模式提出了挑战,犯罪行为分析技术开始得到警方重视。1972 年,FBI 正式成立行为科学组(Behavioral Science Unit),开始对行为分析技术进行系统研究,并积极进行推广。以罗伯·K. 雷斯勒为代表的 FBI 特工开始对 36 名性谋杀罪犯进行全面、系统的访谈,最终依据访谈内容,按照这些罪犯的犯罪行为及人格差异,提炼出有组织力罪犯/无组织力罪犯的分类,并使之成为犯罪行为分析技术中一个重要的理论类型。③

---

① 参见[美]布莱恩·隐内:《犯罪心理剖绘档案》,吴懿婷译,台北,商周出版社 2012 年版,第 46 – 48 页。

② [美]迪·金·罗斯姆:《地理学的犯罪心理画像》,李玫瑾等译,中国人民公安大学出版社 2007 年版,第 15 页。

③ 参见[美]罗伯·K. 雷斯勒、[美]安·W. 伯吉丝、[美]约翰·E. 道格拉斯:《变异画像——FBI 心理分析官对异常杀人者调查手记(2)》,李璞良译,法律出版社 1998 年版,第 131 – 147 页。

1984 年,美国成立国家暴力犯罪分析中心(National Center for the Analysis of Violent Crime,NCAVC),该中心是一个集研究、训练和实战支援等为一体的全国性组织。它整合了全美国各方面的力量进行暴力犯罪的分析工作,堪称是全美执法机关的资料交换中心以及资源统筹运用中心。NCAVC 的主要作用就是把各地所进行的有关暴力犯罪的研究计划作系统的整合,并且由这个全国性的资源中心统一调度,使全国各地的执行单位都能迅速、充分且有效地利用该中心的资源,解决那些非比寻常、怪异、邪恶以及连续性的暴力犯罪。

NCAVC 包括四个计划:研究及发展计划、训练计划、描绘及咨询顾问计划以及暴力犯罪逮捕计划(Violent Criminal Apprehension Program , VICAP)。为方便管理上述计划,1986 年 1 月,原先负责管理 NCAVC 运作的行为科学组正式分为行为科学指导和研究小组(Behavioral Science Instruction and Research Unit,BSIR)、行为科学调查和支援小组(Behavioral Science Investigative Support Unit,BSIS)。前者负责研究及发展以及训练两大计划,后者则负责案犯特征刻画及咨询顾问以及 VICAP。

1992 年,FBI 将累积多年的研究成果汇编成《犯罪分类手册》(*Crime Classification Manual*)出版。该书可谓 FBI 行为分析理论的集大成者,出版后立即成为美国侦查人员进行犯罪调查的重要指南。

在 FBI 的带动下,犯罪行为分析技术开始得到各国警察机关的重视,澳大利亚、加拿大、英国和荷兰等国在执法机关内部设立了专门的行为分析部门。与此同时,学术研究也应运而生。1999 年 3 月,美国成立了行为画像协会(Academy of Behavioral Profiling),旨在加强行为分析技术专业化、科学化、系统化研究。该协会办有《行为画像》杂志,正式搭建起学术交流的平台。

第二节　犯罪行为分析研究取得的重要成果

FBI 自 1972 年正式成立行为科学组对犯罪行为分析技术进行系统研究以来,已取得若干重要研究成果,以下择其要者述之。

一、FBI 的有组织力/无组织力罪犯分类

(一)来源及含义

20 世纪 70 年代,以罗伯 · K. 雷斯勒为代表的 FBI 特工在对 36 名性谋杀罪犯访谈的基础上,依据罪犯犯罪现场行为、生活方式及人格特质的

不同,发展出一套罪犯分类方法。① 这种方法把罪犯区分为自私孤僻无组织力罪犯(the disorganized asocial offender,或称未社会化罪犯)和反社会人格有组织力罪犯(the organized nonsocial offender,或称反社会化罪犯)两大类。一般认为,反社会人格具有以下特征:无法发展亲密和谐的人际关系、生活不稳定、无责任感与罪恶感、低自我控制;无精神病、智商中上等。美国学者布莱克本(Blackburn)将反社会人格分为第一级与第二级两类。第一级者具有高度敌意、低焦虑、无精神异常、具有社交能力、可能触犯暴力犯罪、犯罪动机可能因刺激等诱因引发;第二级者具有高度敌意、有焦虑与精神异常困扰、可能触犯性犯罪、犯罪动机可能因困扰引发。

然而,不知为何,在1988年出版的《性谋杀》一书中,雷斯勒、伯吉丝和道格拉斯三人将自私孤僻与反社会的修饰语舍去,缩减成现在为人所熟知的有组织力罪犯和无组织力罪犯的分类。②

(二)差异

从犯罪的计划性而言,凡头脑冷静,对于犯罪前(如被害人的选择、犯罪工具的准备、如何接近或跟踪被害人等)、犯罪中(如如何控制、杀害被害人等)、犯罪后(如如何处理尸体、对付警察侦查等)等阶段的犯罪行为均有规划者,属于有组织力罪犯,也称为冷血罪犯。凡行事莽撞、率性而为、毫无计划者,属无组织力罪犯,也称为疯狂罪犯。有组织力罪犯可能因情境,未必皆能履行各阶段的犯罪行为。无组织力罪犯也可能因学习而改进犯罪技巧。处于两者之交集地带者,属于混合型罪犯。

从犯罪的地点来看,不论是对有组织力罪犯而言还是对无组织力罪犯而言,犯罪均与地缘有某种程度的关系。一般而言,两者第一次杀人,必选择熟悉的地点,特别是在住家附近为之,再逐步往外扩展。其中,无组织力罪犯因为社交与适应能力较差,犯罪范围往往局限于住所附近,地缘关系极为明显。有组织力罪犯所扩展的范围有时甚广,但基本上仍与其社会活动有关,即以住所、就业、就学、服役、旅游等地为核心,形成一个有脉络的地缘网。表1-1至表1-4分别从人格特质、命案现场、背景资料、一般行

① "就谋杀案而言,犯罪心理学的画像常使用有组织力的和无组织力的分类方法,此两种分类由犯罪现场行为和犯罪人的生活方式所决定。"参见[美]迪·金·罗斯姆:《地理学的犯罪心理画像》,李玫瑾等译,中国人民公安大学出版社2007年版,第74页。

② 对此,学者霍尔姆斯(Holmes)等人表示不赞同。他们认为,这两个词描述的字义相当有用,因为在反社会化及未社会化两词之间有着基本性质上的不同,且这两个词可以帮助区别有组织力罪犯与无组织力罪犯之间的差异,从而提供有价值的信息。参见R. M. Holmes & S. T. Holmes, *Profiling Violent Crimes: An Investigative Tool*, 3rd ed, CA: Sage Publications, 2002, p.72。

为特征方面对比二者不同。①

表1－1　有组织力罪犯与无组织力罪犯在人格特质上的差异

项目	有组织力罪犯	无组织力罪犯
人格特质	资质高、有天分 在社会上颇具竞争能力 喜欢从事技术性高的行业 在性方面颇有能力 在家中的排行往往在前面 父亲的工作稳定 父母的管教不一致 在犯案时能控制住自己的情绪 犯案前通常会喝酒 案发前曾面临环境上的压力 与父母同住 机动性高，汽车的性能一直维持得很好 会从新闻媒体中追踪案件的发展情形 案发后或许会换工作或住所 有地缘关系，犯罪范围较大，但以住所、就学、就业地为核心 能与异性交往或共同生活，但无法维持长期而亲密的关系 外表与常人无异 无精神病史 会收集犯罪报道，可能会返回现场，或投书媒体，或向警察挑战	资质平庸 在社会上表现颇不成熟 工作历史不长，且表现不佳 通常为性无能 在家中的排行往往靠后 父亲的工作不稳定 父母的管教十分严格 犯案时心情焦虑烦躁 甚少有饮酒的习惯 较缺少环境方面的压力 一人独居 在命案现场附近居住或工作 对新闻媒体中有关该案的报道漠不关心 案发后生活状态没什么大的改变 地缘关系明确，犯罪范围局限于住（居）所附近 未婚，无女朋友，孤僻，可能独居或与双亲之一住在一起 外表邋遢、穿着随便、家务一团糟 有精神病或心理异常症候或记录，家庭成员可能有人酗酒或精神病 不在乎犯罪报道与大众反应

表1－2　有组织力罪犯与无组织力罪犯在命案现场上的差异

项目	有组织力罪犯	无组织力罪犯
命案现场情况	事先经过缜密的计划 被害人是陌生人 把被害人当人看 能控制住自己的谈话 由命案现场可以看出命案从头到尾都在其掌握中 要被害人绝对地顺从其旨意	在自然（偶然）情况下发生 被害人或作案地点是罪犯熟悉的 根本不把被害人当人看 无法控制住谈话的语气或内容 命案现场不是刻意挑选的，而且整个命案过程都是一副漫不经心的样子 会突然对被害人施以暴力

① 参见［美］罗伯·K. 雷斯勒、［美］安·W. 伯吉丝、［美］约翰·E. 道格拉斯：《变异画像——FBI心理分析官对异常杀人者调查手记（2）》，李璞良译，法律出版社1998年版，第131－147页；侯友宜：《性侵害杀人犯罪之研究：透视本土真实案例》，台北，五南图书出版股份有限公司2006年版，第75－78页。

续表

项目	有组织力罪犯	无组织力罪犯
	羁押或监禁被害人 在被害人死前曾对其做出性侵行为 会掩藏起被害人的尸体 命案现场通常找不到凶器或其他证据 会移走被害人的尸体 凌辱过程会要求、命令、恐吓被害人臣服,使用束缚物,如绳索、胶布、手铐控制被害人	不会羁押或监禁被害人 在被害人死后才对其进行性侵犯或凌辱 把尸体弃置在一般人的目光所及之处 证据或凶器会遗留在命案现场 尸体就遗留在命案现场 无法控制场面,直接杀死或弄昏被害人,甚少使用束缚物

表 1-3　有组织力罪犯与无组织力罪犯在背景资料上的差异

背景资料	有组织力罪犯	无组织力罪犯
年龄	大约与被害人年龄相近,介于 18~45 岁,平均为 35 岁	年龄介于 16~39 岁,与被害人年龄不相仿
性别	多为男性	多为男性
种族	大约与被害人种族相同,但需考虑地区的差异	大约与被害人种族相同,但需考虑地区的差异
智商	智商较高	智商较低
职业	可能从事各种行业,特别是能显示出男性印象的行业(如酒保、司机、保安、建筑工地等)或能接触到血腥或死亡的行业,工作记录好坏不一;犯罪现场在上班路途中,且住所较远	无职业;若有则是简单,不是很需要技能或与人接触的工作(如洗碗、清洁、茶房、门禁看管、仓库看管等)
婚姻状况	已婚或有同居人	单身
教育程度	教育程度高(高中或大学),但在校时有操行上的问题,学业成绩可能未达标准	高中或社区学院退学学生
社会经济地位	中等	较低
心理状况	先前无心理上的疾病记录	有心理疾病就医记录(特别为精神分裂症患者)
身体特征	通常身材健美,懂得照顾自己	体型单薄,外貌上有痤疮或粉刺
地缘关系	住宅距离犯罪现场较远(但如是初次犯罪,可能会选择住宅附近);住宅为普通的出租房屋	住宅在犯罪现场附近

续表

背景资料	有组织力罪犯	无组织力罪犯
交通工具	拥有中等的汽车(轿车或旅行汽车);颜色为深色或类似警车颜色;如果罪犯为年轻人,其汽车极具男性特征	没有汽车;若有,则为老旧的汽车
从军历史	自愿服役于陆军或海军陆战队,但服役时有纪律问题(如擅离职守、打架)	没有从军历史,即使有也可能是陆军,并且因不适应军旅生活而退伍
前科记录	有因人际间暴力、性案件、不良驾驶记录(酒醉驾车、未缴停车费)或是因虐待行为而遭逮捕的记录;通常以"赤手空拳"方式从事暴力行为	有因偷窥、偷窃(恋物)、裸露或其他骚扰行为而遭逮捕的记录

表1-4 有组织力罪犯与无组织力罪犯在一般行为特征上的差异

项目	有组织力罪犯	无组织力罪犯
一般行为特征	1. 社会适应能力良好 2. 就表面观之,刚开始会让人想与其交往,但深入了解之后,则会明白其自私的性格 3. 长于言谈,人际关系良好,但会为所欲为 4. 无责任感,不关心大众福祉,只关心自己 5. 喜好与女性交际,常在女性聚集的地区闲逛 6. 穿着有格调、体面 7. 时常与不同女性约会,且常会自夸其战果 8. 思绪有条理,并有计划性地犯案 9. 开车到离居所较远的地方,猎寻合适的被害对象 10. 了解其个性的人,皆敬而远之,不敢招惹 11. 当感到受侮辱时,常会以暴力相向且不能接受批评 12. 爱说谎,不守信用 13. 个人经济信用等级不佳 14. 不会对自己的行事作风感到愧疚或自责 15. 性格善变,生活形态自我设限	1. 社会适应不良 2. 感到孤独,或为社会所隔离 3. 穿着邋遢,表现差劲,形象不佳 4. 个人卫生习惯不好 5. 邻近之人认为此人神秘、古怪 6. 将痛苦、气愤及恐惧藏于心中 7. 也许是性无能,欠缺性经验,不曾约会,不善与人交往 8. 以偷窥、裸露、偷内衣裤、自体性欲活动、性虐待幻想、色情画刊、手淫等独自性活动作为补偿 9. 多属"夜猫族" 10. 没有知心、亲近的朋友 11. 独居或与年纪较长的女性亲友同住 12. 家中排行较小 13. 父亲工作较不稳定 14. 儿时受到严厉管教 15. 犯罪当中情绪焦虑 16. 不常(少)喝酒 17. 对新闻媒体兴趣不大 18. 犯案缺乏计划 19. 犯罪时极度激动,并以奇袭方式攻击被害人,通常会造成钝器伤,亦造成被害人快速死亡

续表

项目	有组织力罪犯	无组织力罪犯
	16. 一再犯案，刑罚无法矫治其行为；被捕时表面上会说抱歉，其实是对自己被捕感到自责 17. 是好演员，为达目的，能扮演好所有的角色 18. 有被长辈侵害的经历 19. 儿时有虐待动物、玩火或尿床记录 20. 家中排行较高，可能是长子 21. 成长于父母亲管教态度不一的环境 22. 父亲工作稳定 23. 侵害对象会依据相貌、工作、生活形态等进行挑选 24. 选择能被控制及支配的被害人 25. 犯罪现场呈现其盛怒的情绪，会有绳索、皮带、胶带、手铐等用具 26. 会携带杀人工具到现场，并将其带离现场 27. 被害人死前有被凌虐、性侵害、性实验等痕迹证据 28. 会收集重温犯罪或引发幻想用的战利品 29. 会注意新闻媒体对所犯案件的报道内容，特别是警方的相关说辞 30. 可能会与当局有所接触，目的在于刺探情报、玩弄媒体或误导警方办案 31. 在警察常出入的场所附近徘徊，以偷听案情 32. 犯罪之前，情绪上曾经历一段气愤或沮丧期 33. 常在遭遇金钱、工作或女人等问题之后犯案 34. 可能偏好某类武器、枪械或爆炸物 35. 会载运被害人或搬运尸体 36. 除非故意惊吓大众，否则会隐蔽被害者尸体 37. 偏好凌虐、奴役行为的色情画刊 38. 犯案后如感受到警方压力逼近时，会搬离居所 39. 有时会参与办案或寻尸过程	20. 犯行多属偶发案件，其攻击及弃尸地点通常同在一处，凶器也是现场取得，且犯后弃置在现场附近 21. 犯罪现场未经挑选，且显得凌乱、草率，并在自身、尸体或现场上留有诸多犯罪痕迹证据 22. 对于被害人会有非人化的攻击行为，尤其是针对被害人的脸部 23. 可能在被害人胸部、颈部、臂部、大腿或腹部出现死后的咬痕 24. 可能会有死后切割、过度伤害尸体情形，甚至出现取食尸体的痕迹证据 25. 可能有性侵害发生，但通常不会直接侵犯，而是采取替代性性行为（如异物插入） 26. 犯罪现场靠近罪犯住所或工作处所，不会清理犯罪现场或隐蔽尸体 27. 罪犯或许会将尸体特别摆放，以代表某种象征意义 28. 犯罪现场可能呈现仪式化的迹象，或许对被害人身体某部位特别偏好 29. 会带走被害人身上的东西或衣物等作为纪念品，供作回忆 30. 犯案后生活明显改变，如嗑药、喝酒或信教等

（三）批评与质疑

自雷斯勒等人提出有组织力罪犯和无组织力罪犯的分类后，这种分类方法遭到了学界的许多批评。英国学者坎特（David Canter）认为："雷斯勒的杀人分类，存在着类型之间界限不清楚和模棱两可的问题。许多罪犯显然属于一种以上类型的混合类型。而且，即使自信地将罪犯划分为某一种'类型'，这些类型与罪犯特征之间的联系也是不明确的。"[①]从实践的角度，坎特等学者检视美国100例系列杀人案件，看其是否适用于有关系列杀人案犯有组织力/无组织力的分类法，研究结果发现，这些系列杀人案的凶手均属于有组织力罪犯，并未有无组织力罪犯存在。[②] 美国学者布伦特·特维（Brent Turvey）也对该分类提出如下批评意见：（1）绝大多数的命案现场是介于两者之间；（2）现场痕迹证据不可单独隔离检视，而应循着整体脉络观察；（3）杀人动机属于纯粹报复、家庭暴力、故布疑阵、喝酒、吸毒等非心理异常，或杀人者是非精神疾病者，现场亦会呈现无组织力特征；（4）有组织力命案现场特征，不是心理病态人格者的犯案专利；（5）将命案罪犯类型一分为二，忽略了罪犯犯罪生涯的真实进展；（6）二分法是以犯罪手段为分析基础，事实上并未将犯罪标记行为这一关键因素纳入分析；（7）忽略临床诊断结果，在法庭上会有妄下定论的风险。[③]

考虑到"对人类行为的分类绝大多数缺乏概括性和各类别之间的相互排除性，尽管这些分类存在交叉区域，但它们的存在对于我们理解犯罪人行为多样性仍有一定帮助"[④]，因此，尽管雷斯勒等人提出的这种分类方法有一定缺陷，但其目的在于使那些没有受过有效训练的执法人员能够更加简洁地描述犯罪现场，"掌握这些知识是一回事，而把它们传授给我们的听众，即那些需要我们的帮助来追查暴力犯罪人的警官们就是另一回事了。为了向那些警官和执法人员描述作案人的特征，我们必须使用一些术语，而这些术语不能是精神病学的术语……我们必须以一种他们能够理解的方式对他们说话，这样才能帮助他们寻找那些杀人犯、强奸犯以及其他的

---

① ［英］坎特（Canter, D.）：《犯罪的影子——系列杀人犯的心理特征剖析》，吴宗宪等译，中国轻工业出版社2002年版，第87－88页。

② 罗时强、曾春侨：《台湾地区多重杀人犯之研究初探》，载《警学丛刊》第36卷第3期（2006年）。

③ 参见［美］布伦特·E. 特维：《犯罪心理画像——行为证据分析入门》，李玫瑾等译，中国人民公安大学出版社2005年版，第218－228页。

④ ［美］迪·金·罗斯姆：《地理学的犯罪心理画像》，李玫瑾等译，中国人民公安大学出版社2007年版，第8页。

暴力犯罪人"[①]。故而,这种分类方法仍可作为一般性理论类型,便于侦查人员理解案犯人格特质及相关犯罪行为。

二、约翰·道格拉斯的犯罪手段/犯罪标记行为分类

1992年,FBI特工约翰·道格拉斯(John Douglas)发表《暴力犯罪现场分析:犯罪手段、标记行为和伪装行为》一文,正式提出犯罪手段(modus operandi)和犯罪标记行为(signature behavior)的分类。[②]

在侦查纳撒尼尔·科德系列杀人案时,约翰·道格拉斯注意到案犯在现场实施了大量远超犯罪手段的行为,如明显的手铐式捆绑方法。他指出:"案犯捆绑的方式是如此独特,如果你把这些案件合起来放到一个文件里,你会发现并说这些都发生在一个案件中,简直是同一个例子。"道格拉斯还指出:案犯另外一个仪式特点就是他操纵、支配、控制被害人的需要,他将被害人的尸体放置在不同的房间里表现出这种仪式(ritual)。此外,案犯还实施了过度伤害的犯罪标记行为,这从被害人身上众多的刀伤可以看出。法庭最终接受了约翰·道格拉斯的证词,认定,"查妮谋杀案、福特谋杀案和威廉·科德谋杀案的仪式特点如此明显,能够得出'它们是由同一作案人所为'这一结论"[③]。

以该案为基础,约翰·道格拉斯正式将犯罪标记行为从犯罪手段中区分出来,他认为这一概念旨在描述独一无二的、个人必须做的、稳定的行为特征。该行为是一种超越了案犯实施犯罪所需的行为。案犯不需要它来成功地完成犯罪,但是这种行为是案犯犯罪的先决条件。

犯罪标记行为概念的提出有助于侦查人员理解案犯的特殊行为,有助于提升串并案件的科学性,有助于侦查人员正确认识案犯的真实犯罪动机。

三、FBI的《犯罪分类手册》

在侦查重大暴力犯罪案件时,FBI特工发现,他们急需建立一套犯罪分类系统以指导各地警方办案。其时,各地警方在侦办这类案件时,往往

---

① [美]布伦特·E.特维:《犯罪心理画像——行为证据分析入门》,李玫瑾等译,中国人民公安大学出版社2005年版,第218页。

② John E. Douglas, Corinne Munn, *Violent Crime Scene Analysis: Modus Operandi, Signature, and Staging*, the FBI Law Enforcement Bulletin, February 1992.

③ [美]布伦特·E.特维:《犯罪心理画像——行为证据分析入门》,李玫瑾等译,中国人民公安大学出版社2005年版,第301页。

依赖《精神疾病诊断与统计手册》，但FBI发现这本书对他们的帮助不大。为此，FBI行为科学组汇聚众多研究成果，开始着手编撰《犯罪分类手册》，并于1992年出版该书。约翰·道格拉斯为此指出："依据我们开始着手进行编撰的《犯罪分类手册》，以行为人行为特征来组织并分析重大犯罪，并解释之，这是严格的心理学方法，是《精神疾病诊断与统计手册》无法办到的。例如，你不会在《精神疾病诊断与统计手册》中找到辛普森（O. J. Simpson）被控的犯罪类型，但是你将在《犯罪分类手册》中找到。"①

FBI编写此书的目的主要有四：一是统一刑事司法领域中的概念术语；二是促进刑事司法领域内的沟通，如刑事司法与精神疾病医学之间的交流；三是教育指导刑事司法体系内的人员及大众；四是发展资料库以供侦查研究之用。《犯罪分类手册》将犯罪类型以三个阿拉伯数字编码，依照案犯的基本动机（primary motivation）与意图（intent）而进行区分。编码中第一个数字代表主要的犯罪类型，如1代表杀人罪，2代表纵火罪，3代表性侵害犯罪。第二个数字是主要犯罪类型的再分类。第三个数字则是代表上述犯罪类型的特别分类。如果以三个数字将犯罪分类之后，还有个别子群犯罪种类存在，则以小数点后两位数字来表示，表1-5以杀人犯罪分类为例进行说明。

表1-5　杀人犯罪分类一览

编号	英文名称	中文名称
100	criminal enterprise homicide	犯罪组织杀人
101	contract(third party) killing	受雇（第三者）杀人
102	gang - motivated murder	帮派杀人
103	criminal competition homicide	犯罪竞争杀人
104	kidnap murder	绑架杀人
105	product tampering homicide	损害产品杀人
106	drug murder	毒品杀人
107	insurance/inheritance - related death	保险/继承有关的杀人
107.01	individual profit murder	个人利益杀人
107.02	commercial profit murder	商业利益杀人
108	felony murder	重罪杀人

① ［美］布莱恩·隐内：《犯罪心理剖绘档案》，吴懿婷译，台北，商周出版社2012年版，第78页。

续表

编号	英文名称	中文名称
108.01	indiscriminate felony murder	任意重罪杀人
108.02	situational felony murder	情境重罪杀人
120	personal cause homicide	个人因素杀人
121	erotomania – motivated killing	色情狂杀人
122	domestic homicide	家庭杀人
122.01	spontaneous domestic homicide	临时起意家庭杀人
122.02	staged domestic homicide	布局家庭杀人
122.03	neonaticide	父母杀死初生儿
123	argument/conflict murder	争执/冲突杀人
123.01	argument murder	争执杀人
123.02	conflict murder	冲突杀人
124	authority killing	官方人物遭杀害
125	revenge killing	报复杀人
126	nonspecific – motive killing	非特定杀人
127	extremist homicide	激进分子杀人
127.01	political extremist homicide	政治激进分子杀人
127.02	religious extremist homicide	宗教激进分子杀人
127.03	socioeconomic extremist homicide	社会经济激进分子杀人
128	mercy/hero homicide	安乐死/英雄式杀人
128.01	mercy homicide	安乐死
128.02	hero homicide	英雄式杀人
129	hostage murder	杀害人质
130	sexual homicide	性谋杀
131	organized sexual homicide	有组织性谋杀
132	disorganized sexual homicide	无组织性谋杀
133	mixed sexual homicide	混合型性谋杀
134	sadistic murder	虐待型杀人
135	elder female sexual homicide	老年妇女性谋杀
140	group cause homicide	团体因素杀人
141	cult murder	教派杀人

在每一类犯罪的下方,《犯罪分类手册》都列出了代表性案例、犯罪现场特征、案犯行为及人格特征、法医学特征、侦查注意事项等内容,为侦查人员提供指引。该手册出版后,颇受实务界和学术界欢迎,目前已发行至第2版。兹以“131　有组织性谋杀”为例进行说明。

131　有组织性谋杀

作为描述性谋杀罪犯的一个专门术语——有组织力,建基于对罪犯自身行为的评估、对被害人和犯罪现场(包括任何伪装行为)的全面分析、对法医学报告的评估。一名有组织力罪犯具有如下共同特征:实施谋杀有明显的计划性,针对特定的被害人,能够控制犯罪现场。在犯罪的所有阶段,犯罪手法都显得有条理、有顺序。

特征

被害人研究。在性谋杀中,被有组织力罪犯侵害的被害人通常是一名本种族内的女性。她单身、有工作、独自居住。青春期少年也可能成为侵害目标,正如约翰·韦恩·盖西[①]案所示。

在被害人研究中,被害风险是一个重要概念。影响被害风险的有两个因素。第一个因素是被害人的年龄、生活方式、职业、身材等。低风险被害人的日常生活方式和职业不会增加其成为被害人的概率。高风险被害人则往往成为罪犯的目标,罪犯知道在哪里可以找到她。例如:性工作者和“搭便车”的旅行者就属于高风险被害人;反抗能力低加剧了老年人和青少年这两类人的被害风险。被害风险也可能因为地点而升高,在这些地点被害人更容易受到攻击,如偏僻的地点。被害人的安全意识也是提高或降低其被害风险的一个因素,天真幼稚的人、过度轻信他人的人、粗心大意的人有更高的被害风险。

第二个因素是罪犯执意犯罪的冒险因素。通常情况下,低风险被害人在室内受到侵害,高风险被害人在室外受到侵害。案发当天的犯案时间也对罪犯采取犯罪行动有影响。与午夜进行绑架相比,正午进行绑架对罪犯来说风险更大。

陌生的被害人之所以被罪犯选中,原因在于她或他恰好符合罪犯的选择条件。在连续性犯罪中,罪犯挑选被害人的条件尤其显示出规律性。这

① 约翰·韦恩·盖西(John Wayne Gacy),美国连环杀手、强奸犯。1972年至1978年,约翰·韦恩·盖西对至少33名14岁至21岁的男孩及年轻男性进行了性侵犯和谋杀。

些规律体现在很多方面，如年龄、外貌、职业、发型或者生活方式。被害人在错误的地点不幸遭遇罪犯，成为一名机会被害人。因此，侦查人员不应该忽视被害人的类似特征。

犯罪现场的注意事项

有组织谋杀通常会涉及多个犯罪现场：最初接触或者攻击被害人的现场、陈尸现场、弃尸现场。如果被害人是在室内遇害，第一犯罪现场通常是在房屋的第一、二层。罪犯有可能转运被害人或者被害人尸体，在此过程中，必不可少地会使用罪犯或者被害人的车辆。

罪犯通常会带武器到犯罪现场，并在犯罪后转移。现场常会发现控制被害人的物品，如胶带、眼罩、锁链、绳索、衣物、手铐、塞口物或者化学药品。使用控制被害人的物品反映出罪犯对犯罪现场全面的控制性和计划性特征。在犯罪前、犯罪中、犯罪后，罪犯的犯罪手法显得有序且有条理。如果有时间，罪犯会清除指纹或足迹等证据。

罪犯从犯罪现场拿走的某些物品可能会是“战利品”或者“纪念品”，包括图片、珠宝首饰、衣服或者被害人的驾驶执照。这些物品中有的并没有外在的经济价值，但能够为罪犯提供愉悦回忆，能够证明他颇具能力。作为一种“纪念品”，这些物品也可以成为罪犯行为幻想的最佳触媒。最后，如果罪犯有时间，被害人的尸体会被隐藏起来。弃尸地点通常是罪犯熟悉的区域。

伪装。犯罪现场可能会出现伪装行为。罪犯实施伪装行为，使犯罪现场看起来是草率的、无序的，从而误导侦查。罪犯有可能实施伪装行为掩藏真实的犯案动机，如以伪装的抢劫或绑架行为掩藏强奸杀人的真实动机。

法医学报告。有组织性谋杀案中，法医可能会在被害人尸体上发现咬痕和唾液，在身体孔窍部位或者阴部发现精液，被害人的性器官有可能被攻击或被切割。被害人死亡前，罪犯通常会实施侵害行为和性行为。控制被害人的证据也会被发现。

杀人行为可能带有色情意味，这意味着死亡以缓慢的、深思熟虑的方式到来。让被害人窒息通常是值得注意的含有色情意味的方式。例如，罪犯故意拉紧或松开绑在被害人脖子上的绳子，让她的意识处于时有时无的状态。罪犯可能在被害人死亡过程中实施性行为，性行为和杀人行为会同时进行。

侦查的注意事项

罪犯通常擅长社交，经常会以言语方式俘获被害人。在攻击前，罪犯会通过搭讪的方式或者假冒身份的方式接触被害人。他可能会模仿其他角色,如冒充一名警察或一名保安,以获得被害人信任。为了进一步接近被害人,罪犯会衣着整洁,穿商务或休闲装。在挑选好被害人后,罪犯会以一种有条理的方法接触被害人。向被害人邻居打探消息时,应特别注意询问其是否看到在案发现场附近徘徊的陌生人或者有上述特征的人。

有组织力性谋杀罪犯经常会重返其中一个现场或多个现场(绑架的地点、攻击的地点、被害人的弃尸现场或墓地),他也可能以过度合作或提供虚假信息的方式参与侦查。这种行为有双重目的,即了解侦查情况和重温罪行。可能犯罪嫌疑人之前有犯罪史,会实施一些暴力程度较低的犯罪,他逐渐增加暴力程度,直至实施这起性谋杀案件。在调查嫌犯背景时,要特别注意他最近是否面对突如其来的压力,如经济压力、解雇压力,或者婚姻及其他方面的问题。近期他是否有居住地或工作上的变化情况,他可能在谋杀发生后就离开了当地。如果有财物丢失情况,当地警局应当注意从盗窃犯罪中去发现线索。

搜查建议

搜查罪犯住所时,要特别注意日记、日历、剪报,这些物品对罪犯有纪念意义。有可能在罪犯住所发现音像材料,包括音频的或视频的。被害人的照片也有可能被发现。在进行搜查时,要特别留意罪犯带走的"纪念品"或者"战利品",也要注意发现任何有关警务的设备。

典型案例

背景

南加利福尼亚州哥伦比亚市的当地警局接到一个报警电话,打电话的是一名17岁少女的父母。他们说,女儿骑自行车出去寄信,但再没有回来。他们出去寻找,发现女儿的自行车倒在马路边的邮筒旁,但女儿不见踪影。

案犯在绑架了这名17岁少女后,打了数通电话给被害人家属,被害人的姐姐与案犯在电话中进行了交谈。案犯用电子设备改变了自己的声音,这一行为显示案犯可能认识被害人一家。被害人死亡后,电话交谈仍在继续。案犯提到了一封信,内容是被害人最后的愿望,并将这封信寄给了被害人家属。尽管被害人在被绑架后很短的时间内即遭杀害,但案犯却通过此种行为让家属相信被害人还活着,直到他们一周后发现被害人的尸体。

被害人研究

第一名被害人即17岁少女在私家车道外马路边的邮筒旁被绑架。在发现第一名被害人尸体的一周后,出现了第二名被害人——一名9岁的白人少女,她在自家的院子里被绑架。

调查显示两名被害人都是低风险被害人,但是她们年少力弱,这也在一定程度上增加了她们遇害的风险。在第一起案件中,当被害人到达邮筒边时,恰好被案犯拍到照片。她成了一名机会被害人,因为在案犯挑选被害人时,她恰好出现在其视野中。第二名被害人在自己玩耍的区域被绑架。这个时间可能正是案犯挑选被害人的时间,或者案犯恰巧看见被害人独自一人,因而决定采取行动。第二次绑架看上去并不复杂,因此更可能是一起偶然事件。

犯罪现场提示

第一起绑架发生两天后,案犯用电话联系被害人的父母和姐姐。他的声音经过了伪装,在电话中,案犯请求宽恕,并表示了悔恨。他给家属造成一种印象,被害人还活着。他告诉被害人的家人,他把被害人带到一所房子内,把她绑在床上。12小时后,案犯让被害人选择死亡的方式:勒死、窒息而死或者溺死。被害人选择窒息而死,案犯用胶带封住被害人口鼻。

通话主题很明显在遵循某种事先准备好的剧本。例如,一旦被被害人的家人打断,案犯就显得心烦不安。案犯似乎有一种强迫性的需要,要把作案细节清晰地告诉被害人的家人。他对犯罪现场描述得很仔细,很显然,他重返过犯罪现场,测量过距离。被害人的尸体被放置在一个很隐蔽的地方。

被害人尸体弃置的地方提示案犯熟悉这个区域。每起案件有3个相关的犯罪现场:绑架现场、死亡现场、弃尸现场。案犯与被害人有过互动,所以必须要有一个地方可以让他与被害人舒服地相处很长一段时间。这个地方是案犯的家,也是在这里,案犯杀死了被害人。弃尸地点也是案犯熟悉的地方。

法医学报告

法医学报告显示,两名被害人遭绳索和胶带捆绑。在弃尸前,所有的捆绑物都被案犯去除。在被害人面部发现了胶带残余痕迹,显示被害人是窒息而死。不能确定被害人是否遭受性侵,发现两名被害人尸体时,她们都衣着整齐。

侦查

该案中案犯先后实施了绑架行为、杀害行为和弃尸行为,案犯应是一名有组织力罪犯。重建犯罪现场,案犯实施的行为、表达的幻想、与被害人家人进行的电话沟通等表明,案犯是老到之人。案犯让第一名被害人在便签簿上写下了最后的遗言。最后的遗言实际是被害人写给家人的一封信,在信中,被害人说她将死去,她爱家人们。案犯把这份遗言寄给了被害人的家人。

这封信被送到州实验室进行分析。在这封信上发现了不能为肉眼所见的某种书写字迹。该字迹被鉴定为缺少一个数字的电话号码。警方依照这个缺少一个数字的电话号码列出摸排名单,逐一进行访谈。在对绑架现场附近的一处房屋进行调查时,一名叫拉里·吉恩·贝尔的男子声称,他的父母不在家,但有人帮他们看房子。他的父母曾把他的电话号码写给了看房人。

在侦查过程中,FBI 行为分析专家对案犯进行了刻画,并提出了一些侦查建议。当案犯被抓获,其吻合之前专家所做的每一项刻画特征。拉里·吉恩·贝尔是一名 36 岁的白人男性,他的工作是为房屋电线布线。凶案发生时,他和父母住在一起。他结婚不久,一直住在离家不远的地方。

行为分析专家提供了一个审讯策略——为贝尔提供一个"保全面子"的解释。贝尔随后认罪,声称两起案件是"坏拉里·吉恩·贝尔"做的。

四、FBI 的犯罪侦查分析

FBI 早期发展的案犯刻画技术可分为六个阶段,即资料输入、分析研判、犯罪评估、案犯刻画、调查、逮捕嫌犯。

1. 第一阶段:资料输入

案犯刻画工作的第一阶段是输入与刻画工作有关的各种资料,所汇集到的资料越多,刻画工作也越可能正确无误。在命案侦查中,刻画工作所需的资料很多,具体包括:

(1)有关该犯罪案件及现场描述的资料,如命案发生的地点、时间、当时天气状况、当地的状况和社会环境等。

(2)有关被害人方面的完整资料,如被害人的家庭状况、就业情形、声誉、习惯、所畏惧的事物、身体状况、人格特质、有无犯罪记录、和家人的关系、嗜好以及品行操守等。

(3)有关的法医报告或相关资料,如验尸报告、验尸官所拍的照片、伤口照片,以及有关死亡时间、死因、凶器种类、凶手杀害被害人的手法及次序等资料。

(4)可以正确显示出命案地点的距离、方向、坐标等图表资料。

(5)警方的初步侦办报告等。

分析人员在多方搜集资料后,需要仔细地过滤,以免被一些错误的信息误导,或是让自己预设立场,这些都是侦查过程中应该注意的。

2. 第二阶段:分析研判

在这一阶段,必须将搜集到的资料加以组织安排,使它们能够以有意义的形式展现出来。分析研判的主要内容包括:

(1)杀人手法及类型。究竟是单杀、双杀、多重谋杀还是连续型谋杀。

(2)作案意图。究竟是意图杀戮还是出于经营犯罪事业,或者出于某些感情上的理由或自私的理由,或者发泄性欲。

(3)危险等级。在案犯刻画过程中,也要考虑到被害人可能面临的风险,这样才能让刻画人员了解嫌犯所使用的犯罪手法。一般而言,被害人面临的风险有几个决定性的因素,如他们的年龄、职业、生活方式及体能状况等。刻画人员根据这些因素把被害人分为高度风险、中度风险和低度风险三大类,而且被害人可能遭遇的风险程度,往往与凶手自身的风险相互关联。

(4)时间和地点。时间因素包括杀死被害人所需的时间、对尸体进行各种“额外行为”所需的时间、弃尸所需的时间,以及作案时间是白天还是夜晚等,所有这些都可以为刻画人员提供若干相关信息。地点因素则有被害人在何处遭挟持或被迫就范、犯罪行为在何处发生以及死亡地点、陈尸地点等,刻画人员据此可以研判出凶手的有关资料。

3. 第三阶段:犯罪评估

在犯罪评估阶段,刻画人员会根据前两个阶段的分析结果,研判出整个案情是如何发生的、被害人与凶手双方的行为如何以及凶手是如何计划和组织整个事件的。换言之,在这一阶段必须作出细节评估与研判。具体包括:

(1)犯罪的种类,即是有组织力罪犯还是无组织力罪犯所为。

(2)凶手如何挑选被害人、用什么策略或手法控制住被害人。

(3)犯罪的过程如何(各种行为的次序)、犯罪现场的伪装行为如何。

(4)犯案动机是什么。

(5)现场的变动因素。命案现场的变动因素极易误导侦查人员,因此,刻画人员一定要仔细研究现场的变动因素。

4. 第四阶段:案犯刻画

已完成的典型的案犯刻画,应该包括:嫌犯的种族、性别、婚姻状况、居住状况以及职业历史;心理特质、信仰及价值观;对警察可能的反应;犯罪记录,包括过去可能犯下类似的违法行为。

5. 第五阶段:调查

案犯刻画工作完成后,刻画人员就会把相关的报告交给要求提供协助的警察单位,作为后续调查时的依据。警方按照报告所建议的方向去调查,并对所有符合案犯刻画报告的嫌犯进行摸排。

6. 第六阶段:逮捕嫌犯

一旦嫌犯遭到逮捕,就必须检讨每个过程中所产生的结果是不是和真实的情形完全一致,即使嫌犯已经俯首认罪,仍需对他展开详细的侦讯,以检查整个案犯刻画工作的正确性如何。

FBI 行为分析技术早期的重心在于刻画案犯特征、缩小摸排范围。随着这项技术的发展,侦查人员发现,该技术不仅有助于刻画案犯特征,还具有其他众多的侦查作用,由此,FBI 将该技术重新命名为犯罪侦查分析(criminal investigative analysis)。[①] 按照 FBI 的观点,犯罪侦查分析的首要任务是检视案犯的所有行为信息,并提出侦查建议。目前,犯罪侦查分析提供的服务包括:(1)间接人格评估;(2)不明死因分析;(3)讯(询)问策略;(4)串并案分析;(5)应对媒体策略;(6)威胁评估;(7)为申请搜查令状提供帮助;(8)应对庭审策略;(9)提供专家证言;(10)地理画像;(11)危机事件分析。[②]

五、大卫·坎特的侦查心理学

尽管 FBI 声称他们的技术是"心理学的特征剖析"(psychological profiling),但是有批评者认为,FBI 的方法只有很少的心理学成分,其中英国学者大卫·坎特是主要的批评者之一。

坎特是一名环境心理学家。环境心理学研究人类和他们的物质环境之间的相互作用,尤其关注环境以何种方式影响或塑造人们的行为。坎特指出,心理学尤其可用于对犯罪行为的研究,因为在大多数的案件中,我们可以将犯罪行为看作一种人际交往。在这种交往中,案犯是在某种社会背景之内实施特定的行为。他认为,个体与其他人相互作用的方式,经过了

---

① 也有学者认为,FBI 之所以要对此重新命名,是为了使特工所作的证言能得到法庭的广泛承认。"联邦调查局为了表述他们犯罪心理画像的方法,习惯使用'犯罪侦查分析'这一术语。使用这一术语至少部分上是要使他们的证言得到法庭更广泛的承认。"参见[美]布伦特·E. 特维:《犯罪心理画像——行为证据分析入门》,李玫瑾等译,中国人民公安大学出版社 2005 年版,第 293 页。

② J. Amber Scherer, M. A. & John P. Jarvis, *Criminal Investigative Analysis: Practitioner Perspectives* (*Part One of Four*), the FBI Law Enforcement Bulletin, June 2014.

长年累月的预演，日臻完善，根深蒂固，以至于它会影响人与人之间的相互作用，包括案犯与被害人之间的相互作用。运用环境心理学的成果，坎特提出了一系列富有创见的观点，如他引入了“心理地图”这一概念，将其作为理解案犯的地理学模式的一种方法。

心理地图是人对外部世界的内在表象，并且对每个人来说都是独特的。很多人可能生活在某一城市的同一地区，但每个人对这一地区的心理地图都稍有差异。一位开车的人和一位行人相比，他们对生活的城市有不同的视角或心理地图，部分原因是他们穿行于市区的方式通常是不一样的。对开车的人来说，常常认为堵塞的交叉路口很重要，但对不开车的人而言，停车让行的标志可能更加重要。人们的心理地图可能也受他们工作地点的影响，甚至是他们所从事的工作类型的影响。

心理地图的研究之所以重要，是因为每一个案犯对他们居住和作案的地区有自己的心理地图。这种心理地图无论是准确的还是不准确的，它都是有影响力的。案犯在确定作案地点时往往依赖于他们的心理地图，并且可能选择在特定的界线之内作案，即使这种选择是非故意的。

坎特发现，他研究的大多数强奸案件发生在以案犯的住处为中心，半径为3.2公里的圆周之内。根据这种认识，坎特进一步提出“环境域的圆周理论”（Circle Theory of Environmental Range）。依据该理论，坎特进一步将案犯分为“守候猎取者”和“流窜袭击者”两类。“守候猎取者”就是其居住地和活动区域都在这一圆圈内的案犯；“流窜袭击者”通常离开住所到另一个地方去犯罪。环境域的圆周理论假定“守候猎取者”居住在他们的犯罪圆周内，而“流窜袭击者”居住在外面。①坎特的侦查心理学重视对犯罪环境的分析，通过分析犯罪环境推断案犯的行为特征和住居地信息，这一研究思路对侦查实践具有重要的指导意义。

六、布伦特·E.特维的行为证据分析

1991年，正在波特兰州立大学心理学系就读的布伦特·E.特维（Brent E. Turvey）对被关押的系列杀人犯杰罗姆·布鲁多斯（Jerome Brudos）进行了访谈。在访谈之前，特维用了几个月的时间查阅法庭记录、手稿以及警方的调查档案。

通过访谈，他发现，布鲁多斯自己所说的犯罪故事与有关的犯罪记录

---

① 参见[英]艾思·沃斯（Ainsworth，P. B.）：《犯罪人特征剖析》，赵桂芬译，中国轻工业出版社2007年版，第128－131页。更详细的论述参见[英]坎特（Canter，D.）：《犯罪的影子——系列杀人犯的心理特征剖析》，吴宗宪等译，中国轻工业出版社2002年版。

并不符合。“我恍然大悟,我对性罪犯的了解实在太幼稚了。我花了五个小时访问他,而他几乎从头到尾在说谎。他所宣称任何他曾经做过的事(或是他声称自己没做过的事)都是谎言。我之所以没有完全被他迷人的个性和大方所误导,是因为之前我已经先看过警方的调查档案。在进行访问前,我先拜访了俄勒冈州马里昂郡的警长办公室。我阅读了所有被害者被分尸的报告,看了犯罪现场的照片,以及调查员的报告。我甚至看了一些布鲁多斯与被害者合影的照片。”“通过那次经验,我学到重要的一课,就是:罪犯会说谎。只有透过证据,以及随后重建的鉴识证据,才是明白在被害人与罪犯之间到底发生了什么事的唯一方法。这个教训我深记在心。”①

据此,特维不赞同 FBI 发展起来的归纳推理式犯罪行为分析技术,因为这种技术建立在对罪犯访谈的基础上。他转而发展出演绎推理式的行为证据分析技术,特维列出了这项技术的几个基本假设:

(1)所有案犯的行为都是有目的的。

(2)每个案犯的行为和动机特征都是独一无二的,调查员应该以此原则进行调查。

(3)不同的案犯可能有类似的行为,但是理由完全不同。

(4)没有任何两件案子是完全一样的。

(5)人类行为的发展是独立的,以回应环境或生物的因素。

(6)案犯惯用的犯罪手法可能随着时间和多次犯罪经验而逐渐发展。

(7)一名案犯在多次犯罪时,甚至只有一次犯罪时,都可能拥有多种目的。

特维指出,演绎方法的论点是倘若前提正确,则结论必定正确。他的演绎推理式行为证据分析“得到有关案犯特征的结论,系直接出自前述提及的,以及与剖绘本身有关的特定行为模式,与以一般案犯类型的特征所进行的推理完全相反”。可见,特维开始进行推理的基础,与 FBI 的行为分析专家开始推理的基础完全不同,后者的分析依赖过去的案例。特维为此指出:“统计学上的归纳和来自经验的理论,虽然在最初时会有所助益,但它是不完善的,而且可能完全误导调查方向。”演绎推理式的行为证据分析可分为四个阶段:

第一个阶段是“不确定的鉴识分析”。“不确定”的意思是,证据可能有一种以上解释,而分析则以评估最有可能的解释为导向。鉴识证据应该

---

① Brent E. Turvey, *Criminal Profiling*, San Diego Academic Press, 1999.

包括(但不限于):犯罪现场的照片、录影带及素描;调查员的报告;证据记录及意见表格;验尸报告、录像带及照片;访问目击者及邻居的记录;被害人在被害前的行动以及被害人的背景。

第二个阶段是“被害人研究”。被害人研究是对被害人特性全面的研究和分析,了解已知被害人的每一事件,如他们是什么人,他们如何安排时间,他们如何生存,等等。根据被害人特点可以推断出案犯的动机、犯罪手段及确定案犯的幻想行为等。被害人研究中的部分内容包括风险评估。分析人员不仅对被害人生活方式的风险系数感兴趣,而且对被害人遭受袭击时的风险系数,以及案犯对被害人实施犯罪行为时所冒风险的系数感兴趣。

第三个阶段是“犯罪现场特征”。透过“犯罪现场特征”了解案犯有关被害人及犯罪地点的行为决定和其对案犯的意义。这些特征包括接近被害人的方法、攻击被害人的方法、控制被害人的方法、犯罪地点的形态、性行为的性质及顺序、使用的工具器械、言语上的行动以及案件预谋的方式等。

第四个阶段是“案犯特征”。特维认为,通过物证和行为证据分析,然后从这些行为模式中推断出犯罪嫌疑人特征的过程被称为“行为证据分析”。

行为证据分析的前三个步骤绝大部分是建立在犯罪现场再现的科学原则和已确认的刑事科学基础上。这三个步骤是犯罪现场再现的一种解释语言,它要说明发生了什么(what)、是如何发生的(how)。第四个步骤通过对物证和行为证据的综合考虑,对案犯特征进行演绎推论,其过程仍然充满着艺术性,因此,演绎画像得出的结论只是一种专家意见而不是科学结论。行为分析的整个过程尽管不能称为科学,但仍然得益于科学方法的运用。①

第三节　犯罪行为分析在我国的发展

传统上,我国将犯罪行为分析包含在犯罪现场分析之中,如公安部制定的《公安机关刑事案件现场勘验检查规则》要求现场分析的内容包括 15 项:

(1)侵害目标和损失;

(2)作案地点、场所;

---

① 参见[美]布莱恩·隐内:《犯罪心理剖绘档案》,吴懿婷译,台北,商周出版社 2012 年版,第 161－164 页。[美] 布伦特·E. 特维:《犯罪心理画像——行为证据分析入门》,李玫瑾等译,中国人民公安大学出版社 2005 年版,第 43－45 页。

(3)开始作案的时间和作案所需要的时间；

(4)作案人出入现场的位置、侵入方式和行走路线；

(5)作案人数；

(6)作案方式、手段和特点；

(7)作案工具；

(8)作案人在现场的活动过程；

(9)作案人的个人特征和作案条件；

(10)有无伪装或者其他反常现象；

(11)作案动机和目的；

(12)案件性质；

(13)是否系列犯罪；

(14)侦查方向和范围；

(15)其他需要分析解决的问题。

尽管《公安机关刑事案件现场勘验检查规则》明确了现场分析的内容,但实务上对如何进行现场分析以及现场分析的方式方法缺少系统化、专业化、理论化的研究,相关论述流于一般侦查经验。

犯罪行为分析技术引入我国后,引起了我国侦查学术界和实务界的重视,一些学者率先以"犯罪心理痕迹""犯罪心理痕迹解读"为题展开了研究。[①] 经过 20 余年的发展,我国部分学者和侦查实务专家结合中国的侦查实践,对犯罪行为分析技术进行了本土化、系统化、专业化、理论化的研究,其中较有代表性的成果包括李玫瑾的犯罪心理研究、杨玉章的"三定侦查法"、闵建雄的"命案现场分析",以下择其要者述之。

一、李玫瑾的犯罪心理研究

中国人民公安大学的李玫瑾教授长期致力于犯罪心理及犯罪行为分析研究,其 2010 年出版的《犯罪心理研究——在犯罪防控中的作用》一书,以犯罪心理学为理论指导,以我国发生的重大刑事案件为素材,对不同的犯罪心理进行了分类研究。

李玫瑾的犯罪心理分类主要采取危险人格、危险心结二分法。所谓危险人格,是指对他人或社会具有威胁与危害倾向的一种人格现象的总称。危险人格项下主要包括:

---

① 参见陈涛:《犯罪现场心理痕迹》,警官教育出版社 1995 年版;徐俊文:《犯罪现场之犯罪心理痕迹解读技术》,中国人民公安大学出版社 2006 年版。

(1)反社会人格犯罪。这类案犯的人格特征包括异常表现始于早年，家族背景基本正常，缺乏自然情感力，聪明且善谋划，道德白痴不可教化，肆意犯罪不会中止。

(2)犯罪人格犯罪。这类案犯的人格特征包括人生早年心理正常，基本社会化缺失，青春期有生存性违法，成年后犯罪升级，犯罪心理不可逆转，动机简单性质恶劣。

(3)缺陷人格犯罪。这类案犯的人格特征包括早年心理正常，具有宠溺抚养背景，具有情感力，懒散且弱能，缺乏是非观念，犯罪具有择机性，善于欺骗与表演。

所谓心结，是指人在心理历程中经历了某种外部刺激而形成了心理创伤和由此发生的执着于心理创伤的扣结现象。危险心结就是与犯罪有关的心结。危险心结项下主要包括：

(1)意结类犯罪心理。这类案犯的犯罪特征包括犯罪动机往往令人费解，具有正常心智下的心理遮掩性，犯罪具有隐私和谋划特点，行为人具有人格保守性，心结多与潜意识内容有关。

(2)知结类犯罪心理。这类案犯的犯罪特征包括犯罪动机指向性明显或具体，具有正常心智下的认识狭窄性，犯罪多带有报复特点，人格大多具有偏执性，心结多与日常挫折有关。

(3)情结类犯罪心理。这类案犯的犯罪特征包括犯罪动机具有发泄与泛化性，具有正常心智的情感孤独性，犯罪多有表达性与满足感，犯罪呈现“并非错乱的疯狂”，心结多与情绪创伤有关。[①]

李玫瑾的犯罪心理分类对于侦查人员洞悉案犯犯罪动机，认识案犯犯罪心理及行为特征有一定的指导意义。

二、杨玉章的“三定侦查法”

2008 年，时任郑州市公安局副局长的杨玉章出版了《三定侦查法——犯罪心理画像实证研究》一书。该书是杨玉章对犯罪行为分析技术的一次本土化、系统化、理论化研究尝试。“三定侦查法”是对刑事侦查实践经验的提炼和总结，借鉴了包括犯罪心理画像等在内的西方侦查学学说，其实质是对犯罪心理画像理论的实证研究，是对侦查人员到犯罪现场后开展一系列工作的程序性研究，也是对刑事侦查工作的标准化、规范化研究。“三

---

① 参见李玫瑾:《犯罪心理研究——在犯罪防控中的作用》，中国人民公安大学出版社 2010 年版。

定侦查法”包括三大板块：

其一，定性质，解析犯罪动机。具体方法是：(1)甄别事件，进行初步定性；(2)通过对刑事案件现场的勘验、研究，为“定性质，解析犯罪动机”提供准确信息；(3)通过对被害人的研究，解读犯罪行为人，为“定性质，解析犯罪动机”提供正确方向；(4)通过对现场感知人的研究，为“定性质，解析犯罪动机”提供客观依据；(5)根据现场情况的外在表现，倒溯寻找关联点，解析犯罪动机；(6)综合解析犯罪动机，确定案件的本质属性。

其二，定范围，指明侦查方向。划定侦查范围的依据是“八看”，即看现场大环境和小环境、看发案时间和作案时机、看进出口和进入方式、看发案时间和作案动机选择、看发案区域的发案情况、看惯技行为、看犯罪行为人的语言特点、看现场物证及其反映出的心理痕迹情况。划定侦查范围的具体方法是“五说”，即划圆说、划扇说、点线关联说、关系人说、电磁信息痕迹交叉说。

其三，定脸谱，进行犯罪心理画像。该阶段是指侦查人员在现场勘验、现场调查、现场分析的基础上，结合“定性质，解析犯罪动机”和“定范围，指明侦查方向”，利用犯罪心理画像技术对犯罪行为人的行为、动机、心理过程以及心理特点等进行分析，并通过文字或言语形成对犯罪行为人的生理属性、社会属性、地域属性、心理属性以及既往犯罪属性等“五大属性”的文字描述过程。①

2016 年，在“三定侦查法”的基础上，杨玉章率领研究团队又出版了《刑事侦查与行为证据》一书。研究指出，行为证据分析是从犯罪结果出发，借助刑事科学技术手段，逆向推理出犯罪行为的过程，通过对行为过程的分析，遵循心理现象的规律，得出犯罪行为人的心理状态、心理动机和整个犯罪心理过程的结论，最终刻画出一个清晰的犯罪行为人轮廓。行为证据分析是一种能够高效率运用到刑事案件侦查实践中的技术，也是能够为刑事司法审判提供重要参考依据的理论方法。②

三、闵建雄的“命案现场分析”

2013 年，公安部特邀刑侦专家闵建雄出版了《命案现场分析概论》一书，期望将历来被认为“只可意会、不可言传”的现场分析从个人经验向构建一门系统和科学的知识和学科体系转化。

---

① 参见杨玉章：《三定侦查法——犯罪心理画像实证研究》，群众出版社 2008 年版。

② 参见杨玉章主编：《刑事侦查与行为证据》，河南科学技术出版社 2019 年版，第 3 页。

命案现场分析的核心技术方法,实际上就是依据现场物证和痕迹所进行的行为分析。该书以人体损伤分析为起点,以命案现场重建为平台,以人的行为分析为抓手,在全面论述命案现场分析中有关作案人数、作案过程、作案动机和作案人刻画内容的基础上,将重点放在了行为分析和作案人刻画上。

该书的理论贡献是根据犯罪过程中行为的目的提出了设置行为分类的三个前提条件:首先,这些行为应该是杀人案件中作案人故意(而非无意)实施的行为;其次,针对的行为对象主要是人体而非物体;最后,按照命案现场重建的阶段性来限定行为的类型。在这三个前提的基础上,作者提出表 1-6 中分属三个阶段的 10 种重要行为类型。

表 1-6　命案中重要行为类型与重建阶段和行为种类的关系

重建阶段	行为种类	行为类型
进入阶段		
接触阶段	控制行为	威逼行为;捆绑行为;卸装行为
杀人阶段	杀人行为	攻击行为;抵抗行为
处置阶段	附加行为	发泄行为;加固行为;毁证行为;愧疚行为;伪装行为
离开阶段		

此外,作者对每一类行为的特点、识别方法及分析价值都作了详细论述,这些研究成果对指导侦查人员准确分析案犯行为具有重要作用。①

特维指出:“犯罪行为分析工作者不能继续扮演电影作品所描绘的形象,而应该力求达到专业化的水准、保持专业的完整性……如果这项技术不想在 21 世纪消失的话,就必须改变过去单纯建立在主观性极强的专家意见之上的信任,而走上更为科学、更为专业的道路。”②笔者的研究顺应犯罪行为分析研究发展的趋势,以犯罪行为分析中的一个重要概念——犯罪标记行为为主要研究对象,期望推进对这一案犯特殊行为的系统化、专业化和理论化研究深度。在此基础上,从证据法学角度,探索犯罪行为证据分析在刑事司法实务中的运用,希望有助于拓展我国刑事证据法学的研究范围,丰富刑事证据法学的理论内容。

---

① 参见闵建雄编著:《命案现场分析概论》,中国人民公安大学出版社 2013 年版,第 60 - 130 页。

② [美]布伦特·E. 特维:《犯罪心理画像——行为证据分析入门》,李玫瑾等译,中国人民公安大学出版社 2005 年版,第 4 页。

第二章　犯罪行为分析的理论基础

正如美国学者布伦特·E. 特维所言,行为证据分析的绝大部分是建立在犯罪现场再现的科学原则和已确认的刑事科学基础上。行为证据分析的整个过程尽管不能称为科学,但仍然得益于科学方法的使用。[①] 作为一项建基于科学基础和科学方法之上的侦查技术,犯罪行为分析的理论基础来源于多个学科的知识。“现代的犯罪心理画像由于有着复杂的历史,故而立足于犯罪行为研究(犯罪学)、精神病研究(心理学和精神病学)和物证检验技术(刑事科学技术)。”[②]本章重点阐述犯罪行为分析的理论基础,囿于学识和篇幅所限,笔者主要从侦查学、犯罪心理学和犯罪学展开论述。

第一节　侦查学方面的理论

按照我国侦查学通说,物质交换原理、因果关系原理和同一认定原理是侦查学的三大原理。作为一项科学的侦查技术,犯罪行为分析的运用离不开三大原理的指导,其中,在增强犯罪行为分析技术科学性方面,物质交换原理和因果关系原理发挥着重要作用。

一、物质交换原理

物质交换原理最早由法国侦查学家、法庭科学家埃德蒙·洛卡德(Edmond Locard)于20世纪初提出,故而,该原理也被称作洛卡德交换(转移)原理(Locard Exchange Principle)。其基本含义是:当两个物体的表面在运动中相互接触的时候,总会发生一定的微量物质转换,即一个物体表面上的微量物质会转移到另外一个物体的表面上去。

洛卡德主要从事物证分析工作,他特别强调尘土在侦查中的应用价值。他发现,任何罪犯都可以通过从犯罪现场提取的及罪犯带走的灰尘颗粒与所实施的犯罪行为联系起来。这一观点正是物质交换原理的雏形,但

① 参见[美]布伦特·E. 特维:《犯罪心理画像——行为证据分析入门》,李玫瑾等译,中国人民公安大学出版社2005年版,第45页。

② [美]布伦特·E. 特维:《犯罪心理画像——行为证据分析入门》,李玫瑾等译,中国人民公安大学出版社2005年版,第3页。

最初这一思想并不为警方所重视。后来,他成功地运用该原理为很多案件的破获提供了有力证据,从而引起了警方的注意,并得到了资助和支持。例如,在一起伪造金属货币的案件中,洛卡德用自己制造的吸尘器对犯罪嫌疑人的衣服进行了细致检查,在衣服上发现的尘土里含有锡、锑、铅(全世界伪造货币者最常用的金属)的混合物金属颗粒,通过化学分析证明,金属颗粒与伪造的货币在成分上相同。当洛卡德提出这一证据时,犯罪嫌疑人承认了所有罪行。①

由于物质交换原理是从对尘土等微量物质的研究发展而来,所以很长一段时间内人们认为交换只发生在微量物质的等级上。后来一些学者对其进行了合理拓展,认为实践中还存在宏观交换的情况。在犯罪过程中,物质交换是广泛存在的,是伴随着犯罪行为发生而发生的,这种客观存在的规律不以人的意志为转移。物质交换表现为多种形式:

第一,痕迹性物质交换。痕迹性物质交换是指客体的某一部分在与另一客体接触时,双方客体表面结构形态互相转换。例如:在犯罪现场上遗留的犯罪嫌疑人的手印、足迹,或犯罪嫌疑人在实施犯罪过程中遗留的工具痕迹、枪弹痕迹以及其他痕迹;犯罪嫌疑人在实施犯罪过程中,因被害人的反抗而被撕破的衣服或咬伤、抓伤的痕迹等,都属于痕迹性物质交换的结果。

第二,实物性物质交换。实物性物质交换包括宏观物质交换和微观物质交换。宏观物质交换是指犯罪嫌疑人遗留在现场上的随身物品、作案工具、杀人凶器以及从现场窃取劫走的物品。微观物质交换是指犯罪嫌疑人在实施犯罪的过程中,脱落在现场或者从现场黏附的微量物质、毛发、人体分泌物等。实物性物质交换的结果是形成了通常所说的物证或者微量物证。

第三,能量交换。能量交换是指犯罪嫌疑人实施的犯罪行为对犯罪现场所造成的能量方面的变化。例如,在 Kyllo v. United States 案中,联邦执法官员怀疑凯洛(Kyllo)借助高炽灯(high - intensity)在自己的房子里种植大麻。执法官员将安装有热像仪的汽车停在凯洛房屋的街对面,然后利用热像仪对凯洛的房子进行了扫描。② 扫描结果显示,凯洛车库的屋顶和住宅的一堵墙的温度明显比整栋房屋的温度高得多。根据这一信息并结

---

① 参见[苏]拉·别尔金:《刑事侦察学随笔》,李瑞勤译,群众出版社1983年版,第198-199页。

② 按照美国联邦最高法院的解释,热像仪是一种能够"探测到红外线辐射的仪器——几乎所有物体都会发出红外线辐射,但是人类的肉眼却无法看到。热像仪根据相对的温度将红外线辐射转化为影像……就此而言,它的工作原理有点像能够显示热影像的录像机"。

合其他证据,执法官员获得了搜查凯洛住宅的搜查证。[①] 在该案中,犯罪嫌疑人利用高炽灯在房间内种植大麻的行为,对犯罪现场造成了能量方面的变化。

第四,信息交换。信息交换是指犯罪嫌疑人实施的犯罪行为所产生的意识性信息和电子数据信息的变化和交换。意识性信息包括:(1)犯罪心理痕迹的形成。心理痕迹是指人在一定心理状态下进行活动,在客观环境中留下反映该种心理状态的迹象。由于犯罪行为和犯罪结果的发生总是案犯在一定的环境中受一定的犯罪心理支配的产物,因此案犯的犯罪心理总会以一定的方式表现出来,即在特定的环境中留下心理痕迹。侦查人员可以根据转移的规律来分析案犯的心理特点,达到识别案犯的目的。[②] (2)犯罪印象信息的形成和交换。在犯罪过程中,案犯会通过感觉器官形成犯罪记忆,被害人或相关证人也会通过感觉器官对作案人、犯罪行为、犯罪过程、犯罪工具、犯罪时间、犯罪场所等留下犯罪印象信息。犯罪印象信息是分析犯罪行为的重要依据,蕴含着侦查破案的重要线索。

【案例1】2002年1月5日凌晨1时许,广东省某市107国道凤头岭路段发生一起抢劫杀人案。案犯用鞋油抹黑脸,开一辆轿车,在该路段截停并抢劫了一辆货车,杀死车上事主1名,砍伤其他6名事主,抢走藏在座位下的现金人民币274万多元后,开车逃离现场。被害人均为湖南省永兴县收买银锭的老板。1月4日,7人相约将收购的银锭运到广州销售后得款270多万元,当晚从广州开车回永兴,不料,1月5日凌晨车行至湘粤边界处时被劫。

侦查人员对被害人陈某某进行询问时,陈某某回忆,当时一名案犯持凶器欲伤害他,情急之下,他用永兴本地话说:"我年纪大了,你们不要伤害我,要什么我都给。"那名案犯听到这句话一愣,没有继续伤害他。

根据这一行为细节,侦查人员分析,这应是案犯听懂了陈某某说的永兴本地话所作的反应。但永兴本地话极其难懂,一般只有本地人才听得懂。据此推断,案犯应为永兴本地人。侦查人员遂将湖南省永兴县作为重点侦查范围,很快破获了该案。

随着计算机技术、通讯技术、网络技术的发展,案犯在实施犯罪过程

---

① 参见[美]约书亚·德雷斯勒、[美]艾伦·C.迈克尔斯:《美国刑事诉讼法精解》(第1卷·刑事侦查),吴宏耀译,北京大学出版社2009年版,第100页。

② 参见刘品新:《论犯罪过程中的信息转移原理》,载《福建公安高等专科学校学报》2003年第1期。

中,还会产生相应的电子数据信息。例如,案犯在犯罪现场打电话,现场附近的基站会存储下相应的通话数据信息。案犯利用计算机实施犯罪,亦会在互联网上留存相应的网络数据信息。这些电子数据信息是分析犯罪行为的重要来源,在杨玉章提出的“三定侦查法”中,专门总结了“电磁信息痕迹交叉说”,以体现电子数据信息分析的重要性。

物质交换原理对犯罪行为分析的意义主要体现在三个方面:

其一,物质交换原理为犯罪行为分析提供了客观基础。犯罪行为分析的前提是侦查人员先识别出案犯实施的犯罪行为,侦查活动相较于犯罪活动具有滞后性,开展侦查活动之时,大多数的犯罪行为早已不复存在,这无疑给侦查人员进行犯罪行为分析制造了难题。幸运的是,侦查人员可以依据物质交换原理,识别出案犯在犯罪现场实施的相关行为。例如:可以依据痕迹性物质交换现象,识别出案犯进出现场的行为和在现场实施的相关实行行为(盗窃、伤害、杀人行为等);可以依据实物性物质交换现象,识别出案犯使用、丢弃作案工具的行为;可以依据能量交换现象,识别出案犯实施的使现场温度变化的行为;可以依据信息交换现象,识别出案犯在案发前中后的打电话行为、上网行为以及针对被害人实施的一系列犯罪行为。

【案例2】2012年11月1日凌晨,某市东厦路观澜豪庭14、15铺面“同兴号滋补养生颜”发生盗窃案,店内150个鱼胶被盗,案值约合人民币81.4万元。经过现场勘查,民警发现,案犯只针对价值较高的鱼胶下手,对店内其他药材补品以及另一些价格较低的鱼胶却视而不见,作案目标极为明确。民警翻阅历年的警情信息发现,自2010年以来,该市已相继发生多起下半夜撬盗药材店、参茸行、海产品店等存放的高档鱼胶商铺的系列案件。

在2012年4月以后发生的5起案件中,案犯均在现场遗留有作案工具。因工具上没有指纹,侦查方向一度转向其他方面。但经过重新分析案情,侦查人员发现,2012年“4·18”“4·24”“11·01”3起案件中,案犯在现场所遗留工具均为“胜达牌”1.5寸鹰嘴管子钳,这一情况引起了专案组民警的高度重视。

“胜达牌”1.5寸鹰嘴管子钳在该市的销售规模越小、销量越少,循此获得突破的可能性也就越高。为此,专案组民警决定进一步扩大排查范围,从生产厂家入手倒查其销售渠道。经多番寻找,民警终于联系到“胜达牌”工具的生产厂家,并通过公安部跨区域网络协作平台获取了“胜达牌”工具在周边省市的销售网络,得到一条重要线索:2012年4月,该市“金达成”贸易商行老板黄某曾进了30把“胜达牌”鹰嘴管子钳(其中1.5寸规格12把、1寸规格18把)。依据该线索,专案组遂部署警力对“金达成”贸易商行展开侦控。

2012年11月28日,专案组民警在工作中发现,一名可疑男子曾经在“金达成”贸易商行购买工具钳,体貌特征与掌握情况相似,极有可能是案犯再次预谋作案。民警循线追击,抓获犯罪嫌疑人张某。在张某暂住房内缴获“胜达牌”鹰嘴管子钳、螺丝刀、手套等作案工具一批,最终确认张某即“鱼胶大盗”。

其二,物质交换原理为犯罪行为分析提供了科学依据。案犯在犯罪过程中产生物质交换是普遍存在的客观现象,是客观事物运动变化的一种必然规律。“在犯罪案件中物质交换是广泛存在的,是伴随着犯罪行为发生而发生的,这种客观存在的规律不以人的意志为转移。”①受这种客观规律指导开展的犯罪行为分析必然具有科学性,其分析意见亦成为司法实践中判断相关行为是否存在的重要科学依据。例如,物质交换原理指出,凡两个物体接触,就会产生物质交换现象,故而发现物质交换现象,就可以肯认两个物体有接触。从上述法则亦可反面推导出,如果没有发现物质交换现象,就可以否认两个物体有接触。在司法实践中,上述法则可以成为分析相关行为是否存在的重要科学依据。

【案例3】1991年,佛罗里达州棕榈海滩,这里静立着一幢身份显赫者的豪宅——肯尼迪家族的别墅。别墅庞大奢华,有19间房,一片私人海滩,前院后庭还有一大片草地。然而,就是这片草地,给肯尼迪家族带来了巨大危机——一名叫帕特西娅的女子声称,她在这片草地上遭到了强奸,被一位肯尼迪家族的男子侮辱长达半个小时。被指控的男子是威廉·肯尼迪·史密斯。随后,警方宣称,他们从报案人体内提取到了精液,经检验,精液属于威廉·肯尼迪·史密斯。

帕特西娅证称,他们在海滩漫步了很久,举止亲密,随后,威廉带她回到了别墅庭院,刚一到草地,威廉又对她拥吻搂抱。但不同的是,他开始拉扯她的衣服,意图不轨。帕特西娅声称,他们初识,虽有好感,但并没有打算和他发生关系,更何况是在庭院的草地上。然而威廉不听她哭诉,强行将她按在草地上侮辱了她。威廉却说,他带着帕特西娅在海滩漫步后,并没有去后院的草地,而是在沙滩上发生了亲密行为。完事后他还很疲惫,想带帕特西娅回别墅房间休息。就在这时,帕特西娅突然控诉威廉是在强

---

① 李栋、李波阳:《物质交换原理在犯罪现场勘查中的运用》,载《湖北警官学院学报》2010年第4期。

奸她,扬言要报警。他以为帕特西娅只是说说而已,谁知警察很快就找上门。

肯尼迪家族聘请李昌钰博士做辩方专家证人。在法庭上,李昌钰运用物质交换原理,驳斥了帕特西娅的证言。作证时,李昌钰向陪审团展示了一块手帕,并介绍了物质交换原理的基本内容:两个物体有接触,就会发生物质交换现象。他以手帕为例说明,在复勘现场时,他曾将这块手帕拿到草坪上蹭擦,现在大家可以看到手帕上黏附有草汁等物质。陪审员传看手帕后,点头称是。

李昌钰接着说,从物质交换原理的反面可以推导出,如果没有发生物质交换现象,则两个物体就没有接触。被害人帕特西娅曾说被告人将她按在草地上,她拼命反抗。如果是这样,那么帕特西娅的衣裙和内裤就会发生物质交换现象,但我用高倍显微镜仔细检查了她的衣裙和内裤,并没有在上面发现黏附有草汁等物质。听了李昌钰的证言,陪审员都到高倍显微镜下观察被害人的衣裙和内裤,果然没有在上面看见草汁等物质。最终,陪审团一致裁决被告人威廉·肯尼迪·史密斯无罪。

其三,物质交换原理能增强犯罪行为证据分析意见的证明力。根据证据法理论,证据的关联性与证据的证明力呈正相关关系,证据的关联性越强,证据的证明力越强。以物质交换原理为指导的犯罪行为证据分析,客观反映了案犯与犯罪现场、与被害人之间的联系,其结论与待证事项具有紧密的关联性,具有较强的证明力。

【案例4】2019年5月23日14时许,叶国辉认为叶某1(叶国辉父亲)要送其去××院,在开平市月山镇水二村委会村口猪栏内,趁叶某1不备,持现场的锄头猛砸叶某1的头部多下,致叶某1当场倒地不起。张某(叶国辉母亲)进入猪栏发现该情况后准备离开,叶国辉上前阻止并控制张某,持现场的镰刀和锄头先后砸张某的头部多下、用镰刀割张某的脖子多下,致张某当场死亡。叶国辉作案后逃回其位于开平市月山镇水二村委会第九巷2号的住宅内换洗衣物。公安民警于5月26日在上述住宅内抓获叶国辉。经鉴定,被害人叶某1系颅脑损伤死亡,被害人张某系颅脑损伤死亡。叶国辉作案时精神状态诊断为精神分裂症(残留期),刑事责任能力评定为限定刑事责任能力。

检察机关举证的证据包括开平市公安局刑事侦查大队三中队出具的《分析说明》。该证据证实:根据实地勘验检查、现场走访调查及检验鉴定材料分析,推断现场4号猪栏内挂放的鸡笼提手上的血痕应为叶国辉杀死叶某1后,其手上沾有死者叶某1的血痕,然后叶国辉在提鸡笼去4号猪栏挂起来时将叶某1的血转移到了鸡笼提手上;鸡笼笼身上的血痕应为叶国辉在杀死叶某1时,叶某1的血迹喷溅到笼身上。

法院认为,上述《分析说明》与现场勘查情况、被告人供述相互印证,予以采信。最终判决:被告人叶国辉犯故意杀人罪,判处无期徒刑,剥夺政治权利终身。①

二、因果关系原理

因果关系原理是揭示刑事案件中普遍联系事物的先后相继、彼此制约的规律。引起一定结果的现象叫原因,由于原因的作用而必然引起的现象叫结果。刑事案件中的因果关系具有普遍性和客观性的特点。因果关系是刑事案件本身所固有的联系在人的思维中的反映,而不是人脑固有的主观范畴。案件中的任何现象都有其产生的原因,任何原因都必然引起一定的结果。无原因的结果和无结果的原因都是不存在的,每一现象都受因果关系的制约。

在刑事案件中,常见的因果关系表现形式有犯罪动机与犯罪目的的因果关系、犯罪动机与犯罪行为的因果关系、犯罪行为与现场痕迹的因果关系、犯罪行为与感觉等反映形象的因果关系、犯罪技能与犯罪方式之间的因果关系、犯罪行为与犯罪结果的因果关系、犯罪结果与犯罪后行为的因果关系、作案人的反常心理与反常言行的因果关系等。

对犯罪行为分析而言,因果关系原理的指导作用既体现在宏观方面又体现在微观方面。

首先,从宏观方面而言,因果关系原理为犯罪行为分析的基本分析模式奠定了科学的认识论基础。犯罪行为分析的基本分析模式为:现场迹象—行为反应—心理品质。根据意识决定人的行为和行为决定外部改变的原理,通过外部变化(现场迹象)确定行为特征,再通过行为特征确定心理品质。② 犯罪行为具有必然性、客观性和个体性的特点,行为分析是心理品质和现场迹象之间的联结点。没有行为分析,外在的现场迹象只是一种孤立的信息;没有行为分析,内在的心理品质就很难得到确切的揭示。

犯罪行为分析的基本分析模式包含两次逆推过程,第一次逆推过程为现场迹象—行为反应,第二次逆推过程为行为反应—心理品质。这两次逆

---

① 参见广东省高级人民法院刑事裁定书,(2020)粤刑终413号。

② 参见闵建雄编著:《命案现场分析概论》,中国人民公安大学出版社2013年版,第42页。

推过程实际上都体现了因果关系原理。例如,现场迹象—行为反应就是犯罪行为与现场痕迹的因果关系体现。行为反应—心理品质就是犯罪动机与犯罪行为的因果关系体现。由于犯罪行为分析的基本分析模式建基于因果关系原理,这就为其分析结论奠定了科学的认识论基础。

其次,从微观方面而言,因果关系原理为分析案犯的作案过程提供了理论指导。作案过程是指案犯在现场作案的先后顺序和行为动作的综合情况。具体来说,作案过程包括案犯从何处进入现场、到过什么地方、接触过什么物体、有什么行为动作、目的是什么,最后从哪里逃离现场等。准确分析作案过程,不仅对认定案件性质、刻画案犯应具备的条件、确定侦查范围具有重要作用,而且对以后甄别犯罪嫌疑人供述具有重要意义。

犯罪行为分析意义上的作案过程分析,力图还原案犯在现场实施的每一行为及其先后顺序。在作案过程分析中,因果关系原理发挥着重要的理论指导作用,这是因为行为发生的先后顺序往往要受到因果关系原理的制约。例如,某税务所工作人员早晨上班时发现办公室窗户玻璃被打破、抽屉被撬,被盗现金及贵重物品若干,门锁完好。侦查人员在现场勘查中发现,从抽屉中翻落地面的物品上覆盖有不少从窗户上掉落的玻璃碎片,据此判断是内盗。因为外盗作案人打破窗户在先,翻动抽屉在后,翻落地面的物品上不会有玻璃碎片,只有内盗才会出现作案人翻动抽屉在先,打破窗户在后,翻落地面的物品才会有玻璃碎片覆盖。

【案例5】某年12月9日早6时,有人发现村民李某死于自己家中。经勘查,死者仰卧于自己独居卧室的床上,死者的衣兜被翻动、掏出,身盖一棉被。头部两侧的床面上有大量喷溅血迹,头部左侧颅骨塌陷,肋骨呈广泛性骨折,颈部有9厘米长的切割伤。床下一块红砖的棱角处沾有血迹和毛发(经鉴定系被害人的)。靠东墙的壁洞里有一把铁柄菜刀,刀刃上沾有血迹(经鉴定系被害人的),刀柄上有两枚灰粉指纹。床边桌子上的煤油灯罩上有两枚加层指纹。室内被翻动,大量谷物、地瓜粉散落在地。经法医检验,死者是在最后一次进餐6小时后死亡的。经调查死者8日晚6时在邻居家吃的晚饭。案犯的作案过程是怎样的呢?

案犯的作案过程:12月8日深夜12点左右,案犯乘李某熟睡之机,潜入李某家中,骑于李某胸部(依据:肋骨呈广泛性骨折,死者仰卧于自己独居卧室的床上,案发时间为深夜12点后),先用红砖打击李某头部(依据:头部两侧的床面上有大量喷溅血迹,头部左侧颅骨塌陷,床下一块红砖的棱角处沾有血迹和毛发),然后点燃桌上煤油灯(依据:煤油灯罩上有两枚加层指纹),大量翻动室内物品(依据:室内被翻动,大量谷物、地瓜粉散落在地)，后用菜刀切割李某颈部后逃离现场(依据:刀柄上有两枚灰粉指纹，李某颈部有9厘米长的切割伤)。

第二节　犯罪心理学方面的理论

犯罪心理是指影响和支配犯罪行为人实施犯罪行为的各种心理因素的总称。这些心理因素包括认识、情感、意志、性格、兴趣、需要、动机、理想、信念、世界观、价值观以及心理状态等。从因果关系的角度来看，犯罪心理是行为人实施犯罪行为的内在原因。关于犯罪心理学的研究认为，犯罪心理机制包括犯罪心理的形成机制和犯罪行为的发生机制，它是犯罪心理引起犯罪行为的工作方式与过程的总称，也就是要从犯罪行为人的心理方面揭示犯罪行为发生的机制。犯罪行为的发生存在多种机制，了解这些机制有助于更好地指导犯罪行为分析工作。

一、内外化机制

我国学者认为，从吸收客观外界的消极因素到形成主体犯罪心理的过程和规律，是犯罪心理的内化机制。由犯罪心理的整合到发动犯罪行为的过程和规律，是犯罪心理外化机制。内外化的两个阶段不能截然分开，它们是互相衔接、渗透和相互作用的。内外化机制的关系是，内外化机制既可作阶段性划分加以区别，又不能截然分开，内化中有外化、外化中有内化。内外化机制的运行，都以外部刺激和内部需求为动因，以不健全人格和犯罪意向为中介，以特定情境和机遇为条件，其间经历了若干心理环节和反馈作用，终于形成了相对稳固的犯罪心理结构，引发犯罪行为。

犯罪心理的内化是通过以下环节完成的:(1)认知的选择与加工;(2)模仿学习;(3)角色扮演;(4)自我强化等环节。犯罪心理的外化过程是通过以下环节实现的:(1)预谋发动;(2)情境互动;(3)挫折攻击等。①

二、刺激反应与反馈机制

刺激反应与反馈机制认为，从犯罪心理到犯罪行为，是一个变量系统，包括三个基本变量:一是外在刺激因素(S变量);二是主体的反应变量(O变量);三是行为变量。犯罪行为人之所以会实施犯罪行为是因为他遭受了不良情境或外界诱因的刺激，犯罪行为是犯罪行为人(O变量)对于外界

① 参见王锐编著:《新编犯罪行为心理学》，中国人民公安大学出版社2010年版，第63页。

刺激因素(S 变量)的反应(R 变量)。①

三、量变质变机制

犯罪行为的产生需要一定心理基础,其是不良认知、不良情绪、不良人格发展到一定阶段的结果。在犯罪行为发生机制中,遵循着量变—质变转化规律,人的心理活动决定了人的行为表现,尤其是重要行为(如犯罪行为)的发生是心理量的变化结果,人的认知过程由感性认知到理性认知,个体认知与品德呈现出的不同阶段,是由量变到质变的飞跃过程。②

犯罪行为人之所以会实施犯罪行为是因为其社会化的缺陷或心理缺陷积累到了一定程度,突破了犯罪行为人的接受值,或心理压抑达到了最高承受值。由不完全的社会化和错误的社会化发展到违法犯罪,是一个人由正常人演变为犯罪人的量变到质变的基本过程。

四、防卫机制

防卫机制是精神分析用语,指人在潜意识中自动地进行克服本我、自我、超我发生冲突时所产生的焦虑,以保护自我的方法。犯罪行为是犯罪者自我防卫机制的产物,常见的犯罪心理防卫表现为:(1)犯罪行为人"心安理得"地滋生犯罪动机和实施犯罪行为,认为自己的犯罪行为合情合理。(2)犯罪行为人实施对他人的攻击是因为过度的自我防卫。(3)犯罪行为人出于变态心理的宣泄,为克服内心的自卑感、嫉妒心理而加害他人。

从防卫机制的角度来看,犯罪行为人之所以实施犯罪行为是因为其内心受到了心理压抑,出现了心理冲突、心理失衡而导致其意识或潜意识期待通过犯罪行为或某种发泄行为来实现平衡。

除了上述犯罪心理机制以外,犯罪心理学的动机理论、需要理论、犯罪行为心理归因理论也为犯罪行为分析提供了科学依据(本书第五章将详细介绍这些理论)。

第三节　犯罪学方面的理论

传统的犯罪学主要是从宏观方面探讨犯罪的原因,对犯罪行为分析工作指导价值有限。但从 20 世纪六七十年代起,犯罪学出现了明显的研究

---

① 参见杨玉章主编:《刑事侦查与行为证据》,河南科学技术出版社 2019 年版,第 9 页。

② 参见王锐编著:《新编犯罪行为心理学》,中国人民公安大学出版社 2010 年版,第 59 页。

转向,开始注重从微观层面研究犯罪行为是如何发生的。在这一研究转向过程中,部分学者提出了诸多极具启发性的理论,如犯罪理性选择理论、环境犯罪学理论等。由于这些理论关注的是具体情境中犯罪行为是如何发生的,对犯罪行为分析工作具有较强的指导意义。下面笔者主要以环境犯罪学中的日常活动理论为例,具体阐述该理论对犯罪行为分析乃至对侦查工作的指导。

一、日常活动理论概述

日常活动理论(Routine Activity Theory)是环境犯罪学(Environmental Criminology)的重要理论基础。环境犯罪学主要研究身边环境的状况对犯罪人选择犯罪行为的影响,研究的主要目的在于探求犯罪预防对策。环境犯罪学着重从犯罪的情境中分析犯罪行为,即环境犯罪学研究的重点从"原因论的理解转移至情境论的理解",观察为什么某些人在某些特殊的时间和空间犯了某些特殊类型之罪,并将犯罪当作社会事件从法律、犯罪人、标的及地方等四个层面来探讨:(1)犯罪在何时何地发生。(2)犯罪发生的物理和社会特征是什么。(3)犯罪人选择犯罪地的过程即在空间上的移动是怎样的。(4)犯罪标的物及发生地在空间的分布是怎样的。(5)这四个因素如何互动而产生犯罪。①

就发展历史而言,日常活动理论是在生活型态暴露理论(Life - Style Exposure Theory)基础上发展起来的。1978 年,美国学者辛德朗(Hindelang)、高佛森(Gottfredson)和加洛法罗(Garofalo)提出了生活型态暴露理论,旨在说明某人之所以被害,与其"生活型态"的某些特色有关。"生活型态"系指日常生活之各项活动,包括职业活动及娱乐休闲活动等,个人因这些"生活型态"的不同而影响其被害风险。该理论指出:犯罪并非随机分布,犯罪人与被害人的活动型态似有关联。不同的个人因角色期望、社会结构及生活调适的不同,而形成不同的生活型态,蕴含着不同的被害风险,常与具有犯罪特性的人接触交往者,其暴露于危险情境的机会越多,被害的可能性也越大。生活型态暴露理论提出了八项命题:

命题一:个人被害可能性与其暴露在公共场所时间的多少成正比,特别是夜晚的公共场所。

命题二:个人置身公共场所的可能性随其生活型态之不同而有所差异,尤其夜晚较为明显。

---

① 参见许春金:《犯罪学》(第 5 版),桃园,我国台湾地区警察大学出版社 2007 年版,第 423 页。

命题三：类似生活方式者，其彼此接触互动的机会较多。

命题四：个人被害的可能性，端视其是否具有与加害者类似生活背景。

命题五：个人与其家人以外成员接触时间的多少，随其生活型态的不同而异。

命题六：个人被害的可能性随其与非家人接触时间的多少而定，尤其是盗窃罪。

命题七：个人越常与有犯罪特性的人接触，其被害可能性也就越大。

命题八：生活型态的差异与一个人成为被害人的方便性、诱发性及易于侵害性的差异有关。①

1979 年，美国犯罪学家劳伦斯·科恩（Lawrence Cohen）和马库斯·菲尔逊（Marcus Felson）共同撰写了论文《社会变化和犯罪率趋势——以日常活动为视角》，正式提出了日常活动理论，试图将生活型态暴露理论具体化。他们认为，犯罪的动机和犯罪人可说是一个常数，每一个社会总有某些百分比的人会因特殊的理由（需要、贪婪、报复等）而犯罪。因此，直接接触暴力性犯罪的总数和分布与被害人和犯罪人的日常活动及生活型态有关。日常活动理论的中心假说为“违法犯罪在特定时间与地点发生的可能性，可以被认为是可能的犯罪人与合适的目标在缺失监管时之交互发生作用”，因此，可以从这三个要素来评估特定犯罪发生的可能性。

第一，合适的犯罪目标（suitable target）。犯罪能够产生，首先必须有适合的犯罪目标。科恩和菲尔逊将适合的犯罪目标所具有的特征在表 2-1中归纳为一个词：VIVA。

表 2-1　适合的犯罪目标特征

V	Value 价值	犯罪目标的价值及可获取的利益
I	Inertia 可移动性	大小、重量等物理特性，如体积小、易于移动
V	Visibility 可见性	是否容易被识别，是否具有显著的吸引犯罪人的特征
A	Access 可接近性	是否容易接近及是否易于逃跑

第二，具有能力及不良倾向的潜在犯罪人（likely offenders）。日常活动理论是从犯罪人的角度来理解犯罪的，因此存在客体的同时必须存在行为主体——潜在的犯罪人。

第三，缺乏强有力的监控者（absence of a capable guardian）。即使存在适合的犯罪目标和犯罪主体，犯罪也未必发生，因为如果存在有力的监

① 参见张平吾：《被害者学概论》，桃园，我国台湾地区警察大学出版社 1999 年版，第 105 页。

控者，往往可以对潜在的犯罪人起到威慑作用。[①]

在日常活动理论的基础上，美国犯罪学家菲尔逊和克拉克（Clarke）又提出犯罪搜寻理论（Crime Search Theory）。该理论认为，每一个犯罪人会在个人活动的中心范畴（如家、学校、工作场所或娱乐场所）以及活动路径寻找合适的标的物。犯罪人会从个人活动的中心范围以及沿着三条路线找寻犯罪机会和犯罪对象，即使发现了路径以外的小路，犯罪人通常仍不会远离他们所熟悉的区域犯罪。[②]

传统上，日常活动理论主要运用于犯罪预防领域[③]，实际上，该理论对犯罪行为分析也颇具价值，尤其是在案犯与被害人之间呈陌生关系的案件中，日常活动理论对案犯的相关行为具有较强的解释作用。运用日常活动理论可以帮助侦查人员分析这类案件的发案模式，从而有助于判断案件性质、划定侦查范围、明确调查重点。下面笔者将结合具体案例，阐述该理论在侦查工作中的运用策略。

二、遭遇模式下的分析调查策略

遭遇模式是日常活动理论解读犯罪发生的典型模式。所谓遭遇模式，是指案犯和被害人经由各自的日常活动于特定的时空环境相遇，由于机会适合或中间因素的介入，案犯突生歹意对被害人实施犯罪。

【案例6】2012年8月26日凌晨2时许，案犯谭某新从酒吧喝酒后回家，途经广东省罗定市市政广场，发现被害人李某嫦（女，16岁）、陈某（女，15岁）坐在广场旁的一块大石头上聊天，遂上前对两名少女进行言语调戏，但被陈某辱骂。谭某新离开广场，回到距广场仅几百米的家中。他想起平时遭人看不起，以前的女朋友又甩了自己，现又被十几岁的小女孩辱骂，越想越愤怒，于是从厨房拿起一把菜刀回到市政广场。当谭某新来到现场时，发现两名夜不归宿的女孩已躺在石头上睡觉，遂用菜刀先后将二人砍死，随后逃离现场。[④]

---

① See L. E. Cohen & M. Felson, *Social Change and Crime Rate Trends: A Routine Activity Approach*, American Sociological Review, Vol. 44, p. 588 - 608 (1979).

② 参见许福生：《犯罪与刑事政策学》，2012年自版发行，第157 - 158页。

③ 参见梅建明：《论环境犯罪学的起源、发展与贡献》，载《中国人民公安大学学报（社会科学版）》2006年第5期；李瑞生：《空间、失序与犯罪——西方环境犯罪学研究综述》，载《新疆财经大学学报》2011年第3期。

④ 参见《调戏两女被辱骂　回家拿菜刀行凶》，载新浪网，https://news.sina.com.cn/c/2012-08-31/043925072076.shtml。

在该案中,案犯与被害人经由各自的日常活动(酒吧喝酒后回家和户外聊天)于特定的时空环境(凌晨2时许市政广场旁)相遇,案犯感觉机会合适(出现了合适的犯罪目标,缺乏有力的监控者),顿生歹意对被害人进行调戏,后经中间因素的催化(案犯被被害人辱骂以及联想到过往的情感经历),案犯对被害人进一步实施了杀害行为。

【案例7】2010年11月17日19时左右,广州市女白领陈某佳在自家小区离奇失踪。此事经网络炒作,一度被传为有犯罪团伙专门杀害女性,贩卖器官,引起市民恐慌,给当地公安机关造成了较大压力。失踪前,陈某佳如往常一样下班回家,公安机关调取沿线视频监控录像发现,其进入自家小区前均有影像记录。当地公安机关排除干扰(案犯于失踪当晚20时59分用陈某佳的手机给其丈夫发送了一条短信:"手机没电,和朋友吃饭晚点回。"),运用日常活动理论分析认为,陈某佳应是在进入小区后遭遇不测,并将侦查重点范围锁定为被害人居住的小区。经多日排查发现,居住在被害人楼下302房的钟某仲有重大作案嫌疑。归案后钟某仲交代,当晚19时许,他开门外出时,由于楼道很窄,房门撞到了下班回家上楼的陈某佳(住6楼),陈某佳当时骂了他一句。他见陈某佳单身一人,遂萌生了抢劫念头。随后,他将陈某佳拖进家中实施捆绑抢劫,因害怕罪行暴露将陈某佳杀害,肢解后放在纸箱内运至老家高州市一河中抛弃。①

在该案中,案犯与被害人经由各自的日常活动(开门外出和上楼回家)于特定的时空环境(狭窄的楼道内)相遇,由于中间因素的介入(碰撞产生口角)及犯罪机会的适合(被害人单身一人,楼道内缺乏有力的监控者),案犯萌生犯意对被害人实施了抢劫杀害行为。

在遭遇模式下,调查的一般思路应从犯罪发生的特定时空环境以及被害人因素方面分析、推断案犯可能的日常活动及活动区域,并进而展开有针对性的调查走访工作,主要的策略包括:

第一,分析、研究被害人遇害的特定时空环境。日常活动理论研究的重点之一即观察环境状况对犯罪人选择犯罪行为的影响,这正如科恩和菲尔逊所指出的:"我们并不研究个体为什么具有犯罪倾向,相反,我们把犯罪倾向看作先定的条件,我们关心的问题是社会活动在时间和空间的组织方式如何把这种倾向从可能变为现实。"

---

① 参见《女白领回家遭邻居抢劫杀害　起因系碰撞引发口角》,载中国新闻网,https://www.chinanews.com.cn/fz/2011/11-10/3449896.shtml。

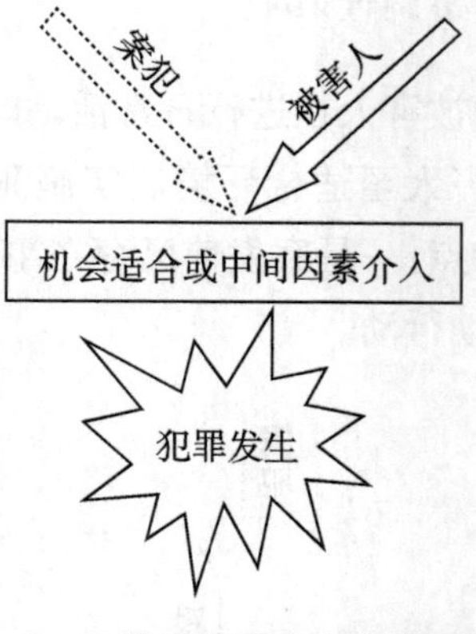

图 2－1　日常活动理论中的遭遇模式

分析、研究被害人遇害的特定时空环境具有以下主要目的：一是通过评估此环境所蕴含的犯罪机会的可能性为判断案件性质提供信息；二是通过分析研究此环境推断案犯可能的日常活动及活动区域。一般而言，夜晚、缺乏有力监控因素的公共场所蕴含了更多的犯罪机会，被害人于此环境内遇害，侦查人员可联想日常活动的遭遇模式进行分析。

例如，前述案例 6 中，侦查人员分析认为，处于这一特定时空环境（凌晨 2 时许，空旷无人的市政广场）的被害人较易遭到犯罪的侵害，案犯应是途经此地时见有机可乘，才临时起意实施了犯罪。据此，侦查人员从该特定时空环境推断案犯可能的日常活动应为从附近的网吧、酒吧、大排档消遣后返回居住地，并将上述三场所列为重点走访场所，最终从某酒吧处获取了案犯的重要信息。

第二，对被害人被害风险进行评估。对被害人被害风险进行评估具有以下主要目的：一是为判断案件性质提供信息；二是为分析、推断是否存在引发犯罪的中间因素。在对被害人被害风险进行评估时，尤其要注意从其家属、朋友处了解被害人的性格特点。在犯罪学理论中，如果一个人具备某些容易形成危险的生活方式而被害的个性特点，则这类被害人被害风险被归类为生活方式所致的被害风险。[①] 在我国侦查实践中，已有侦查人员在调查中自觉引入被害人被害风险评估，并收到了良好效果。[②]

---

① 参见［美］布伦特·E. 特维：《犯罪心理画像——行为证据分析入门》，李玫瑾等译，中国人民公安大学出版社 2005 年版，第 141－142 页。

② 参见杨玉章：《三定侦查法——犯罪心理画像实证研究》，群众出版社 2008 年版，第 78－82 页。

三、挑选模式下的分析调查策略

所谓挑选模式，是指被害人在进行日常活动时被事先已有犯意的案犯挑选、跟踪，案犯尾随被害人至适合环境后实施犯罪行为。与遭遇模式相比，挑选模式具有以下特点：一是案发前已存在事先有犯意的案犯；二是案犯跟随被害人的日常活动行动。

图2－2　日常活动理论中的挑选模式

根据挑选模式的特点，主要的调查策略包括以下两点。

第一，认真研究被害人遇害前的日常活动，对被害人遇害前24小时或48小时内的日常活动进行定时定位，从中发现被害人被挑选、跟踪的处所，将该处所至被害人遇害地点的沿线区域作为重点调查区域。

【案例8】2012年1月17日中午，石家庄市鹿泉市“神话”夜总会服务员席某玲（暂住于该市桥东区国储135宿舍区）被人发现遇害于鹿泉市铜冶镇石家庄工业职业技术学院南校区西500米麦地南侧渠沟内。经现场勘查，判断该女子系被人勒颈部，造成机械性窒息死亡，现场为抛尸现场。通过向被害人单位同事了解，被害人于1月14日凌晨1时30分左右离开单位独自下班回家。侦查人员分析了被害人从工作单位到暂住地的路线，调取了沿途的监控录像，发现被害人当晚乘坐出租车到宿舍区门口，到门卫处叫门（1月14日凌晨1时37分55秒），接着大门打开，出租车进入小区。跟随出租车进入小区的还有一辆可疑的北斗星汽车（该车在没有进入监控范围时开着大灯，进入监控范围后将大灯关闭），该汽车在小区内停留12分钟后驶出小区。

侦查人员通过走访小区保安和居民，证实该北斗星汽车不是135宿舍区居民所有。通过以车找人，侦查人员最终抓获案犯田某旭、杨某。二犯交代，当晚驾驶北斗星汽车尾随下班的被害人至小区内，用事先准备好的毛巾、胶带、铁链等将被害人绑走，并实施抢劫杀害行为。①

对于系列杀人案件的被害人，尤其要认真研究被害人遇害前的日常活动，并建立被害人遇害前24小时行踪表进行交叉比对，从而发现案犯挑选、跟踪被害人的处所。

【案例9】在2007年深圳幸福花园系列杀人案中，居住在幸福花园小区的两名中年妇女接连在家中遇害。在案件侦查前期，侦查人员主要围绕两名妇女的社会关系进行走访，并将走访的范围局限在幸福花园小区内，结果收效甚微。直到侦查后期，侦查人员偶然对两名被害人生前的日常活动进行调查时才意外发现，两名被害人遇害前都曾到过小区附近的一个菜市场买过菜。

侦查人员重点排查案发现场到菜市场之间的出租屋、小旅馆等外来人口聚居地，最终在一个小旅馆内获得了重要线索，抓获案犯邵某。据邵某交代，他从老家来到深圳，一直在策划抢劫犯罪。他隐藏在人多嘈杂的菜市场附近，选择中年单身女性作为目标，然后尾随被害人回家，入室行凶。②

第二，除了认真研究被害人遇害前的日常活动轨迹外，也需关注被害人生前突然增加的某些日常活动。这些日常活动增加了被害人与陌生人接触的机会，成为案犯挑选被害人的重要环节。这一点正如日常活动理论所强调的：被害人行为模式的结构性变化对被害的概率有着重要影响。

【案例10】2006年5月16日19时40分，上海市公安局110接到报警称，普陀区管弄路某弄36号105室发生杀人案，某房地产有限公司浦东分部员工王某（女，25岁）被害于暂住地。经勘查，案犯系"软"进门，并有用割断的电话线、网线和携带的封箱带缠绕被害人全身、尖刀威逼、拖移尸体的过程，被害人致命伤为颈部1刀，死亡时间推算为5月14日晚上。在走访过程中，侦查人员了解到，有一男一女在14日晚饭前后到过现场。找到这一男一女后，侦查人员排除了他们的嫌疑，但他们提供了一条重要线索：被害人在新浪合租网上发帖，要求合租案发地的房子，并留下了手机及室

---

① 参见《石家庄大酒店厨师长为还赌债　劫杀夜总会迎宾女》，载河北新闻网，http://hebei.hebnews.cn/2012-02/10/content_2526716.htm。

② 参见《深圳幸福花园连环命案调查》，中央电视台"法治在线"栏目2007年5月25日播出，https://news.cctv.com/law/20070525/110321.shtml。

内电话号码。

侦查人员分析认为，被害人在上海的社会关系简单，排除了同事、老乡、前男友、同学等人作案的可能性以后，来看房的陌生人成为重要嫌疑人。循此线索，侦查人员对被害人的生前电话通话记录和短信展开了重点调查，发现有一自称为许先生的看房人有重大嫌疑。抓获案犯许某华后，该犯交代，2006年5月13日，其在上网时看到被害人王某的合租房信息，即预谋上门抢劫。5月14日22时，许某华依约上门看房，乘被害人王某不备，实施了抢劫杀害行为。[①]

四、犯罪人搜寻模式的分析调查策略

在日常活动理论基础上发展起来的犯罪搜寻理论认为，犯罪人通常会在个人活动的中心范畴（如家、学校、工作场所或娱乐场所）以及活动路径寻找合适的标的物。实践中，犯罪人的搜寻模式有两种形态：

一是已有犯罪倾向的犯罪人沿日常活动路径搜寻侵害目标，并就地发动攻击。例如，20世纪80年代中期，伦敦北部铁路沿线接连发生强奸杀人案，英国心理学家坎特通过研判案发地点，分析推断案犯应从事与铁路有关的职业，其是在上下班途中搜寻被害人并加以侵害。破案后证实，案犯约翰·达菲从事铁路木匠工作。[②]

二是已有犯罪倾向的犯罪人在日常活动范围内搜寻侵害目标，再通过诱骗的方式引诱被害人至封闭环境内实施侵害行为。例如，在震惊全国的河南平舆黄勇系列杀人案中，案犯黄勇就是在其日常活动范围内的网吧、游戏机室挑选中学男生，并以交流游戏技能名义将被害人诱骗至家中折磨杀害。

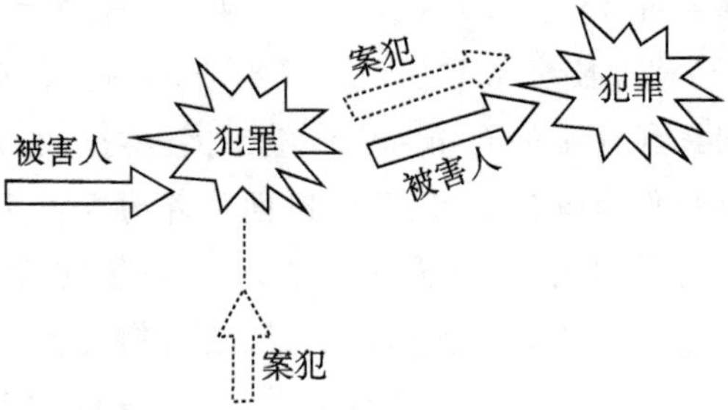

图2-3　日常活动理论中的搜寻模式

① 参见公安部五局编：《命案案例评析》（一），中国人民公安大学出版社2009年版，第55页。

② 参见［英］坎特（Canter，D.）：《犯罪的影子——系列杀人犯的心理特征剖析》，吴宗宪等译，中国轻工业出版社2002年版，第66页。

根据搜寻模式的特点,主要的调查策略包括:

第一,加大对案发地点的研判,分析案犯可能的活动轨迹,进而对其工作或居住区域展开重点排查。

【案例11】2009年5月28日22时许,河南省新乡市牧野分局接赵某英、赵某梅(住新乡市牧野区金荣小区)报案称:其两家女儿李某(女,2年级学生)和王某(女,2年级学生)于当日13时40分结伴离家至学校看电影,至当晚18时许仍未回家,后向老师询问获悉,二人下午均未到校,请求公安机关帮助查找下落。通过调取监控资料发现:

(1)牧野区金荣小区门前监控录像显示:13时51分,一名穿白衬衣的男子在金荣小区大门西侧与两女童交谈,13时57分两女童随该男子离开金荣小区。

(2)牧野区电业局俱乐部门口监控录像显示:14时6分,该男子带领两女童顺北干道路北自西向东徒步行走。

(3)解放路裕民西街南侧邮政储蓄监控录像显示:14时15分,该男子带领两女童向裕民西街行走。裕民西街西头电业局家属院东门未发现该男子及两女童进入家属院的影像。

(4)新乡市十三中学的监控录像显示:14时15分,犯罪嫌疑人与两女童步行由南至北经过十三中学的门口。

(5)牧野区解放路北760厂风云俱乐部门前录像显示:犯罪嫌疑人和两女童未经过。

据此,专案组分析犯罪嫌疑人极有可能带两名女童拐入路两侧的760厂家属区,遂展开重点排查,最终抓获案犯崔某生。该犯交代:5月28日中午,其在金荣小区母亲住处吃过午饭后回家,在该小区门口遇到两名女童,他以同路为借口,将两人诱骗至其住处进行猥亵,杀害。①

第二,如果是系列案件,侦查人员要注意联结多个案件发生地点分析,判断发案模式是否可能属于搜寻模式。如属于搜寻模式,要进一步分析这些地点与案犯某些日常活动的联系,从而确定案犯可能的居住地或工作地。在此过程中,可借助犯罪地理学的相关知识进行分析。

日常活动理论对部分案犯与被害人之间呈陌生关系的案件具有较强的解释作用,由于此类案件呈增多之势,侦查人员可将该理论作为常备理论用于指导案件侦查。在运用过程中,可进一步结合案件特点,判明该起

---

① 参见河南省公安厅刑事侦查研究中心、河南省公安厅刑事侦查总队编著:《命案案例精解》,中国人民公安大学出版社2012年版,第444-448页。

案件属于遭遇模式、挑选模式还是搜寻模式。然而,无论属于何种模式,运用日常活动理论的重点均在于通过已知的案发环境和被害人因素推断案犯可能的日常活动及活动区域,为进一步侦查创造条件。因此,在这类案件侦查中,对案发环境进行全面、仔细分析,建立被害人遇害前行踪表,注意对被害人被害风险进行评估是共同的调查策略。

第三章　犯罪标记行为的概念和特征

第一节　犯罪标记行为的概念

一、犯罪标记行为名称的来源

传统上，侦查人员将案犯犯案过程中实施的各种行为统一纳入犯罪手段的认识框架中，这种笼统认识不利于区分案犯基于不同目的实施的行为，进而不利于准确分析案情、刻画案犯特征。1992 年，FBI 特工约翰·道格拉斯发表《暴力犯罪现场分析：犯罪手段、标记行为和伪装行为》一文，正式提出犯罪手段（modus operandi）和犯罪标记行为（signature behavior①）的分类。

在侦查纳撒尼尔·科德系列杀人案时，约翰·道格拉斯注意到，案犯在现场实施了大量特殊的行为，这些行为远超犯罪手段所需，很难用传统的犯罪手段行为理论来解释。例如，案犯实施了明显的手铐式捆绑方法，道格拉斯认为："案犯捆绑的方式是如此独特，如果你把这些案件合起来放到一个文件里，你会发现并说这些都发生在一个案件中，简直是同一个例子。"道格拉斯还指出，案犯另一个仪式特点就是他操纵、支配、控制被害人的需要，他将被害人的尸体放置在不同的房间里表现出这种仪式。此外，案犯还实施了过度伤害的犯罪标记行为，这从被害人身上众多的刀伤可以看出。法庭最终接受了约翰·道格拉斯的证词，认定："查妮谋杀案、福特谋杀案和威廉·科德谋杀案的仪式特点如此明显，能够得出'它们是由同一作案人所为'这一结论。"②

以该案为基础，约翰·道格拉斯正式将犯罪标记行为从犯罪手段中区分出来。这个概念提出后，由于具有较强的分析价值，很快就引起侦查理论界和实务界的重视，并被官方侦查手册正式采纳。例如，FBI 编辑出版

---

① 该术语直译为"签名行为"，道格拉斯以此命名，意指案犯实施的这种特殊行为，像其签名一样具有独有的特征。为避免让人误解，本书统一使用犯罪标记行为的称谓，意指这类行为就像一个记号或标志，显示出案犯的独有特征。

② ［美］布伦特·E. 特维：《犯罪心理画像——行为证据分析入门》，李玫瑾等译，中国人民公安大学出版社 2005 年版，第 301 页。

的《犯罪分类手册》就将这一新概念收入其中。

在侦查重大暴力犯罪案件时，FBI 特工发现，急需建立一套犯罪分类系统以指导各地警方办案。其时，各地警方在侦办这类案件时，往往依赖《精神疾病诊断与统计手册》，然而，这本书对他们的帮助并不大。为此，FBI 行为科学组着手编撰《犯罪分类手册》，并公开出版。约翰·道格拉斯为此指出："依据我们开始着手进行编撰的《犯罪分类手册》，以行为人行为特征来组织并分析重大犯罪，并解释之，这是严格的心理学方法，是《精神疾病诊断与统计手册》无法办到的。例如，你不会在《精神疾病诊断与统计手册》中找到辛普森(O. J. Simpson)被控的犯罪类型，但是你将在《犯罪分类手册》中找到。"①

《犯罪分类手册》将犯罪类型以三个阿拉伯数字编码，依照案犯的基本动机(primary motivation)与意图(intent)而加以区分。编码中第一个数字代表主要的犯罪类型，如 1 代表杀人罪，2 代表纵火罪，3 代表性侵害犯罪。第二个数字则是主要犯罪类型的再分类。第三个数字则是代表上述犯罪类型的特别分类。如果以三个数字将犯罪分类之后，还有个别子群犯罪种类存在，则以小数点后两位数字来表示。

在每一类犯罪的下方，《犯罪分类手册》都列出了代表性案例、犯罪现场特征、案犯行为及人格特征、法医学特征、侦查注意事项等内容，为侦查人员提供指引。其中，在案犯行为特征方面，很多类型的犯罪加入了关于犯罪标记行为特征的描述(参见第一章"犯罪行为分析的历史发展")。

二、犯罪标记行为的内涵

对犯罪标记行为内涵的理解，目前主要有四种观点。

第一种观点：约翰·道格拉斯认为，提出犯罪标记行为这一术语是为描述独一无二的、个人必须做的、稳定的行为特征。该行为是一种超越了案犯实施犯罪所需的行为。案犯不需要它来成功地完成犯罪，但是此种行为是案犯犯罪的先决条件。②

第二种观点：美国犯罪心理学家柯特·R. 巴特尔(Curt R. Bartol)和安妮·M. 巴特尔(Anne M. Bartol)认为，犯罪必需物之外的任何东西都被称为装扮(personation)或标记(signature)。例如，系列杀手可能会在连续的

---

① 参见[美]布莱恩·隐内：《犯罪心理剖绘档案》，吴懿婷译，台北，商周出版社 2012 年版，第 78 页。

② John E. Douglas & Corinne Munn, *Violent Crime Scene Analysis: Modus Operandi, Signature, and Staging*, the FBI Law Enforcement Bulletin, February 1992.

犯罪活动中,反复地做出某些近乎仪式化的行为,而这些特殊的行为模式在犯罪中是完全不必要的。[①]

第三种观点:我国台湾地区学者庄忠进认为,案犯对暴力行为怀有幻想,如果情境与时间配合,他们会以个人独特的表现方式或仪式加以显现。此种象征支配、操弄与控制意义的仪式,具体而微地显示犯罪人个体特质,被称为犯罪标记行为。[②]

第四种观点:美国学者布伦特·E.特维认为,犯罪标记行为是指犯罪人为了满足某种心理上或情感方面的需要而实施的一种特殊行为。[③]

仔细分析上述四种观点可以发现,学术界对犯罪标记行为存在狭义与广义、形式与内容的不同理解。

狭义的犯罪标记行为观倾向于从需求—动机的角度去认识犯罪标记行为,将案犯对这种行为的幻想作为引发整个犯罪的原动力,也就是说,整个犯罪过程呈现基于犯罪标记行为的幻想—实施犯罪行为—实施犯罪标记行为的先后顺序。例如,道格拉斯的定义就指出,此种行为是案犯犯罪的先决条件。庄忠进的定义也指出,案犯对暴力行为怀有幻想,他们会以个人独特的表现方式或仪式加以显现。

广义的犯罪标记行为观不仅从需求—动机的角度去认识犯罪标记行为,还从情绪或情感表达的角度去认识该行为。这种情绪或情感的表达既可能是案犯犯罪前已存在的表达欲望引起的,也可能是案犯在犯罪中或犯罪后对整体犯罪情境的情绪情感反应。基于广义的犯罪标记行为观,整个犯罪过程既可能呈现产生关于犯罪标记行为的幻想—实施犯罪行为—实施犯罪标记行为的模式,也可能呈现实施犯罪行为—犯罪情境刺激—实施犯罪标记行为的模式。

例如,在某案中,案犯与女友发生争吵,后将女友勒死。事毕,案犯悔恨不已,帮死者整理衣服,并在死者手中塞了2元纸币作"上路费"。按照狭义的犯罪标记行为观,案犯塞纸币的行为显然不属于犯罪标记行为,因为此行为并不是案犯案发前基于幻想产生的,这种行为也不是案犯犯罪的先决条件。但按照广义的犯罪标记行为观,案犯的此种行为应当属于犯罪标记行为,因为它是案犯在犯案后对整体犯罪情境的一种情感反应,满足

---

① [美]巴特尔(Bartol,C.R.)等:《犯罪心理学》(第7版),杨波、李林等译,中国轻工业出版社2009年版,第254页。

② 参见庄忠进:《表征型连续杀人案件之侦查》,载《警学丛刊》第28卷第4期(1998年)。

③ 参见[美]布伦特·E.特维:《犯罪心理画像——行为证据分析入门》,李玫瑾等译,中国人民公安大学出版社2005年版,第283页。

的是案犯独特的情感需要。

形式的犯罪标记行为观主要从形式上进行理解，即对实现犯罪目的而言，该种行为显属非必要的角度认识犯罪标记行为。例如，美国犯罪心理学家柯特·R. 巴特尔和安妮·M. 巴特尔将犯罪必需物之外的任何东西都称为装扮或标记。内容的犯罪标记行为观主要从内容上进行理解，即案犯实施的这种特殊行为，旨在满足某种心理上或情感方面的特殊需要。

笔者赞同广义的犯罪标记行为观，主要原因是这种犯罪标记行为观的解释力更强，适用的案件类型更广泛。约翰·道格拉斯提出的狭义的犯罪标记行为观是以系列案件为基础的，他忽视了在单次犯罪案件中案犯也有实施犯罪标记行为的可能，如前述案例所示。此外，狭义的犯罪标记行为观只注意到案犯案发前幻想对犯罪标记行为实施的推动作用，却忽视了案犯对整体犯罪情境进行情绪情感反应引发犯罪标记行为的可能。

笔者认为，要想准确把握犯罪标记行为的内涵，还要平衡形式和内容的关系。从内容而言，案犯实施犯罪标记行为的目的旨在满足某种心理上或情感方面的特殊需要，而不是出于别的目的。从形式而言，应当谨记的是，约翰·道格拉斯之所以提出犯罪标记行为的概念，是要提醒侦查人员将这种行为与犯罪手段区分开来。犯罪手段是案犯实施犯罪，达到犯罪目的所需的必要行为，而犯罪标记行为对于犯罪目的的实现显属非必要。

准确把握犯罪标记行为的内涵要注意平衡上述内容和形式的关系。侧重于内容的犯罪标记行为观往往只关注案犯实施犯罪标记行为的目的，而忽视从形式上与犯罪手段进行比较，因此对一些表达型的犯罪解释力较差。[①] 在这些原本就是以情绪情感表达为主要目的的犯罪中，案犯实施的主要行为即旨在表达情绪情感，因此，这些行为应属于犯罪手段，不宜将其认定为犯罪标记行为。

【案例 1】2014 年 4 月以来，广州市番禺区警方陆续接到群众报警，反映家里的窗户、办公室玻璃外墙以及车窗玻璃经常离奇破碎。事主均发现，玻璃是被一些不知从哪里飞来的钢珠砸破。通过分析，民警发现这些受害者有一个共同点：都位于马路两旁，主要集中在市桥及亚运大道一带。民警侦查发现，一辆黑色小车有重大作案嫌疑。通过调查走访，民警在番

---

① 很多研究提出了表达性犯罪和工具性犯罪的分类。表达性犯罪主要发生在某种回应挫折或自我威胁情境，如侮辱或个体失败。攻击的目的是伤害被害人（朝人去）。工具性犯罪主要朝向一个目标，如钱、性、恐怖、势力范围。案犯运用某种方式达到目的。Jill Thijssen & Corine DE Ruiter, *Instrumental and Expressive Violence in Belgian Homicide Perpetrators*, Journal of Investigative Psychology and Offender Profiling, Vol. 8, p. 58 – 73(2011).

禺区沙湾镇将嫌疑男子竺某抓获，缴获作案车辆一辆，并在车上搜获弹弓一把及几百粒钢珠。竺某供述，其出于好玩求刺激的心理，多次驾车外出，并使用钢珠弹弓弹射公路两旁建筑物玻璃外墙及车窗玻璃。最终，警方以涉嫌寻衅滋事罪对其刑事拘留。①

侧重于形式的犯罪标记行为观虽然注意到将犯罪标记行为与犯罪手段进行比较，却忽视对行为目的的探询，因而容易不当扩大犯罪标记行为的外延。例如，容易将犯罪标记行为等同于多余动作，容易将案犯在现场实施的满足一些简单生理需求、分析价值不高的多余行为（如有的案犯在现场盗窃后做饭炒菜、大小便等）视作犯罪标记行为。

基于上述考虑，笔者认为，理解犯罪标记行为应当兼顾内容与形式。所谓犯罪标记行为，是指在犯罪过程中，案犯为了满足某种心理上或情绪情感方面的特殊需要，故意实施的、对于实现该起犯罪目的显属非必要的行为。

第二节 犯罪标记行为的一般特征

一、犯罪标记行为的实施动力主要来源于满足案犯特殊的心理或情感需要

犯罪标记行为与犯罪手段最大的不同在于，犯罪手段是实现犯罪目的（包括逃避侦查目的）的必要手段，而犯罪标记行为旨在满足直接犯罪目的以外，案犯某种特殊的心理或情感需要。因此，犯罪标记行为的实施通常与案犯的能力、知识、习惯、对犯罪风险的评估等因素无关，而与其信仰、心理、精神、幻想、情绪、与被害人的情感关系等因素有关。我国台湾地区学者廖有禄就指出："签名特征是犯罪者独特的行为，可以满足其心理及情感需求，其中签名层面（signature aspect）代表心理的状态，签名行为则是不需要的行为。前者是犯罪者潜在的心理动力，而后者则是现场所呈现的外显行为。"②

【案例2】1979年FBI侦破的卡尔曼·卡拉柏罗（Carmine Calabro）杀人案中，被害人法兰西恩·爱维森（Francine Elverson）在位于布朗克斯区的她与双亲同住的大楼楼顶被杀害，尸体裸露。在犯罪现场，案犯实施了

---

① 参见《广州一男子为求刺激用弹弓弹射建筑物被刑拘》，载中国经济网，http://district.ce.cn/newarea/roll/201407/25/t20140725_3232552.shtml。

② 廖有禄：《犯罪剖绘——理论与实务》，桃园，我国台湾地区警察大学出版社2010年版，第52页。

众多犯罪标记行为：一是将被害人的耳环整齐地放在她的头两侧；二是被害人的乳头被砍下，置放在胸部上；三是对被害人大腿及膝盖进行了撕咬；四是案犯将一把梳子插在被害人的阴毛里；五是案犯在被害人下腹至大腿间乱涂墨水，写道“去你的！你阻止不了我”；六是案犯将被害人尸体摆设成类似犹太文“chai”的姿态，是她曾经戴在脖子上项链的图案。

行为科学组的特工认为，这起案件是偶然发生的。案犯年龄在25～35岁，他认识被害人而且就住在这栋公寓中或住在附近，与双亲或老年女性亲戚同住。他外表邋遢，没有滥用毒品或酗酒。他要么没有工作要么是在夜间工作，没有车或驾驶执照。他有精神病（因为这不是预谋杀人案件），而且“在他产生杀人的念头前，这个精神疾病已经纠缠了他十年以上”。这是他第一次犯下如此严重的犯罪，很有可能是他最后一次犯罪。案犯过去几年可能从精神病院出院，但仍在接受治疗。潦草的笔迹和尸体的摆设暗示案犯可能中途辍学，案犯实施犯罪及犯罪标记行为的灵感可能来自大量的色情文学。约翰·道格拉斯告诉当地侦查人员：“你不必再做进一步的调查，而且你已经和这个人说过话了。”

根据行为科学组对案犯的刻画，当地侦查部门重新对之前排除的卡尔曼·卡拉柏罗（因有不在场证明）展开调查。结果发现，尽管案发时他被关在附近的一家精神病院中，但是，他可以偷偷溜出来。在他的公寓房间里，警察发现了大量的色情物品。法庭科学家确认被害人身上的咬痕与他的牙齿吻合，该案遂得以侦破。[①]

二、犯罪标记行为通常对案犯具有一定程度的强迫性

案犯实施犯罪标记行为旨在满足内心某种特殊的心理或情感需要，若这种心理或情感的特殊需要不能在犯罪过程中获得满足，案犯通常会有不舒服或不安宁的感觉，唯有实施了犯罪标记行为，案犯才会暂时消除这种不舒服或不安宁的感觉，维持内心的平衡。这种感觉案犯很难用理性加以控制，尤其是内源性的犯罪标记行为，对案犯所具有的强迫性似乎更加明显。[②] 例如，20世纪40年代美国破获的威廉·海仑斯系列杀人案。案犯威廉·海仑斯有恋物癖，在他实施杀人罪行后，往往还要实施收集被害人女用衣物作为“纪念品”的犯罪标记行为。这种特殊的心理需求推动他不

---

① 参见［美］布莱恩·隐内：《犯罪心理剖绘档案》，吴懿婷译，台北，商周出版社2012年版，第75－77页。

② 内源性的犯罪标记行为参见本书第五章。

断犯案，以致在后续案件现场，他用死者的唇膏在墙壁上写道："看在老天的份上，请在我屠戮更多生灵之前抓住我，我无法控制住自己！"①

三、犯罪标记行为的稳定性较强

相比于犯罪手段行为，犯罪标记行为的稳定性更强。这主要是因为犯罪标记行为往往映射出案犯的人格特质。换言之，犯罪标记行为已成为案犯人格的一部分，呈现较为稳定、不易变动的特点，尤其在系列案件中，案犯实施了原发型的犯罪标记行为时，这个特点更加明显。有学者就指出："不若作案手法会学习改进，签名特征因系个人人格上的强制特质且是特殊人格的重复展现，故几乎稳定不变。犯罪签名特征不一定存在于每一刑案现场，因为它是完成犯案未必要有的行为或活动，然而却可满足犯罪人的情绪或心理上的需求，它是犯罪人格特征的特有行为或活动，相当静态且可塑性低。"②

鉴于犯罪标记行为的稳定性较强，有学者甚至将犯罪标记行为称为案犯的"心理指纹"，或者"犯罪人格或犯罪行为条码"，认为犯罪标记行为能反映出案犯的"心理同一性"(psychologically identical)，在犯罪侦查上具有高度的证据价值。③

四、并非所有犯罪皆有标记行为

犯罪标记行为是个人人格特质的显现，具有满足案犯心理或情感上特殊需要的作用，因此，只要案犯在犯罪过程中，无须满足心理或情感上的特殊需要(如因单纯图财目的实施的犯罪)，其就不会实施犯罪标记行为。即使某些案犯在之前的犯罪中实施了犯罪标记行为，也可能因为一些意外因素而中断实施，如突发事件、意外受伤、被害人出乎意料的反应等。有学者就指出："这些仪式化的行为，也有可能会因为被意外打断，或是被害者出乎意料的反应而不会出现，而且也不是每一起连续犯罪都会有签名特征的出现，因此并不一定在每个案件中都能发现到这些超乎寻常的签名

---

① [美]罗伯·K. 雷斯勒、[美]汤姆·沙其曼：《疑嫌画像——FBI 心理分析官对异常杀人者调查手记(1)》，李璞良译，法律出版社 1998 年版，第 23－25 页。

② 林灿璋主编：《犯罪剖绘(二)——连续杀人犯罪侦查》，桃园，我国台湾地区警察大学出版社 2000 年版，第 276 页。

③ 参见[美]布伦特·E. 特维：《犯罪心理画像——行为证据分析入门》，李玫瑾等译，中国人民公安大学出版社 2005 年版，第 291 页。

特征。”①

第三节　犯罪标记行为的识别特征

为帮助侦查人员准确识别犯罪标记行为，除梳理该行为的内涵和特点外，还有必要进一步阐述该行为的识别特征。

一、就成功实现犯罪目的而言，案犯实施的这种行为已超出犯罪手段所需要的范围，显属非必要

这一识别特征侧重从行为的形式上进行判断，即形式上显得多余。关于该识别特征，约翰·道格拉斯曾用两组案例加以对比说明。

第一组案例

例一：案犯闯入住宅内劫持了一名妇女和她的丈夫。案犯命令丈夫趴在地上，然后将一个杯子放在丈夫背上。他威胁丈夫："如果我听到杯子掉下来，你老婆就会死。"然后，案犯将该妇女挟持到隔壁房间，强奸了她。

例二：案犯闯入住宅后命令妇女打电话给她丈夫，要求她将自己的丈夫骗回家。当丈夫回家后，案犯将他绑在椅子上，并强迫丈夫观看自己强奸他老婆。

道格拉斯认为，虽然这两起案件都是强奸案，但是两名案犯实施的某些行为却存在性质上的差异。在例一中，案犯利用杯子的行为是一种有效控制丈夫的手段，目的是更好地实施强奸犯罪，因此这种行为属于犯罪手段。在例二中，案犯命令妻子诱骗丈夫回家的行为和强迫丈夫观看的行为已经超出实施强奸犯罪的需要，前者增加了犯罪风险，后者对成功实现强奸目的显属非必要。案犯之所以要实施这两种行为，是想通过羞辱和支配丈夫全面满足他的性幻想，因此，例二中的这两种行为属于犯罪标记行为。②

第二组案例

例三：在密歇根州，有一名银行劫匪在抢劫时命令在场的银行职员和顾客脱掉衣服，然后再实施抢劫。

例四：在得克萨斯州，另一名银行劫匪在抢劫时也命令在场的银行职

---

① 廖有禄：《犯罪剖绘——理论与实务》，桃园，我国台湾地区警察大学出版社 2010 年版，第 53 页。

② John E. Douglas & Corinne Munn, *Violent Crime Scene Analysis: Modus Operandi, Signature, and Staging*, the FBI Law Enforcement Bulletin, February 1992.

员和顾客脱掉衣服，但是，他还要求这些职员和顾客摆出充满性意味的姿势供他拍照。

道格拉斯认为，例三中银行劫匪采取的这种手段有助于实现抢劫的犯罪目的，这种手段既有利于控制银行职员和顾客，使他们不敢反抗，还有利于延缓报警时间，方便劫匪逃跑。此外，这种手段增加了银行职员和顾客的窘迫感，使他们不敢直视劫匪，从而印象模糊，不能向警方清楚描述劫匪特征。因此，这种行为是典型的犯罪手段行为。在例四中，案犯实施的拍照行为对成功实现抢劫目的显属非必要。案犯实施这种行为会增加在现场的时间，放慢作案速度，增加与被害人对视的机会，从而增加被抓获的风险。但是，对于这名案犯来说，这是为了满足其心理上的特殊性需要（psychosexual needs）而必须做的事情，因此这种行为是犯罪标记行为。①

美国犯罪心理学家特维也指出，具备了下列特征才可以认定是真正的犯罪标记行为：（1）花费额外的时间，超出犯罪行为惯技的范围；（2）就实施犯罪而言，属于没有必要的行为。②

需要说明的是，应当对此处成功实现犯罪目的之“犯罪目的”进行限定理解。此处的“犯罪目的”，是指案犯实施的犯罪直接指向的目的，这个目的往往可以通过刑法中的罪名反映出来。例如，故意杀人罪中实现杀人的目的，强奸罪中实现强奸的目的，盗窃罪、抢劫罪中实现图财的目的等。另外，此处的“犯罪目的”也包括案犯在犯案过程中为逃避侦查和打击所做的努力，因为这种努力也是案犯为实现直接犯罪目的时自然伴随的一种理性考量。

二、就行为内容而言，案犯实施该行为旨在满足某种特殊的心理或情感需要

所谓心理需要，是指除人的生理需要之外的其他需要。心理学家麦克莱兰（D. C. Mcclelland）认为，当人的生理需要满足后，基本需要还有成就需要、权力需要和合群需要。这三种基本需要的排列层次和重要性因人而异。③ 马斯洛（A. H. Maslow）的需要层次理论指出，人在生理需要之外，还有安全需要、归属和爱的需要、自尊需要和自我实现的需要。其中，生理需

① John E. Douglas & Lauren K. Douglas, *Modus Operandi and the Signature Aspects of Violent Crime*, *Crime Classification Manual* (*Second Edition*), John Wiley & Sons, Inc., 2006, p. 23.

② 参见[美]布伦特·E. 特维：《犯罪心理画像——行为证据分析入门》，李玫瑾等译，中国人民公安大学出版社2005年版，第290页。

③ 参见付建中主编：《普通心理学》，清华大学出版社2012年版，第309页。

要和安全需要是位阶较低的需要，归属和爱的需要、自尊需要和自我实现的需要，则属于位阶较高的心理需要。

对爱的需要包括感情的付出和接受。如果这些需要不能得到满足，个人会空前强烈地感到缺乏朋友、心爱的人、配偶或孩子。个人的疏离感、陌生感、孤独感等会增强。

自尊需要的满足导致一种自信的感情，使人觉得自己在这个世界上有价值、有力量、有能力、有位置、有用处和必不可少。这些需要一旦受到挫折，就会产生自卑、弱小以及无能的感觉。这种感觉又会使人丧失基本的信心，使人要求补偿或者产生神经症倾向。

自我实现的需要，指的是人对于自我发挥和自我完成的欲望，也就是一种使人的潜力得以实现的倾向。这种倾向可以理解为一个人越来越成为独特的那个人，成为他所能够成为的一切。①

从性质而言，犯罪标记行为的出现是一种心理补偿现象或者心理替代现象。在现实生活中，案犯要么对位阶较高的心理需要产生了畸形需求，要么在满足正常的心理需要时严重受挫，从而产生过度补偿需求。这些畸形需求或者过度补偿需求不能通过正常方式满足，因此，案犯借助实施犯罪标记行为的方式加以满足。

从精神分析角度而言，案犯实施的犯罪标记行为类似于精神疾患的症状。在分析歇斯底里症患者的症状时，弗洛伊德认为，这些症状是一些汇聚了情感的精神历程、愿望和欲求的替代物——是对它们的记录，由于一种特殊的心理过程（压抑），它们受到阻碍，不能通过为意识所接受的肉体活动得到宣泄。因此，这些被封闭于无意识状态的精神历程努力地要找到一种符合其情感意义的表态方式——要得到宣泄。②

例如，在黄勇系列杀人案③中，案犯黄勇在杀死被害人之前，利用所谓的“智能木马”实施了反复折磨未成年被害人的犯罪标记行为。案犯实施这种过度折磨的犯罪标记行为，主要是为了满足其控制、支配、操纵他人的心理需要（权力需要）以及实践他多年来想成为杀手的幻想（自我实现的

① 参见［美］亚伯拉罕·马斯洛：《动机与人格》（第3版），许金声等译，中国人民大学出版社2013年版，第27－29页。

② 参见［奥］西格蒙德·弗洛伊德：《性欲三论》，赵蕾、宋景堂译，国际文化出版公司2000年版，第28页。

③ 基本案情为：2001年至2003年，案犯黄勇在河南省平舆县采取欺骗手段，将未成年被害人从录像厅、游戏厅、网吧等场所骗至家中，先后杀死青少年17人，并将被害人尸体掩埋在家中院内。参见《透视平舆特大系列杀人案》，中央电视台“时空连线”栏目2003年11月28日播出。

需要)。[①]

情绪和情感在历史上曾统称为感情,当代心理学则分别采用情绪和情感来表达感情的不同方面。情绪主要指感情过程,即个体需要与情境相互作用的过程,具有情境性、激动性和暂时性,往往随着情境的改变和需要状态的改变而改变。情感经常用来描述那些稳定的、具有深刻社会意义的感情,作为一种体验和感受,情感具有较大的稳定性、深刻性和持久性。总之,情绪和情感是人对客观事物的态度体验及相应的行为反应,是人的需要是否获得满足的反映。[②]

人有快乐、愤怒、恐惧和悲哀四种基本情绪,人的情感的划分则具有多样化。根据价值的正负变化方向的不同,情感可分为正向情感与负向情感。正向情感是人对正向价值的增加或负向价值的减少所产生的情感,如愉快、信任、感激、庆幸等;负向情感是人对正向价值的减少或负向价值的增加所产生的情感,如痛苦、鄙视、仇恨、嫉妒等。根据价值作用时期的不同,情感可分为追溯性情感、现实性情感和期望性情感。追溯性情感是指人对过去事情的情感,包括遗憾、庆幸、怀念等;现实性情感是指人对现实事物的情感;期望性情感是指人对未来事物的情感,包括自信、信任、绝望、期待等。[③]

在某些案件中,案犯实施犯罪标记行为旨在满足某种情感需要。这种情感需要可能在案发前就已经产生,案犯通过实施犯罪标记行为将这种情感表达出来。这种情感需要也可能在犯罪过程中或犯罪结束后产生,案犯实施犯罪标记行为是对整体犯罪情境或者是对被害人处境的情感回应。

【案例3】2006年7月发生的陕西省邱兴华特大杀人案中,案犯邱兴华在汉阴县某道观一次杀死10人,10名被害人的致命伤大都在头部,系斧头类利器所为。在该案中,邱兴华实施了两个明显的犯罪标记行为:一是将道观住持熊某的心脏挖出切成丝炒熟后放在橱柜的一个盘子里,盘子里面还有他的一个眼珠;二是在墙上留有血写的"该杀"等字眼。通过这两个犯罪标记行为,案犯表达出愤怒的情绪和对道观住持熊某极度仇恨的情感。归案后,邱兴华交代,该案的起因是案发前自己去道观挪邱姓石碑

① 黄勇自述,从14岁赶庙会看电影想成为杀手到27岁开杀戒的13年间,他一直在寻找杀人的机会、手段,想品尝一下杀手的感觉。他说:"我执着地要实现我的抱负,强烈的征服欲使得我的脑海经常憧憬一种伟大的成功,渴望骄人的成就感。"参见李玫瑾:《黄勇变态杀人心理剖析》,载《湖北警官学院学报》2004年第1期。

② 参见付建中主编:《普通心理学》,清华大学出版社2012年版,第252页。

③ 参见付建中主编:《普通心理学》,清华大学出版社2012年版,第265页。

未成功，并与道观住持熊某发生了冲突。[①]

【案例4】某地有村民报警称，该村李某香家中发现两具尸体。经现场勘查，尸体为女主人李某香及幼儿张某鸽。其中，李某香为自然病故，张某鸽系被人扼颈窒息死亡。李某香身上盖有一床新被褥。张某鸽穿着一套新棉衣，身盖一床新被褥。室内有电风扇被砸毁、人民币纸币被烧毁的迹象。

抓获案犯男主人张某后，张某交代了案发过程：当天，久病卧床的女主人李某香突然亡故，痛失妻子的张某感到悲伤。适逢屋内幼儿号啕大哭，张某联想到其母已去，顿生绝望之心，遂掐死幼儿。其后，又取出新棉衣为幼儿换上，为死者盖上新被褥，砸毁家中电风扇，烧毁纸币，并欲另寻他处了结生命，不期被擒。在该案中，张某在掐死幼儿后实施的换新衣、盖新褥、毁风扇、烧纸币等犯罪标记行为，既表达出对死者怀念的追溯性情感，也表达出对未来绝望的期望性情感。

因此，案犯实施的多余行为，只有具有满足某种特殊的心理或情感需要的因素，才具有较高的分析价值，才应当纳入犯罪标记行为范畴进行认识。特维为此特别指出，具备了下列特征才可以认定是真正的犯罪标记行为："3. 其行为刻意表现某种情绪或情感；4. 或许涉及某种幻想（想象）的实现。如果某一行为符合其中的标准，那么，这一行为就是犯罪标记行为，即这一行为满足了犯罪人的心理需要（某种幻想或动机），而不仅仅是犯罪的实用需要。"[②]因此，笔者不赞同将案犯在现场实施的满足某些简单生理需要的多余行为视作犯罪标记行为。例如，尽管案犯犯案后在现场进食、大小便，这些行为尽管也有一定的分析价值，如案犯这种不分场合、无所约束的行为方式，透露出其流浪乞讨的生活背景，但这种行为所指向的心理因素和情感因素较少，无助于刻画案犯的心理特征。

三、就心理态度而言，案犯实施犯罪标记行为应出于直接故意

所谓直接故意，是指明知自己的行为会发生某种结果，并且希望这种结果发生的心理态度。直接故意是认识因素与意志因素的统一[③]，即案犯

---

① 参见柴会群：《陕西杀人疑犯邱兴华的心理档案》，载新浪网，https://news.sina.com.cn/c/2003-12-09/13322326277.shtml。

② ［美］布伦特·E. 特维：《犯罪心理画像——行为证据分析入门》，李玫瑾等译，中国人民公安大学出版社2005年版，第290页。

③ 参见张明楷：《刑法学》（第4版），法律出版社2011年版，第237页。

不仅认识到实施犯罪标记行为会发生某种结果，而且积极追求这种结果的发生。

案犯实施犯罪标记行为是积极追求某种结果，因此，该行为的实施必定出于案犯直接故意的心理态度。在侦查实践中，有一些行为疑似犯罪标记行为，实则不是，因为这些行为并不是案犯故意实施的，而是由某种意外造成的，侦查人员应当结合现场环境注意识别，否则容易作出错误判断。

【案例5】2013年3月15日，杭州余杭警方在余杭区世纪大道良熟村路段路边绿化带中发现一具女尸，在尸体身边，还发现三张扑克牌：黑桃5、方块J、黑桃K。经法医检验，死者身上有严重人为损伤，案件被确认为凶杀案。该案引起广大网友高度关注，特别是现场遗留的三张扑克牌引发很多热心网友的分析推理。有部分网友认为，这是案犯实施的仪式行为，对案犯具有特别意义。

后警方抓获案犯何某，何某称："作案后也看到了相关报道。我只记得我的抽屉里原来就有扑克牌，作案时我很紧张，用抽屉砸她，可能就是那时洒落的，或者她无意抓落的。杀人后，我先将她的尸体上半身用被子裹好，再装进纸箱，扑克牌可能是这样进去的。"[①]可见，在该案中，扑克牌的放置是意外造成的，不是案犯出于直接故意积极追求的结果，因此，这个行为不应认定为犯罪标记行为。

另外，需要说明的是，案犯不仅在犯罪实行过程中会实施犯罪标记行为，在犯罪结束后也会实施犯罪标记行为，因此，对犯罪标记行为概念中的"犯罪过程"应作广义理解。

① 《3·15杭州扑克牌女尸案》，载百度百科，https://baike.baidu.com/item/3·15杭州扑克牌女尸案/2758242。

第四章 犯罪标记行为的类型

——以行为的外在形式为标准

上一章阐述了犯罪标记行为的概念、一般特征及识别特征。为进一步认识犯罪标记行为，还可以运用类型学方法对犯罪标记行为进行分类研究。从学理而言，分类研究属于社会学上“理想类型”的研究方法，这种“理想类型”作为一种“‘启发手段’指导着经验研究，同时它构成解释个人自己的或他人的社会行动的可能观点”①。通过对犯罪标记行为进行类型研究，可以帮助侦查人员从不同角度认识犯罪标记行为，从而提高他们识别、分析犯罪标记行为的意识和能力。本章主要以行为的外在形式为分类标准，对犯罪标记行为作进一步研究。

第一节 言语标记行为和身体动作标记行为

根据实施方式不同，可将犯罪标记行为划分为言语标记行为和身体动作标记行为。言语标记行为是案犯以言语方式实施的犯罪标记行为。根据言语方式的不同，可进一步将言语标记行为分为书面言语标记行为和口头言语标记行为。身体动作标记行为是案犯单纯以身体动作实施的犯罪标记行为。

一、言语标记行为

（一）书面言语标记行为

书面言语标记行为是案犯以书面文字形式实施的犯罪标记行为。这种书面文字可能被案犯书写于现场的墙壁、桌面、地面等处。例如，前述所举邱兴华特大杀人案中，杀人后，邱兴华在墙上留有血写的“该杀”等字样。又如，浙江省2006年破获的董文语系列杀人案中，其中一个案件，董文语杀人后也在现场墙上留有血写的“杀人者！恨社人”字样。

【案例1】2013年11月21日22时许，某市一招待所301房间内发生

① ［德］迪尔克·克斯勒：《马克斯·韦伯的生平、著述及影响》，郭锋译，法律出版社2000年版，第221页。

一起命案。被害人程某静(女,35岁)被杀死在房间内,房间的两面墙上写着诸如“恨”“为了她付出一切”“她还是看不起我”“为民除害,为下一个家庭解脱”等血字(语句)。案犯周某波(男,35岁)躺在血泊中,企图畏罪自杀,面部、颈部和手腕上有多处刀伤。

在解释这些书面言语标记行为时,案犯周某波说:“我当时写的时候就是想到哪儿,写到哪儿,也没深入去想为啥写这些字。”在回忆和分析自己杀人原因的时候,他说:“我也不知道自己为啥会做这事,我现在很后悔,小丽(被害人程某静的小名)其实对我还是不错的。”对于周某波来说,写这些血字是很随意的,但是这些血字对于分析他当时的心理活动则是最真实的证据和依据。通过分析这些血字,可以重现他杀人的行为和心理过程。①

这种书面文字也可能被案犯书写于被害人的身体上。例如,2001年年底至2002年年初发生的卞况系列杀人案中,卞况在一废品收购站内杀害了一对夫妻,抢走了800元钱。在离开现场后不久,卞况又折返回来,用钢笔在妇女腹部留下“公安”两字,画了个乌龟,把“公安”两字圈起来。②在该案中,卞况已经成功实施了抢劫杀人行为,但仍多此一举,返回现场实施书面言语标记行为,显属非必要。但通过实施这一行为,案犯表达出贬损被害人以及挑衅警方的心理。

有的案犯犯案后可能会在现场留下“挑战书”一类的书面文件,挑衅警方。2010年4月3日,案犯杜某某潜入昆明市一小区内强奸杀害了一名女导游,并且在现场留下一份“挑战书”。“挑战书”言语不长但充满暴力和狂妄。“挑战书”开头对自己进行了简单介绍,并留下了名字,还介绍了杀人动机。在“挑战书”中,案犯声称还将制造此类案件,看看警方到底能不能抓住他。③

有的案犯还可能通过向媒体或警察局等公共机构寄送书信的方式实施犯罪标记行为,尤其是在系列案件中。

【案例2】20世纪70年代至90年代在美国发生了“大学炸弹客”案。案犯泰德·卡辛斯基(Ted Kaczynski)通过不断寄送炸弹的方式,造成多人伤亡。案犯犯案后多次向媒体寄送信件。1995年6月,案犯署名“FC”

---

① 参见杨玉章主编:《刑事侦查与行为证据》,河南科学技术出版社2019年版,第112页。

② 参见徐俊文:《犯罪现场之犯罪心理痕迹解读技术》,中国人民公安大学出版社2006年版,第212页。

③ 参见《连环杀手制造女导游裸死案留言挑衅警方》,载凤凰网,https://news.ifeng.com/society/1/201004/0414_343_1602892.shtml。

将一篇题为《工业社会及其未来》的3500字宣言,寄到《纽约时代》杂志社及《华盛顿邮报》。FBI公布了此信和对案犯特征的刻画:男性,芝加哥本地人,与盐湖城及北加利福尼亚州有关联,喜爱孤独,有木工经验,知道炸弹知识,怨恨现代科技,呼吁认识该案犯的民众提供线索。看了FBI的公告后,琳达·派翠克认为该案犯的书面言语风格很像她丈夫的哥哥泰德·卡辛斯基,她向FBI提供了线索。FBI特工最终在蒙大拿州的一处独居小屋内逮捕了泰德·卡辛斯基,并在现场发现了大量制造炸弹的证据,包括那份长达3500字的宣言手稿。[①]

(二)口头言语标记行为

口头言语标记行为是案犯以口头言语形式实施的犯罪标记行为。在某些案件中,案犯与被害人可能会有互动,在互动过程中,案犯可能会说出某些显属非必要的话语,这些话语对成功实现该起犯罪目的并无帮助,但很可能满足了案犯特殊的心理或情感需要,因此颇具分析价值。有学者指出,案犯与被害人之间的互动行为通常被作为案犯犯罪标记行为的一部分,此种行为与案犯在犯罪过程中通过与被害人互动想实现的心理目的有关。[②]

例如,在犯案过程中,案犯不停地用极其下流、粗俗的话语贬损被害人,又或者在强奸过程中,案犯不停地要求被害人说某些重复的字句。约翰·道格拉斯就曾指出,粗俗的或者侮辱性的语言是一个言语上的标记。例如,一名案犯侵犯被害人时,他要求被害人作出某种特定的回应"告诉我你很享受"或者"告诉我,我很棒"。[③]

(三)言语标记行为的侦查作用

言语标记行为具有较高的侦查作用,侦查人员应当善于识别、分析该类行为,具体而言:

第一,应当仔细勘查现场,发现、收集留存有书面言语标记行为的载体。如前文所述,书面文字可能存在于现场的墙壁、桌面、地面等处,这些地方往往较为明显,侦查人员不难发现题写的文字。值得一提的是,在某

---

① 参见[美]约翰·道格拉斯、[美]马克·欧夏克:《哈佛出来的博士杀手》,彭仕宜译,法律出版社1998年版。

② Marina Sorochinski & C. Gabrielle Salfati, *The Consistency of Inconsistency in Serial Homicide: Patterns of Behavioral Change across Series*, Journal of Investigative Psychology and Offender Profiling, Vol. 7, p. 109 – 136 (2010).

③ John E. Douglas & Lauren K. Douglas, *Modus Operandi and the Signature Aspects of Violent Crime*, *Crime Classification Manual (Second Edition)*, John Wiley & Sons, Inc., 2006, p. 21.

些案件中,先期到达现场的被害人亲友可能出于各种原因对这些书面文字进行擦拭或者破坏,因此,侦查人员在询问时应当注意询问这些亲友有无破坏、变动现场的行为。

第二,在案犯与被害人有互动的案件中,尤其是性侵案件中,侦查人员要注意收集口头言语标记行为。因为这些口头言语往往能真实反映案犯的作案动机、特异需求以及人格特质,具有较高的分析价值。我国台湾地区学者廖有禄就指出:“若只依据现场照片和文字记录,没有经过任何访谈,就很难确定是为了满足其心理需求,因为只有犯罪者才知道他的动机为何,因此此类签名特征通常是隐晦不明,并不容易区别。”①

第三,要认真分析言语标记行为,充分发挥言语标记行为的侦查作用。具体而言,言语标记行为的侦查作用主要体现在以下三方面:

首先,有的言语内容具有较强的指向性,能为侦查人员确定侦查方向提供参考。例如,邱兴华特大杀人案中,案犯在现场墙壁上题写“该杀”字样,结合仅有道观住持熊某尸体器官被毁损,可提示侦查人员,案犯应与熊某在案发前有矛盾冲突。

其次,有的言语内容具有较强的个人风格,可以反映出案犯的相关特征,为侦查提供线索。例如,前述“大学炸弹客”案中,FBI 特工就是通过案犯撰写的宣言文字风格,刻画出案犯特征,并最终获得线索一举破案。再如,我国某地大学校园接连发生两起强奸案件,被害人均为在校女学生。案犯在施暴后离开现场时,都要对被害人说一句话“祝你全家吉祥”。案犯已成功达成强奸目的,为何要多此一举?分析认为,案犯之所以有此举动,是想对被害人表达愧疚心理,这说明案犯较年轻,作案经验不足。此外,“祝你全家吉祥”的言语风格反映出案犯可能是少数民族或者有在少数民族地区生活的经历。侦查人员依据上述特征进行排查,很快锁定嫌犯扎某。②

最后,根据书面文字的内容和形式,可进一步运用文件检验分析技术刻画出案犯的更多特征,为发现、认定犯罪嫌疑人提供有力依据。

【案例 3】2004 年 5 月 7 日,某县某村 2 组村民朱某某、谭某某二人被杀死在家中。现场勘查时,在朱某某堂屋西侧土墙上发现案犯刻有如下字迹:“朱某欺骗我十年她父母忘恩负义十年后杀她和江池朱甲的人头文小

---

① 廖有禄:《犯罪剖绘——理论与实务》,桃园,我国台湾地区警察大学出版社 2010 年版,第 55 页。

② 参见《送祝福的“魔鬼”》,中央电视台“今日说法”栏目 2014 年 8 月 2 日播出,https://tv.cctv.com/2014/08/02/VIDE1406963640867336.shtml。

留。”侦查人员分析字迹内容和形式后，刻画出案犯的多项特征。

身高：现场的墙上字迹下端距地99厘米，段高54厘米。分析案犯直立时眼高约为99厘米+54厘米=153厘米，分析其身高约153厘米+10厘米=163厘米左右。

文化：从现场字迹的书写水平、字词句的运用和语言表达能力等方面，综合分析其文化程度应在初中以上。

性别：从作案手段与能力、全段的语气等方面分析，作案人应为男性。

年龄：从使用特殊书写工具（较尖锐硬物）在特殊载体上（土墙）书写表现的整体布局、单字运笔和结字等书写控制力，从案犯在语言表达上反映出的准确成熟能力和果决从容语气等，从案犯表意上的清晰和对指称人及其相互关系的准确叙述，从案犯的杀人手段与能力等，特别是段中反映出的“开门见山”般的“朱某”“欺骗我十年”的基本可信关系综合分析，案犯年龄应与朱某相仿。

范围：从现场所处的地域地段范围，从全段语言所反映出的整体真实可信度，从对文中所称的“我”之外的人物及其关系的准确表达等方面，分析“我”应“看得见”“分得清”“说得准”，可以排除流窜作案，案犯应是较为知情，处于与文中所指人物均有社会关系的范围中。

心理：从文字中提到的“欺骗我”、“忘恩负义”、“杀她”和“人头”等字眼分析，案犯处于极度狂躁、冲动的状态，以刻画字迹的方式来发泄自己高度膨胀的怒气，表达自己某种强烈的情感意识。

综合以上特征，侦查人员认为朱某某、谭某某的二女儿朱某的前夫余某某有重大嫌疑。抓获余某某后，经笔迹鉴定，认定土墙上字迹是余某某所写。[①]

二、身体动作标记行为

身体动作标记行为是案犯单纯借助身体动作实施的犯罪标记行为，如过度折磨、过度伤害、异物插入、切割器官等。在黄勇系列杀人案中，案犯黄勇在控制住被害人后实施了过度折磨的犯罪标记行为；在邱兴华特大杀人案中，案犯邱兴华则实施了切割器官的犯罪标记行为。

身体动作标记行为是最常见的一类犯罪标记行为，对这类行为可依如下标准进行识别：

---

① 参见杨曦、韩雨浓、刘奠东：《命案现场重现中的文件检验分析》，载万立华主编：《命案现场重现——全国案例精选》（第3卷），中国人民公安大学出版社2013年版，第287页。

第一,身体动作与犯罪目的的偏离度。如果身体动作明显与犯罪目的偏离,则我们应意识到这种行为可能是一种犯罪标记行为。例如,美国系列杀手慕林以球棒或刀子杀害在高速公路上搭便车者,后剥光被害人衣服,再将其双腿捆绑在一起,开膛破肚查验被害人是否受到“污染”。其开膛破肚的身体动作与杀人犯罪目的明显偏离,应将此行为视为犯罪标记行为。

第二,身体动作指向身体部位的私密度。如果身体动作集中指向被害人私密度较高且带有性意味的身体部位,则应意识到这种行为可能是一种犯罪标记行为。例如,罗树标系列强奸杀人案中,罗树标在奸杀女青年后,有切割乳房、外阴的身体动作,此行为应属犯罪标记行为。

【案例4】2008年11月21日下午,“110”指挥中心接到某村村民张某1报警,称其父亲张某3被人砍死在家中,其兄张某2的未婚妻谢某苹被砍伤。11月24日凌晨3时许,案犯张某2投案自首。据张某2供述,当天其同谢某苹在别处玩牌后回到家中,谢某苹向张某2抱怨其父张某3对她有不轨行为并发生过性关系,张某2得知此事后,便拉上谢某苹同父亲张某3对质,在对质过程中,双方矛盾进一步激化,张某2便用菜刀将张某3砍死,同时将谢某苹砍成重伤。

张某3的损伤集中在头面部和会阴部。头面部的损伤说明张某2想要置被害人于死地。对会阴部的过度伤害则说明张某2认为被害人侮辱了自己的人格尊严,通过这种过度伤害的方式其可以获得心理上的平衡并找回自尊。①

第三,身体动作的节奏频率。如果身体动作节奏频率明显异于一般案犯的动作节奏频率,则应意识到这种行为可能是一种犯罪标记行为。例如,黄勇在“智能木马”上反复折磨被害人的行为,以及案犯对被害人身体的过度伤害行为都是典型的身体动作标记行为。

第二节　犯罪过程中实施的犯罪标记行为和犯罪结束后实施的犯罪标记行为

根据实施的时间不同,犯罪标记行为可分为犯罪过程中实施的犯罪标记行为和犯罪结束后实施的犯罪标记行为。

---

① 参见杨玉章主编:《刑事侦查与行为证据》,河南科学技术出版社2019年版,第112页。

一、犯罪过程中实施的犯罪标记行为

犯罪过程中实施的犯罪标记行为,是指案犯从着手实施犯罪到实现犯罪目的这一时间段内实施的犯罪标记行为。例如,案犯在控制被害人后杀死被害人前实施的过度折磨行为。

2005 年,美国抓获"BTK"杀手丹尼斯·雷德(Dennis Rader)。该犯自 1974 年首次作案后,在随后的 17 年里,共杀死 10 人。该犯之所以被称为"BTK"杀手,是因为他每次作案的手段都大体相同:选定目标,耐心观察;作案前先剪断被害人家中的电话线,然后偷偷潜入或找理由进入或强行闯入被害人家里;胶带封口,五花大绑;殴打折磨;勒死。所谓"BTK"就是三个英文单词首字母的组合:bind(捆绑)、torture(折磨)、kill(谋杀)。[①] 可见,在杀害被害人前,雷德实施了过度折磨的行为,这属于犯罪过程中实施的犯罪标记行为。

二、犯罪结束后实施的犯罪标记行为

犯罪结束后实施的犯罪标记行为,是指案犯在实现犯罪目的后实施的犯罪标记行为。其有两种类型:一种是案犯在实现犯罪目的后,在犯罪现场即时实施的犯罪标记行为。这类犯罪标记行为常以死后伤的形式留存于被害人尸体,如过度伤害行为、切割器官行为、异物插入行为。例如,20 世纪 80 年代美国抓获的系列杀手理查德·拉米雷斯(Richard Ramirez)在某案中实施了过度伤害被害人尸体的犯罪标记行为。被害人麦卡锡的尸体遭到肢解,双眼被挖出,其左胸位置被案犯用刀划了一个巨大的"T"形符号。事后的尸检证实:麦卡锡是在死亡后才遭到以上摧残的。[②]

另一种是案犯实现犯罪目的离开现场一段时间后实施的犯罪标记行为。有的案犯在离开现场一段时间后还会实施写信挑衅警方、重回现场、重访被害人等犯罪标记行为。例如,1999 年 2 月 19 日案犯刘某将曾骂他"傻乎乎"的女会计杀害并分尸。其后,在逃亡的过程中,刘某屡屡写信给当地警方,挑衅警方。逃亡一个月的时候,他就给杭州市西湖区公安分局写了一封信。每隔一段时间,他就写一封信,信的内容就是吹嘘和挑衅。有的信从昆明寄来,有的信从湖南寄来,有的信从福建寄来。[③]

① 参见 12 毫克:《美国杀戮》,云南人民出版社 2009 年版,第 110 - 115 页。
② 参见 12 毫克:《美国杀戮》,云南人民出版社 2009 年版,第 70 页。
③ 参见陈雷:《14 年前的那幢大厦里出了一个杀人者刘超》,载《钱江晚报》2013 年 11 月 26 日,第 H6 版。

有的案犯在实施完犯罪后会重返现场，除了窥探警方的调查行动外，有些重返现场的行为具有特殊的心理意味，案犯通过实施这种行为，要么重新体验、回味犯案时的心情，要么享受那种调动警察团团转的成功感觉。FBI 行为科学组很早就注意到案犯这种重返现场的特殊行为。在 FBI 研究的 118 起命案中，他们发现有 32 起曾发生过案犯重回现场的现象，比例高达 27%。①

【案例 5】2012 年 1 月 14 日至 4 月 7 日，案犯许某生为泄私愤，先后在郑州市张魏砦村、老代庄村及周边地区，采用将烟头从车门玻璃缝隙处扔进车内引燃座位上的布料、进入车内用打火机点燃座套的方式，烧毁、烧坏陈某等人的机动车共计 16 台。每次作案后许某生都返回现场在一旁观望，看着熊熊的烈火焚烧车辆，内心有说不出的兴奋和满足。

审讯得知，早在 1990 年，许某生和妻子从老家到郑州打工。1995 年夏天的一个晚上，他在大学路被一辆面包车撞倒，右侧肋骨断了一根。由于肇事车逃逸，他自己花了 6000 多元进行治疗，这起事故让他开始对面包车心生仇恨。巧的是在 1999 年，许某生短短半年之内又先后两次被面包车撞伤，一次肇事车当场逃逸，另一次肇事车虽没跑，但司机一直不愿意承担治疗费用。3 起事故给许某生造成巨大的身心伤害，头部留下了伤疤，腿部留下了后遗症，走路时间稍长就会一瘸一拐。为了治病，几年打工挣的钱几乎都搭进去了。他认为，自己所有的不幸都是汽车惹的祸，于是从心底深处对面包车类交通工具产生刻骨铭心的仇恨。

2012 年 1 月 14 日，许某生首次作案。当晚，他喝酒后从租住的地方出来，经过张魏砦村一胡同时，发现路边停着一辆面包车。他上前用手推了推车玻璃，把嘴里的烟头随手扔进面包车。两天后，他在同一地点用烟头又点着了一辆面包车。每次作案后，他都会返回现场，看看车被焚毁的样子。看着一辆辆面包车被烧成漆黑一团，他有种出了恶气的快感。尽管接连烧了几辆面包车，但是警方并没有注意到自己，这让许某生的胆子越来越大。据许某生供述，他先后烧毁 20 余辆车，警方根据其供述，确定的有 16 起案件。②

有的案犯在实施完犯罪后会重访被害人，甚至意图与被害人建立情感联系。例如，2013 年年底，某区发生多起抢劫单身女子案件，其中一名被

---

① 参见[美]罗伯·K. 雷斯勒、[美]安·W. 伯吉丝、[美]约翰·E. 道格拉斯：《变异画像——FBI 心理分析官对异常杀人者调查手记(2)》，李璞良译，法律出版社 1998 年版，第 85 页。

② 参见杨玉章主编：《刑事侦查与行为证据》，河南科学技术出版社 2019 年版，第 138－139 页。

害人赵女士到刑警大队报警称，前几天，她被一名男子抢劫了，事后，那名男子竟加她为QQ好友，并与她聊天。侦查人员通过网络侦查，查明嫌疑人为蒋某，并将其抓获。[①] 再如，案犯徐某强奸了被害人张女士后，又接连送两封信给张女士，信中称愿意和张女士保持长期联系。送第三封信时，徐某被设伏民警当场抓获。[②]

三、分类意义

区分这两类犯罪标记行为的意义在于，提示侦查人员不仅要注重识别案犯在犯罪过程中实施的犯罪标记行为，还要注重识别案犯在犯罪结束后实施的犯罪标记行为，且要认真对待案后犯罪标记行为，并采取相应的侦查措施。侦查人员不能仅以自己或一般人的理解武断地排除案犯实施案后犯罪标记行为的可能性，而应结合案件的具体情况，进行分析和评估。在我国侦查实务中，已有侦查人员因对案犯实施的案后犯罪标记行为不甚了解，结果错失侦查良机的案例。

例如，2004年湖北省破获的张光旗系列强奸杀人案件[③]。在邓州市"2004·03·22"案中，张光旗对被害人郝某某声称过几天还要来(重访被害人的犯罪标记行为)。天亮后，被害人母亲没有报案，而在外面咒骂，村干部听到后向派出所报告。然而，当地派出所只是提取了被害人的阴道分泌物，既没有向邓州市专案组反映，更没有采取蹲点守候等侦查措施。4月7日，张光旗重返现场，重访被害人。当地警方由于未能有效评估案犯重访被害人的可能性，错失了一次破案良机。[④]

反之，侦查人员如果认识到案犯实施案后犯罪标记行为的可能性，并果断采取侦查措施，往往能事半功倍，极大地提升侦查效率。

【案例6】2010年7月15日下午，有市民报警称，浙江余姚闹市区一新建公园西南角一张长椅南侧的地面上发现一颗腐烂人头。此前，2008年8月29日，余姚舜北公园也发生过一起"抛头案"。

2010年7月5日上午，正值浙江卫视"小强热线"节目组到舜北公园

---

① 参见《阜阳市阜南县一男子抢劫后还要跟受害人做朋友》，载长城网，http://law.hebei.com.cn/system/2014/04/17/013321814.shtml。

② 参见《一男子强奸后念念不忘　三封信致受害人想做朋友》，载搜狐网，https://news.sohu.com/20050128/n224137918.shtml。

③ 基本案情为：自2001年6月以来，案犯张光旗在湖北省老河口市和河南省邓州市共作案37起，其中强奸抢劫杀人7起(杀死7人、重伤1人)、强奸20起、盗窃10起。

④ 参见王绍洪、杨卫锋：《搜寻孤狼——老河口市"2001·08·24"张光旗系列强奸杀人案》，载《中国刑事警察》2006年第1期。

搞现场活动，公园里人头攒动。可是，在公园西北角发现的一颗腐烂人头，很快打破了这份热闹。

余姚市公安局刑侦大队大队长、痕迹检验专家张永康勘查现场时认为，案犯抛人头的行为有悖常理：新建公园地处余姚核心商业区，几乎全天有人进出，大白天这么一颗人头扔在地上，很快就会被人发现，现场附近又没有包裹头颅的袋子。因此，案犯并不在乎被人看到，甚至被人抓到。张永康判断，案犯具有反社会人格，他敢在光天化日之下把人头扔在闹市区公园，目的就是要引起社会轰动，挑衅公安机关，案犯很有可能会在现场逗留，“欣赏”自己的成果。

张永康指挥民警调集摄像机，把围观群众的影像都拍下来。结合外围视频追踪影像，在围观人群中，果然发现了案犯的身影，当时他就站在人群的最外围。根据这两个影像，很快就确定岑某为案犯，并成功将其抓获。

在审讯过程中，民警和岑某之间的一段对话，反映出该案犯实施案后犯罪标记行为的特异心理。

“你为什么把人头丢在公园？”

“我就想制造一点热闹！”

“为什么要回现场逗留？”

“想看看这个效果有多大！”①

第三节　侵害式的犯罪标记行为和非侵害式的犯罪标记行为

以是否对被害人身体具有侵害性，犯罪标记行为可分为侵害式的犯罪标记行为和非侵害式的犯罪标记行为。侵害式的犯罪标记行为，是指案犯实施的犯罪标记行为对被害人身体具有明显的侵害性或损害性。非侵害式的犯罪标记行为，是指案犯实施的犯罪标记行为对被害人身体没有明显的侵害性或损害性。这两类犯罪标记行为都是案犯利用身体动作实施的，属于身体动作标记行为。

很多学者注意到，在系列杀人案件等暴力性案件中，案犯实施的犯罪标记行为可谓多种多样，这些行为既包括侵害式的犯罪标记行为也包括非侵害式的犯罪标记行为。例如，学者玛丽娜·索罗玖斯基（Marina Sorochinski）和加布里埃尔·萨尔法蒂（C. Gabrielle Salfati）的实证研究指

① 参见张贻富、石承承：《光孔里的恶魔》，载《东南商报》2014年9月8日，第12版。

出:在他们所研究的57起案件中,遮盖尸体的行为出现12次,占21.1%;遮盖脸部的行为出现12次,占21.1%;肛交行为出现10次,占17.5%;口交行为出现6次,占10.5%;手淫行为5次,占8.8%;死后伤害行为3次,占5.3%;异物插入行为2次,占3.5%;肢解行为1次,占1.8%。[①]

身体动作犯罪标记行为是出现最频繁的犯罪标记行为,梳理常见的身体动作犯罪标记行为有助于侦查人员快速识别现场上的这些特殊行为,提高侦查效率。以下所列均是常见的侵害式的犯罪标记行为和非侵害式的犯罪标记行为。

一、侵害式的犯罪标记行为

常见的侵害式的犯罪标记行为有:奸尸、切割(毁损)尸体器官、过度杀戮(伤害)、异物插入、煮食、刻字(图案)、独特的捆绑行为等。

(一)奸尸

所谓奸尸,是指案犯杀害被害人以后,与被害人尸体发生性交的行为。由于这种性交行为异于正常的性交行为,侦查人员不能仅将案犯实施的这种行为看作其单纯满足性欲的行为,尤其是在系列杀人案件的现场。

FBI行为科学组很早就注意到奸尸行为可能蕴含着案犯的某些特异精神因素。在FBI行为科学组研究的92起案件中,趁被害人死后加以强暴者,约占42%。在某案中,案犯用刀在被害人身上划出一道伤口,然后在里面射精。在另一案中,案犯先用枪射杀被害人,然后对她们施以性侵犯。在这些案件中,FBI行为科学组特工认为,不能仅将奸尸行为理解为案犯满足其生理需要——性需要的行为,这种行为往往是案犯满足其畸形性幻想,变态性心理以及仇恨、贬损、侮辱被害人的表现。[②]

在系列杀人案件的现场,案犯如经常实施奸尸行为往往能反映出其异于常人的人格特质。这主要是因为心理学研究认为,这类人身上有一种支配其性交对象的强烈欲望,这种欲望的满足在其性满足中占据十分重要的地位。尸体绝对不会反抗他们的命令,因此他们宁愿选择尸体作为性交对象。换言之,在奸尸过程中,案犯控制、支配欲望的满足甚于性欲的满足。奸尸行为是对控制、支配愿望的补偿满足,这折射出在现实生活中这类人

① Marina Sorochinski & C. Gabrielle Salfati, *The Consistency of Inconsistency in Serial Homicide: Patterns of Behavioral Change across Series*, Journal of Investigative Psychology and Offender Profiling, Vol. 7, p. 109 – 136 (2010).

② 参见[美]罗伯·K.雷斯勒、[美]安·W.伯吉丝、[美]约翰·E.道格拉斯:《变异画像——FBI心理分析官对异常杀人者调查手记(2)》,李璞良译,法律出版社1998年版,第85页。

是屡受挫折的失败者。他们无法控制活人的世界，所以便转向了死人的世界，在死人面前，他俨然是一个强大的主宰者，尸体都对他俯首听命，不会拒绝他的要求或嘲笑他的无能。总之，他在这种行为中处于支配地位，而且不必担心失败与挫折。

奸尸行为透射出的这种人格特质有助于侦查人员进一步刻画案犯特征，但遗憾的是，部分侦查人员仅将这一行为视为案犯单纯满足性欲的行为，没有对案犯的主观恶性、人身危险性、再犯可能性等特征进行深入分析，结果导致侦查失误。

【案例7】杨新海系列杀人案[①]中，案犯杨新海在多个案件现场均有杀人奸尸的行为，从现场状态看，案犯仇恨、贬损被害人的意味强烈。[②] 事后查明，2000年某市亓某英一家三口被害也是杨新海所为。2000年10月1日，62岁的亓某英及7岁的孙子张某涛和12岁的孙女张某腾被人杀死在家中。当地侦查机关仅因同村村民储某库与亓某英有些矛盾，就将其锁定为犯罪嫌疑人，并对他进行了5天5夜的逼供，逼迫储某库承认自己的杀人行为。但12岁的张某腾有被奸尸的迹象，这种常出现在系列杀手身上的侵害式犯罪标记行为没有引起警方的重视。

【案例8】2016年12月22日，江西省高级人民法院依法对原审被告人黄志强、方春平、程发根、程立和故意杀人、抢劫、强奸、敲诈勒索再审案进行公开宣判，撤销原审判决，宣告黄志强、方春平、程发根、程立和无罪。法院之所以作出无罪判决，是因为方林崽自认真凶。

据检方指控，自2004年8月至2011年12月，方林崽在江西乐平杀害妇女3人，强奸妇女7人，奸淫幼女1人，绑架他人勒索财物1次，抢劫3次，猥亵妇女4人。其中导致黄志强等4人含冤入狱的“5·24案”，方林崽自认真凶。在该案现场，案犯有奸尸迹象。当地警方透露，方林崽选择以侵害女性方式找回自尊。他会不定期冒出强烈的作案冲动，异常兴奋到

① 杨新海系列杀人案件的基本案情为：1999年到2003年，案犯杨新海流窜安徽、河南、山东、河北四省作案，先后作案22起，杀害67人，伤10人，强奸23人（均为奸尸），多起案件为灭门血案。

② 杨新海之所以特别仇恨女性的原因在于，1996年杨新海曾在家乡驻马店某县因强奸未遂被判刑5年，在这起案件中，杨新海试图强奸一名妇女，遭遇被害人激烈反抗并被咬掉一大块舌头，为了疗伤，“口里含了几天的鸡蛋清”。警方人士分析说，这可能是他后来对女性特别仇恨的原因。参见李玫瑾：《犯罪心理研究——在犯罪防控中的作用》，中国人民公安大学出版社2010年版，第96页。

无法控制。作案后,他又会充满内疚心理。①

(二)切割(毁损)尸体器官

在对性犯罪案犯的行为模式进行研究后,FBI 行为科学组认为,像用刀切割被害人、砍掉被害人身体器官或是用牙齿撕咬被害人的身体部位等行为,在无组织力罪犯中最常见。他们认为,这些行为说明了杀人与侵犯被害人的举动激起了案犯性幻想,而案犯本人也经由这种幻想产生了兴奋之情。②

实践中,这种由无组织力案犯实施的切割(毁损)尸体器官的犯罪标记行为亦不少见,2005 年深圳市公安局破获的任建兵系列强奸杀人案即属此例。

【案例 9】2005 年 6 月 17 日 23 时许,任建兵与同事覃某及被害人罗某等 4 人到餐厅吃宵夜。至次日凌晨 1 时 30 分许,4 人吃完宵夜后,覃某送另一人回家,任建兵送罗某回家。任建兵了解到被害人罗某到深圳时间短,对深圳地形不熟,遂将罗某骗到福田区香蜜湖钓鱼台附近的堤坝通道,趁罗某不备,从地上捡起一砖头朝罗某的头部猛击数下,致使罗某当场昏迷倒地。

随后,任建兵对罗某两次实施了强奸,并挖掉被害人的双眼,咬掉两个乳头,从阴道挖出子宫及肠子。之后,任建兵将罗某尸体抛入香蜜湖。离开香蜜湖后,任建兵沿着红荔路、香梅路步行至深南路辅道一公交站附近时,已是凌晨 5 时左右。任建兵见被害人徐某单身一人在公交站候车,以借问时间为由接近徐某,趁徐某不备,将其强行拖入公交车站北侧的草丛中,徐某极力反抗,任建兵即一手捂住徐某的嘴,一手用力掐徐某的脖子致徐某昏迷。随后,任建兵对徐某实施了强奸,事毕将徐某推入旁边一米多深的煤气管道水沟中,随即逃离。③

(三)过度杀戮(伤害)

过度杀戮(伤害)是指案犯对被害人实施的过度杀戮、过度伤害、过度折磨的行为,就杀人目的实现而言,这些行为已经远超犯罪所需。

---

① 参见《乐平奸杀案"自认真凶" 杀人奸尸后坐现场抽烟》,载中华网,https://news.china.com/socialgd/10000169/20161226/30114798_1.html。

② 参见[美]罗伯·K.雷斯勒、[美]安·W.伯吉丝、[美]约翰·E.道格拉斯:《变异画像——FBI 心理分析官对异常杀人者调查手记(2)》,李璞良译,法律出版社 1998 年版,第 75 页。

③ 参见《奸杀两女子色魔被判死刑》,载新浪网,https://news.sina.com.cn/s/2006-04-05/03398615259s.shtml。

过度杀戮(伤害)行为通常表达的是案犯愤怒的情绪或仇恨的情感,在被害人死亡后,案犯实施的过度杀戮(伤害)行为尤其反映了这一点。据《史记·伍子胥列传》记载:伍子胥为报楚平王杀父之仇,借助吴国军队大破楚国。其时,楚平王已死,伍子胥"既不得,乃掘楚平王墓,出其尸,鞭之三百,然后已"。20世纪90年代,某市曾连续发生10多起下夜班女工被犯罪分子追砍的案件,其中一名女工被砍击20余处,会阴部被捅刺。尸检发现,死者多处损伤是案犯对处于濒死期的受害人实施的加害行为所致。破案后证实,案犯陆某是因为恋爱受挫而迁怒于漂亮女人,傍晚持斧头外出寻找不特定目标加以侵害,迁怒于无辜者,将愤怒情绪发泄到不特定目标上,以使痛苦的情绪得到宣泄缓解。①

我国学者闵建雄认为,过度伤害行为通常表现为三个特点:第一,持续反复,如使用类似的方式较长时间持续反复打击。第二,变化位置,如使用钝器打击头部致死后,再使用同样或者其他工具打击躯干和肢体。第三,变换方式,如使用长棍经阴道插入腹腔甚至胸腔等。②

在侦查实践中,应当注意区别过度杀戮(伤害)行为与案犯杀人时的加固行为。加固行为通常是案犯为确保被害人死亡采取的致命性攻击,本质上是杀人目的的延续,形式上采用的是不同的杀人手段,如刀刺胸腹后,再切割颈部。过度杀戮(伤害)行为的本质是宣泄情绪,表达情感,通常与杀人行为不延续。

【案例10】某镇发生一起凶杀案,死者为潘某(女,41岁)、蒿某(女,19岁)。潘某头东脚西俯卧于一楼客厅,内裤外裤上缘翻转至大腿中段。尸体下方地面有大片状血泊。近餐桌处长条板凳的北侧双腿脱落,厨房内丢失菜刀一把。一楼中心现场西北面墙壁及中心现场房顶墙壁上见喷溅状血迹。

蒿某头东脚西全身赤裸仰卧于二楼卫生间。尸体头顶东面是浴缸,浴缸配套沐浴喷头丢落于尸体头右侧,喷头把手上有血迹,尸体右侧是抽水马桶,马桶内沿有点片状血迹,尸体左侧地面有个吹风机,尸体左脚前侧有一拖把。

潘某颈部气管、食管自喉结处横断,颈前筋膜横行裂口左侧颈内动脉离断,颈外动脉不完全离断,上述伤均为多次形成。头部有多处挫裂创口

① 参见王铁兵:《命案中伴有附加性加害行为的犯罪心理分析》,载《中国刑事警察》2002年第4期。

② 参见闵建雄编著:《命案现场分析概论》,中国人民公安大学出版社2013年版,第96页。

及皮下出血,面部有多处挫裂创及皮下出血,左手有抵抗伤。

蒿某颈部有锁沟伴皮下出血及散在擦伤,解剖见颈左侧皮肤下有出血,左甲状腺外侧有出血,右颈总动脉中段有外膜出血,右甲状腺后侧有筋膜出血,左侧舌骨肌有出血。头部有多处挫裂创口及皮下出血,面部多处皮下出血。

侦查人员分析认为,案犯实施了杀人加固行为,主要表现为被害人致命部位反复,损伤严重。如杀害蒿某的过程中,用木椅、板凳及拖把反复砸向其头部,害怕其不死又将脖子卡在马桶沿部致其死亡。杀害潘某的过程中将其头部反复撞向地面,并且用椅子、长凳等物砸其头面部,后用厨房菜刀割颈部致其死亡。这些加固行为均反映了熟人作案时"杀人灭口"心理,即害怕被害人未死亡,醒来后会指证自己。最终抓获的案犯果然为死者同村人员。①

在侦查实践中还应注意,过度杀戮(伤害)行为亦可能是精神异常的案犯所为,侦查人员要结合现场状况及被害人情况具体分析。

【案例 11】 2013 年 2 月 21 日 18 时许,孙某某(女,81 岁)被人发现死于家中。死者头面部、躯干及肢体多处存在严重损伤,非本人行为形成,显系他杀。死者头面部及肢体的创口多达 100 余处,脑颅粉碎,面颅缺损,两手骨处多处离断。本案针对的对象是一位 80 多岁的独居老人,反抗能力差,一两处损伤即能致其迅速死亡,案犯没有必要采取大量多余动作。这种多次反复对同一部位实施密集攻击的杀人犯罪行为超出了普通人的作案心理,反映出案犯的泄愤心理。但被害人社会关系简单,素与人无怨,侦查人员分析推断认为,案犯可能精神异常。破案后证实,该案为同村村民管某所为。管某患精神抑郁症多年,曾在精神病院住院治疗,近阶段精神行为异常。②

值得单独讨论的是过度折磨的犯罪标记行为。这种行为是案犯在杀害被害人前实施的,案犯明明可以在控制被害人后立刻杀死被害人,达成杀人目的,但其偏偏要迟延这一过程,在折磨被害人一段时间后,再实施杀人行为。前面列举的美国"BTK"杀手雷德和我国"智能木马"杀手黄勇即属此例。

---

① 参见汪立兵、张宁生、裘羽:《熟人激情作案命案现场分析重建》,载万立华主编:《命案现场重现——全国案例精选》(第 3 卷),中国人民公安大学出版社 2013 年版。

② 参见徐东升、毛毛:《命案现场犯罪行为分析一例》,载陈林主编:《命案现场行为分析与法医鉴定》,中国人民公安大学出版社 2014 年版。

实施过度折磨行为的案犯一般具有施虐狂特征。变态心理学认为，施虐狂是性欲倒错的一种表现形式，通过对他人施以疼痛和(或)羞辱的伤害行为来获得满足。[①] 美国心理学家弗洛姆(E. Fromm)认为施虐狂的施虐行为不仅是性欲的表现，而且有着强烈的精神因素，是一种控制欲望的畸形满足。他认为，一切施虐症的共同核心是绝对地、无限制地控制另一个生命的激情，无论被控制的是一只动物还是一个儿童、是男人还是女人。虐待者的一个特征是只有无助的人才会激起他的虐待欲，他不会想去虐待强者。[②] 例如，我国“智能木马”杀手黄勇选择的侵害对象，就是涉世未深、防卫能力弱的青少年。

(四)异物插入

异物插入是指案犯杀死被害人后，再将某种物品插入被害人身体的行为。在我国侦查实践中，案犯实施异物插入行为的案例亦不鲜见，如董文语系列杀人案。案犯董文语在其中一起案件中，奸杀被害人后，点火烧被害人的阴毛并把一支毛笔插入被害人阴道。在另一起案件中，董文语杀死被害人后，用一支药膏插入被害人阴道。[③] 杨新海系列杀人案中，案犯杨新海在杀害胡某安一家四口后，在胡某安头部插入一柄螺丝刀。

FBI 行为科学组认为，在性犯罪案件中，将外物插入被害人体内的行为，通常是无组织力罪犯所为，在理论上或许可称此种现象为“退化的恋尸症”，因此，这种行为亦可算是性交的代替品。换个角度来说，通过幻想，这些把异物插入被害人的动作就变成性行为了，而这么做也不会留下什么证据。[④]

【案例 12】2012 年 7 月 16 日，某村村民许某被人杀死在家中，其头部遭棍棒打击，阴道有撕裂性损伤。接到报警后，当地公安局立即成立专案组侦破此案，很快将案犯白某辉(男,28 岁)抓捕归案。

白某辉成长于一个不良的家庭氛围里，父亲没有文化又经常打骂子女，在家里处于绝对的强势地位，母亲又不能及时地给予子女温暖和支持，白某辉是家里的老大，承担着巨大的家庭责任，但又缺乏承担家庭责任的

---

① 参见[美]劳伦·B. 阿洛伊等:《变态心理学》(第 9 版)，汤震宇等译，上海社会科学院出版社 2005 年版，第 553 页。

② 参见[美]埃里希·弗洛姆:《人类的破坏性剖析》，李穆等译，世界图书出版公司北京公司 2014 年版，第 266 页、第 269 页。

③ 参见浙江省高级人民法院刑事裁定书，(2007)浙刑三复字第 51 号。

④ 参见[美]罗伯·K. 雷斯勒、[美]安·W. 伯吉丝、[美]约翰·E. 道格拉斯:《变异画像——FBI 心理分析官对异常杀人者调查手记(2)》，李璞良译，法律出版社 1998 年版，第 75 页。

能力。在这种环境下,白某辉就形成了表面强势、内心脆弱、渴望别人尊重而又缺乏能力、有强烈的暴力倾向、内心缺乏温情的性格特征。

白某辉有着正常的性生活和性生活对象,但是他却想要对被害人许某实施性侵,这是因为白某辉内心有一种强烈的占有欲。据白某辉供述,在侵害被害人的过程中,他发现自己在酒后不能勃起而无法实施性侵害,所以将啤酒瓶插入了被害人阴道,造成被害人阴部撕裂性损伤。[①]

异物插入行为亦可能是案犯对某个特定被害人表达仇恨情感的体现。例如,杨新海在胡某安头部插入一柄螺丝刀,主要原因是胡某安胳膊上纹有“鹰”图案,让他联想到其在服刑时遭一有文身的犯人殴打,遂将螺丝刀插入胡某安头部予以报复。

实施异物插入行为的案犯主观恶性深、人身危险性较大,再犯可能性较高,其人格特质有别于常人。尤其是在具有性因素的异物插入现场,侦查人员更应对案犯的人格特征以及再犯可能性作仔细分析和评估,不能依循简单的因果关系认定犯罪嫌疑人。张志超冤案即是例证。

(五)煮食

煮食,是指案犯在杀害被害人后,将被害人尸体的某些部位加以煮食的行为。电影《沉默的羔羊》塑造了一个经典的银幕形象——食人魔汉尼拔博士。现实中,这样的案犯亦不鲜见。

实施煮食行为的系列杀人犯通常是恋尸狂或精神极不正常者。美国威斯康星州密尔沃基市的达默尔(Jeffrey Dalnmer)是一名连环杀手、恋尸狂和食人者。这个精神极其不正常的人引诱年轻男子到家中,接着用酒或药物使其昏昏欲睡,然后杀害并肢解他们。除了吃被害人的肉以外,他还拿尸体做实验。20 世纪 70 年代美国破获的李查·特顿·雀斯系列杀人案中,在某一凶案现场的尸体旁摆着一个空纸盒,显示案犯曾经用此纸盒饮用死者的血液,尸体有部分缺失。后来,警方在搜查李查·特顿·雀斯公寓的冰箱时发现,冰箱的几盘菜里有人肉,一个容器里装了人脑。[②]

案犯对亲近之人实施煮食行为可能反映了其怪异的独占心理。2006 年,安徽宿州破获的朱某杀妻灭女案中,案犯朱某以外出打工的名义将家人骗出村庄,先杀害了两个女儿又杀害了妻子。他将妻子碎尸后抛在一条国道边,在碎尸中他还将妻子的生殖器割下烹煮吃了。李玫瑾教授对此犯

---

① 参见杨玉章主编:《刑事侦查与行为证据》,河南科学技术出版社 2019 年版,第 102 - 103 页。

② 参见[美]布莱恩·隐内:《犯罪心理剖绘档案》,吴懿婷译,台北,商周出版社 2012 年版,第 66 - 69 页。

罪标记行为的分析是，这是一种独占行为，意味着死者的性器官只能归属某人。这种行为本身说明，他对妻子存在独占心理，心里认定妻子是他一个人的。逮捕朱某后经过讯问，证实了这一判断，朱某回答“她（指妻子）是我的，所以我要吃掉”。①

（六）刻字（图案）

刻字（图案）的行为是指案犯在作案后，在被害人身体上刻（写）文字或图案的行为。这种行为既是一种言语犯罪标记行为，也是一种侵害式的犯罪标记行为。

我国学者闵建雄认为，在尸体以及周围物品上书写文字，尤其是带有“爱”“恨”“杀”“死”等字样的文字，这一行为既可能是特定性的针对死者的发泄行为，也可能是非特定地发泄对整个社会不满的行为。② 例如，2003年锦州市公安局破获的许贵柱系列杀人案中，在杀死被害人后，许贵柱在多名被害人身体上实施了刻字刻图案的犯罪标记行为。③

（七）独特的捆绑行为

一般而言，案犯实施捆绑行为旨在更好地控制被害人，以实现犯罪目的，因此捆绑行为往往属于犯罪手段范畴。从实践来看，案犯实施捆绑行为的动机有四种：第一，控制动机。捆绑可以使被害人动不了、跑不掉，利于达到自己的意图，满足自己的愿望。第二，加固动机。案犯捆绑被害人是为了确保杀人目的的实现，即要杜绝被害人意外“复活”的可能。第三，伪装动机。案犯杀人之前并没有实施捆绑，杀人之后采用捆绑的方式，让人们以为死者生前受到捆绑胁迫，从而掩盖真实的杀人动机。第四，掩饰动机。捆绑行为是为了掩盖或毁灭杀人的证据。例如，一起杀人沉尸案中，作案人使用了电缆线、铁链、挂锁、U 型锁、空心砖等多种物品捆绑尸体，并将尸体抛入湖中。案发后，侦查人员根据捆绑物的特点，将原始现场的线索集中到附近的建筑工地，很快查找到案犯。④

值得注意的是，在某些案件中，案犯的捆绑行为已经远远偏离了控制被害人的目的，表现出某些异常的心理特征。例如，20 世纪英国破获的“铁路强奸犯”系列案件，案犯约翰·达菲（John Duffy）用一种稀有的麻线

---

① 参见李玫瑾：《犯罪心理研究——在犯罪防控中的作用》，中国人民公安大学出版社 2010 年版，第 104 页。

② 参见闵建雄编著：《命案现场分析概论》，中国人民公安大学出版社 2013 年版，第 97 页。

③ 参见刘娇、康杰：《犯罪心理痕迹的实证性研究》，载许昆、利焕祥主编：《侦查前沿》（第 1 辑），中国方正出版社 2007 年版。

④ 参见闵建雄编著：《命案现场分析概论》，中国人民公安大学出版社 2013 年版，第 68 页。

捆绑被害人的手指，案犯之所以实施这种独特的捆绑行为，缘于他喜爱捆绑他的妻子以获得性高潮。①

与犯罪手段和非侵害式犯罪标记行为相比，侵害式的犯罪标记行为是更具破坏性的侵犯行为。许多临床试验结果指出，破坏性的侵犯行为与暂时或长期的感情撤退有关。“对于侵犯者来说，这没有什么不同。他与对方的感情联系全部切断，把对方‘冻结’起来。在他心里，不再把对方当人，而变成了‘在那里的一个东西’。”②例如，李玫瑾教授在分析黄勇杀人动机时认为，亲情匮乏导致的扭曲心态是黄勇的杀人动机。“对杀手的渴望实质上表达了黄勇内心一种因相关情感得不到满足而出现的愤怒之感。”③

二、非侵害式的犯罪标记行为

从侦查实践来看，常见的非侵害式犯罪标记行为主要有遮盖尸体的行为、收集“纪念品”或“战利品”的行为、某些奇特的仪式行为等。

（一）遮盖尸体的行为

遮盖尸体的行为是指案犯杀害被害人后，用某种物品遮盖被害人尸体或某些部位的行为。FBI 行为科学组认为，类似遮盖尸体的行为往往表达了案犯对被害人处境的关注，“有些凶手会拿东西掩盖尸体、清洗伤口，不难看出这些凶手深受良心的谴责，或是关注被害人的处境”④。我国学者闵建雄将遮盖尸体的行为列为愧疚行为的一种，认为是案犯在实施犯罪后，内心产生内疚和羞愧情感及冲动，继而实施的行为。⑤

实践中，案犯实施遮盖尸体的行为并不少见。例如，某地曾发生的一起奸杀案中，公公试图强奸儿媳但遭到儿媳拒绝。于是公公掐死了叫喊的儿媳，并将儿媳的上衣、内衣都脱去，伪造现场。因公公不忍儿媳的私处暴露于光天化日之下，于是又用内衣进行了遮盖。正是这一遮盖行为所暴露

① 参见[美]布莱恩·隐内：《犯罪心理剖绘档案》，吴懿婷译，台北，商周出版社 2012 年版，第 122－125 页。

② [美]埃里希·弗洛姆：《人类的破坏性剖析》，李穆等译，世界图书出版公司北京公司 2014 年版，第 107 页。

③ 李玫瑾：《犯罪心理研究——在犯罪防控中的作用》，中国人民公安大学出版社 2010 年版，第 104 页。

④ [美]罗伯·K. 雷斯勒、[美]安·W. 伯吉丝、[美]约翰·E. 道格拉斯：《变异画像——FBI 心理分析官对异常杀人者调查手记(2)》，李璞良译，法律出版社 1998 年版，第 77 页。

⑤ 参见闵建雄编著：《命案现场分析概论》，中国人民公安大学出版社 2013 年版。

出来的心理痕迹，使侦查人员很快就确定了侦查方向，锁定了犯罪嫌疑人。①

【案例13】2011年1月19日，某地村民何某被人发现死于家中，室内有大量血迹。被害人何某系70多岁的独居老人。现场勘查发现：(1)被害人身上有50余处创伤口，主要集中在头面部和双上肢。整体来看，从头部到双上肢的伤口深度由深到浅，说明犯罪嫌疑人身体优势不明显，体力较差。(2)在被害人右前臂发现一处新鲜的咬痕，应该是犯罪嫌疑人与被害人搏斗时所留，说明犯罪嫌疑人与被害人搏斗互动的过程中，身体并不占优势，连咬这一原始攻击方式都用上。(3)从被害人身上留下的创伤口来看，创伤口较多较杂，但命中要害部位的伤口不多，说明犯罪嫌疑人缺乏犯罪经验，作案时比较慌张，认知思维狭窄。(4)在被害人的尸体上发现了盖着的军绿色棉大衣和被褥，说明犯罪嫌疑人心存愧疚。

综合以上分析，侦查人员认为案犯行为符合未成年人犯罪心理特征。案犯是陈某，当地人，15岁，某中学初二学生。陈某交代：他偶遇被害人，闲聊时得知被害人有点钱，遂起犯意，本不想杀人，只是被发现才不得已杀人灭口，杀人后又感到对不起被害人。②

(二)收集"纪念品"或"战利品"的行为

收集"纪念品"或"战利品"的行为是指案犯作案后，收集被害人的某些物品带离现场的行为。案犯收集、带离这些物品不是图财，即使这些物品可能具有一定的财产价值。

FBI行为科学组对案犯收集"纪念品"或"战利品"的行为早有关注，在他们所调查的118起命案中，有32起出现了这种情况，比例达27%。FBI行为科学组认为，这些物品可以提醒凶手该案的详细过程，因此对凶手而言可谓"价值连城"，这些"纪念品"不仅可以证明他对于自己的幻想很兴奋，而且可充当其进一步幻想的触媒。一般来说，保有死者物品的凶手都算是恋物癖者，其所保有的东西也就是他最迷恋的东西，而这些"纪念品"对凶手而言都具有特殊的意义。在凶手心目中，这些"纪念品"的分量和谋杀案本身几乎是不分轩轾的，因此有些凶手会把它视如拱璧般地珍藏

---

① 参见徐俊文：《犯罪现场之犯罪心理痕迹解读技术》，中国人民公安大学出版社2006年版，第19页。

② 参见高峰等：《犯罪心理刻画在未成年人抢劫杀人案件中的运用》，载万立华主编：《命案现场重现——全国案例精选》(第3卷)，中国人民公安大学出版社2013年版。

着,并且反反复复地拿出来把玩,有些案犯的性欲就是靠这些东西所激发。[①] 特维认为:“战利品”通常是胜利、成功和征服的象征;而纪念品是指带有一种提示或象征意义的物品,代表着一次愉快的经历,它常常与某种确认的需要联系在一起。这些物品通常并不值钱,就算它很值钱,案犯看中的也不是这一点。[②]

从种类上看,案犯带走的“纪念品”或“战利品”可谓多种多样:有具有高度人身属性的物品,如被害人的照片、毛发、内衣裤、被切割的器官,也有被害人佩戴的手表、耳环、珠宝等。例如,美国的“神秘剪刀手”案,案犯罗杰·金伯在对被害人实施侵害后,会用剪刀剪下被害人的一缕头发带走。

【案例14】2001年9月16日晚,吉林省延边州开山屯镇外来打工妹史某霞和姐姐史某荣下班后,像往常一样正顺着铁路回家,眼看快到家了,两人便坐在铁轨上休息一会儿。这时,一个人影悄悄靠近两人,抡起手中的斧头猛砍史某霞,目瞪口呆的史某荣也被对方一斧子砍倒在草丛中,身受重伤的史某荣迷迷糊糊地听到斧子连续砍剁的声音……

当晚,开山屯镇南山派出所接到报案,在铁路路基旁发现史某霞的无头尸身,史某荣则身受重伤。与此同时,延边州公安局成立“2001·9·16”特大杀人案破案指挥部。警方了解到,史某霞时年29岁,从外地到开山屯镇投靠姐姐,开有一家发廊,从未与人结怨。

侦查人员注意到,死者史某霞有一大特点:她留有1米长的头发。近一年来,开山屯镇已陆续发生8起歹徒持凶器在住宅楼道内拦截妇女割头发案件,它们与这一案件是否有关,成为警方工作的重点。

根据现场勘查和走访调查的结果,侦查人员认为案犯很可能心理变态,是为了要死者的长发而杀人。随后,警方兵分三路开展侦破工作:第一路对开山屯镇进行拉网式清查,清查的重点是有前科劣迹的社会人员和单独居住的人;第二路是对死者生前的社会关系进行调查;第三路是在出入开山屯镇的所有道路上设卡,盘查可疑人员。

随着时间的推移,一条条线索被一次次查否。在随后的一次排查中,南山派出所两名民警按计划来到开山屯镇朴永植家调查情况时,发现朴永植吞吞吐吐、答非所问,并承认“我家有很多刀,但不是用来杀人的”。当

① 参见[美]罗伯·K.雷斯勒、[美]安·W.伯吉丝、[美]约翰·E.道格拉斯:《变异画像——FBI心理分析官对异常杀人者调查手记(2)》,李璞良译,法律出版社1998年版,第86-87页。

② 参见[美]布伦特·E.特维:《犯罪心理画像——行为证据分析入门》,李玫瑾等译,中国人民公安大学出版社2005年版,第204页。

侦查人员提出要查看仓库时，朴永植显得有些坐不住，侦查人员迅速将其带至指挥部接受讯问。在审讯过程中，朴永植或闭口不言，或编造谎话。与此同时，民警在朴永植家中先后搜出10多缕女人头发，还有印满长发女人照片的杂志。面对证据，朴永植不得不交代自己的犯罪过程。

40岁的朴永植早在16岁时就因故意杀人罪被判处过死缓，在监狱劳动改造18年后，于1997年被释放。出狱后的朴永植开始对女人的头发产生兴趣，只要见女人留有长发，就会产生强烈的占有欲。他屡屡跟踪单身女子作案，将被害人的长发割掉拿回家中。有一次作案时，由于被害人奋力反抗，朴永植不但没有弄到头发，还挨了几拳。从那时起，他下定决心，再发现目标，先杀人后取头发。①

【案例15】1999年8月至2008年9月，某地连续发生强奸案件。案犯驾驶汽油三轮车以帮助抬化肥、拉渔网为借口，将被害人骗至或拉至路边强奸，共作案20余起。在犯案过程中，被害人的内裤均被案犯拿走。2009年1月6日，警方将案犯田某松抓获，在其住宅发现大量女性内裤。②

上述两案例中案犯收集的物品属于“纪念品”。如果案犯收集的物品代表着一次任务的胜利完成，那么这种物品属于“战利品”的可能性较大。

【案例16】某相邻两县在2005—2006年先后发生三名中年妇女被害案，三死者的推断年龄均在40～55岁之间。一名死者被人发现于河中，另两名死者则分别被发现于一山坡和田间，其随身携带的食品、白色与黄色纸张等物品散落在尸体四周。死者身上均无外衣。尸体检验发现死因分别为溺死、扼死和勒死，未有遭性侵迹象。侦查人员调查发现，三人之间没有关联性，唯一具指向性的线索是两名陆地死者被发现随身携带祭祀用纸，可能系进庙烧香的香客。但案犯既不谋财也不谋性，杀人动机令人十分费解。

破案后证实，案犯为男女两人，极度迷信，臆想通过不断杀人成为或巩固其“皇帝”和“娘娘”的高贵地位，于是合伙以女性香客为作案对象，通过诱骗等方式将死者引至偏僻处采用暴力手段杀死，而离开时又将死者的外衣脱下作为“战利品”带走。③

一般而言，收集“纪念品”或“战利品”的行为属于非侵害式的犯罪标

① 参见杨玉章主编：《刑事侦查与行为证据》，河南科学技术出版社2019年版，第108－109页。
② 参见杨玉章：《三定侦查法——犯罪心理画像实证研究》，群众出版社2008年版。
③ 参见闵建雄：《被害人学在命案现场分析中的应用（Ⅲ）》，载《刑事技术》2015年第4期。

记行为,但如果案犯将被害人的某些器官切割带走,则属于侵害性很强的犯罪标记行为。例如,1994 年广州市公安局破获的罗树标系列强奸杀人案件①中,从 1991 年 2 月起,罗树标用小货车将尸体载回家,扛上独住的阁楼,连续奸尸数次,还用刀把一些被害人的乳房、外阴割下。

由于“纪念品”或“战利品”是案犯幻想的触媒,它们的存在会持续激发案犯的幻想,使案犯保有连续作案的兴奋和冲动,因此,收集“纪念品”或“战利品”的案犯,演变为系列案犯的可能性很大,侦查人员应当高度重视。实践中,部分侦查人员不注重识别、分析案犯实施的收集“纪念品”或“战利品”的犯罪标记行为,结果误判案件性质,错误刻画嫌犯特征,造成侦查失误。例如,本书“引言”列举的孙万刚冤案和聂树斌冤案,现场强烈提示案犯有收集“纪念品”或“战利品”的行为,案件性质很可能为系列案件,但侦查人员都仅将案件当作单案处理。

（三）某些奇特的仪式行为

按照人类学的观点,人类的仪式行为具有重要的隐喻意义。在某些案件现场,案犯会实施一些显属非必要的、奇特的仪式行为。这些仪式行为往往具有隐喻意义。这些隐喻意义要么是驱使案犯犯案的动力,要么是案犯发泄情绪、表达情感的表征,要么是案犯合理化犯罪的托词。

在电影《沉默的羔羊》中,系列杀手“野牛比尔”每次杀害被害人后,都要将一只蝶蛹放入被害人的咽喉部位。汉尼拔博士认为,案犯的这一仪式行为暗含的意义是,渴望蜕变的心理。他建议 FBI 特工从申请变性遭拒的人中去发现线索,结果很快破案。国外有案例报道,信奉基督教的作案人杀人埋尸时,有时会将尸体摆放成双手前置交叉的带有宗教色彩的姿势,表现出悲天悯人的情感。有的案犯实施的仪式行为具有地域性,分析这些仪式行为可以帮助侦查人员准确划定侦查范围。

【案例 17】2009 年 8 月 13 日,位于龙宿沟村西侧、村民韩某家的玉米地内,发现一具高度腐败的尸体。尸体位于韩某家玉米地内东南角的一个坑内,该坑南北长 1.3 米,东西宽 0.82 米,坑周围堆积有新鲜的泥土。尸体在坑内头南脚北、呈侧卧状。尸体全身由多层包装物包裹,尸体包裹物有 6 类 7 件,由外到内分别是深绿色塑料布、红色被面、塑料编织袋上捆扎的两道铁丝、红白蓝相间的塑料编织袋、套在尸体头部的白色塑料手提袋、包裹尸体下半身的绿色毛毯,解除包裹物后发现尸体全身赤裸。

---

① 基本案情为:1990 年 2 月至 1994 年 9 月,罗树标以外地来广州的女性人员为侵害对象,作案 14 起,杀死 13 人。

尸体为男性，长1.60米，尸体已高度腐败。尸体额部、左耳部、右颞部、右顶部、头顶部各有一创口，左后枕部共有10处创口，且创口创缘均不整齐，创周有挫伤带，其中3处深入颅骨。综合推断被害人系遭他人用钝器打击，致使颅骨多发粉碎性骨折引起严重颅脑损伤而死亡。

尸体的包裹物和头部的过度伤害引起了侦查指挥员的注意。根据尸体身上包裹的被面和毛毯可以推断，被害人的死亡地点应该在卧室。被害人的损伤集中在头面部，全身其他部位没有损伤，身上也没有抵抗伤，那么被害人很可能是在睡眠状态下被杀死的，由此可见，被害人对案犯没有防备之心。从损伤的程度来看，凶器很可能是锤类钝器，反复的击打表现出案犯强烈的仇恨，也表明案犯面对被害人时内心极度不自信。

尸体上层层的包裹物也显示出案犯与被害人的关系非同一般。在河南洛阳伊川一带的农村地区保留着死人埋葬时“送五样”的风俗，即在死者下葬时，会包裹上他平时所用的被单、床单等物品。这种层层包裹的风俗行为为该案侦查范围的划定起到了重要的参考作用。由此可以推断，被害人与案犯关系亲密，有同居生活的情感经历。

2009年8月27日中午，侦查人员在洛阳市洛龙区将案犯杜某（被害人王某治的妻子）和孙某展（杜某的情人）一并抓获。经讯问，杜某供述了其因婚姻情感问题，不堪忍受丈夫虐待，于2009年7月31日晚，趁王某治熟睡时用家中的大铁锤将其杀死，然后按照当地风俗，拼凑了五样物品（深绿色塑料布、红色被面、红白蓝相间的塑料编织袋、白色塑料手提袋、绿色毛毯）将王某治的尸体进行包裹，然后伙同情夫孙某展将王某治的尸体拉到颍阳镇的一玉米地掩埋。①

① 参见杨玉章主编：《刑事侦查与行为证据》，河南科学技术出版社2019年版，第124－125页。

第五章　犯罪标记行为的类型
——以行为的生成机理为标准

在侦查实践中，许多侦查人员对案犯实施的犯罪标记行为感到疑惑不解，一个重要原因是其对犯罪标记行为的生成机理不甚明了。了解不同犯罪标记行为的生成机理，有助于我们进一步识别案犯类型、洞悉案犯的真实犯案动机。约翰·道格拉斯曾言："即便有很多交叠的地带，理解罪犯的类型对我们处理每一个案件仍然能够提供巨大的帮助……如果我们这些执法人员了解我们的未知对象的迷狂所在，我们也许能认识到我们面对的是什么样的野兽，因而调整我们的调查。"本章以犯罪标记行为的发生机理为分类标准，进一步将犯罪标记行为分为内源性的犯罪标记行为和外源性的犯罪标记行为，以下分述之。

第一节　内源性的犯罪标记行为

从心理动力学的观点而言①，内源性的犯罪标记行为的行为动因源于案犯基于某些特异需要而产生的内心幻想。案犯通过不断的内心幻想增强这种特异需要的强度，这种强度到达一定的临界点就会转化成具体的行为动机。由于这些基于某些特异需要的内心幻想往往不能通过正常的行为方式来满足，因此，案犯会以犯罪为手段，在犯罪过程中通过犯罪标记行为的实施来践行这些内心幻想。

事实上，现代心理学早已注意到人的幻想对行为的影响。精神分析心理学家弗洛伊德很早就揭示出人的某些仪式行为与幻想之间的关联。"你们不会看不出这种仪式与由解释揭示出的那些幻想是相应的。但我认为更重要的是，你们应当注意到这种仪式不是一个单独幻想的产物，而是几个幻想的混合产物，尽管这些幻想总会汇合于某一点，而且，你们还应注意她的仪式的细节与她的性愿望的关系既有积极的意义也有消极的意

① 心理动力学的观点强调激发行为的内部心理过程。参见［美］劳伦·B.阿洛伊等：《变态心理学》（第9版），汤震宇等译，上海社会科学院出版社2005年版，第104页。

义。"[①]人本主义心理学先驱阿尔弗雷德·阿德勒(Alfred Adler)曾言:"在焦点的清晰明显方面远远胜过惯常想象的是幻想。这类幻想是如此的轮廓鲜明,以至于它们不但具有想象的产物的价值,而且影响着个体的行为,就好像原本不在的刺激物实际存在一样。"[②]

美国心理学家卡伦·荷妮(Karen Horney)深入研究了病态需求与病态想象之间的关系,她提出自我理想化的概念。所谓的自我理想化包含着一种普遍的自我美化,从而给个体一种对重要性和凌驾于他人之上的优越感的过分的需求感。在荷妮看来,自我理想化是某类人面临外界环境困难时创造的一种"病态解决方法"。这种病态解决方法"不仅允诺解决他的那些痛苦而不可忍受的情感(失落感、焦虑感、自卑感和疏离感),并且还允诺实现那最后的、神秘的自我和他的生活"[③]。

自我理想化具有内驱力,并且具有强迫性和想象性的特征。"它的强迫性源于这样的事实:自我理想化是一种病态的解决方法……尽管个体可能会感到他的雄心或他的完美标准是他想要达到的,但实际上,他是被迫要达到它,对荣誉的需求控制了他……最具有决定性的一点就是他被迫行进在追求荣誉的路上,而全然不顾自我,不顾他最好的利益……第二种特征是想象在这些因素中所起的巨大而特殊的作用。想象是自我理想化过程中的工具。但是它是一个关键性的因素。"[④]

自我理想化过程中的想象很容易沦为病态的想象,借以满足病态的需求。"他们的想象力更易于迷失方向,这一思想并不是从我的经验中得来的……像在正常人身上,神经症患者的想象力也发挥同样的作用,但是,除此之外,它还具有正常人所不具有的作用。它被用来满足病态的需求。在心理学文献上,对现实作想象性的扭曲被称为'欲望思维'。"[⑤]

一、原发性的犯罪标记行为

具体到犯罪心理领域,美国心理学家约翰·玛尼博士指出,许多犯罪人其内心都有一种特殊行为模式的意象(mind's eye),这种意象被称为

---

① [奥]西格蒙德·弗洛伊德:《精神分析导论讲演》,周泉等译,国际文化出版公司2000年版,第235页。

② [奥]阿尔弗雷德·阿德勒:《理解人性》,陈太胜、陈文颖译,国际文化出版公司2000年版,第30页。

③ [美]卡伦·荷妮:《神经症与人的成长》,陈收等译,国际文化出版公司2001年版,第8页。

④ [美]卡伦·荷妮:《神经症与人的成长》,陈收等译,国际文化出版公司2001年版,第15-17页。

⑤ [美]卡伦·荷妮:《神经症与人的成长》,陈收等译,国际文化出版公司2001年版,第18页。

“爱景”(love map)。“爱景”一词用来描述一种理想的情景、个人或活动计划。这些理想的情景、个人或活动计划能够满足犯罪人特殊的情感和心理需要。爱景、需要或想象是所有人的心理发展所必须经历的,这是人类自然发展过程的一部分。犯罪人标记行为的出现和发展必然与性的发育和情感的发展相一致。随着爱景的发展,人格逐渐形成,行为必须去满足个人的多种需要与不断发展着的需要。对某些人来说,结果或许是在精心的抚育下、在探寻亲密关系的行为中使这种爱景得到健康的表达和发展;对另外一些人来说,持续的冷漠最终会导致其犯罪行为的形成与发展。

当个人的心理发展进程偏离正常轨迹,当个人感到想象暴力或想象其他犯罪活动能使他产生愉快的联想,那必然会导致犯罪的结果。这些联想随着时间的推移改变和发展,会与各种特异的行为有关,犯罪个体会在这种特异行为中寻找他们特殊的情感或心理需要的满足。

犯罪人的幻想行为随时间而发展,同时实现这些幻想的需要也随时间而发展。当犯罪人出于暴力或掠夺性幻想而行动时,这一行动本身又会使犯罪人在意识中强化这一幻想,并会使幻想越来越离谱。①

约翰·道格拉斯也曾在他的研究中谈到这种导致犯罪标记行为的幻想。他认为,当案犯沉浸在白日梦中,他们会发展出一种表达他们暴力幻想的需要。当他们将幻想诉诸行动时,每一起犯罪的某些方面都会显示出基于他们幻想的、独一无二的、个人化的表达或仪式。然而,如果犯罪并不能满足案犯的需要、不足以满足他的幻想,他就会实施仪式行为。当案犯在犯罪现场显示出他的仪式行为时,他们就留下了个性化的“名片”。②

在随后的研究中,FBI 行为分析专家进一步将这种导致犯罪标记行为的幻想称为“黑色幻想”。他们对 36 名性谋杀案罪犯进行访谈后发现:“这些杀手们都极为偏好长时间沉浸在自我的幻想世界中,其次都曾产生种种暴力的、性的幻想及念头。在其第一桩谋杀案发生之时所产生的幻想中,绝大多数都把重点放在杀戮上;在第一桩谋杀案发生后,其幻想的程度又更为加深,并且把注意力放在执行谋杀案的各个阶段及细节问题上……这些变态的、残忍的幻想以及一些类似的行为,是导致他们日后谋杀行为

---

① 参见[美]布伦特·E.特维:《犯罪心理画像——行为证据分析入门》,李玫瑾等译,中国人民公安大学出版社 2005 年版,第 285-286 页。

② See John E. Douglas & Corinne Munn, *Violent Crime Scene Analysis: Modus Operandi, Signature, and Staging*, the FBI Law Enforcement Bulletin, February 1992.

的主因,这也就是说他们都会把这些幻想化为具体的行动。”①犯罪心理学家霍尔姆斯也指出:系列杀手暴力幻想的内容与系列犯罪中的行为有直接的关系。对系列杀手来说,幻想是必不可少的,它提供了行为的原因、仪式、动机、预期利益、被害人类型以及心理满足。②

我国犯罪心理学家李玫瑾也注意到这种幻想对人的特异行为的诱导作用。“幻象则是从幻想、幻觉或梦境中产生的形象,幻象往往是个人渴望但在现实生活中由于各种原因不可能发生进而出现在人们内心中的一种心象。这种幻象也与想象有关,不同点在于,想象解决的是现实问题,幻象解决的是心理陶醉与心理满足的问题。当一个人过分地、长时间地集中内心进行这种主观虚幻的想象活动,就会自然阻断对外界的注意、阻断对外界的真实感知,并以大量虚幻信息进行组合进而形成虚假的心象,这种心态持续一段时间就会让人出现相应的心理病态现象。如因崇拜某类人而幻想自己成为某种人,然后自己内心不断地重演其幻象,这种心态容易让幻象者最后成为不能正常反应外界现实刺激并出现让人不能理解的行为的精神异常者。”③

在侦查实践中,案犯基于这种“黑色幻想”而在犯罪过程中实施犯罪标记行为的案例不胜枚举。例如,美国“BTK 杀手”丹尼斯·雷德在作案时,他的工具包中装着枪、绳子、手铐和胶带。被害人大多被五花大绑,再被狠狠地拷打,最后才被扼住脖子痛苦窒息而死。在法庭受审时雷德曾经讲述这种幻想,他把自己的这一系列作案行为称作一次“工程”,而被害人则是他的“目标”,他折磨杀人的目的是满足自己的“性幻想”,那些女性被害人则能满足他的“手淫快感”。又如,黄勇系列杀人案中,黄勇在杀死被害人之前会利用所谓的“智能木马”实施反复折磨被害人的犯罪标记行为。在被捕后他接受记者访谈时曾谈到这种行为的根源,“这种录像就是让我想当杀手的这种录像,就是因为这种东西把我推向了一个不回的路。也正是因为这些东西让我想到一个外向的愿望,愿望正在我心中逐渐形成,逐渐在我心目中成为形象,这种形象逐渐在我心中成为一个愿望,在某一天这个愿望终于实现了……我执着地要实现我的抱负,强烈的征服欲,

---

① [美]罗伯·K. 雷斯勒、[美]安·W. 伯吉丝、[美]约翰·E. 道格拉斯:《变异画像——FBI 心理分析官对异常杀人者调查手记(2)》,李璞良译,法律出版社 1998 年版,第 42 页。

② See Marina Sorochinski & C. Gabrielle Salfati, *The Consistency of Inconsistency in Serial Homicide: Patterns of Behavioral Change across Series*, Journal of Investigative Psychology and Offender Profiling, Vol. 7:114, (2010).

③ 李玫瑾:《犯罪心理研究——在犯罪防控中的作用》,中国人民公安大学出版社 2010 年版,第 38 页。

使得我的脑海经常憧憬一种伟大的成功,渴望骄人的成就感”①。

这种犯罪标记行为往往是案犯那些特异需要推动的行为体现,它表达了案犯实施犯罪的真实动机。笔者将这种犯罪标记行为称为“原发性的犯罪标记行为”,在这种类型案犯的犯罪过程中,犯罪本身只是实现原发性犯罪标记行为背后隐藏的特异需要和黑色幻想的手段和桥梁。因此,案犯实施犯罪的过程很可能呈现产生关于犯罪标记行为的幻想—幻想持续强化—实施犯罪—实施犯罪标记行为的顺序。笔者在第四章所举之朴永植系列杀人夺发案,是诠释上述顺序的最典型案例。

可见,这种类型的犯罪标记行为既是引起犯罪的原动力,又是犯罪尚未能满足案犯特异需要的进一步行为反应。因此,在这类案件的侦查中,侦查人员不应被犯罪造成的直接损害后果和刑法规范意义上的犯罪目的迷惑,而应当透过犯罪标记行为深入分析案犯的真实犯案动机。例如,第三章第三节所举之约翰·道格拉斯所提到的案例二即属此例,在这一案例中,是案犯关于羞辱和支配丈夫的黑色幻想推动了他去实施强奸犯罪,强奸犯罪本身只是他想实施犯罪标记行为以满足他黑色幻想的一种手段。在朴永植系列杀人案中,是朴永植对女性长发的强烈占有欲推动着他去犯罪,杀人只是他夺发的手段。

“原发性犯罪标记行为”的出现往往表示案犯的人身危险性大、主观恶性深,再犯可能性高,公安机关应当充分做好预防系列犯罪的准备。有学者就指出,“当案犯在犯罪过程中留下其特有的犯罪标记行为后,其后的(犯罪)暴力程度会增加,而且犯罪冷却期的时段也会减短”②。

对于引发“原发性犯罪标记行为”黑色幻想的原因,FBI 行为分析专家认为与案犯的思考方式有很大的关联。“因为这些人犯的思考方式,才导致了他们的谋杀行为,至于其早期所受的创痛及所受到的忽视,则是引发他们以该种方法从事思考的主因。然而,他们的信念及行为又反应了、鼓励了、加强了以及激化了这些性犯罪及谋杀事件。换言之,他们根据自己的信念及理由,使幻想最后得以具体的行动展现出来。”③

这些案犯产生异常思考方式的原因,可用心理学上的挫折—攻击理论和自卑—补偿理论进一步解释。

---

① 参见《透视平舆特大系列杀人案》,中央电视台“时空连线”栏目 2003 年 11 月 28 日播出。

② [美]布伦特·E. 特维:《犯罪心理画像——行为证据分析入门》,李玫瑾等译,中国人民公安大学出版社 2005 年版,第 299 页。

③ [美]罗伯·K. 雷斯勒、[美]安·W. 伯吉丝、[美]约翰·E. 道格拉斯:《变异画像——FBI 心理分析官对异常杀人者调查手记(2)》,李璞良译,法律出版社 1998 年版,第 58 页。

其一，挫折—攻击理论。精神分析心理学家弗洛伊德的本能论认为，个体遭受挫折的本质是因本能性的快乐原则受到障碍，无法消除不愉快的刺激时所产生的情绪。挫折一经产生，就意味着个体生命本能的能量释放受阻，它必然在快乐原则支配下作能量释放的改道。如果能量的宣泄指向于内部、指向自身，就表现为自己折磨自己、摧残自己，甚至自杀；若是指向外部，就表现为有意伤害他人，即表现为多种攻击行为。[①]

弗洛伊德的观点被以多拉德（John Dollard）和米勒（George Armitage Miller）为代表的耶鲁学派所继承、发展和补充，逐渐形成挫折—攻击理论。该理论认为，挫折是指阻碍个体达到目标的情境，攻击永远是挫折的一种后果，攻击行为的发生，总是以挫折的存在为条件的。若挫折的来源相当有力量或个体不敢直接面对，个体就会采取“替代性攻击”，即因为不敢攻击挫折来源的人或物，而转向攻击与挫折来源不相干的对象。“攻击是一种本能，本能的表现形式不但包括破坏性行为，而且包括幻想性攻击……攻击内驱力经历了与力比多一样的发展变化。”[②]

FBI 行为分析专家对 36 名性谋杀罪犯的实证研究指出：这些罪犯的人生道路是一条挫折之路，无论是在学校、军旅中还是在就业的道路上，他们的成绩及表现都不如正常人。许多受访者在小时候就有挫折感及失败主义的论调，而且幻想他们自己的一切表现也都不如人。“总而言之，其幼年面临的个人问题及家族问题，再加上当时的社会环境未能有效导正其偏差，使其产生不少错误的信念及人生态度，有了这些‘凭恃’之后，他们对其他人的暴力行为就自然有‘正当’的理由了。”[③]

梳理我国系列杀人犯董文语的人生之路就可发现，不断遇到的挫折使他的思考方式产生了明显变化。他从小缺少父母管教，13 岁时开始到处流浪，曾因故意伤害罪坐牢。刑满释放后向往挣钱、娶老婆、回家、种地、养羊，并尝试过正常人的生活，但这些目标接连受挫，这种经历使他的思想发生了很大变化，用他自己的话说就是“想想自己活得这么惨，人家活得那么好，真是不甘心。就算我去自杀，也要有人陪我，所以我选择去杀人”。在杀人过程中，这种因挫折累积的攻击能量通过奸尸、烧阴毛、异物插入、题

---

① 参见蒋俊梅：《挫折攻击理论及其对青少年犯罪预防的启示》，载《商丘师范学院学报》2007 年第 5 期。

② ［英］布莱克本（Ronald Blackburn）：《犯罪行为心理学：理论、研究和实施》，吴宗宪等译，中国轻工业出版社 2000 年版，第 188 页。

③ ［美］罗伯・K. 雷斯勒、［美］安・W. 伯吉丝、［美］约翰・E. 道格拉斯：《变异画像——FBI 心理分析官对异常杀人者调查手记（2）》，李璞良译，法律出版社 1998 年版，第 41 页。

字留言等犯罪标记行为宣泄出来。

人本主义心理学对精神分析心理学提出的挫折—攻击理论进行了部分修正。之所以要进行修正是因为人本主义心理学家注意到,并非经历种种挫折之人都会走上犯罪道路、都会演变为异常的犯罪人。人本主义心理学的修正主要来源于两个方面:一是增加了人的性格因素,二是更加关注挫折的性质以及挫折所挫伤的需要的性质。人本主义心理学家阿德勒指出,人的性格首先决定什么事情会让他感受到挫折,然后决定他对挫折的反应程度。所谓性格,是个体试图使自身和他生活的世界相适应的一些特殊表现方式的显现。性格是一种行为模式,根据它,个体将其对自身重要性的追求融进自身的社会感中。① 正是人的性格决定了并不是所有遭受挫折之人都会产生异常的思考方式以及攻击的激情。

此外,并不是所有的挫折都会引发人的攻击激情。只有当遭遇不公平的挫折时,人们才会产生愤怒的攻击激情。"只有当人们感到挫折是不公平的,或者在病态要求的基础上产生的不公平感的挫折才具有敌意。因而这种挫折感具有特殊的愤怒特征,或者具有受虐待的特征。"②人本主义心理学家马斯洛也指出,只有挫折达到一定的严重程度或者人的某些重要需要遭受挫折时,才会产生攻击等不好的后果。"'挫折'是对具有更大威胁性的剥夺的描述。只有当目标物代表着爱、名望、尊重或其他基本需要时,对它的剥夺通常才会产生一般称为挫折的不好的效果。"③

其二,自卑—补偿理论。阿德勒认为,自卑感是一种主观的心理体验。有自卑感的人,一方面自我评价低,觉得自己不如别人;另一方面极力掩饰缺陷,试图通过补偿活动超越别人,追求优越。因此,在人的生活中充满了遭受挫折、产生自卑感与追求优越的矛盾冲突,克服自卑和追求优越成为"生活的基本事实"。

为了克服自卑感,人就会采取补偿行为。"补偿"一词原来是一个生理学概念,是指有生理缺陷的人使有缺陷的身体器官的机能胜过完好器官的现象。阿德勒把补偿的概念从生理学领域扩展到心理学领域,认为人人都会为了实际的或想象的低劣而进行补偿,使自己能克服低劣和自卑,成

① 参见[奥]阿尔弗雷德·阿德勒:《理解人性》,陈太胜、陈文颖译,国际文化出版公司2000年版,第121页。

② [奥]阿尔弗雷德·阿德勒:《理解人性》,陈太胜、陈文颖译,国际文化出版公司2000年版,第45页。

③ [美]亚伯拉罕·马斯洛:《动机与人格》(第3版),许金声等译,中国人民大学出版社2012年版,第96页。

为众人瞩目的中心，成为优于别人的人。对于受过错误教育或者身体有缺陷、社会经济地位低的人来说，受自身条件和周围环境的制约，其很有可能采取不符合社会要求的、过度的补偿行为，因为只有这样，才有可能克服其严重的自卑感，达到内心平衡。马斯洛也认为，某些基本需要一旦受挫，就会产生自卑、弱小以及无能的感觉。这些感觉又会使人丧失基本的信心，使人要求补偿或者产生神经症倾向。① 犯罪学家曼海姆（Karl Mannheim）指出："对于许多人来说，这（犯罪）可能是他的一生中成为众人瞩目的中心的唯一机会，他们极其渴望用这样的行动来支撑他们的自尊。"②这种理论尤其适合解释具有操纵性、支配性特征的犯罪标记行为。

例如，在心理学家看来，黄勇之所以利用"智能木马"反复折磨被害人，是因为他在现实生活中被人轻视，或者他在现实生活中没有品尝到任何成功的快乐感受，这导致幻想的产生，而这种幻想主要源于他深刻的自卑感，源于缺乏权力支配的内心感受。③

二、继发性的犯罪标记行为

"原发性的犯罪标记行为"属于最典型的内源性的犯罪标记行为，除此之外，内源性的犯罪标记行为还包括"继发性的犯罪标记行为"，这种类型的犯罪标记行为在系列犯罪中有所体现。在某些系列犯罪中，案犯在前期的犯罪过程中行为尚属正常，但是连续的犯罪使案犯的犯罪心理得到强化，案犯的犯罪心理由定型化阶段转入个性化阶段。在这一阶段，行为人的个性心理结构逐渐被犯罪心理吞噬、取代、同化，案犯进一步形成牢固的反社会意识、畸变的需要结构、典型的犯罪性格。④

进入个性化犯罪心理阶段的系列案犯的畸形需要的内容可能出现变化，前期犯罪依凭的犯罪手段已经不能满足这种新的畸形需要内容，他迫切需要用新的行为方式来满足这种新的需要，不论他是否对这种行为方式有无明确的意识。"我们或许想到，正是有了这种过度关注才产生了较高级的心理组织，继发性过程才有可能继原发过程产生，并由之支配。"⑤犯罪心理学家格鲁宾（Grubin）就认为，随着系列案件的发展，案犯的目标会

---

① 参见［美］亚伯拉罕·马斯洛：《动机与人格》（第3版），许金声等译，中国人民大学出版社2012年版，第29页。

② 参见吴宗宪：《西方犯罪学史》，警官教育出版社1997年版，第493页。

③ 参见《透视平舆特大系列杀人案》，中央电视台"时空连线"栏目2003年11月28日播出。

④ 参见梅传强：《犯罪心理生成机制研究》，中国检察出版社2004年版，第216页。

⑤ ［奥］弗洛伊德：《诙谐及其与潜意识的关系》，车文博主编，九州出版社2014年版，第275页。

变化。案犯在早期犯案中会实现某个目标,在后来的犯罪中这个目标会变化。这可能源于案犯的幻想在进化。[①]

因此,在系列犯罪中,某些案犯会在系列犯罪的中后期实施这种“继发性的犯罪标记行为”。之所以说这种犯罪标记行为是继发性的,是因为案犯在初次作案前,并没有产生对这种犯罪标记行为的幻想,它的产生是案犯前期连续性犯罪的推动结果。“行动和幻想是一个互补的过程,这一过程能促使幻想、犯罪标记行为和标记方面随着时间的推移而进化。”[②]这种“继发性的犯罪标记行为”产生后,会遵循斯金纳(B. F. Skinner)的操作性行为强化理论[③],成为案犯在后期犯案中实施的一种较为稳定的行为。这种类型的案犯实施系列犯罪的过程可用如下阶段概括:实施前期犯罪—形成个性化的犯罪心理—产生新的畸形需要—实施继发性犯罪标记行为。

例如,杨树明系列杀人案中,案犯杨树明从1992年到2000年所犯的8起案件中,仅有对被害人的一般杀害行为。到了2001年的“10·13”案中,他对已死亡的女性被害人的阴部和子宫实施了过度伤害的犯罪标记行为。李玫瑾在事后与他访谈时询问行为的原因,他说主要是为了虐待。[④] 可见,在杨树明的后期犯案中,他畸形的需要增添了新的内容,原有的犯罪手段已经不能满足这种新的畸形需要内容,由此,他开始实施“继发性的犯罪标记行为”。在系列案件中出现“继发性的犯罪标记行为”,往往标志着案犯的暴力手段在升级,案犯的人身危险性在增加,公安机关应提前做好犯罪防控的准备。

第二节　外源性的犯罪标记行为

人的行为除了受到内在因素的推动外,也会受到外在客观条件的影响。马斯洛就指出:“任何关于行为决定的理论都必须包括至少以下三方面决定性因素的研究:(1)性格结构;(2)文化压力;(3)直接的情境或

---

① See Marina Sorochinski & C. Gabrielle Salfati, *The Consistency of Inconsistency in Serial Homicide: Patterns of Behavioral Change across Series*, Journal of Investigative Psychology and Offender Profiling 7: 114 (2010).

② [美]布伦特·E.特维:《犯罪心理画像——行为证据分析入门》,李玫瑾等译,中国人民公安大学出版社2005年版,第286页。

③ 参见张厚粲:《行为主义心理学》,浙江教育出版社2003年版,第344页。

④ 参见董海:《杨树明心理分析》,载《中国刑事警察》2007年第2期。

领域。"①

与内源性的犯罪标记行为不同，外源性的犯罪标记行为的动因来源于案犯犯罪行为所形成的整体犯罪情境。前期的犯罪行为使案犯所置身的环境发生了剧烈改变，如物品的毁损、被害人的死亡、新的内心体验、从正常人向罪犯身份的转变。空间还是那个空间，但是对行为人而言，意义已经全变了。对案犯而言，这种由犯罪行为所形成的整体犯罪情境无疑是一种新的刺激源。犯罪心理学家艾思沃斯（Peter B. Ainsworth）就特别强调情境因素对案犯行为的影响，他指出："在一些案件中，为了解释犯罪行为，更为明智的选择是考虑犯罪发生的环境和情境的因素，而不是主要关注个体自身的因素。"②犯罪心理学家吉本斯（Gibbons）也认为："在许多情况下，犯罪行为只不过是对当前情境中的某些挑衅因素或者诱惑因素的一种反应。"③

如果这种情境刺激与某些因素形成共振，案犯就很可能实施犯罪标记行为。从侦查实践来看，这些能够与整体犯罪情境形成共振的因素复杂多样，如案犯的过往生活经历、与被害人的关系、当地的风俗习惯等，很难概括完全，笔者试举一些案例说明。

类型一：整体犯罪情境刺激＋案犯过往的生活经历→犯罪标记行为

2003年3月23日，案犯杨新海在某村杀害胡某安一家四口，唯独被害人胡某安死后头部被插入一把螺丝刀（异物插入的犯罪标记行为）。据杨新海被抓获后供述，他作案后，见胡某案胳膊上纹有"鹰"图案，让他联想起以前服刑时遭一有文身的犯人殴打，遂将螺丝刀插入胡某安头部予以报复。在该案中，死者胡某安胳膊上的文身图案对案犯杨新海形成一种刺激，让他联想起服刑时的惨痛经历，借助移情作用④，杨新海对胡某安实施了异物插入的犯罪标记行为，表达了对这一特定死者强烈的愤恨之情。

---

① ［美］亚伯拉罕·马斯洛：《动机与人格》（第3版），许金声等译，中国人民大学出版社2012年版，第113页。

② ［英］艾思沃斯（Ainsworth，P. B.）：《犯罪人特征剖析》，赵桂芬译，中国轻工业出版社2007年版，第24页。

③ ［美］巴特尔（Bartol，C. R.）等：《犯罪心理学》（第7版），杨波、李林等译，中国轻工业出版社2009年版，第138页。

④ 从认知心理学的观点来看，我们生活中的重要人物以图式的形式在我们的记忆中出现，这种图式不仅包含对一个人的外表和身份的记忆，也包含对那个人潜在的强烈情感。当我们遇到类似于我们过去生活中的人物的个人时，我们将这个新人吸收到我们从过去的关系中形成的图式中。参见［美］劳伦·B. 阿洛伊等：《变态心理学》（第9版），汤震宇等译，上海社会科学院出版社2005年版，第163页。

因此，在有多名死者的犯罪现场，如果某特定死者身上有案犯实施犯罪标记行为的迹象，侦查人员应重点对该名死者的情况进行调查，如该死者与其他被害人的差异、该死者的性格特点、社会交往及矛盾纠纷情况，因为案犯的犯罪活动很可能是针对这一特定死者而实施，其余的被害人只不过是在错误时间出现在错误地方的“机会被害人”。“分析某特定凶手所杀害的被害人中有哪些相同处及不同处，就可以产生许多重要的信息，让我们在似乎是动机不明的犯罪中找出凶手的真正动机。”①例如，邱兴华特大杀人案中，邱兴华在某道观一次杀死10人，其中只针对道观住持熊某实施了犯罪标记行为。破案后邱兴华交代，案发前，其因挪邱姓石碑而与道观住持熊某发生了冲突，还怀疑自己的老婆与熊某有私情。

类型二：整体犯罪情境刺激＋案犯过往的异常体验→犯罪标记行为

案犯刘某侵入一发廊内强奸杀害了两名服务员，在现场勘查时侦查人员发现，两名被害人乳房上被案犯涂满了橘红色的洗发膏。抓获刘某后讯问得知，刘某以前观看的一部色情录像里有类似的行为。在该案中，刘某从以前观看的色情录像中得到了一种异常体验，在遇到合适的机会时，这种异常体验形成一种内驱力推动刘某实施了犯罪标记行为。

FBI行为分析专家对36名性谋杀罪犯的实证研究指出：这些人犯在幼年或青春期获得的异常性体验是形成他们日后性暴力行为的重要因素。在这些人犯中，爱好黄色书刊者最多（31名受访者中有25人有此癖好，比例高达81%），其他依序为手淫（79%）、恋物癖（29名受访者中有21位有此癖好，比例亦达72%）及偷窥狂（28名受访者中有20人称有此癖好，比例达71%）。另外，还有少部分人犯声称自己扮演过性奴隶、猥亵地暴露下体或者是穿女性衣物，等等。②

类型三：整体犯罪情境刺激＋案犯与被害人的亲密关系→犯罪标记行为

弗洛姆指出：“事实与幻想不同，不仅引起紧急应变能力，在许多其他方面也会产生不同的反应。比如，在实际情况下，会引起道德的禁忌和良

① ［美］罗伯·K.雷斯勒、［美］安·W.伯吉丝、［美］约翰·E.道格拉斯：《变异画像——FBI心理分析官对异常杀人者调查手记（2）》，李璞良译，法律出版社1998年版，第15页。

② 参见［美］罗伯·K.雷斯勒、［美］安·W.伯吉丝、［美］约翰·E.道格拉斯：《变异画像——FBI心理分析官对异常杀人者调查手记（2）》，李璞良译，法律出版社1998年版，第32页、第41页。

心的反应。”[①]在案犯与被害人具有亲密关系的场合，案犯在现场实施的犯罪标记行为是其良心的反应。

例如，某日，一农妇李某香病死家中，丈夫张某顿生厌世之感，适逢家中幼儿张某鸽啼哭，张某遂上前扼死张某鸽。其后，取出新衣服为张某鸽换上，又从柜子中取出新被褥将妻子和儿子的尸体遮盖。在该案中，刚才还活生生的一家人突然阴阳两隔，这种情境无疑对案犯张某是一种刺激，在实施完犯罪行为后，基于与被害人的亲密关系，他实施了换新衣和遮盖尸体的犯罪标记行为。

再如，某市一农村少妇被案犯入室扼死，在地上发现纸张和少量人民币烧毁的残迹。临场分析中，大多认为案犯烧东西系毁证灭迹逃避侦查。当时围绕死者可能掌握某些犯罪和隐私问题的社会关系面进行排查，但未果。后一老侦查员提出：案犯与被害人可能有亲情关系，烧纸、钱等物是向死者表示忏悔。后沿此思路调查，很快破案。案犯原来是被害人的小叔子，被害人平时对小叔子很同情，常照顾，被小叔子误以为对其有意，小叔子夜入行奸遭拒绝，故恼羞成怒将被害人扼死。小叔子后感良心上过不去，所以烧纸、钱祈祷。

类型四：整体犯罪情境刺激＋案犯受风俗习惯影响→犯罪标记行为

例如，2006 年，广东省揭阳市公安局侦破的蔡某喜系列抢劫杀人案中，侦查人员根据现场尸体都有被死者家中衣物或被单遮盖的行为，分析案犯可能怕见到死者面部生晦气，而这是潮汕人的风俗习惯，遂大胆判断系本地人作案，并对数起命案进行并案侦查，破案后得到证实。再如，在某案中，案犯残忍地杀害了被害人，但又在被害人额下支撑一把门锁。在调查中，侦查人员了解到这是当地的民俗，即当出现非正常死亡者时，为祝其死后平安或家人免灾，会在其额下置一锁，以期锁定今后非平安事的发生。

第三节　内源性的犯罪标记行为与外源性的犯罪标记行为的区别

接下来，笔者将对内源性的犯罪标记行为与外源性的犯罪标记行为的区别展开论述：

首先，行为的性质不同。心理学家斯金纳将行为分作两大类：反应行

---

① ［美］埃里希·弗洛姆：《人类的破坏性剖析》，李穆等译，世界图书出版公司北京公司 2014 年版，第 76 页。

为和操作行为。反应行为是指由一种特殊的刺激所引起的特定的行为反应,如灯光强度的变化可以引起瞳孔反射等;操作行为是个体作用于外在环境以产生某种结果的行为,它是个体主动发出的动作,不是被外在刺激引发出来的。①

借用斯金纳对行为的分类,内源性的犯罪标记行为属于操作性的行为,因为从它的发生机理来看,是案犯主动发出的动作,而不是被外在环境刺激引发出来的。在操作性行为中,如果一个行为受到强化,它就可以得以维持和加强,未来在类似的环境中再次出现此种行为的可能性会增加。例如,前述所举之罗树标系列强奸杀人案中,罗树标供认:1987 年刑满释放后,他经常观看色情、暴力的录像带。其中一套以香港杀人割尸的出租车司机林过云为原型的录像带《雾夜屠夫》和叙述一个杀人狂如何奸杀女人、割外阴和乳房的英文录像带对他的影响最深并唤起了一种强烈的模仿欲望。在后续的强奸杀人过程中,罗树标实施了奸尸、切割器官、收集纪念品等一系列犯罪标记行为。他自述,作案得手后,心里都有一种随心所欲的畅快感(强化机制)。

外源性的犯罪标记行为属于反应性的行为,反应性行为是指案犯实施的犯罪行为不是出于预谋,未经过明显的意志活动,而是个体在外部诱因刺激下的应答性反应。这种反应带有反射的性质,由此引起的犯罪行为具有情境性、突发性的特点。换言之,刺激情境的出现并非人为刻意追求、寻觅的结果,而是刺激情境的出现诱发行为人产生了行为反应。这种行为反应是在无意识动机支配下完成的,反应性行为只有极短促的心理过程。

其次,就出现的案件类型而言,内源性的犯罪标记行为多出现在系列案件中,外源性的犯罪标记行为主要出现在单次案件中,少数出现在系列案件中。事实上,在约翰·道格拉斯看来,出现在系列案件中的内源性的犯罪标记行为才是典型的犯罪标记行为,他用“signature”来指称,认为这种行为是系列案犯实施的重复性的仪式行为(Signature is when a serial offender demonstrates repetitive ritualistic behavior from crime to crime)。笔者所提到的外源性的犯罪标记行为,约翰·道格拉斯更倾向于用“personation”来指称,认为这种行为是案犯实施的超过犯罪手段所需的一种特殊行为。案犯通过此行为将某种亲密关系映射在犯罪现场。只有案犯才知道这个行为的意义(Personation is unusual behavior by an offender, beyond that necessary to commit the crime. The offender invests intimate

① 闵建雄编著:《命案现场分析概论》,中国人民公安大学出版社 2013 年版,第 36 页。

meaning into the crime scene. Only the offender knows the meaning of these acts)。[①]

区分内源性的犯罪标记行为和外源性的犯罪标记行为在案件类型中的出现规律(见表5-1)有一定的侦查价值,它可以帮助侦查人员判断案件性质,确定正确的侦查方向,如果侦查人员忽视这个规律,可能会对案件性质造成误判,进而酿成冤假错案。

表5-1　内源性的犯罪标记行为与外源性的犯罪标记行为的区别

项目	内源性的犯罪标记行为	外源性的犯罪标记行为
行为性质	操作性行为	反应性行为
出现的案件类型	多出现在系列案件中	主要出现在单次案件中,少数出现在系列案件中
警示意义	"原发性的犯罪标记行为"的出现往往表示案犯的人身危险性和再犯可能性较高 "继发性的犯罪标记行为"的出现往往标志着案犯的暴力手段在升级,案犯的人身危险性在增加	需结合具体的犯罪情境分析

① See John E. Douglas & Lauren K. Douglas, *Modus Operandi and the Signature Aspects of Violent Crime*, *Crime Classification Manual* (*Second Edition*), John Wiley & Sons, Inc., 2006, p. 34.

第六章　犯罪手段与犯罪标记行为

第一节　犯罪手段的概念和类型

在美国，一般认为，“犯罪手段”一词源自拉丁文 modus operandi，指可操作性方法，即案犯实施犯罪的某种方式。特维认为，犯罪手段包括故意实施犯罪中的犯罪选择与犯罪行为。我国学者习惯用作案手段指称犯罪手段，认为作案手段是指犯罪行为人为了实现其犯罪目的而采用的作案工具，作案方式、方法、技巧，以及知识和技能等的总和。①

根据对犯罪目的实现的作用不同，可将犯罪手段分为犯罪预备手段和犯罪实行手段。犯罪预备手段是指案犯为实施犯罪准备工具、制造条件的行为；犯罪实行手段是指案犯着手实施犯罪的各种手段。

传统上，侦查人员比较重视识别、分析案犯的犯罪实行手段，对犯罪预备手段较为忽视，但在某些系列案件中，犯罪预备手段与犯罪实行手段之间的联系具有较强的规律性，识别、分析案犯的犯罪预备手段往往有助于研判案犯的活动规律，为侦查提供重要线索。例如，鹿宪洲团伙杀人、抢劫运钞车系列案件中，案发数起后，专案组注意到这样一个现象，每一次犯罪分子抢劫运钞车前，北京市总会被盗一辆高档轿车，而犯罪分子就是驾驶这辆轿车去拦截运钞车作案。于是专案组将盗窃高档轿车案与杀人抢劫运钞车案串并。1996 年 6 月的一天，专案组接报北京又有一辆高档轿车被盗，遂立即对该车进行侦控，在某星级宾馆前发现该车后展开守候伏击，最终将拒捕的鹿宪洲击毙在车上。②

根据行为的顺序，犯罪实行手段分为侵入手段、搜寻手段、控制手段、侵害手段、逃离手段、毁证灭迹手段、销赃手段。

在国外，有学者将某类犯罪固定的共同犯罪手段称为犯罪模式。所谓犯罪模式（crime pattern），是指不特定的一群犯罪人或团伙，由其共同的犯罪动机、过程、手段及方法所汇整出的一套具有共通性与概括性的犯罪手段之集合。

---

① 参见胡向阳：《犯罪现场分析》（增订本），中国法制出版社 2015 年版，第 229 页。

② 参见王建武：《北京大案》，群众出版社 1999 年版，第 40 - 47 页。

犯罪模式是类型犯罪中定型化的一种犯罪手段，犯罪模式好似不同案犯从事某些同类型的犯罪时遵从的剧本。这种“剧本”是犯罪经验和手段的理论总结，它会将这个阶段的行为和情节安排下来，每一次行动无须仔细考虑，因此可以有效而快速地进行。下面以我国目前多发的电信诈骗案件为例。在实施电信诈骗时，案犯通常会遵循一定的剧本、按照类似的犯罪模式展开。

团伙架构：团伙分为资金操控“老总”、电话组中介、电话组、提款组。

操作流程：电话组成员按照“剧本”电话诈骗成功后，通知电话组中介某个账号有资金进入；电话组中介马上通知资金操控“老总”；“老总”通知提款组进行提款，提款组取出诈骗款后再以无折无卡方式通过柜员机将诈骗款存进资金操控“老总”掌握的账号，最后由“老总”通过网上转账方式将赃款按照各角色分成比例分账。团伙约定在电话诈骗成功并通知“老总”后，诈骗款必须在30分钟内完成提款，否则如果资金被冻结了，则由资金操控“老总”负责赔偿，而且诈骗款项必须在当天之内分账完毕。

反侦查手法：在电信诈骗团伙中，电话组团伙成员所占人数多、分成比例重。这些人员大多数藏匿在当地的村落里面，一般很少出村，平时这些人员都使用与自己姓名不搭边的别名，团伙成员彼此甚至不知道对方的真实姓名和身份。没有“业务”关联的成员间基本不会有联系。另外，团伙成员为了增强隐蔽性，对抗公安机关的侦查，还会不定时更换或丢弃通讯工具。

一般而言，分析犯罪模式的作用主要在于预防犯罪。例如，在分析电信诈骗犯罪模式时，警察发现犯罪分子都需要通过银行才能获得犯罪收益，因此在银行环节加大了预防力度，如在柜员机上设置告示牌、通知银行保安对重点人群进行监控、转账时进行反诈骗告知等。分析犯罪标记行为的作用主要在于侦破犯罪。

此外，犯罪模式具有共通性，可以在不同案犯之间共享和交流；犯罪标记行为具有独特性，它往往是案犯个人特质的反映。

第二节　犯罪手段与犯罪标记行为的区别

广义的犯罪手段将案犯在作案过程中实施的各种行为均纳入其范畴，依此观点，犯罪标记行为也属于广义的犯罪手段。FBI行为科学组特工约翰·道格拉斯认识到，犯罪标记行为不同于一般意义上的犯罪手段，提出了犯罪标记行为的概念,形成了“犯罪手段—犯罪标记行为”二分法。[①] 犯罪标记行为脱胎于犯罪手段,又与犯罪手段相区别。全面、深刻认识犯罪手段与犯罪标记行为之间的区别,有助于侦查人员提高犯罪行为分析的能力,以下笔者从五个方面阐述二者的不同。

一、行为的目的性

目的行为论认为,人的行为是对目的活动的执行。行为是“目的性的”,而不是纯粹“因果性的”事件。行为之所以具备“目的性”或者有目的性,其根据在于人能够按照他对因果关系的认识,在一定范围内预测其活动可能造成的结果,在此基础上设定不同的目标,并且有计划地引导其活动朝着实现该目标的方向发展。[②] 按照目的行为论,认识人类行为必须在“手段—目的”框架下进行。手段是为达到目的、实现目的的主体所用的工具、操作方式、方法、技巧和知识等的总和。目的是主观的,手段是客观的。世界上绝没有无目的的手段,也没有无手段而能实现的目的,一定的目的要凭借一定的手段来实现。目的规定手段,手段不是自我规定的东西,它的规定性、职能以其所要实现的目的为依据。

尽管同属于整体的犯罪行为,但犯罪手段与犯罪标记行为最大的不同在于犯罪手段直接服务于犯罪目的的实现,是案犯实现犯罪目的必需的计划和行为。“犯罪手段—犯罪目的”反映的是案犯的理性思考能力,是案犯理性选择的结果。

犯罪学的理性选择理论认为,犯罪人也是“理性人”,也是基于预期风险和预期收益对是否犯罪作出选择。[③] 犯罪以及犯罪人的行为都是一种理性选择的结果。事实上,这种选择受到费力的程度、得到的益处及付出的成本等因素的影响。理性选择理论认为:(1)作案人是理智的,他们在作出决定时以功利为出发点;(2)犯罪要有具体的指向;(3)犯罪人对犯罪的相关选择和犯罪人对与犯罪有关的决策是有区别的。[④] 日本学者濑川晃认为,理性选择理论是行为人以自己的学习经验及知识为基础去选择犯罪,

---

① 参见[美]布伦特·E. 特维:《犯罪心理画像——行为证据分析入门》,李玫瑾等译,中国人民公安大学出版社2005年版,第2页。

② 参见[德]汉斯·韦尔策尔:《目的行为论导论》,陈璇译,中国人民大学出版社2015年版,第1页。

③ 参见[美]雷切尔·博巴·桑托斯:《犯罪分析与犯罪制图》,金诚等译,人民出版社2014年版,第38页。

④ 参见[美]迪·金·罗斯姆:《地理学的犯罪心理画像》,李玫瑾等译,中国人民公安大学出版社2007年版,第119–120页。

犯罪的选择可划分为三个阶段：第一阶段为犯罪行动的选择；第二阶段为罪种的选择；第三阶段为犯罪目标的选择。①

基于理性选择理论，案犯在犯罪时以“功利主义原则”为指导，采取的手段行为往往具有“趋利避害”的理性计算特点。“趋利”表现为要成功实现直接的犯罪目的，如故意杀人罪中实现杀人的目的，强奸罪中实现强奸的目的，盗窃、抢劫罪中实现图财的目的等。“避害”表现为逃避侦查和打击所做的努力，如为误导侦查实施的伪装行为、为毁灭罪证实施的毁尸灭迹行为等。

因此，犯罪手段是指案犯为达其犯罪目的及逃避侦查打击所实行的一切相关活动。② 它主要反映案犯理性计算的能力，案犯原则上会在自己理性认知能力的范围内从事一定类型的犯罪行为，并适度评估环境状况与风险，如便利性、安全性、危险性、隐秘性、成功率、报酬率以及如何侵入、逃离现场等。这些因素的考量即构成完整的犯罪手段，并通过具体的计划及行为表现出来，如事前的踩点、准备行为，时间、地点、交通方式、被害人、接近（侵入）方式、工具的选择，着手犯罪过程的技巧，如何离开现场，实施何种反侦查行为，等等。

笔者以云南大学“2·23”特大杀人案件案犯马加爵的供述为例，来说明案犯对犯罪手段的思考。

【案例1】2004年2月23日，云南大学发生一起特大杀人案，案犯马加爵先后杀死4名男同学并藏尸学生宿舍内。

马加爵被抓获后交代：2月7日，他与唐某李、杨某红、邵某杰3人一起打牌时发生激烈争吵，对“骂其打牌作弊，为人不好”的邵某杰、杨某红、唐某李以及“过生日请客不请马加爵”的同班同学龚某怀恨在心，决定杀死这4个同学。于是，2月8日他开始做杀人前、杀人后的各项准备工作：上网查阅相关的信息资料，下载有关的数据信息，制作假身份证件，两次购买作案工具（第一次购买的作案工具放在卫生间丢失），购买案后逃跑的火车票，等等。

---

① 参见许福生：《犯罪与刑事政策学》，2012年自版发行，第138页。

② 特维指出，犯罪手段是为达到某种目的并具有一定特征的行为。它最常用于以下三种之一的目的或更多的目的：（1）掩护作案人的身份（如在白天抢劫银行时戴着面具、在实施强奸时蒙住被害人眼睛、在盗窃时戴着手套以及为灭口杀害证人等）；（2）成功地实施犯罪（如用东西塞住被害人的嘴、用凶器胁迫被害人、利用相关信息列出潜在被害人的名单等）；（3）为逃跑创造便利条件（如利用偷来的车实施犯罪并在犯罪后把车处理掉、捆绑被害人以防逃跑或得到援助等）。参见［美］布伦特·E. 特维：《犯罪心理画像——行为证据分析入门》，李玫瑾等译，中国人民公安大学出版社2005年版，第233页。

2月13日晚,马加爵趁唐某李借住在317房间内且邵某杰不在寝室之机,用石工锤猛击唐某李头部,当场将其打死。然后,将尸体放到衣柜内,用报纸将地面的血迹擦干净后,将擦血的报纸放在黑塑料袋内一同扔到放唐某李尸体的衣柜内,再用报纸和透明胶带将衣柜糊上,并用锁锁上。

2月14日晚,马加爵趁邵某杰在床边洗脚之机,采取同样手段将邵某杰杀死,并将尸体同样装到衣柜内隐藏,打扫处理现场。

2月15日中午,马加爵将杨某红骗到317室,趁杨某红认真看报之机,用石工锤猛击其头部将其杀死,藏尸于衣柜内,处理现场。

2月15日晚7时许,马加爵到龚某寝室,以打牌为由将龚某骗到317室,还是采用同样手段将龚某杀死,藏尸于衣柜中,处理现场。

2月16日凌晨,马加爵将其电脑中的所有信息全部格式化后逃往昆明火车站,并乘火车经广州逃到海南省三亚市,装扮成乞丐藏匿,直至被抓获。①

从马加爵的供述可以看出,案犯对犯罪手段是有全盘思考的,包括杀人前的准备行为(购买工具)、计划逃跑行为(制作假身份证、购买火车票),杀人中的诱骗行为、突然袭击行为、藏匿尸体行为、打扫现场行为,杀人后的隐藏身份逃跑行为。上述种种行为均是为案犯成功实现杀人犯罪目的及逃避侦查打击服务的。

应当指出的是,尽管案犯对犯罪手段的选择基于其理性思考的能力,但这种理性是一种有限的理性且受到案犯自身能力的局限。有学者就指出:“然而,理智并不是聪明或老练……大多数的犯罪活动是迅速的、简单的且无技术含量的。一般情况下多数为激情犯罪,也有的充其量是临时盘算,只有很少一部分是经过认真考虑的行为。例如,许多强奸案件都是偶然发生的,也许仅仅是因为入室盗窃时恰巧碰到一位女性独自在家。作案人的行为抉择受到时间、费力程度以及其所掌握的信息量多少的控制,因此,犯罪人大多只具有有限的理性。”②

与犯罪手段欲实现的“理性”目的相比,犯罪标记行为所欲实现的目的显得“非理性”。很多犯罪标记行为的实施增加了案犯在现场滞留的时间,遗留了更多关于案犯的痕迹证据,增加了案犯被抓获的风险。从理性角度看,案犯实施这类行为显属非必要,但这类行为往往满足了案犯某种

① 参见阎子忠:《刑侦指挥探要》,黑龙江人民出版社2004年版,第234页。

② [美]迪·金·罗斯姆:《地理学的犯罪心理画像》,李玫瑾等译,中国人民公安大学出版社2007年版,第120页。

特殊的心理需要或情感需要，对案犯具有特别意义。

尽管从行为的目的性而言，犯罪手段与犯罪标记行为的区别较为明显，但是由于行为的目的性属于人的主观思维范畴，难以准确探知。在侦查实践中，有些行为看似是犯罪手段行为，实际上却是犯罪标记行为，而有些行为看似犯罪标记行为，实则是犯罪手段行为，在此情况下，需要侦查人员斟酌个案情形具体分析。例如，2005 年某地发生一起杀人案件，一具无名男尸在河流中被发现。经法医检验，该无名男尸腹部被切开，此伤口系死后形成。案犯在被害人死后实施的这一过度伤害（毁损）行为非常符合犯罪标记行为的特征，但实则不然。破案后案犯交代：被害人被其雇用，用体内藏毒方式运送毒品，到达目的地后，不知何故被害人无法排出毒品，案犯遂杀人剖腹取出毒品。可见案犯实施的剖腹行为并非出于满足精神或心理的需要，而是基于图利目的实施的手段行为。①

【案例 2】2012 年 6 月 20 日上午，某派出所接辖区居民马某报警称：其父马某某于 6 月 19 日早晨外出收购废品至今未归。6 月 29 日 17 时许，某派出所接辖区一居民报警称：在某涵洞旁枯石河里发现一具男尸。经现场勘验，死者为失踪人员马某某（男，54 岁）。

依据现场勘查情况，侦查人员分析认为：

第一，通过对现场地理环境和被害人马某某三轮车停车地点的综合分析，被害人进入案发现场的状态是自由的，案犯与被害人具有一定的熟识度。

第二，现场发现被害人所戴的鸭舌帽、洒落在坡地石块上的点点血迹以及黏附有毛发和血迹并有新鲜断裂痕迹的石块，综合分析确认尸体发现现场为案发第一现场。

第三，对偏僻的案发现场进行地理环境分析，案犯对该地域环境有一定熟悉度或在现场周边生活过，并且有预备与准备过程。

第四，现场发现有黄表纸燃烧残留物，分析确定案犯有现场烧纸行为，说明案犯对被害人有悔罪、愧疚心理，可能与被害人的熟识程度较高。

前期侦查时，侦查人员将摸排范围划定在一个比较小的关系圈内，一直无法突破。后期通过对与死者有所接触人员进行摸排，扩大了摸排范围，最终抓获案犯蔡某某。蔡某某与被害人为一般认识关系。其自述，为诱骗被害人到作案地点，他在作案前买好黄表纸，以大哥得癌症投水自杀了，今年是第三年了，当天是他的忌日，涵洞旁阴森森的，叫被害人陪其一

---

① 参见《致命交易》，中央电视台“法治在线”栏目 2008 年 1 月 14 日播出。

起过去烧纸为理由,将被害人诱骗到现场,并趁被害人不备,突袭杀害了被害人。本案中,案犯买黄表纸、烧黄表纸的行为并不是表现愧疚心理的行为,而是一种诱骗被害人的行为,是为更好地实现抢劫杀人目的服务的,应属于犯罪手段。①

二、行为的多样性

犯罪手段是案犯为达犯罪目的及逃避打击所实行的一切相关活动,因而犯罪手段具有行为多样性的特点,这种多样性的特点首先表现为行为数量的多数性。公安部发布的《刑事犯罪信息管理代码》对作案手段进行了较系统的归纳。在"作案手段"这一总概念之下有预备、侵入、暴力胁迫等7种子手段,其各自又可分为更具体的手段,如在"侵入手段"有"从门侵入"、"从窗侵入"、"攀登侵入"、"洞口侵入"和"其它"5种,"从门侵入的手段"之下又有撞门、踹门、撬门、劈门、砸门、炸门、割门、卸门、溜门、顶门、拽门、翻门、掰门等共26个更加具体的作案手段。

特维认为,犯罪手段通常包括但并不局限如下种类:(1)作案人数;(2)犯罪前的预谋程度;(3)作案地点的选择;(4)通往作案地点路线;(5)现场守候或对被害人的监视;(6)作案时涉及的被害人;(7)作案时所使用的凶器;(8)作案时为控制被害人使用的捆绑方式;(9)对被害人伤害的特点和程度;(10)杀人的方法;(11)反侦查的特点和程度;(12)被害人衣服的弃置地点和位置;(13)被害人尸体的弃置地点和位置;(14)为获利或不被发现而从被害人身上或犯罪现场拿走物品;(15)进出犯罪现场的交通工具;(16)离开犯罪现场的逃跑路线或方向。② 可见,案犯要想成功地实现犯罪目的,必须借助犯罪手段,在这一过程中,案犯不可避免地会实施数量众多的各种行为。

【案例3】某省公安机关破获的"2009·3·31"特大杀人案中,专案组根据现场情况对刘氏夫妇失踪事件进行了分析,果断地将该起案件定性为"由矛盾纠纷引起的、以侵财为目的的、有预谋的抢劫杀人案"。案犯在现场实施了多种行为以图达到犯罪目的。

案犯为达到抢劫杀人的目的实施了多种行为,表现为:

---

① 参见陈胜、周勋:《论犯罪特定行为在现场分析中的不确定性》,载陈林主编:《命案现场行为分析与法医鉴定》,中国人民公安大学出版社2014年版,第187－188页。

② 参见[美]布伦特·E.特维:《犯罪心理画像——行为证据分析入门》,李玫瑾等译,中国人民公安大学出版社2005年版,第233－234页。

(1)菜刀放在床头柜上,说明有威逼行为;

(2)主卧室床头挡板脱落,表明可能有扭打行为;

(3)扯断的、放在床上的被害人的半截项链,表明案犯对被害人的颈部有加害动作;

(4)电话线被拽断并有缺失,可能是案犯为了切断被害人与外界的联系,或者是用来捆绑被害人所为;

(5)两名被害人的鞋子出现在卧室内,说明被害人刚进屋门,没有来得及换鞋就被控制;

(6)散落在卫生间地面上的衣物表明案犯很可能将被害人控制在卫生间内。

案犯为达到逃避侦查打击的目的实施了伪装行为,表现为:

(1)室内的拖把和灰斗由卫生间放到了门口,可能是案犯离开前为了清理现场痕迹,后退着打扫完房间,在离开时随手放置的;

(2)床上被褥整齐,而被害人的鞋却放在枕头下,显然异常,应该是案犯为了延迟案件被发现而故意所为;

(3)男、女被害人内裤被扔在地上,可能是案犯为了隐藏被害人身份,利于下一步抛尸,而将两人衣服扒光。

与之相比,犯罪标记行为旨在满足案犯的内心幻想、心理或情感需要,行为的目的性较为单一,因而案犯在实施犯罪标记行为时依凭的行为数量远远少于犯罪手段。

犯罪目的的实现是一个动态化的过程。在这一过程中,案犯往往会在犯罪过程的不同阶段先后实现不同的次级目的。例如,为实现杀人这个终极目的,案犯要在不同阶段逐步实现诱骗被害人、威逼被害人、控制被害人、杀害被害人、处置被害人等不同的次级目的。因此,犯罪手段行为多样性的特点,还表现为行为目的或行为性质的多样性。我国学者闵建雄根据犯罪过程中行为的目的,提出分属三个阶段的10种重要行为类型,其中7种行为属于犯罪手段范畴(其余抵抗行为属于被害人行为,发泄行为和愧疚行为属于犯罪标准行为),包括:(1)接触阶段控制行为项下的捆绑行为、威逼行为和卸装行为;(2)杀人阶段杀人行为项下的攻击行为;(3)处置阶段附加行为项下的加固行为、毁证行为、伪装行为。①

【案例4】2001年11月13日6时30分许,北方某县农业银行门卫申

---

① 参见闵建雄编著:《命案现场分析概论》,中国人民公安大学出版社2013年版,第60-61页。

某的女儿按往常习惯给父亲送早餐,发现申某全身蒙着被子躺在床上,呼之不应,打开被子发现其头面部有伤,人已死亡。当地公安机关接到报案后迅速赶到现场,初步勘查发现该农业银行金库的两名警卫(高某和于某)也已死亡,金库门被打开。经清点,金库失窃人民币24万余元。经现场勘查、调查访问和法医检验,案犯展现的犯罪手段包括在不同犯案阶段实施的多种不同性质的行为:①

进入阶段:

◎ 作案人夜间正常进银行

◎ 作案人从门和平进金库

接触阶段:

◎ 于某或高某出来开库门

◎ 作案人进入于某值班室

◎ 作案人与于某、高某交谈

◎ 高某先回到值班室睡觉

杀人阶段:

◎ 作案人持斧袭杀于某

◎ 高某被作案人叫醒起床

◎ 作案人门旁袭杀高某

◎ 高某被拖至厕所再打击

◎ 作案人在门卫室袭杀申某

处置阶段:

◎ 作案人加固砍死者颈部

◎ 作案人慌乱取材捆死者

◎ 作案人用棉被覆盖死者

◎ 作案人开车搬切割设备

◎ 作案人戴手套气割库门

◎ 作案人从内门气窗翻入

◎ 作案人撬开多箱劫现金

离开阶段:

◎ 作案人收拾设备装入车

◎ 作案人开着车离开银行

---

① 参见闵建雄编著:《命案现场分析概论》,中国人民公安大学出版社2013年版,第191-205页。

三、行为的特征性

就行为的特征性而言,犯罪手段逊于犯罪标记行为。犯罪标记行为往往是特征价值颇高的案犯行为,约翰·道格拉斯用"独一无二"来描述,我国台湾地区学者庄忠进用"个人独特的表现方式"来命名,特维用"特殊行为"来指称。

首先,行为的特征性是指行为出现的概率。就此点而言,犯罪标记行为出现的概率远远低于犯罪手段,因此呈现出行为的稀有性和异常性。每起犯罪必有犯罪手段,但不一定会有犯罪标记行为。

其次,行为的特征性是指行为特征的鲜明性。就此点而言,犯罪手段总体上低于犯罪标记行为。尽管从行为特征的鲜明性而言,犯罪手段低于犯罪标记行为,但由于犯罪手段本身具有行为多样性的特点,囊括在犯罪手段项下的行为数量较多,如果能集合多项手段行为的特征,也颇具侦查价值,尤其在串并案件分析方面。有学者指出:"依据两个以上的犯罪案件在犯罪时间、犯罪空间、犯罪对象、犯罪手段、犯罪过程、犯罪危害等案件要素方面的相同、相似、相关,特别是多个要素之间相同、相似、相关特征的组合,可认定为同一个人或同一伙人所为。在软件并案过程中,如果软件之间相同、相似、相关点比较多,也就是软件条件比较充分,没有出现过多的差异点,并案就容易实现。"①

例如,2004 年广东省东莞市公安局破获的"8·16"系列抢劫杀人案件中,案犯分别于 2004 年 3 月 19 日、8 月 7 日、8 月 10 日、8 月 15 日、8 月 16 日作案 5 起,杀死 3 人,重伤 3 人。经专案组分析,这 5 起案件可以串并的特征根据有:(1)被侵害对象相同,均是废品收购人员。(2)案犯作案手段相似度高:以出售废品为名,诱骗事主至偏僻地区;对被害人进行殴打、捆绑,再进行抢劫;杀人行为均是将被害人颈部割断;实施反侦查行为,将被害人的面容划花。

还应说明的是,尽管从总体而言,犯罪手段的行为特征鲜明性低于犯罪标记行为,但并不排除这种可能,即犯罪手段项下的某种行为具有独有的特征,其独特性甚至不亚于犯罪标记行为,单凭此行为特征就可串并案件。

例如,2005 年四川省广安市破获的胡道平特大系列抢劫杀人案中,案

① 郝宏奎:《论并案侦查条件的科学运用》,载《中国人民公安大学学报(社会科学版)》2006 年第 4 期。

犯胡道平抢劫信用社金库、邮政局金库案件8起,共杀死7名金库守护值班人员,抢劫财物逾130万元。在这一系列案件中,案犯胡道平独创的利用钓鱼竿通电电击金融部门值班人员以及利用一氧化碳气体毒杀值班人员的方式非常罕见,具有明显的独特性,可作为串并案件的依据。

四、行为的稳定性

前面已指出,犯罪标记行为具有较强的行为稳定性,犯罪手段的稳定性逊于犯罪标记行为。约翰·道格拉斯曾指出,犯罪手段是案犯通过学习而获得的行为,会随着案犯经验的增加有所改进,犯罪手段是动态的(dynamic)、可塑的(malleable),他曾经举过两个例子加以说明。[①]

例一:深夜,一名初犯准备通过地下室的窗户进入房屋盗窃。窗户是锁着的,于是案犯打碎了窗户玻璃进入房屋。他在现场很慌乱地搜寻值钱的东西,因为他怕打碎玻璃的声音惊醒了屋主。下一次深夜犯案,这名案犯带来了工具,意图将撬窗的声音降到最低,以便有更多时间在现场翻找。但是,他仍然担心屋主会惊醒,因此在下一次犯案时,他开始选择在早晨10点左右进入无人居住的房屋实施盗窃。在犯案生涯中,这名案犯改进了他的进入方式和侵入时机,从而降低了作案风险,增进了犯罪利益。

例二:一名银行抢劫犯的共犯在进行了一两次犯罪之后可能会认识到,在实施抢劫期间,他应当让供逃跑用的汽车的引擎一直开着,以方便接应同伙逃跑。

特维也认为,案犯的犯罪手段是学来的、动态的、可塑的。犯罪手段可随时间而改变,随案犯的“进步”或“退步”而改变。在作案中,案犯会认识到一些做法会更有效,在后来的犯罪中就重复这些做法,从而变得更加老练。[②] 总体而言,犯罪手段的变化有两种情况:一是犯罪手段的进化现象;二是犯罪手段的退化现象。

(一)犯罪手段的进化现象

犯罪手段的进化现象,是指部分案犯会因犯罪经验的累积,不断改进犯罪手段,以达到有效实施犯罪、降低犯罪风险、增加犯罪收益的目的。学者哈波特(Harbort)和莫克罗斯(Mokros)的实证研究就发现,在初次犯罪

---

① See John E. Douglas & Lauren K. Douglas, *Modus Operandi and the Signature Aspects of Violent Crime*, *Crime Classification Manual* (*Second Edition*), John Wiley & Sons, Inc., 2006, p. 20 – 21.

② 参见[美]布伦特·E. 特维:《犯罪心理画像——行为证据分析入门》,李玫瑾等译,中国人民公安大学出版社2005年版,第233 – 234页。

和第二起犯罪之间，案犯行为有明显的变化，这可能是案犯经验累积的结果，如特殊的工具（适宜的武器）和策略（犯罪时间、地点、被害人选择），这些变化减少了被逮捕的风险，更有利于成功。[①]造成犯罪手段进化的因素多种多样。迪·金·罗斯姆就认为："犯罪手段会因为各种原因而变化……犯罪手段受环境的影响也很大，如被害人的反应、犯罪地点的客观条件、正在进行中的警方活动和媒体的注意……随着时间推移，一名犯罪人的操作方法常常因教育、成熟和经验而得以发展，幻念也可能进一步发展和加深。"[②]特维则将以下因素视作造成犯罪手段进化的影响因素：

（1）训练和技巧的来源。在案犯被抓捕和定罪之前，他们拥有与其他人同等的学习机会，专业期刊、大学课程、书籍或互联网都可以提供给案犯有用的知识，使其犯罪手段更为精练。

（2）职业或专业经历。案犯可能曾经或正在从事某项需要专业知识或需要熟练技能的职业，这些专业知识和职业特征会在他们的犯罪手段中反映出来。

（3）犯罪经验与自信。当案犯越来越多地实施同种犯罪的时候，他们犯罪的手法会越来越熟练。他们下手会更有把握，能够极其平静地处理意外事件，或者能为准备实施的犯罪活动制定相应的预防和控制措施。

（4）与刑事司法系统的接触。案犯有过短短几年的服刑经历就有可能有助其超越原有的犯罪手段，大大提升其犯罪技能。

（5）大众媒介。有时提供与案件有关的信息不仅能够使案犯为将来的行动制定更为有效的措施，而且能使其他的案犯模仿特殊的系列案件并学会如何逃避侦查嫌疑。

（6）案犯的情绪。案犯在某一天的情绪可能影响他行为的侵害程度和他对被害人和犯罪现场的态度。譬如，一名强奸犯在袭击被害人前一小时与他的女朋友进行了激烈的争吵，那么，此时的侵犯程度就比没有这场争吵的侵犯程度要严重得多。

（7）未知因素。未知因素是指那些在犯罪中能够影响犯罪现场行为的所有不确定因素。[③]

---

① 转引自 Marina Sorochinski & C. Gabrielle Salfati, *The Consistency of Inconsistency in Serial Homicide: Patterns of Behavioral Change across Series*, Journal of Investigative Psychology and Offender Profiling 7:109 - 136 (2010)。

② [美]迪·金·罗斯姆：《地理学的犯罪心理画像》，李玫瑾等译，中国人民公安大学出版社 2007 年版，第 61 页。

③ 参见[美]布伦特·E. 特维：《犯罪心理画像——行为证据分析入门》，李玫瑾等译，中国人民公安大学出版社 2005 年版，第 234 - 237 页。

还有的学者认为,案犯行为变化可能是他们认知策略和行为策略再调整的结果,有些还与经验学习和环境因素有关。①

以下列举两个案例说明案犯对改进犯罪手段的思考。

例一为案犯雷国民自述:②

我10多年的杀人犯罪生涯,从使用各类杀人凶器的效果上得出了这样一条经验,刀不如枪、枪不如斧、斧不如锤。用刀作案,不能一招致人于死地,受害人容易喊叫,且流血也比较多。用枪作案,虽能一招致人于死地,但响声太大,公安机关反应也快,容易破案,我认为张君他们的教训就在这上。用斧的效果不错,但过于笨重,不易于挥动。用锤最好,轻巧灵活,可以一招就将对方制服,喷出来的血也不多。我在作安徽宿州案件前买了锤子,在自己的头上做敲打实验,感觉效果很好,最终确定了使用这种工具。但我在作这起案件时使用还不熟练,打击受害人头部的次数较多,身上溅了不少血迹。作完这起案件后,我坚定了使用锤子作为杀人工具的决心。为了增强自身体力,确保锤子打击头部的准确性,我在安庆老家专门租了100多平方米的房子,改造成健身房,使用拉力器练臂力,在沙袋上画了几个圈,练习从各个角度打击人头部的技能,并每天坚持长跑三四十里,锻炼自己的耐力。通过练习之后,我有把握在6秒钟内杀死一个人。我在江西省瑞昌市杀6个人、在江苏省盐城市杀3个人都是用锤子。③

从这段自述可以看出,案犯雷国民经由不断地总结学习,逐渐调整自己对作案工具和杀人行为的选择,从而达到有效实施犯罪、降低犯罪风险的目的。

例二为案犯王强自述:④

在多年的作案过程中,我也在不断地总结经验教训。例如,我注意从录像厅播放的警匪片中学习作案手法,甚至在劳教所里天天削辣根的劳动中,也刻意练习刀法,平时还经常到健身房锻炼身体。因此,我的作案技术不断提高,2000年以前作案杀人需要扎好几刀,其后基本上是一刀毙命,

---

① See Marina Sorochinski & C. Gabrielle Salfati, *The Consistency of Inconsistency in Serial Homicide: Patterns of Behavioral Change across Series*, Journal of Investigative Psychology and Offender Profiling 7: 109 - 136 (2010).

② 基本案情为:1992年至2001年,案犯雷国民在江苏、江西、安徽、广东等地流窜作案,作案14起,杀死20人,杀伤7人,抢劫财物总价值400余万元。

③ 徐俊文:《解密侦查失败》,中国人民公安大学出版社2008年版,第333-334页。

④ 基本案情为:1991年至2003年,案犯王强在沈阳、铁岭、北京等地实施杀人、强奸、抢劫作案38起,共杀死28人、杀伤30人,强奸14人,抢劫财物价值20余万元。

越干越顺手,越干越胆大妄为。①

(二)犯罪手段的退化现象

犯罪手段的退化现象,是指部分案犯随着犯罪次数的增多,犯罪手段不仅未呈精进之势,反而较以往露出更多破绽,导致被逮捕的风险增加。约翰·道格拉斯很早就注意到案犯犯罪手段的退化现象,他指出:“就我的经验来看,犯案者历经时日之后,会开始觉得自己所向无敌,没有人能够掌握他。一如我经常说的,他们自以为是超乎法律且在权威之上的。对执法机构而言,这不啻是正面的转变,因为只要这种心态一出现,紧接着他们就要犯下大错。”②例如,著名的俄罗斯“棋盘杀手”皮丘什金(Alexander Pichushkin),在前期杀人生涯中,犯罪手段较为谨慎。他往往将被害人尸体丢弃进森林公园的涵洞或下水道中,使警方很难发现罪案。此外,他多选择陌生人加以侵害,让警方无从调查。但在后期犯案生涯中,他开始随意处置被害人的尸体,将这些尸体曝光于森林公园内。在最后一案中,他选择自己熟悉的女同事作为犯罪对象,正是经由这一线索,警方很快破获了该系列案。③

除了案犯心态发生变化导致犯罪手段退化以外,不断恶化的精神状态、吸食毒品、酗酒、生病受伤等因素也会导致案犯的犯罪手段呈退化趋势。

【案例5】美国系列杀手泰德·邦迪(Ted Bundy)于1973年至1978年跨5个州杀害了至少30人。他刚开始犯罪时显得特别狡猾和谨慎,他装作彬彬有礼,待人友好,随机应变,常常以弱者和求助者的身份接近被害人,并让人觉得他毫无威胁。他常常把自己装扮成一个车子抛锚需要援助的汽车司机,往往假装用绷带把胳膊吊起来。他也往往选择那些未成年少女,跟踪她们,选择一个合适的地点实施犯罪。但他的犯罪手段在几年间大大退化。在科罗拉多州他被监禁两次并逃跑之后,他去了佛罗里达州。在那里他开始酗酒,并开始带有仪式性地处理尸体(犯罪标记行为)。譬如,每次被害人尸体都要停放好几天。有证据表明,他还常常梳洗死者的头发、为尸体化妆,而不像从前那样立即处理掉尸体。总之,他开始留下越

---

① 参见闵建雄编著:《命案现场分析概论》,中国人民公安大学出版社2013年版,第333页。

② [美]约翰·道格拉斯、[美]马克·欧夏克:《哈佛出来的博士杀手》,彭仕宜译,法律出版社1998年版,第133页。

③ 参见马剑:《俄罗斯杀人狂杀61人　拟用尸体填满象棋棋盘》,载搜狐网,https://news.sohu.com/20060716/n244278466.shtml。

来越多的证据,反侦查措施越来越少,行为越来越多带有仪式的刻板性质。①

在实践中,侦查人员还应注意到,在系列杀人案件中,案犯"情绪冷却期"变短往往是案犯犯罪手段退化的一个信号。FBI 编撰的《犯罪分类手册》中认为,系列杀人案件是发生在 3 个或更多独立区域的 3 起或更多的独立犯罪,且案犯伴随有情绪冷却期。在系列杀人案件中,案犯多会经历情绪冷却期和幻想强化期。FBI 行为科学组特工就认为,拥有情绪冷却期(cooling - off period)和幻想强化期(the fantasy reenactment cycle)是理解系列杀手的最重要部分。如果系列杀手的情绪冷却期和幻想强化期呈加速态势,那么该杀手的理性犯罪能力将会被淹没于自身不断强化的幻想中,因此在这一时期,该杀手会暴露出较以往更多的破绽。

例如,张某胜系列杀人案中,案犯张某胜在犯案第一阶段的 1992 年作了 4 起血案,作案时间分别为 1992 年 4 月 5 日、8 月 16 日、9 月 16 日、10 月 25 日。当时该犯的情绪冷却期和幻想强化期以月计。在犯案最后一阶段的 2002 年,张某胜于 2002 年 6 月 8 日至 20 日连续作案 4 起,情绪冷却期和幻想强化期变成以天计,明显呈加速之势。就在这段时间,张某胜的理性犯罪能力下降,露出较多破绽,终被侦查机关抓获。

五、行为的反映性

有学者指出,侦查学上的行为分析理论基础可以用现场迹象→行为反应→心理品质的模式来体现。根据意识决定人的行为和行为决定外部改变的原理,通过外部变化(现场迹象)确定行为特征,再通过行为特征确定心理品质。② 可见,案犯行为具有明显的反映性,但应当注意的是,案犯的犯罪手段行为和犯罪标记行为在反映的内容上侧重点不同。

前文已述及,犯罪手段是案犯为达其犯罪目的及逃避打击所实行的一切相关活动,它主要反映案犯理性计算的能力,案犯原则上会在自己理性认知能力的范围从事一定类型的犯罪行为。犯罪标记行为则是满足案犯内心神秘而复杂的心理或精神需要,通常与案犯的能力、知识、习惯、犯罪评估等无关,而与其信仰、情绪、心理、精神等有关。因此,犯罪手段侧重反映的内容主要与案犯的能力、知识、习惯、认知、经验、动机、生理特征(年

① 参见[美]布伦特·E. 特维:《犯罪心理画像——行为证据分析入门》,李玫瑾等译,中国人民公安大学出版社 2005 年版,第 238 页。

② 参见闵建雄编著:《命案现场分析概论》,中国人民公安大学出版社 2013 年版,第 42 页。

龄、性别、身高、体态等)有关,以下列举数例说明。

【案例6】犯罪手段反映案犯能力知识。如某轿车爆炸案,案犯把雷管炸药悬拴在车头下部,与启动开关相连。被害人发动轿车时发生爆炸,四肢炸残。经现场分析,发现案犯的作案手段包括:技能性动作四动,针对性(应对性)动作一动,从动作组类型来说属于典型的技能针对型,判断案犯具备熟悉轿车内部结构及使用爆炸物的知识。破案后证实,安装爆炸物的人是汽车修理工,主谋系被害人未婚妻内弟,其有使用炸药的经验。[①]

【案例7】犯罪手段反映案犯认知。如某作案人系18岁高三学生,一个月前因打架被学校开除。作案人想通过伤害同学的女朋友来报复打架的同学。某日下午潜回学校3楼找到该女生扼颈致死,等夜间将尸体背到6楼男厕所内,把楼梯门卸掉盖住尸体,又找来锁将厕所门锁住,再用铁丝把锁和锁鼻拧紧,并将死者的鞋和手表分别扔弃在楼顶和化粪池。作案人的本意是延长尸体被发现的时间,但过多的行为恰恰暴露了作案人熟悉现场的特征。

【案例8】犯罪手段反映案犯生理特征。2006年8月,某地一名67岁的男性居民被人发现死在家中床上。现场勘查显示死者是在睡眠状态下受到攻击死亡;尸体检验显示,死者曾受到斧类工具砍击头部、钝器打击面部以及徒手扼颈和绳索勒颈至少4种攻击方式,但颅骨未见损伤。推测案犯体能较弱,破案后证实,作案人系死者64岁的妻子。死者生性暴戾,长期侮辱、殴打和虐待妻子,妻子终于忍无可忍,趁丈夫睡着后,用斧子砍击头部、用手电筒打头面部和徒手扼压颈部,最后用绳子勒颈。

① 参见魏津桅、毛星:《刑事犯罪现场行为分解分析法》,载《中国刑事警察》1997年第6期。

第七章　伪装行为与犯罪标记行为

第一节　伪装行为的概念与类型

一、伪装行为的概念

从广义上讲，伪装行为也属于犯罪手段范畴，反映的是案犯“趋利避害”的理性计算能力。从行为目的而言，伪装行为又不同于犯罪手段。犯罪手段是直接为实现犯罪目的服务的，是一种进攻性的行为；伪装行为实施的目的是逃避侦查打击，是一种防御性的行为。有学者认为：“伪装行为的出现在整个犯罪行为中属于被动的、防御性的和附属的，只有当犯罪中主要行为的实施，即进攻性行为的实施，才有可能出现伪装类的防御性行为……伪装作为一种防御性的犯罪行为而出现，从而也可看出犯罪分子实施伪装的目的和意图。伪装的最终目的便是对付侦查、逃避打击。”①

由于伪装行为是案犯为逃避侦查打击而实施的相关计划和活动的总和，因此，有学者将实践中案犯实施的掩盖、破坏行为区别于伪装行为，此类行为只有隐真的行为而缺乏示假的行为，因此不宜算作伪装行为。② 笔者认为，案犯实施掩盖、破坏行为的目的在于逃避侦查，这与伪装行为的目的一致，因此，仍应将这类行为视作伪装行为，只不过这类行为属于较为直接的、容易被人识别的伪装行为。

一般情况下伪装行为由案犯实施，但在特殊场合，伪装行为也可能由案外人实施。这种情况客观上起到了干扰侦查视线的作用，侦查人员应结合现场情况识别。

【案例1】 2012年4月16日凌晨3时许，某县公安局110接到许某永电话报称：其胞兄许某春（男，53岁）及胞兄的儿子许某亮（男，29岁）在许某永承包的鱼塘附近鸭场内被人杀死。

尸检所见，许某春的损伤遍布身体多个部位，其中背部的损伤自己不能形成，双手有抓刀刃形成的抵抗伤，左下肢有倒地后抵抗形成的切划伤，

---

① 许卫平：《刑案伪装与识别》，警官教育出版社1992年版，第4页。

② 许卫平：《刑案伪装与识别》，警官教育出版社1992年版，第8页。

其损伤明显是他人故意伤害形成。许某亮的损伤与许某春有明显反差，体表没有抵抗伤，仅胸部乳头上方位置、从左至右有四处横行的单刃锐器创口，刃口方向一致，呈左高右低的直线排列，间距差别不大，自持单刃锐器恰可刺伤此处，且没有抵抗伤，他人刺击绝难形成这样的损伤。

尸检情况提示，案件应为许某亮杀死许某春后自杀。但现场状态与此矛盾，现场中许某春的左大腿压在许某亮的双小腿上，如为许某亮杀人后自杀，不可能形成这种姿势。侦查人员进一步分析认为，应是首先到达现场的人所为，即许某永移动尸体的可能性极大。后许某永交代，其远距离目睹了事发经过，权衡利害后最终选择移动许某春尸体伪造现场、藏匿凶器、编造谎言，意图误导侦查人员。①

二、伪装行为的类型

根据实施行为目的不同，可进一步将伪装行为分为积极的伪装行为和消极的伪装行为。

（一）积极的伪装行为

积极的伪装行为是指案犯为误导侦查实施的伪装行为。案犯实施这类伪装行为不是为了单纯地毁灭罪证，而是试图误导侦查人员，让侦查人员对案件性质或是案犯动机作出错误判断。

【案例2】2009年5月13日8时57分，某村村民白某（男，49岁）报案称，其妻子黄某（女，45岁）被人杀死在自家堂屋东耳房卧室的床上。

据报案人讲，5月12日晚其在单位值班，5月13日8时左右，接到儿子白小某电话说："家里东西翻得可乱，扔了一地，俺妈在床上躺着，不知道咋回事，你赶紧回家。"白某回家后发现其妻被杀，随即报警。

被害人的儿子白小某讲，其早上5时左右起床后外出接送学生，8时左右回家后发现其母房中情况异常，就给父亲打了电话。

法医检验发现，被害人系因颈部受压致机械性窒息而死亡。死亡时间在5月12日22时左右，距最后一餐3小时左右。

侦查人员对现场勘验情况进行了细致分析后发现，该现场有以下特征：

（1）现场的大门、屋门未见破坏迹象，现场围墙及房墙未见攀爬痕迹，属和平进入。

---

① 参见周健等：《颇具争议的双命案性质的分析》，载万立华主编：《命案现场重现——全国案例精选》（第3卷），中国人民公安大学出版社2013年版。

(2)从表面上看,中心现场的所有柜子和桌子的抽屉均被翻动,细看却是“动却不翻”,死者的手提包、钱包均未被打开,现金、手机仍在现场,家中亦未丢失其他财物,有明显的伪装迹象。

(3)死者颈部有明显索沟,但未见绳索类凶器。犯罪行为人在勒颈后又将凶器解下带走,这一行为属于多余动作。

(4)死者体表没有抵抗伤,亦无遭到性侵害的痕迹,却下身赤裸,身上盖有被子,显然犯罪行为人对被害人的身体有掩盖行为。

(5)经比对,室内发现的大量足迹共3种,均为被害人和其丈夫、儿子所留。没有反映出有其他人进入现场。

侦查人员认为这些特征与熟人作案的特征相吻合,结合中心现场所在房间的地面上只有死者、死者的丈夫和其儿子白小某的足迹,未见其他足迹情况,侦查人员认为本案的现场系变动过的现场,犯罪行为人应当是被害人的关系人,很可能就是被害人的丈夫或儿子。

虽然本案的侦查范围很快圈定在被害人的丈夫和儿子身上,但案发现场在被害人的家中,现场上无论是出现被害人丈夫还是其儿子的脚印,都是符合常理的事情。因此,犯罪行为人究竟是哪一个,还是两个人都参与了作案,还有待进一步确定。

在侦查人员讨论过程中,侦查指挥员提示大家要注意到一个细节——被害人头部相对应地面上的残缺足迹前掌印和被害人衣柜前地面上的足迹前掌印都是被害人的儿子所留。侦查指挥员讲道,之所以强调这一点,是因为死者的儿子白小某的足迹出现在死者卧室是正常的,但是在这两个位置出现就有些反常了。第一,衣柜前地面上的足迹足尖朝向衣柜位于角落中的南柜门,而衣柜是被害人的衣柜,里面并没有白小某的衣物,白小某到衣柜前干什么;第二,被害人头部相对应地面脚印足尖朝向被害人的头部,且正好是被害人头倒在床上的位置,而被害人头部是朝着房间内侧的,白小某到这里的目的是什么。

按照这一分析,侦查人员对白小某进行了重点调查。经查,白小某于5月12日22时7分驾车出门,与其自己讲的19时出门、22时回家的情况有明显矛盾。侦查人员立即传唤白小某。经讯问,白小某供述了其犯罪的经过:2009年5月12日晚,其因与情人周某约会的事和母亲黄某发生争吵,一时恼怒之下用平日锻炼的跳绳将黄某勒倒在床上。待约会完回到家中后,发现母亲已经死亡,便将现场衣柜内的衣物翻倒在地上,试图制造家中遭盗窃,其母被人杀死在床上的假象。

该案现场就是一个犯罪行为人实施了积极伪装行为的犯罪现场。其目的是通过布置家中被盗的假象，掩盖与母亲争吵后失手杀人的犯罪事实，制造母亲的死亡是因盗贼盗窃财物引发的抢劫杀人这一假象，意图转移侦查视线，逃避法律惩罚。[①]

（二）消极的伪装行为

消极的伪装行为，是指案犯实施的破坏现场、毁迹灭证的行为，其目的是借由实施消极的伪装行为，破坏现场的痕迹、物证，达到阻碍侦查机关顺利侦查的目的。

【案例3】 2007年8月30日14时许，方某（女，80岁）被发现在家中失火时烧死。死者气管内无烟灰、炭末等物，说明在火场中无呼吸运动，应属于死亡在先失火在后，即属于死后焚尸。经侦查，抓获案犯于某。据于某交代，当日12时30分，他闲逛到平房居民区时，发现被害人家门上锁，认为家中无人，便从前房入院进行盗窃。当进入西室时，发现被害人已坐在床上，因害怕被害人喊叫，便先捂嘴后扼颈扼死了被害人。之后他怕事情败露，就想破坏现场、毁灭证据，于是放火焚尸，后翻越前房逃走。[②]

（三）伪装行为指向的内容

按照刑事案件构成要素理论，每一起刑事案件都是由犯罪时间、犯罪空间、相关人、犯罪行为、相关物五个要素构成。[③] 从伪装行为指向的内容来看，上述五个要素都有可能遭到伪装。

1. 犯罪时间的伪装

犯罪时间的伪装是指案犯通过一定的策略和行为，掩盖真实的犯罪时间或者伪造自己不在现场的证明。常见的策略和行为有模糊被害人、制造推迟案件发生的假象、推迟案件发现时间、缩短作案过程、伪造自己不在现场的证明、幕后作案。[④]

【案例4】 2002年3月7日凌晨0时40分，某美容美发厅发生一起入室行凶案件，6名服务员被两名手持菜刀的歹徒或杀害或砍伤。首犯宋某某是该市“永利”录像厅的个体业主，在策划该案时，他就进行了精心的预谋。为掩人耳目，他在离开录像厅作案之前，有意将录像厅里的时钟拨慢了一个小时。待作案后，回到录像厅更换了衣服，隐藏好凶器后，便大声吵

---

① 参见杨玉章主编：《刑事侦查与行为证据》，河南科学技术出版社2019年版，第57－60页。

② 参见钟瑞成等：《“8·30”杀人焚尸案现场分析》，载万立华主编：《命案现场重现——全国案例精选》（第2卷），中国人民公安大学出版社2009年版。

③ 参见瞿丰、刘瑞榕主编：《侦查学总论》，中国人民公安大学出版社2008年版，第30－31页。

④ 参见许卫平：《刑案伪装与识别》，警官教育出版社1992年版，第165－177页。

吵嚷嚷地进入了放映厅，高声叫喊："都12点了，给大家放点刺激的提提神。"于是，便播放了一部黄色录像片。这样就给人留下了3月7日凌晨0时，他在录像厅的印象。

当侦查人员调查时，当时在录像厅看录像的人都证实，案发当时0时左右乃至以后的一段时间里，宋某某一直都在录像厅。①

2. 犯罪空间(现场)的伪装

犯罪空间(现场)的伪装，是指案犯通过一定的策略和行为对犯罪现场进行伪装或者让被害人或侦查人员误认犯罪地点。

【案例5】某月26日19时40分左右，某男(62岁，农民)被发现死于某铁路铁轨外路基上。该案虽系火车司机报称为火车事故，案发时尸体位于铁轨外路基上，但尸体检验显示，某男致命性损伤(颅脑损伤)没有反映出铁路交通事故损伤的特征，只有枕顶偏左的一处7.5cm×0.5cm范围的挫裂创及右臂自肩关节离断，这两处损伤具有火车损伤特征。但这两处创伤肌肉内出血及痂皮形成等生活反应较弱，结合现场无死者遗留的痕迹，尸体上有泥沙及枯草屑附着，与现场为碎石铺设的路基明显不符，说明该现场不是第一现场，而是抛尸现场。侦查人员分析认为，该案系故意杀人后移尸铁路伪造卧轨自杀的火车事故，第一现场应在铁路附近的田埂上或小路边。破案后得到证实。②

3. 相关人的伪装

相关人的伪装包括案犯对自身特征的伪装和案犯对被害人的伪装。前者包括：案犯伪装自身的生理特征，如作案时化装、戴假发、染发、故意用头发遮掩面部、把脸涂黑、戴面具或头套、小脚穿大鞋、改变步法走路、故意模仿他人声音讲话、模仿他人走路、模仿他人笔迹、改变口音、故意说某地方言等；案犯伪装自身的社会特征，如穿着带有明显行业色彩的服装(如军装、警服、医务人员服装等)，使用能表明自己是特殊行业或者其他背景的人的证件或物品，通过开公司或经商掩饰自己的真实身份等；伪装作案人数，如案犯故意在现场穿几种鞋子走路，故意在现场留下数名无关人员的证件、物品或者其他痕迹物证，在侵害对象单一的场合，故意使用不同的侵害手段或者侵害工具等。后者是指案犯将被害人伪装成自己或其他人。

例如，周克华系列抢劫杀人案中，周克华在南京作案时对自身特征进

---

① 参见苑军辉等：《反侦查行为研究》，群众出版社2003年版，第61页。

② 参见贺玉华：《谋杀伪造火车事故一例》，载翟恒利主编：《法医命案现场勘查与分析》，中国人民公安大学出版社2009年版。

行了伪装。在作案前的视频中，警方发现周克华走路时外八字非常厉害，而且以非常夸张的幅度左右摇晃肩膀，而作案后，走路时肩膀竟然纹丝不动，帽子口罩都摘了，而且还架了一副眼镜，身上穿的则是一身不知从哪弄来的旧式军官冬季常服，显得很斯文，和作案前的样子简直判若两人。①

【案例6】某地发生一起为赖债而“杀人诈死”案件。一位老人早晨在公园发现一具无头无脚尸体，尸体30来岁，中等身材，仅存身体躯干和两个上肢，肢解截面创口整齐，死者外衣口袋有一串钥匙、几份购买生猪发票和一本屠宰证(证上注明了持证人:方某军，男，35岁和住址)。

尸体身上的钥匙能打开方家家门，尸体身上所穿的衣服也是方某军离乡时所穿，案件性质似乎就是一起屠夫被谋杀案。但通过进一步调查，侦查人员发现:方某军右脚有6个指头，方某军债台高筑，债主近期频频上门逼债。方某军屠宰技术精湛，且本人向来胆大狡诈。侦查人员从方某军家中提取的方某军用过杯子上的一指纹与尸体手部指纹比对不上。最终，侦查机关破获方某军为逃避债务而杀人代己的案件。

4. 犯罪行为的伪装

犯罪行为的伪装，是指案犯对作案过程中的某些具体行为进行伪装，以达到混淆侦查视线的作用。

【案例7】2005年云南省蒙自县发生一起邮政金库抢劫案。现场勘查发现，金库大门上的铁锁剪断，摆放在现场地面上，显示案犯是通过暴力破坏门锁进入中心现场的。但通过对铁锁剪切口的形态分析，侦查人员认为，这种切口形态只能是被摆放在地面进行剪切才可以形成，悬挂时被剪断不能形成这种形态。据此推断，案犯是用钥匙打开铁锁后，再用工具故意将铁锁剪断，造成是外部人员作案的假象。②

5. 相关物的伪装

相关物的伪装，是指案犯在犯案过程中，对作案工具或者现场遗留物进行伪装，以误导侦查。

【案例8】2003年12月25日，某县城一洗头房内发生一起杀人抢劫案件，案犯反复打击洗头房服务员头部，致昏后抢劫若干财物逃离。中心

① 参见罗双江:《南京警方称周克华是易容伪装高手》，载新浪网，https://news.sina.com.cn/o/2012-08-15/050524969578.shtml。

② 参见李辉、刘萍、何廷玉:《赌博引发大案 云南蒙自2·27金库抢劫案实录》，载新浪网，https://news.sina.com.cn/s/2005-03-23/14055442739s.shtml。

现场地面有半截红砖。侦查人员要求技术部门解决致伤工具是中心现场地面的半截红砖(提示案件为矛盾激情杀人,侦查范围不大)还是犯罪分子携带工具进入现场伺机杀人抢劫(提示案件为流窜作案,侦查范围较大)的问题。

经对现场进行复勘,原先怀疑为致伤物的半截红砖上只有少量流柱状血痕,并无毛发和头皮组织附着,且各可能的打击接触面无红砖脱屑、分裂现象,加上红砖在现场的位置距被害人体较远,流淌的血痕在其周围形成了中断痕迹,遂果断判断致伤物不是这半截红砖,而是其他钝器。破案后,案犯供述,其持金属圆锤类钝器作案,为迷惑侦查人员,故意将现场的一块红砖伪造成作案工具。①

第二节　伪装行为与犯罪标记行为的区别

伪装行为与犯罪标记行为最大的区别在于行为的原因和目的不同。案犯实施伪装行为的原因和目的在于逃避侦查,这种行为原因和目的仍然反映的是案犯理性的计算能力以及趋利避害的功利主义思考。

尽管从理论上可以较容易地区分伪装行为和犯罪标记行为,但实践中由于案犯实施部分伪装行为的原因和目的晦暗不明,容易导致伪装行为与犯罪标记行为的混淆。侦查人员应斟酌个案情形仔细分析,切忌机械套用。从实践情况来看,假冒身份的伪装行为、掩(遮)盖尸体的伪装行为和破坏痕迹证据的伪装行为从行为形式上类似犯罪标记行为,容易造成混淆,侦查人员应注意识别。

一、假冒他人身份的伪装行为

在某些案件中,案犯实施冒充他人身份的伪装行为,意图嫁祸他人,误导侦查。如果这种假冒行为的形式和某些犯罪标记行为的形式类似,如实施的是题字留言的非必要行为,则较难区别,侦查人员需要结合案件其他信息仔细斟酌,切忌武断得出结论。

【案例9】2008年1月3日10时,苗某(男,某通信店老板)及其妻康某(女,20岁)被发现死在某通信店内。根据现场血迹分布的情况分析,案犯先和苗某搏斗并用手术刀将其杀死,然后到里间刺杀康某,将康某杀死

① 参见许象成:《根据工痕特征进行致伤物的推断》,载万立华主编:《命案现场重现——全国案例精选》(第1卷),中国人民公安大学出版社2007年版。

后,又用死者的血在店内北墙上题字留言:“弟,我给你报仇了,杀人者:高××、苗××。哥、张”。

从形式上看,案犯实施的题字留言行为类似于书面言语犯罪标记行为,但破案后证实,该行为实际上是假冒他人身份的伪装行为。

案犯高某和被害人苗某系初中同学,2008年1月2日晚,高某和苗某在某通信店内聊天。约23时,因苗某向高某索要欠款,双方发生争执。苗某扭住高某的脖子不松手,高某随手从桌上拿起一把修手机用的手术刀刺中苗某颈部,将苗某刺死。正在里间床上睡觉的康某被惊醒后呼叫,高某怕惊动邻居,遂将康某杀死。为逃避罪责,嫁祸他人,用卫生纸沾死者血迹在店内墙壁上写上两个同学的名字,然后用湿毛巾擦掉柜台、电脑桌、货架上的血迹,并把煤球踩碎覆盖地面上的血迹,从柜台上拿钥匙锁店门后逃窜。①

二、掩(遮)盖尸体的伪装行为

某些案犯在现场实施了掩(遮)盖尸体的行为,其行为属于伪装行为还是犯罪标记行为应当具体分析。一般而言,案犯仅遮盖尸体的部分敏感部位,如性器官、脸部,或者遮盖尸体的物品经过一定的选择(如新被子、新衣服、干净的毯子等),且未有对尸体作进一步转移、藏匿的迹象,属于犯罪标记行为的概率较大。约翰·道格拉斯曾将此行为命名为“复原行为”,这是犯罪标记行为中的一种特殊行为。实施此行为的人通常和被害人有某种亲密关系或者被害人对其有某种特殊的意义。

【案例10】 在一次激烈的争吵中,儿子丧失理智杀死了母亲。儿子冷静下来后,给母亲换上了新衣服,将尸体放置在沙发上,并垫上枕头,给母亲盖上毛毯,将母亲的手置于胸前,使她看上去像熟睡的样子。这些“复原行为”表达了儿子心中的懊悔。其他的一些“复原行为”包括清洗现场及被害人、遮盖死者的脸部或完全遮盖尸体。案犯实施这些行为并不是想隐藏被害人(伪装)而是想表达某种懊悔的心理(标记)。②

反之,案犯遮盖尸体的大部分,选择遮盖的物品随意(如树枝、麻袋等),且有对尸体作进一步转移、藏匿的迹象,属于伪装行为的概率较大。

---

① 参见张民华:《一例杀死两人案的现场分析》,载万立华主编:《命案现场重现——全国案例精选》(第2卷),中国人民公安大学出版社2009年版。

② See John E. Douglas & Lauren K. Douglas, *Modus Operandi and the Signature Aspects of Violent Crime*, *Crime Classification Manual* (*Second Edition*), John Wiley & Sons, Inc., 2006, p. 34.

【案例 11】某年一胡同 27 号院内北屋发生了一起凶杀案。北屋有正房、东房、西房三间，在放杂物的西房一酒柜后，倒卧着一具 40 余岁男性尸体。尸身上部套着一个高 110 厘米、长 50 厘米的蓝色尼龙旅行包，身上裹着一条粉色毛毯，下身臀部套着一条麻袋。经现场勘验和尸检，认定死者是被人用锐器刺杀。另外，侦查人员在正房的写字台、墙壁和一幅风光油画框上都发现喷溅血迹，说明凶手是在正房内行凶而后移尸至西房藏匿。但让侦查人员疑惑的是，为什么尸体上部套尼龙旅行包、下身套破麻袋。

破案后证实，案犯作案后从沙发上扯下一条旧毛毯把尸体包好，并把尸体挪到西屋靠南墙处，用酒柜挡住。后又购买尼龙旅行包和麻袋。他想先把尸体装起来，晚上再找个地方扔出去。可是旅行包只能套住尸体的上半身，他只好用麻袋套住尸体下半身，锁上门离开。① 可见，案犯在本案中实施的一系列掩盖行为应当属于伪装行为。

三、破坏痕迹证据的伪装行为

在某些案件中，案犯实施了破坏、毁损尸体的行为，此种行为属于伪装行为还是犯罪标记行为也应具体分析。例如，赵西武系列强奸杀人案中，案犯用秸秆焚烧被害人下身的行为，就很难判断是案犯的伪装行为还是犯罪标记行为。因为案犯实施这一行为的目的既可能是阻碍侦查人员提取其精液从而逃避侦查打击，也可能是为满足自身特殊的性幻想。

某些破坏、毁损尸体的行为看似是犯罪标记行为，实则是案犯毁灭证据的伪装行为。

【案例 12】2012 年 5 月 31 日，某村发生一起杀人分尸案。被害人李某怡（女，13 岁）被人杀死、肢解，现场缺失死者的头部及部分躯干。

破案后案犯余某交代：2012 年 5 月 30 日 22 时许，其在家里看黄色影碟，产生强烈的欲望，想起路过其家门口上学的小女孩（死者李某怡）很漂亮，于是准备第二天早上在小女孩上学的路上对其实施强奸。5 月 31 日 7 时 20 分许，他看见李某怡独自走了过来，当李某怡经过他面前的时候，他用一条木棍朝她头上打下去，打晕以后，他将李某怡抱上山，实施了强奸。他害怕被过路的人发现，又害怕李某怡报警，就用随身携带的菜刀在李某怡的颈部砍了一刀，杀死了被害人。

随后，他害怕警察通过精液查出是他，便将尸体肢解。从案犯的交代

① 参见王建武：《北京大案》，群众出版社 1999 年版，第 313－318 页。

可以看出，他实施的破坏、毁损被害人尸体的行为不是为了满足某些畸形的心理需求，而是为了毁灭证据，逃避侦查，因此属于伪装行为。

某些破坏、毁损尸体的行为看似是犯罪标记行为，实则是案犯掩盖被害人身份信息的伪装行为。

【案例13】2009年12月18日14时，某村4组村民张某宝报案称，其租用的大队房子里发现一具剥去脸皮的男尸。警方接到报案后，立即成立专案组展开案件侦破工作。7天后，案件告破，犯罪行为人张某良和张某增被抓捕归案。二人供述了8天前趁被害人余某（因与其有债务上的纠纷）不备，用钢丝绳将余某勒死抛尸的犯罪事实。

在这起案件中，案犯实施了剥脸皮的行为，形式上看颇似犯罪标记行为，但结合案犯实施的其他行为信息，如脱掉被害人的衣服、选择偏僻的地点抛尸，案犯实施剥脸皮行为的真实目的应为掩盖被害人的身份信息，因此这一行为当属伪装行为。

某些破坏、毁损尸体的行为看似是犯罪标记行为，实则是案犯混淆案件性质的伪装行为。

【案例14】2005年5月10日，某小区13号楼B座发生一起3人被杀的恶性杀人案。租户蔡某斯及其72岁的祖母黄某英、出生仅6个月的女儿洪某妍被杀。案犯在现场实施了异物插入的行为，被害人蔡某斯下身所穿睡裤被脱至膝盖处，阴道里插有一把木柄毛刷。这一行为非常类似犯罪标记行为，提示案犯的作案动机应为宣泄对被害人的仇恨心理。

但破案后案犯阜某康交代：他知道洪某某的妻子对洪某某与蔡某斯的关系极为不满，曾多次与蔡某斯发生纠纷，因而作案后（图财）为了转移公安机关的侦查视线，他产生了嫁祸于人的念头。他将蔡某斯的睡裤脱至膝盖处，又把放在客厅茶盘上的一把木柄刷子插入蔡某斯的阴道；拿取财物时，尽量把橱柜、抽屉、首饰盒复原，避免有侵财的迹象。他的目的是想让公安机关把侦查方向转移到洪某某的妻子身上，制造洪某某妻子对蔡某斯不满的仇杀现场。

在侦查初期，案犯阜某康实施的这一看似犯罪标记行为的伪装行为在一定程度上干扰了专案组的侦查视线，把洪某某的妻子列入重点对象中。①

---

① 参见曾海泉：《从犯罪现场伪装伎俩看侦破得失——厦门市“2005·05·10”阜振康杀人案》，载《中国刑事警察》2006年第1期。

四、识别伪装行为的要点

案犯实施伪装行为的目的在于逃避侦查或误导侦查,但由于变造的事件实际并未发生,因此证据间必有矛盾或中断之处,侦查人员要特别注意和实际情况不一致的地方。

伪装行为容易出错的原因在于案犯往往依据自己的想象和自身经验将现场设计成他们认为的那样,在此过程中,案犯会承受较大的压力,没有时间将所有的细节设计得符合逻辑,因此会留下破绽。

现代刑事侦查学创始人汉斯·格罗斯就指出:“伪造犯罪现场的‘马脚’就是那些矛盾的和不可能的情况,当一个人想改变事物的本来面目时必然会出现上述情况,不论作案者如何处心积虑,事先作了何种有远见的、巧妙的安排。”[①]约翰·道格拉斯也认为:“一个作案人伪造作案现场时通常会出错,因为作案人按照他自己认为的现场方式去伪造现场……在现场会露出明显的矛盾之处,这种矛盾之处可在法庭辩论中发现,也可以出现在各犯罪场景中。这些矛盾之处常常被称为伪造现场的‘破绽’(red flags),用来提醒侦查人员注意或防止出现错误的侦查方向。”约翰·道格拉斯将以下三种现象视作识别伪装行为的破绽:妻子或孩子遭到致命的伤害而丈夫却没有受伤,或没有受到致命伤而逃脱;作案人首先攻击的不是对他最有威胁的人;对案犯威胁最大的人遭受到的伤害最小。[②]

第三节　多余动作与犯罪标记行为

一、多余动作的内涵

多余动作是我国侦查实务界常用的一个术语。有学者认为,多余动作是指作案人所为但与犯罪行为并无密切相关性的动作。[③] 较多学者和实务界人士将多余动作和犯罪标记行为等同,仔细分析,二者并不一致。

从二者命名的角度而言,多余动作主要基于案犯实施该行为超出犯罪手段所需的程度和范围(非必要),而犯罪标记行为的命名不仅要考虑此点,还要从内容上考察该行为是否旨在满足案犯既有的某种幻想、心理需

---

① 转引自[美]布伦特·E.特维:《犯罪心理画像——行为证据分析入门》,李玫瑾等译,中国人民公安大学出版社2005年版,第252页。

② See John E. Douglas & Corinne Munn, *Violent Crime Scene Analysis: Modus Operandi, Signature, and Staging*, the FBI Law Enforcement Bulletin, February 1992.

③ 参见马忠红:《侦查学基础理论》,中国人民公安大学出版社2006年版,第290页。

求或表达某种情绪情感。因此,多余动作仅是从行为的形式上考虑,而犯罪标记行为要同时满足形式和内容两个要件,即多余动作的外延大于犯罪标记行为,犯罪标记行为包含于多余动作之中。

此外,还应当注意的是,多余动作是从侦查人员视角进行的命名,是侦查人员认为案犯的某个动作多余,这种视角由于以侦查人员的思考代替案犯的思考,可能造成错误的判断,即侦查人员认为案犯实施的某个动作多余,但案犯认为此动作并不多余,反而是其犯罪手段的组成部分。

【案例 15】在彭妙计团伙系列抢劫杀人案①的一个案件现场,当地侦查人员认为,案犯打洞入室的动作是多余动作,因为在他们看来,现场外围的土墙极矮,案犯完全可以通过翻墙的方式进入中心现场,没有必要打洞入室,因此该动作是多余动作。

公安部刑侦专家乌国庆看完现场后提出了不同的看法。他认为,应站在案犯的角度思考问题,我们认为现场外围土墙极矮,案犯可以通过翻墙的方式进入中心现场,实则很可能案犯认为土墙仍较高,这说明案犯的身材相当矮小。此外,案犯很可能觉得采取打洞入室的方式比翻墙更容易,说明案犯有土墙打洞的生活习惯和技能,具有长期农村生活的经历。据此,乌国庆老师刻画出案犯的两大特征,为破获该案提供了正确的指引。破案后证实,案犯彭妙计,身高 1.58 米,长期生活在河南农村地区。②

二、多余动作与犯罪标记行为的区别

在侦查实务中,案犯表现出的多余动作有可能是伪装行为,是其因缺乏犯罪经验而实施的画蛇添足的伪装行为,这样的行为不应属于犯罪标记行为。约翰·道格拉斯曾通过分析一个抢劫杀人犯罪现场,发现了案犯的一些多余活动(伪装行为),而这些活动显示案犯没有清晰的抢劫动机,最终认定是被害人的丈夫通过编造一个侵入者的说法伪装了该起谋杀。③

【案例 16】某年 1 月 20 日 10 时许,一男子前往某市城乡接合部一正拆迁的房屋的一楼公共卫生间上厕所时,发现厕所内有一编织袋,袋内有一被捆绑的无名女尸。尸体双脚蜷曲于体前,右侧颞部太阳穴位置插有一

---

① 基本案情:1998 年 2 月至 1999 年 3 月,案犯彭妙计、丁运好、苏小平先后流窜到陕西、江苏、安徽、河南四省 21 个县市区 33 个行政村,入室抢劫 38 次,致 76 人当场死亡,3 人重伤。

② 参见《共和国刑侦专家乌国庆》,中央电视台"法治在线"栏目 2019 年 7 月 2 日播出。

③ See John E. Douglas & Corinne Munn, *Violent Crime Scene Analysis: Modus Operandi, Signature, and Staging*, the FBI Law Enforcement Bulletin, February 1992.

大号缝衣针，颈部有铁丝和皮带缠绕，铁丝与死者颈部之间夹有一“热得快”电源线，铁丝打结处插有一生锈的游标卡尺，双手被铁丝反绑于背侧。

侦查人员认为，案犯在捆绑包裹尸体时，用铁丝缠绕死者颈部，并用游标卡尺辅助打结，还用铁丝捆绑了死者的双手，这些多余的动作说明了案犯不够老练。案犯使用了包括用玻璃瓶多次击打死者头面部、扼颈、勒颈、捂口鼻、太阳穴插针等多种行凶手段，也说明了案犯作案手法拙劣、不连贯，心理准备不足，激情杀人的可能性较大。

破案后案犯交代：他是一名进城务工者，暂住于死者隔壁。1月19日5时许，他回家时发现死者正躺在床上睡觉，遂要求与其发生性关系。在遭到拒绝后，他用手扼压被害人颈部。被害人昏迷后，他就将被害人抱进自己的房间，剪开被害人裤子欲强奸时被害人苏醒，大呼救命。他恼羞成怒，顺手抄起酒瓶不停打击被害人头面部，又捂被害人口鼻，用“热得快”的电源线部分勒被害人的颈部，恐其不死，又用一大号缝衣针插入死者太阳穴，直到被害人死亡。其后，他将死者捆绑后用自己住房内的床单和窗帘包裹，装入编织袋，将尸袋扛至不远处的厕所抛弃。①

三、案犯实施多余动作的原因

在犯案过程中，案犯实施多余动作的原因多样，以下结合案例对某些常见原因进行列举说明。

（一）案犯实施多余动作有可能是为了掩盖与被害人之间的某种关系

【案例17】某年8月29日早上，有人发现王某彬、李某夫妇二人分别被杀死在自家院内和东侧卧室，现场发现大量血迹。卧室内柜子、钱包等物品有明显翻动迹象。经过细致勘查，现场一些物品的状态引起了侦查人员的注意：

第一，平时用于吃饭的小方桌贴墙立放着，桌面垂直于地面，而方桌表面却有两滴类圆形点状血迹。根据常理，这两滴血不可能在方桌立放着的时候滴上，也就是说，该方桌很可能是案件发生之后才收起来放在墙边的。

第二，4个未刷洗的菜碗、饭碗放在厨房内的煤气罐上。检查发现其中两只碗的外侧有少量擦拭血迹。根据血迹遗留位置分析，这些血迹不可能是作案过程中喷溅上的或触摸上的，也就是说，这些碗也应该是案发后被移动过。

---

① 参见冯小丹等：《一例杀人抛尸案的现场分析》，载万立华主编：《命案现场重现——全国案例精选》（第2卷），中国人民公安大学出版社2009年版。

第三，厨房内桌子下面地面上并排放有3个空酒瓶：一个二锅头酒瓶和两个啤酒瓶。经检查，二锅头酒瓶和其中一个啤酒瓶上有少量擦拭血迹。经分析，空酒瓶也是在案发后被放在桌下的。现场的饭桌、饭碗、酒瓶在案后均被移动，且移动过程中都沾上了血迹，应该是案犯所为。案犯为什么要做这些多余动作呢？

侦查人员认为只有一个目的，就是掩盖案发前吃饭、喝酒的事实，进而可以推断：案犯很可能参与了这次吃饭、喝酒。也就是说，案犯在作案前曾和被害人一起在现场吃饭并喝了酒。根据以上分析意见，专案组很快将被害人的熟人王某忠列为重大犯罪嫌疑人，抓获王某忠后其对所犯罪行供认不讳。

（二）案犯实施多余动作有可能表露出对现场的熟悉程度

【案例18】在某单位财务室被盗案现场，侦查人员发现：作案人系撬门入室，现场翻动面积大，尤其中心现场的立式保险柜被电钻钻孔撬开，被盗现金7万元，作案时案犯戴手套，现场没有留下手印。看似典型的外盗现场，但细心的侦查人员借助凳子发现立式保险柜的柜顶虽然堆满了旧报纸、旧账簿等杂物，但是在柜顶的一角发现了新鲜的手套减尘痕迹。

侦查人员根据减尘痕迹的新鲜程度分析极有可能系案犯所为。此处手套减尘痕迹虽然没有任何的鉴定价值和证据意义，但侦查人员分析案犯为何要多此一举触摸柜顶。经询问财务室工作人员发现，此处曾经存放过该立式保险柜的钥匙。也就是说，案犯了解该情况，并曾试图在此处寻找钥匙。由此，案件性质由外盗转为内盗，侦查方向和范围大大缩小，进而迅速侦破了该案：案犯原系该单位办公室人员，后被辞退，其办公室与财务室仅一墙之隔。①

（三）案犯实施多余动作有可能是其现场控制能力不足的表现

【案例19】2008年9月2日，某社区发生一起特大入室抢劫杀人案。32岁的王某（女）及其8岁的女儿和5岁的儿子被杀死在家中。尸检发现，被害人王某的右侧脸上有被咬伤的痕迹，两名被害儿童的胳膊、手背、手掌都有抵抗伤、防护伤，且受伤后仍有在现场各个房间跑进跑出的痕迹。通过被害人研究，结合现场勘验及调查访问情况分析，该案应是一起入室盗窃转化的抢劫杀人案件。但是案件现场却没有发现财物损失，而是出现了许多不可理解的多余动作。

① 参见马忠红：《侦查学基础理论》，中国人民公安大学出版社2006年版，第290－291页。

侦查人员分析认为，案犯对现场局面的控制能力差，应是在入室盗窃时遇到了被害人惊醒并奋起反抗的意外情况而无法控制局面，只得杀人后仓皇逃离。

破案后证实，案犯孙某（男，20岁，无业），身高1.63米，身体瘦弱。孙某供述此案是初次犯罪，进入现场前喝了两瓶二锅头，酒后进入室内盗窃被王某发现，双方搏斗，孙某将王某的脸部咬伤并杀死，又追赶两名醒来的儿童并将其杀害。①

① 参见杨玉章：《行为证据中控制（能）力的分析及意义初探》，载《河南警察学院学报》2013年第4期。

第八章　犯罪标记行为的心理解读

人的行为是人的心理的外在表现，作为一种特殊的案犯行为，犯罪标记行为往往表露出案犯众多的心理状态，准确解读这些心理状态可以为顺利侦破案件提供指引。心理学认为，心理状态是心理过程与心理特征相结合的产物，解读人的心理状态，必须结合人的心理过程进行。心理过程是指在客观事物的作用下，心理活动在一定时间内发生、发展的过程，通常包括认知过程、情绪情感过程和意志过程三个方面。认知过程是人以感知、记忆、思维等形式反映客观事物的性质和联系的过程；情绪情感过程是人对客观事物的某种态度的体验的过程；意志过程是人有意识地克服各种困难以达到一定目标的过程。三者有各自发生发展的过程，但并非完全独立，而是统一心理过程中的不同方面。

在本章中，笔者将以人的三大心理过程为依据，结合具体案例，对案犯实施犯罪标记行为时所表露的各种心理状态进行初步的类型化解读。鉴于人类行为的复杂性，这种初步的类型化解读不一定全面、准确，它只是为侦查人员分析案犯行为提供一个参考框架，这正如犯罪心理学家艾思沃斯(Peter B. Ainsworth)所言："如果在过去的几百年间，心理学曾教会我们一些知识，那么，这种知识就是，人类的行为是复杂的，因此总是难以进行简单化的解释。"[1]

第一节　表露情绪情感过程的心理状态

情绪，是与人的需要是否获得满足相联系的一种内在体验。人在认识客观世界的时候，其情绪过程不仅反映了事物的属性、特性及其关系，还产生了对事物的态度。态度就是人在特定的情况下对特定的物体或事件作出反应的一种倾向，如喜欢、不喜欢、满意、不满意等主观体验。[2] 人有愤怒、悲哀、恐惧和快乐四种基本情绪，案犯实施犯罪标记行为的一个重要目

---

① [英]艾思沃斯(Ainsworth,P. B.)：《犯罪人特征剖析》，赵桂芬译，中国轻工业出版社2007年版，第154页。

② 参见徐俊文：《犯罪现场之犯罪心理痕迹解读技术》，中国人民公安大学出版社2006年版，第97页。

的在于表达某种情绪情感,从侦查实践来看,案犯实施的犯罪标记行为对上述四种基本情绪都有所反映。此外,案犯实施的犯罪标记行为也可能表露出其愧疚心理。

一、愤怒情绪

愤怒是人们在实现某种目的的过程中受到了挫折,或者愿望不能够得到满足时产生的情绪体验。[①] 我国学者闵建雄认为,宣泄愤怒是指作案人通过对被害人及其相关的事物实施某种毁损行为来发泄内心的愤恨情感。案犯发泄愤怒的犯罪标记行为主要有三种形式:过度伤害、剖腹肢解和毁物书写。案犯之所以会做出这种破坏性的行为,主要是因为愤怒情绪是一种分离性的情感,"愤怒这种情绪清楚地表明,它的目的是迅速而有力地消除横亘在愤怒者道路上的每个障碍"[②]。

在命案中,发泄愤怒的犯罪标记行为主要有以下特征:

1. 无关杀人

发泄行为体现在尸体上最显著的特征,就是其与杀人行为无关。例如,钝器打击头部致命,又反复持续打击脸面毁容等。又如,锐器刺击胸腹致命,又割下耳朵或开胸剖腹等。脸面毁容、割耳以及开胸剖腹的行为与杀人无关,应该属于发泄行为。

2. 死后形成

杀人案件里发泄行为实施的时间,除了极罕见的以发泄为目的的变态杀人外,基本上在死后。因为杀人案件中大多数的发泄行为属于杀人的"附带品",心理上属于杀人后还"不解恨"的结果。值得注意的是,这里说的"死后",本质上是指致命性的攻击行为之后,而非一定是死亡之后。[③]

这种针对明确特定对象实施的表露愤怒情绪的犯罪标记行为,其动力来源于案犯对被害人的强烈报复心理,在这种报复心理的驱使下,案犯往往通过实施过度伤害的犯罪标记行为来发泄愤怒情绪。"报复包含了一种信念,即只有报复冒犯自己的人,才能恢复自己的自负。这种信念因一种感觉而产生:我们觉得冒犯自己的人用伤害我们自负的力量凌驾于我们之上,打败了我们。我们只有采取报复,伤害他比他伤害我们还要多些,局面才会扭转。我们将获胜,将会打败他。病态报复的目的不是和对方'打成

---

① 参见付建中主编:《普通心理学》,清华大学出版社 2012 年版,第 262 页。

② [奥]阿尔弗雷德·阿德勒:《理解人性》,陈太胜、陈文颖译,国际文化出版公司 2000 年版,第 209 页。

③ 参见闵建雄编著:《命案现场分析概论》,中国人民公安大学出版社 2013 年版,第 96 – 98 页。

平手'，而是还击得更猛烈以获得胜利。"①

除了针对人实施攻击外，在某些案件中，案犯还可能通过毁坏某些特定的物品来发泄愤怒情绪。

【案例1】 2004年8月，史某家曾发生一起离奇的盗窃案，案犯翻墙入院，进入室内洗劫财物后烧毁了原房主李某（系史某丈夫）的遗像。案犯翻动室内物品寻找财物的行为可以理解，但烧毁李某的遗像就太反常、也太过多余了，但正是这个多余的活动揭示了案犯特征。

案犯焚烧遗像的行为反映出的潜在信息是他十分恼恨李某，因此，这名犯罪行为人必定与这个家庭，尤其是与史某的丈夫李某有关系。破案后证实，案犯是李某与前妻生的儿子，其一直想独吞家产，后来李某娶了史某，父子遂产生矛盾。②

除了针对特定的个人发泄愤怒情绪外，案犯发泄愤怒的犯罪标记行为也可能针对的是不甚明确的某种类型对象。

【案例2】20世纪90年代，某市曾连续发生10多起下夜班女工被犯罪分子追砍的案件，其中一名女工被砍击20余处，会阴部被捅刺。尸检发现，死者多处损伤是案犯对处于濒死期的被害人实施的加害行为所致。破案后证实，案犯陆某因为恋爱受挫而迁怒于漂亮女人，傍晚持斧头外出寻找不特定目标加以侵害，迁怒于无辜者，将愤怒情绪发泄到不特定目标上，以使其痛苦的情绪迅速得到宣泄缓解。③ 这种类型的犯罪标记行为往往发生在系列案件中，案犯实施的犯罪标记行为是其犯罪动机的外在表达。

案犯发泄愤怒的犯罪标记行为也可能是犯案过程中出现的某种临时因素所致。闵建雄指出，临时生成的愤怒通常受多种因素的影响，故一般针对非特定的个体，如因被害人抵抗干扰犯罪而生成恼怒等。④

【案例3】 2010年2月25日19时许，案犯王某均在某公园内，见被害人阿红独自行走，遂上前将阿红拖到小路旁的草地，强行脱去被害人裤子，并将手插进被害人阴道。因被害人反抗，王某均将被害人翻趴在地，并随手取得一根长约40厘米的树枝插进被害人肛门，连续捅插多次后逃离现

---

① ［美］卡伦·荷妮：《神经症与人的成长》，陈收等译，国际文化出版公司2001年版，第96页。

② 参见杨玉章：《三定侦查法——犯罪心理画像实证研究》，群众出版社2008年版，第41－42页。

③ 参见王铁兵：《命案中伴有附加性加害行为的犯罪心理分析》，载《中国刑事警察》2002年第4期。

④ 参见闵建雄编著：《命案现场分析概论》，中国人民公安大学出版社2013年版，第98页。

场。阿红重伤倒在现场,后被途经的群众发现并送医院抢救。[①]

二、悲哀情绪

悲哀是指心爱的事物失去时或理想和愿望破灭时产生的情绪体验。[②]在某些杀亲案件中,案犯受到犯罪情境的刺激会实施表达悲哀情绪的犯罪标记行为。例如前述提及的张某因妻子离世,而杀害亲子案。在该案中,案犯实施了两个犯罪标记行为:一是遮盖行为,二是毁物发泄行为。前一行为表达出案犯对死者的情感,后一行为表达出案犯目睹当时环境产生的悲哀情绪,据此,侦查人员分析案犯应是被害人的亲近之人。抓获丈夫张某后,张某交代:其妻李某香长年卧病在床,某日突然病发身亡,刚好此时家中幼儿张某鸽啼哭,哭得他心烦意乱,他想小孩这么小就没有了母亲,以后生活肯定艰难,不如一了百了,遂杀死张某鸽。转眼间,他目睹家破人亡之惨象,心生悲凉,又把家中的钱币烧毁,电器砸烂,欲另觅他处自杀相随。

三、恐惧情绪

在初犯情况下,某些案犯在受到现场情景刺激后会进入身心紧张恐惧状态,在这种状态下犯罪分子情绪高度应激化,会对强烈的外界影响产生剧烈反应。具体表现为:为排除犯罪障碍而实施过多的加害行为,为尽快脱身逃离现场而实施过多的加害行为,为缓解应激情绪而实施过多的加害行为等。

【案例4】2001年3月22日夜间,某商厦两名值班人员在商场二楼卫生间遇到盗窃后躲藏在此的犯罪分子,犯罪分子出于极度的求生本能,在高度惊悸状态之下,在不足10平方米的狭窄空间内,在光线微弱的情境下,用铁质胶皮柄电警棍和刀具等作案工具连续击打捅刺,致值班员李某钝锐器损伤55处、杨某损伤27处。尸检显示,损伤形成不同,致命伤多处,重复打击较多。

破案后证实,犯罪分子就是在这种情境刺激之下产生恐惧、攻击激情,在精神高度亢奋的状态下,多次实施加害行为。[③]

---

① 参见《强奸未遂残忍手段致人重残 36岁男子数罪并罚被判死刑》,载《南方日报》2012年7月10日,第A07版。

② 参见付建中主编:《普通心理学》,清华大学出版社2012年版,第262页。

③ 参见王铁兵:《命案中伴有附加性加害行为的犯罪心理分析》,载《中国刑事警察》2002年第4期。

四、快乐情绪

快乐是指一个人盼望和追求的目的达到后产生的情绪体验。由于需要得到满足，愿望得以实现，心理的急迫感和紧张感解除，快乐随之而生。[①]在某些案件中，部分案犯在达成犯罪目的后会通过习惯的犯罪标记行为表达这种快乐放松的心理。例如，在某系列抢劫案中，案犯在成功抢劫被害人后，习惯对被害人说："谢谢你，谢谢你的爱。"《谢谢你的爱》是香港某歌星所唱的歌曲，侦查人员认为，案犯在这种放松的心理状态下实施的行为应该真实反映了案犯的某些特征，案犯很可能经常出入卡拉 OK 厅。故侦查员重点在当地的卡拉 OK 厅进行排查，很快将案犯抓获。

【案例 5】某年 8 月，某村村民张某在干完农活回家路上，途经一草丛时发现一具女尸。女尸为本村村民王某，19 岁。死者系锐器致颈部大血管断裂失血性休克死亡。尸检时发现尸体腹部和右大腿内侧分别书写"走远了"和"再见"字样。

结合现场分析，侦查人员认为这些字迹应是案犯用现场杂草内一折断树枝蘸取人血所书写。后抓获犯罪嫌疑人袁某（王某的男友）。其供述，其与王某因家庭琐事发生口角，进而产生杀死王某的恶念。作案后，袁某自认为手段高明，得意忘形，认为将自己的快乐建立在别人的痛苦之上是一种精神上的满足，于是用树枝蘸上死者王某的血在其腹部书写"走远了"（由于心态失衡记不起"运"字的写法，错写成了"远"字），在其右大腿内侧书写"再见"后，逃离现场。[②]

五、愧疚心理

愧疚的心理源于案犯对被害人内疚和羞愧的心理情感，案犯实施反映愧疚心理的犯罪标记行为往往表明其与被害人存在某种程度的情感关系，实践中，反映愧疚心理的犯罪标记行为形式较为多样。

1. 遮盖行为

案犯使用物品（如被褥、衣物等）刻意覆盖尸体，特别是覆盖被害人的头面部、性器官等，这是最常见的反映愧疚心理的犯罪标记行为。

---

① 参见付建中主编：《普通心理学》，清华大学出版社 2012 年版，第 262 页。

② 参见万立华主编：《命案现场重现——全国案例精选》（第 3 卷），中国人民公安大学出版社 2013 年版，第 472 页。

2. 摆放行为

案犯行凶后刻意摆放尸体或某些物品，也是常见的一种反映愧疚心理的犯罪标记行为。

【案例 6】 2005 年 6 月某日中午，某小区一家住户 12 岁男孩被发现死于家中。根据现场勘查的情况，侦查人员分析案发过程应为：作案人和平进入，对被害人实施扼颈后，就地取材用菜刀砍击被害人头面部，在此过程中，作案人取来枕头垫在死者头下，用棉被覆盖尸体。在整个过程中，作案人刻意实施了枕头垫头和棉被盖身的行为，反映出作案人应该与死者熟识，因而产生怜悯和愧疚心理。破案后证实，作案人为男性，19 岁，曾系死者父亲手下的打工者，因对死者父亲分配不满转而以死者为对象实施报复。①

3. 清洁行为

某些案犯在杀人后会对尸体进行清洁。案犯实施清洁行为的目的在于表达自己的愧疚心理，而不是毁证灭迹，侦查人员在实践中应注意区分。例如，某县一起盗窃杀人案中，案犯胡某因要买房结婚，经济拮据，遂起盗心。一日夜，趁其婶娘吴某某外出之机，潜入吴某某家中，在撬盗箱柜时，吴某某突然回来，将其堵在房中。胡某感到无地自容，顿起杀心，将吴某某刺死。后胡某想到自己父母早亡，吴某某平时给他不少恩惠，其深感罪恶深重，故将死者面部血污擦净放在床上，并在地上跪拜不止，后逃离现场。

【案例 7】 一对老年夫妇被人杀死在家中，二人均系被人用铁锤多次击打头部致颅脑损伤而亡。在勘查现场时发现，女性死者面部的血迹被人擦拭过，面部显得相对比较干净。侦查人员分析案犯应该对女性死者有一定感情，应系和女性死者关系密切的人。破案后发现凶手为女性死者的亲生儿子，他因为对母亲和继父不满而起了杀心，杀死二人后觉得母亲面部血迹太脏，就擦拭了一下。②

4. 救治行为

某些案犯实施伤害行为后，会对被害人采取救治行为。这种救治行为是案犯愧疚心理的反映，说明案犯与被害人存在亲缘或情感关系。

【案例 8】 2008 年 10 月 13 日 7 时 10 分，张某 1 报案称：其父亲张某 2

---

① 参见闵建雄编著：《命案现场分析概论》，中国人民公安大学出版社 2013 年版，第 113 页。

② 参见崔鑫、张立国：《命案现场中的犯罪心理痕迹分析》，载翟恒利主编：《法医命案现场勘查与分析》，中国人民公安大学出版社 2009 年版。

(男,45 岁)、母亲李某(女,43 岁)被杀死在家中。现场勘查发现,在张某2的颈部及腹部有多条毛巾堵塞伤口。侦查人员认为,这是案犯产生愧疚心理而采取的救治行为,说明案犯可能与两死者熟悉或与二人具有血缘关系。破案后证实,案犯即为报案的张某1,其因家庭矛盾,产生杀害父母的恶念。杀害父母后,他发现父亲出了很多血,想起自己和父亲有一定的感情,心有不忍,于是从阳台上找来几条毛巾,堵在其颈部及腹部伤口处。①

在案犯与被害人并不存在亲缘或情感关系的情况下,案犯实施了救治行为,这可能是案犯良知尚存的反映。例如,某市一起强奸杀人案中,由于被害人吕某(女,16 岁)强烈反抗,案犯恼怒中将其掐死。案犯泄欲后突然感到一个少女这样死去实在可惜,发现她胸部还有热气,就在其人中穴上按压,后将被害人拖到路边,希望有人发现予以抢救。

第二节 表露意志过程的心理状态

前面已指出,犯罪标记行为旨在满足案犯的特异需要或者表达某种情绪情感,似乎与人的意志无关,其实不然。犯罪标记行为虽然特殊,但仍然是人的行为。既然是人的行为,必然也要反映人的心理过程。而且,从心理学角度而言,意志与情绪具有复杂的关系,二者你中有我、我中有你,因此,案犯实施的犯罪标记行为有可能表露意志过程的某些心理状态。正如有学者指出的:"意志与情绪融会、交织在一起,形成了复杂的混合体。行为人实施犯罪标记行为时的状态,并非只是某种生理状态的唤起,也非单纯的心理体验,而是包含了对外界刺激与客观情境认知评价等各种因素在内的混合体。"②

意志是指一个人自觉地确定目的,并根据目的来支配、调节自己的行动,克服各种困难,从而实现目的的心理过程。意志行动是指在意志支配下所实现的行动。人的意志作用总是通过一系列的具体行为表现出来的,而受意志控制的行为就是意志行动。通常,意志行动过程中还会伴随许多心理活动。③

---

① 参见陈林主编:《命案现场行为分析与法医鉴定》,中国人民公安大学出版社 2013 年版,第 154 页。

② 蒋俊平、徐国春:《关于犯罪标记行为几个问题的思考》,载《山东警察学院学报》2014 年第 3 期。

③ 参见付建中主编:《普通心理学》,清华大学出版社 2012 年版,第 275-279 页。

一、控制支配心理

从侦查实践来看,最常见的反映控制支配心理的犯罪标记行为是案犯对被害人实施较长时间折磨的行为。从犯罪心理学角度而言,在激起犯罪动机和行为的需要中,通常包括:(1)维持衣、食、住、行等基本生活的物质需要和追求奢侈生活的物质需要;(2)性的需要;(3)安全的需要;(4)自我确认的需要;(5)自我显示的需要;(6)充实自己的生活的需要;(7)征服他人的需要;(8)爱的需要;(9)报复需要;(10)实现自己志向的需要。[①]

实施反映控制支配心理犯罪标记行为的案犯最有可能是在性的需要、充实自己生活的需要和征服他人的需要等方面出现了偏差(与常人相比,拔高了需要的强度)。例如:性的需要出现偏差导致的色情杀人狂,征服他人的需要出现偏差导致的权力控制导向型案犯。权力控制导向型案犯借由完全控制被害者生与死的过程以获得满足,他们的目的是施加控制于无助的被害人身上换取可以操弄他人命运于股掌上的感觉,前述提及的"智能木马"杀手黄勇即属此例。

美国学者霍尔姆斯更将权力控制导向型(power control - oriented type)作为系列杀人案件的重要类型之一,认为此类型案犯借由完全控制被害人生与死的过程以获得满足,在增加性的因素后,可以和权力型的强奸犯相结合。这类案犯的犯罪目的在于确认其男性的权威,以保持他个人的安全感,他们的目的是施加控制于无助的被害者身上换取可以操弄他人命运于股掌上的感觉。[②]

二、冲突矛盾心理

意志行动中常常伴随着冲突与矛盾的心理。冲突是指两个或多个追求目标之间的斗争,矛盾心理是指对一个目标追求过程中所产生的复杂感情。[③] 在某些案件中,案犯会基于这种冲突矛盾心理实施犯罪标记行为,典型者如在犯案后通过打电话、发短信、写信等方式向被害人悔罪。例如,某系列抢劫案的案犯鲍某有一个嗜好:对被害人实施抢劫后,他会持刀将被害人挟持到离案发现场不远的偏僻地方,逼被害人陪他聊天,最长的超过半个小时,短的也有几分钟。聊天中,他自称是孤儿,以寻求被害人的

---

① 参见梅传强:《犯罪心理生成机制研究》,中国检察出版社 2004 年版,第 103 页。

② 参见艾明:《系列杀人案件类型研究》,载《犯罪与改造研究》2007 年第 6 期。

③ 参见付建中主编:《普通心理学》,清华大学出版社 2012 年版,第 284 页。

同情。①

三、自信心理

自信，是个人信任自己，对自己的所知和所能有信心，对自己所下的判断和所做的事情不怀疑。自信心是意志的一个重要心理结构，会影响人达到目标后的反应。② 在侦查实践中，部分案犯在达到犯罪目的后，自信心爆棚，往往做出匪夷所思的行为，典型者如在犯案后留书挑战警方的行为。FBI 行为科学组特工很早就注意到案犯的这种案后异常行为，指出："投身到警方调查工作的那些凶手，都需要以不同的方式展示其力量及控制能力，这些都是其兴奋与激情的源头。此外，他们相信自己可以把警方耍得团团转，因此，他们会写信或打电话给警方，甚至还会故意留下些线索去让警方发现，当然，也会对警方的办案能力嗤之以鼻，不但认为对方抓不到他，而且也会借此显现其能力的卓绝。"③

例如，20 世纪 70 年代末美国破获的"山姆之子"大卫·柏克威兹（David Berkowitz）系列杀人案中，案犯在多次犯案后都在现场留言给警方，甚至还与报社联络，这种做法让他声名远扬，在一封写给时任纽约市警察局局长乔瑟夫·保瑞利的信里，他在信的最后写道："警察们：让我用这几个字来困扰你们吧：我很快就回来！我很快就回来！你们可以理解为'砰砰砰砰砰'——啊！！你们被谋杀。署名：魔鬼先生。"④

第三节　表露认知过程的心理状态

从心理学角度而言，人的意志和情绪都来源于认知，因此，犯罪标记行为也可能反映出案犯的某些认知因素。认知过程是以形象或概念的形式来反映客观事物的过程，是人最基本的心理过程。它包括感觉、知觉、记忆、想象、思维和语言等。犯罪认知过程是犯罪嫌疑人以独特的感觉、知觉、记忆、想象和思维扭曲地反映客观事物的犯罪过程。犯罪嫌疑人特殊认知过程往往隐藏在犯罪现场的一些犯罪细节中，因此，对犯罪现场某些犯罪细节的正确解读，可以判断犯罪嫌疑人某种特殊的犯罪认知及认知过

---

① 参见《作案后，他爱向受害人倾诉》，载《安徽商报》2010 年 3 月 25 日，第 6 版。

② 参见付建中主编：《普通心理学》，清华大学出版社 2012 年版，第 288 页。

③ ［美］罗伯·K. 雷斯勒、［美］安·W. 伯吉丝、［美］约翰·E. 道格拉斯：《变异画像——FBI 心理分析官对异常杀人者调查手记（2）》，李璞良译，法律出版社 1998 年版，第 89 页。

④ 参见 12 毫克：《美国杀戮》，云南人民出版社 2009 年版，第 136 页。

程,而这种犯罪认知及认知过程与犯罪嫌疑人特殊的犯罪动机、需要、目的、个性关系密切,成为锁定犯罪嫌疑人的重要根据。①

一、迷信心理

在部分案件中,案犯受到迷信心理的影响会产生一些错误的认知,并通过相应的行为方式表现出来。

【案例9】某村发生一起杀人案件,两个五六岁的小女孩被害,埋在村南的一块红薯地里。经法医鉴定,被害人系机械性窒息死亡,死者眼球被挖出。作案人挖出死者眼球,说明他对眼球有一种特殊的认识。作案人正是基于其对眼球的错误认识,才实施了挖眼球的行为,这反映了作案人认知水平的局限性。破案后证实,案犯受迷信的影响,认为死者的眼球会保留影像,勾走魂魄,所以就残忍地将两个小女孩的眼球挖出。

二、精神异常心理

有的人患有被害妄想症,在精神错乱的情况下会滥杀无辜,会实施过多的伤害行为。例如:某男,60岁,某日被其儿子用刀砍死在自家门口。尸检见头部有22处裂创,创口边缘整齐,创口下颅骨凹陷性、粉碎性骨折,并有部分缺失,创口凌乱,无规律,均集中于头部。犯罪嫌疑人经鉴定为精神分裂症(现症期)患者,无刑事责任能力。

有学者将伤口形态和伤口数量作为区分精神分裂症患者与非精神病杀人者杀人的重要行为特征,如表8-1所示:②

表8-1 精神分裂症患者与非精神病杀人者的行为特征比较

类型	精神分裂症患者	非精神病杀人者
杀人动机	无明显动机	有明显动机
侵害对象	亲友及熟人较多	侵害目标不确定
作案方式	无逻辑性	有逻辑性
损伤部位	暴露部位	要害部位
作案工具	多为就地取材	预先准备的多,随手就地取材者少

① 参见徐俊文:《犯罪现场之犯罪心理痕迹解读技术》,中国人民公安大学出版社2006年版,第97页。

② 参见易志成、龚新良:《精神分裂症者与非精神病者杀人的比较分析》,载翟恒利主编:《法医命案现场勘查与分析》,中国人民公安大学出版社2009年版。

续表

类型	精神分裂症患者	非精神病杀人者
伤口数量	多,同一部位次数多	少
伤口形态	伤口凌乱	伤口规律
致命伤	多个	1个或2个
致死原因	多为多次损伤致死	多为一次损伤致死

精神病患者杀人后常伴有过度伤害、切割(毁损)尸体器官等行为,容易与正常人杀人后实施的同类犯罪标记行为相混淆。在侦查实践中,可结合表1所列区别,斟酌个案分析。

【案例10】某年3月18日7时30分,某县村民葛某发现其三婶田某某被人杀死在家中,田某某左手和左脚被砍下扔在尸体旁边。死者双下肢近乎平行的创口达数十处,应为固定体位下形成,其损伤生活反应不明显,应为死后(濒死期)形成。死后损伤一般表现为泄愤,但是本案没有明显情、仇等方面的矛盾点,死者头面部损伤繁复密集且较为严重,应为反复集中作用所致,加之断手断足等切割身体部位的行为,手段残酷,反映出犯罪嫌疑人作案过程中精神亢奋、偏执,符合精神病人杀人的特点。破案后得到证实。[①]

---

① 参见陈林主编:《命案现场行为分析与法医鉴定》,中国人民公安大学出版社2013年版,第145页。

第九章　犯罪标记行为分析的侦查作用

犯罪标记行为是案犯在犯罪过程中实施的一种特殊行为，这种行为背后蕴含了大量的犯罪信息，认真、仔细、准确地分析该行为对侦查的顺利进行颇具价值。换言之，在判断案件性质、确定侦查方向、串案分析并案侦查、提高犯罪心理画像的效度、辅助审讯方面，犯罪标记行为分析均具有重要的侦查作用。以下分述之。

第一节　有助于判断案件性质

分析案件性质是现场分析的重要内容，准确判明案件性质对确定侦查方向，顺利推进侦查具有重要作用。从侦查实践来看，许多冤假错案的发生，源于侦查人员对案件性质判断错误，从而误导了侦查。作为一种特殊的行为，犯罪标记行为往往蕴含着案犯的特异心理需求、案犯与被害人的情感关系、案犯与犯罪现场的关系等信息，深入分析犯罪标记行为，对推断案犯作案动机、辨明案犯与被害人之间的关系具有重要作用。借此，侦查人员可对案件性质作出较准确的判断，确定正确的侦查方向。

例如，前述提及犯罪标记行为往往可以反映案犯愤怒的心理和愧疚的心理，这两种心理对案犯与被害人的关系具有重要的指向价值，可以成为判断案件性质的重要参考指标。我国学者闵建雄指出：愧疚行为在实践中的最好的指向性，可能就是它的关系指向。无论是理论还是实践均表明，能使作案人杀人后产生强烈的不安、恐惧、内疚等情感，继而实施愧疚行为的对象，一定与作案人有千丝万缕的联系，而这样的联系，最常见的就是熟识关系。①

【案例1】2004年7月5日，张某报案，家里怀孕6个月的妻子被杀，现金18,000元被盗。现场勘查发现屋内翻动很乱。侦查一段时间后，焦点集中到了死者丈夫张某的身上：案发前张某正在建房曾向人借过款，与家中有大量现金相矛盾；张某所述大门开启状态与死者平时习惯不符；死者在仰卧状态下被切颈，而后作案人却又将死者翻动为侧卧；案发正值夏

---

① 参见闵建雄编著：《命案现场分析概论》，中国人民公安大学出版社2013年版，第115页。

季，作案人却刻意从柜中拿出被子覆盖死者；从血足迹看，作案人至少两次进入现场里间翻动。破案后张某交代：因其与同村某女有不正当关系，对妻子产生不满，7月4日晚张某从其居住的另一处新宅悄悄潜回家中将妻子杀死，因愧疚于见到死者的脸，故将尸体翻身俯卧并从柜内拿棉被覆盖尸体。①

在该案中，案犯同时实施了伪装行为和犯罪标记行为，案犯实施伪装行为意图混淆案件性质，误导侦查，但侦查人员通过对犯罪标记行为的分析，判明了案件性质，确定了正确的侦查方向。

值得注意的是，最近几十年来，随着中国社会的急剧转型，我国已演变为流动社会，在这种社会形态下，系列杀人案件可能有逐渐增多的趋势。FBI 曾提出以下因素可能对系列杀人案件高发有影响：人员流动性、易被害者（容易成为犯罪人选择的目标）、城市化、社会匿名性、大众媒体对暴力的宣扬、色情作品以及违禁药品的使用。

首先，高风险被害人广泛存在是诱发系列杀人案件的重要因素。美国学者费尔森指出，一些特殊类型的人，因其性别、年龄、种族、职业或居住地的特点而有更高的被害危险性，“就像狮子在鹿的水源附近寻找鹿，刑事犯罪嫌疑人重点在某些场所或高风险职业中寻找被害人”。在英属哥伦比亚，妓女被杀的危险性评估为一般成年女性的 60 倍到 120 倍。在我国，卖淫女和“黑车”司机常常成为命案的受害者。例如，北京市朝阳区公安局的统计表明，2005 年 1 月至 9 月发生抢劫杀害卖淫女、黑车司机案件 15 起，占命案总数的 14.4%，比 2004 年同期（11 起）增加 4 起，上升 36.4%。其中抢劫杀害卖淫女案件 8 起，与 2004 年持平；抢劫杀害黑车司机案件 7 起，比 2004 年同期（3 起）上升 133%。② 广东省 2004 年侦破的 122 起系列杀人案件中，以租车为名的劫车杀人案件占 50%，被侵害人群中出租司机、个体营运和摩托车搭客人员比例高达 48.7%。可见，系列杀人案犯总是倾向选择高风险被害人进行犯罪。

在开放型社会中，出现了大量的高风险人员。他们接触人员面广、层次复杂，常常进行个体交易或单独交易，自身安全防范意识差，受侵害的概率较高。目前这类高风险人员广泛存在于性工作者、出租车司机、老年人、儿童、流浪者、频繁流动人员、防护薄弱的城乡接合部居民等类型中，数量

① 参见闵建雄编著：《命案现场分析概论》，中国人民公安大学出版社 2013 年版，第 115 页。

② 参见肖兴国、陈思源：《2005 年前三季度朝阳区命案发破案情况及打防对策》，载《北京人民警察学院学报》2006 年第 1 期。

庞大。这给系列杀人案犯提供了大量的犯罪目标。

其次，阶层分化所带来的负面效应是系列杀人案件增多的刺激因素。美国学者里顿对现代美国的系列杀人现象提出好几个解释性因素。他认为系列杀人现象主要产生于不同阶层的结构和关系。在一个形成了阶层和分化的社会背景中，不断增加的家庭破裂的事实导致越来越多的人缺乏一种社会“位置”感。因而，这些个体不能形成良好的与社会的认同感……现代北美社会中存在许多不安定的因素：城市化、流动性、匿名性、社区的丧失、家庭破裂、挫折、疏远以及绝望。在较低的阶层中这些问题尤为严重，其成员面临的危险也最大。①

从里顿的分析可以看出，阶层分化带来的负面效应是导致系列杀人案件发生的重要刺激因素。2021 年国家统计局公布的数据显示，中国居民收入的基尼系数（贫富差距程度）已由改革开放前的 0.16 上升到目前的 0.466，不仅超过了国际上 0.4 的警戒线，也超过了世界所有发达国家的水平。从上述数据可以看出，我国的阶层分化较为严重。由阶层分化带来的一些负面效应，如人们缺乏安全感、焦虑、紧张、受挫、绝望等强烈的内心体验广泛存在。

面对这种趋势，我国公安机关应不断提升侦查系列杀人案件的能力，但从实践情况来看，很多冤假错案的发生源于侦查人员将系列杀人案件误判为有相当因果关系的单次杀人案，从而误导了侦查。例如，杜培武杀妻冤案是杨天勇团伙系列抢劫杀人案件的一环，呼格吉勒图冤案是赵志红系列抢劫强奸杀人案件的一环，张高平叔侄冤案是勾海峰系列强奸杀人案件的一环。

前文已指出，犯罪标记行为是系列案件发生的重要行为标志，尤其是出现内源性的犯罪标记行为的案件。因此，重视对犯罪标记行为的分析，可以帮助侦查人员判断该案是否为系列案件中的一环，从而确定正确的侦查方向；如果忽视对犯罪标记行为进行分析，就会对案件性质造成误判，酿成冤假错案。

第二节　有助于串案分析并案侦查

约翰・道格拉斯非常看重犯罪标记行为在串并案件（link cases）时的

---

① 参见[美]迪・金・罗斯姆：《地理学的犯罪心理画像》，李玫瑾等译，中国人民公安大学出版社 2007 年版，第 24－25 页。

价值，他认为："在串并案件方面，犯罪手段有重要作用。然而，犯罪手段不应是串并案件时唯一的依据，尤其是对于随着经验和学习而不断丰富其犯罪技巧的案犯而言。通常，在犯罪手段上，案犯初次犯罪与后续犯罪有较大差异。然而，犯罪标记行为是一致的，无论是案犯初次犯罪，还是在10年后犯罪。犯罪标记行为会演进，但犯罪标记行为所蕴含的主题不会改变……虽然在对一名系列犯罪人进行串案分析时，不能忽视被害人特征，但与被害人特征相似相比，在串并案件时，犯罪标记行为应得到更多的重视。被害人外形相似通常并不重要，尤其在串并基于愤怒动机的犯罪时。案犯是通过犯罪标记行为表达愤怒，而不是通过攻击一个具有某种特征的被害者来表达愤怒。"①从这段话可以看出，与犯罪手段、被害人特征相比，约翰·道格拉斯更看重犯罪标记行为在串并案件时的价值。在美国，甚至有学者将犯罪标记行为所体现出的"签名特征"命名为"心理同一性"，作为专家证人串并案件的理论依据。②

约翰·道格拉斯的此种观点得到了其他学者的认同。鉴于在刑案现场并不总是能发现有价值的痕迹物证，越来越多的学者开始研究基于案犯行为的案件串并。有学者指出，串并案分析的两条基础性原则是行为的一致性和行为的特殊性。案犯的特殊行为在串并案时具有高价值性。③ 学者哈伯特（Harbort）和莫克罗斯（Mokros）对德国系列杀手的研究发现，这些杀手没有在手段行为上保持一致性（如武器选择、挑选被害人、尸体处置等）。与此同时，他们的犯罪标记行为更经常地展示出一致性（如仪式行为、案后的异物插入行为、用被害人的衣服进行捆绑以及堵嘴的行为）。学者赫特玛（Hettema）和霍尔（Hol）区别了初级控制行为和第二级控制行为。他们认为，初级控制行为（如直接针对外面环境的行为，以及试图改变世界以满足个体需要的行为）具有高度的一致性。第二级控制行为（如以内在进程为目标的行为、服务于减少损失的控制行为）则不具有这个特点。④

---

① John E. Douglas & Corinne Munn, *Violent Crime Scene Analysis: Modus Operandi, Signature, and Staging*, the FBI Law Enforcement Bulletin, February 1992.

② 参见［美］布伦特·E. 特维：《犯罪心理画像——行为证据分析入门》，李玫瑾等译，中国人民公安大学出版社2005年版，第291页。

③ See Amy Burrell & Ray Bull, *A Preliminary Examination of Crime Analysts' Views and Experiences of Comparative Case Analysis*, International Journal of Police Science & Management Volume 13 Number 1.

④ See Marina Sorochinski & C. Gabrielle Salfati, *The Consistency of Inconsistency in Serial Homicide: Patterns of Behavioral Change across Series*, Journal of Investigative Psychology and Offender Profiling, Vol. 7, p. 112 – 113(2010).

鉴于犯罪标记行为在串并案件中的价值，侦查人员应注意通过对犯罪标记行为的识别、解读和分析，积极串并案件。

一是对多个现场出现的相同或相似犯罪标记行为，侦查人员应积极利用此犯罪标记行为进行案件串并。例如，2009 年某区接连发生 3 起强奸抢劫杀人案件中，案犯在实施强奸犯罪后在被害人身上便溺（侮辱、贬损被害人的犯罪标记行为）。依据此行为特征，专案组果断将 3 起案件并案侦查，并准确划定侦查范围，很快将犯罪嫌疑人魏某光抓获。①

值得注意的是，在侦查实践中，心理满足型系列杀人案件出现犯罪标记行为的概率明显高于图财型系列杀人案件。笔者通过对我国 10 起心理满足型系列杀人案件的统计分析发现，有 7 起案件均有犯罪标记行为出现，比例高达 70%。因此，对这种类型的系列杀人案件，侦查人员应当具备利用犯罪标记行为串并案件的意识。

二是可利用犯罪标记行为帮助寻找隐案。某些侵害性的犯罪标记行为反映出案犯主观恶性深、人身危险性大，实施这类犯罪标记行为的案犯往往有隐案在身，侦查人员应当注意挖掘。

【案例 2】2011 年 1 月 15 日、10 月 17 日，某区接连发生 2 起杀人案件，被害人均为卖淫女，系被勒颈后窒息死亡，死后尸体被性侵害（奸尸）。两案经并案侦查后，很快抓获犯罪嫌疑人苏某晖。在审讯中，专案组组长李晓磊对苏某晖实施的犯罪标记行为深为震惊（在“2011 · 10 · 17”案中苏某晖在杀死被害人马某荣后 4 次奸污尸体）：一个年仅 24 岁的青年，为什么会有如此令人发指的举动。对“2011 · 01 · 15”案件，苏某晖矢口否认，在审讯时，他多次欲言又止，而且话语间闪烁其词，说明他极有可能还有案子没有交代。为此，专案组在看守所内物建了特情，寻找突破口。

11 月 13 日，特情偶然听到苏某晖嘴里嘟囔着“不能说，南桥，南桥”。根据此信息，专案民警发现 2008 年 4 月 22 日发生在南桥东巷 87 号大众商店至今未破的杀人案与“2011 · 01 · 15”案和“2011 · 10 · 17”案类似，死者亦为卖淫女，也系被人勒颈窒息致死，死后被性侵害。专案组加大审讯力度，最终案犯苏某晖交代了其在南桥巷和民乐五队杀害张某吉、安某莲后抢劫、奸尸的犯罪事实。②

三是可利用犯罪标记行为区别不同案犯实施的系列案件。在多名不同案犯于一地实施性质相同的系列案件的情况下，犯罪标记行为可帮助侦

---

① 参见王英哲：《北疆女杰——常文娟》，载《中国刑事警察》2010 年第 3 期。

② 参见李晓磊、李彬：《心理战攻破“变态恶魔”》，载《中国刑事警察》2012 年第 6 期。

查人员进行区分。例如,1998 年某市公安局破获了 3 起强奸杀人系列案件,抓获了王某明、宋某平、张某平 3 名各自独立、互无联系的犯罪嫌疑人。其中,王某明作案 52 起,杀死 20 人,王某明作案时会将受害人的阴毛烧掉,此一特殊的犯罪标记行为成为区别其他案犯实施的系列案件的重要依据。①

当然,在重视利用犯罪标记行为进行案件串并的同时,亦需重视对犯罪手段的利用,尽管犯罪手段的行为特征性不及犯罪标记行为,但犯罪手段的行为形式具有多样性,如能深入分析犯罪手段行为背后蕴藏的内在特征,亦颇具串并价值。例如,某市公安局在侦破一起抢劫杀人案时,将该案与几起系列小盗窃案成功串并,并据此侦破了重大抢劫杀人案(见表 9 - 1、表 9 - 2)。

表 9 - 1　抢劫杀人案作案手段的直观特征和内在特征

<table>
<tr><th>直观特征</th><th>内在特征</th></tr>
<tr><td>1. 用盗窃来的刀子、电线、铁梯作案,并将其故意留在现场</td><td rowspan="6">1. 利用盗窃来的他人物品作案,不留与自己有直接关联的痕迹物证;
2. 将盗窃来的他人物品留在现场,以小脚穿大鞋等形式从痕迹物证上制造假象,转移视线;
3. 先制服对方,在没有反抗情况下行动</td></tr>
<tr><td>2. 将作案中不必要的他人物品如军帽、口罩、袖笼、防风镜等故意留在现场</td></tr>
<tr><td>3. 将盗窃来的大鞋穿在自己小脚上,以鞋印形式在现场留下痕迹。</td></tr>
<tr><td>4. 案犯准确地将电线接在开关盒上,线路在一定间距上都有固定,可见具有一定的电工知识,但电击部位在后背,火地线触点间距半寸。这种办法只能致昏,因而案犯电击的目的也只是致昏</td></tr>
<tr><td>5. 电击致昏后,杀人之前实施撬屉行为,翻出账本</td></tr>
<tr><td>6. 刀砍凳砸致伤程度都未能使死者失去抵抗能力,又用手捂压致人窒息死亡</td></tr>
</table>

① 参见康一凡、杨军:《三起三落——侦破王万明等抢劫强奸杀人系列案成败分析》,载《中国刑事警察》1999 年第 4 期。

表 9-2　系列小盗窃案作案手段的直观特征和内在特征

<table>
<tr><th>直观特征</th><th>内在特征</th></tr>
<tr><td>1. 利用从甲案盗窃的赃物作为工具在乙案盗窃作案,并留于乙案现场</td><td rowspan="5">1. 利用盗窃来的他人物品作案,不留与自己有直接关联的痕迹物证;
2. 用盗窃来的他人物品在现场留下物证,用赃物在他人处留下物证,以制造物证上的假象,转移视线;
3. 置对方于无法对自己造成威胁的境地,而后盗窃作案</td></tr>
<tr><td>2. 将从甲案盗窃来的能明示甲案主人身份的物品故意遗留乙案现场,如将从公路段盗来的盖有公章的单据以手纸方式留在一村民家被盗现场</td></tr>
<tr><td>3. 将盗窃案中赃物故意放入他人家门口</td></tr>
<tr><td>4. 入室作案前,将院门或屋门用绳或铁丝拴扣</td></tr>
<tr><td>5. 在失主床前或卧室门口设置凳子等障碍物</td></tr>
</table>

从上述分析可以看出,该起抢劫杀人案与几起系列小盗窃案从现场表象上似乎没有什么共同之处,也无从把它们联系起来,但通过分析归纳得出的这些表象特征的内在联系则是相通的。这两类案件在犯罪现场所表现出来的本质特征恰恰揭示了犯罪分子在实施作案时的心理定势,反映了犯罪分子稳定的心理特点,这些内在特征可以说是由犯罪现场直观特征表露出来的犯罪人的心理痕迹。我们看到,虽然这两类案件从性质上和形式上并不相同,但由犯罪手段所揭示的犯罪人的心理特点是一致的,为串并案件提供了有力依据。①

第三节　有助于提高犯罪心理画像的效度

犯罪心理画像的效度问题一直备受争议,FBI 对该项技术的效度一直呈正面评价。FBI 曾统计 209 起案件(其中杀人案件占 65%,性侵害案件占 35%,其他案件占 27%)②,这些案件中只有 46% 最终被侦破。在这 88 次侦查中,犯罪心理画像起到过协助作用的有:(1)集中侦查方向(72% 的案件);(2)锁定可能的嫌疑人(20% 的案件);(3)直接确定嫌疑人(17% 的案件);(4)协助指控嫌疑人(6% 的案件);(5)没有协助作用(17% 的案

① 参见杨昌军:《如何把握作案手段的内在联系——随州市"1·6"抢劫杀人案剖析》,载《中国刑事警察》1994 年第 1 期。

② 百分比相加不止 100,因为一起案件中可能涉及多种犯罪类型。

件)。在104起未破案件中,犯罪心理画像也协助提供许多有用的线索。① FBI亦宣称行为科学组的犯罪心理画像正确率达80%,而且警察对于犯罪心理画像的满意率很高。②

与FBI的评价相反,部分学者对犯罪心理画像的效度持怀疑态度。学者戈德温(Godwin)就称:"十次剖绘(profiling)有九次是无趣的,他们只是在玩捉迷藏的游戏,对所有方向暗自摸索,只希望能碰到一只袖子,他们偶尔会做到,但是并不确定可以抓到,因为从事这项工作的行为科学家必须以普遍性和类型化来处理,但是警察不能逮捕一种类型,他们需要的是确切的资料:姓名、日期,而这些都不是一位精神科医生有办法提供的。"③

心理学家坎贝尔(Campbell)认为犯罪心理画像最多是一门"艺术"而非"科学",他指出:(1)提供给警方的犯罪者类型大多是一般人所能提供的信息;(2)心理画像不是过于含糊就只是一般常识;(3)警察人员可能太过迷信学者的猜测。格伯斯(Geberth)也曾告诉人们应当注意:心理画像是一种优良的执法工具。事实上,并没有一次逮捕是单独依赖心理画像的结果。画像者可以作出受过训练的猜测,而这种猜测是画像者借由其侦办刑案所获得的经验,加上本身具备有关犯罪学、社会学、心理学及精神医学的知识进行推断出来的。除此之外,优秀的画像人员能够发展出对特定罪行的感觉或直觉,这就是心理画像的艺术层面。④

尽管犯罪心理画像的效度有争议,但从侦查实践来看,由于"一种特殊的标记行为模式能够明显地表示出犯罪人的特殊需要,标记行为能够很好地反映出犯罪人潜在的人格、生活类型和经历"⑤。因此,深入分析犯罪标记行为,有助于提高犯罪心理画像的效度,缩小摸底排查范围。

【案例3】在张光旗系列强奸杀人案件的侦破中,侦查人员在前期以犯罪手段及侵犯对象为主,对案犯进行了刻画:作案人身高1.70米,体态偏

---

① 参见[美]迪·金·罗斯姆:《地理学的犯罪心理画像》,李玫瑾等译,中国人民公安大学出版社2007年版,第80页。

② See Kocsis, R. N., & Coleman, *The Unexplored ethics of criminal psychological profiling*, in Godwin, G. M. (Ed.). Criminal psychology and forensic technology: A collaborative approach to effective profiling, CRC Press, 2001, p. 329.

③ 参见廖有禄:《犯罪剖绘——理论与实务》,桃园,我国台湾地区警察大学出版社2010年版,第70页。

④ See R. M. Holmes & S. T. Holmes, *Profiling Violent Crimes: An Investigative Tool*, 3rd ed, CA: Sage Publications, 2002, p. 7, p. 43 - 45.

⑤ [美]布伦特·E.特维:《犯罪心理画像——行为证据分析入门》,李玫瑾等译,中国人民公安大学出版社2005年版,第286页。

瘦，有较强的攀爬能力；熟悉发案地周围环境；性欲旺盛，有性犯罪前科，习惯夜间单独活动；从连续强奸杀人的凶残程度分析，其可能是因恋爱受挫而精神变态的单身汉；专案组认为应以退伍军人和学校体育教师为重点人群进行摸排。

但是在"2004 · 3 · 22"案中，案犯实施了较为典型的犯罪标记行为。案犯在现场逗留两个多小时，将被害人郝某某（女，14 岁）强奸两次，其间与郝某某讲了许多话，其中可分为：

强奸前的控制话语："我在孟楼和另外一人共杀死像你这样的妞儿有 6 个，你不从我就让你死！"

强奸过程中的询问话语："你身上来了没有（指例假）？"

强奸后的安慰话语："你不要声张，不然长大后名声不好，没人要你。""天亮后叫你妈把灯泡重新安上。""过几天后再来。"（临走时留下 6 元钱叫郝某某买吃的）"等我下回来给你带 100 元钱好好补养补养。"

案犯在强奸前和强奸中的话语属于犯罪手段，其目的是更容易地控制被害人，更好地实施强奸犯罪，然而强奸后的话语和动作显属犯罪标记行为，且是一种因犯罪情境刺激产生的表达情感的犯罪标记行为。

专案组认真分析了这种犯罪标记行为后认为，案犯话语体现了其对小女孩的关爱之情，反映出一个父亲的影子，并非前期刻画的恋爱受挫的单身男子。为此，专案组将摸排重点重新确定为家中有女儿的中年已婚男子，并很快锁定了嫌疑人。破案后证实，案犯张光旗，36 岁，家有妻子和 3 个女儿。①

第四节　有助于辅助审讯

FBI 很早就开始探索将犯罪行为分析技术运用于讯问策略中，约翰 · 道格拉斯将此讯问策略命名为"布景策略"，借助该策略，很多犯罪嫌疑人的心理防线被突破。学者霍尔姆斯指出，特征剖绘有三个主要目的：（1）对犯罪人的社会和心理评估；（2）对犯罪嫌疑人拥有物的心理学评估；（3）就讯问犯罪嫌疑人时可能适用的最佳策略与执法人员咨商。②

犯罪标记行为是案犯畸形需要、黑色幻想、情绪情感、人格特质的具体

① 参见王绍洪、杨卫锋：《搜寻孤狼——老河口市"2001 · 08 · 24"张光旗系列强奸杀人案》，载《中国刑事警察》2006 年第 1 期。

② 参见[英]艾思沃斯（Ainsworth, P. B.）：《犯罪人特征剖析》，赵桂芬译，中国轻工业出版社 2007 年版，第 16 页。

投射，通过分析犯罪标记行为，再结合精神分析侦讯法[1]，侦查人员能对案犯的人格特征、心理特点有深入的理解，从而有针对性地采取审讯对策，实现审讯突破。

例如，在对杨新海的审讯中，审讯人员从分析杨新海实施的奸尸、异物插入、过度杀戮等犯罪标记行为入手，结合运用精神分析侦讯法，认为杨新海报复心理极强、自我表现欲望极强、仇视社会，具备典型的反社会人格。为此，审讯人员有针对性地采取审讯对策，在讯问设施、讯问环境、生活细节等方面给予杨新海多方面的人文关怀，以此转变他对公安机关的抵抗心理，最终取得了审讯突破。又如，前述提及的苏某晖系列杀害卖淫女案，侦查人员就是通过分析案犯实施的犯罪标记行为（在"2011·10·17"案中苏某晖杀死被害人马某荣后四次奸污尸体），掌握了苏某晖的变态性心理。紧接着，面对不愿交代余罪的苏某晖，侦查人员运用精神分析侦讯法中的晤谈法，展开侦讯。

所谓晤谈法即面对面以诚恳的态度及温和的语调自由地晤谈，借此获知犯罪嫌疑人的人格发展过程与环境，以配合侦讯。依精神分析的理论，人格的正常与否，远在儿童时期即已定型，故应从犯罪嫌疑人口中获得的资料包括：(1)工作情况及职位；(2)婚姻及家庭情况；(3)童年往事；(4)出生、成长及父母管教的态度与方法；(5)体格与心理健康的历史；(6)教育及训练；(7)性发展历史；(8)经济状况；(9)生活中的重大事件或转折点等。由于晤谈法所需要的资料属于个人隐私，虽未直接涉及案件，犯罪嫌疑人仍不愿随便告诉他人，更会本能地怀疑晤谈者的动机，除非对他表示同情、关怀、慰藉、帮助、接纳、坦诚，以取得其信赖，消除其焦虑、不安、害怕与戒惧的心理，保持良好的心理气氛，建立和谐的关系，否则阻力甚大，不易得到真实的资料，甚至犯罪嫌疑人会拒绝晤谈。因此，在运用晤谈法时应注意以下几点：

(1)以私人身份，私下非正式地实施，不使犯罪嫌疑人发觉这是侦讯的手段之一。

(2)晤谈者应注意仪表、态度、举止，以取得犯罪嫌疑人的敬重及信任。

(3)环境必须是舒适的、隐秘的，如此方能刺激犯罪嫌疑人陈述的意愿。

---

① 精神分析侦讯法是基于精神分析的理论，运用心理学上人格测量的种种方法来观察或收集有关嫌犯的人格特性或潜意识状态的动态或静态的资料，并配合侦讯活动。参见林汉堂：《精神分析侦讯法之研究》，载《警学丛刊》第22卷第4期(1992年)。

(4)晤谈时应顾虑到犯罪嫌疑人的自尊,切忌使用尖刻、刺激、侮辱等性质的话语。

(5)晤谈时间不可太长,否则犯罪嫌疑人会感到不耐烦而心存应付,且时机的选择须适当,切忌在中午、深夜或犯罪嫌疑人感到身心不适的时候。①

经过一段时间的沟通,苏某晖在态度上有所改变,讲述自己经常找卖淫女,但是因为个人经济情况,每次只能找年龄较大,外表及个人情况都很差的卖淫女,这让他感到羞耻而不愿交代。在沟通的过程中,苏某晖流露出对其家人的抱怨及憎恨,将自己走上不归路的原因全部归咎于家人,也表露出他对生的强烈渴望。经过晤谈后,苏某晖终于开口交代了其在南桥巷和民乐五队杀害张某吉、安某莲后抢劫、奸尸的犯罪事实。②

---

① 参见林汉堂:《精神分析侦讯法之研究》,载《警学丛刊》第22卷第4期(1992年)。

② 参见李晓磊、李彬:《心理战攻破"变态恶魔"》,载《中国刑事警察》2012年第6期。

下篇　证　据

第十章 犯罪行为分析的证明作用

前面各章主要是从侦查学角度阐述了犯罪行为分析，尤其是犯罪标记行为分析的重要作用。就刑事诉讼实践而言，犯罪行为分析也被广泛运用于法庭证明中，并发挥了一定作用。本章主要从证据法学角度，探讨犯罪行为分析的证明作用。

第一节 犯罪行为分析在美国法庭证明中的运用

作为最早对犯罪行为分析进行系统研究的国家，美国积极将这一方面的知识运用于法庭证明中。目前，犯罪行为分析知识依托于专家证言，广泛运用在美国的法庭证明中，正如罗斯姆所言："心理画像者作为专家在法庭作证现在已被引入美国和加拿大的法庭。专家证言的内容包括犯罪嫌疑人将来的危险性、威胁程度，还有相似的事实证据、案件之间的联系、犯罪现场标记、阶段以及嫌疑人有无精神错乱。还可以为起诉前的责任问题进行作证，因为法庭必须确定造成损害的直接原因是否为过失，以提供适当的保护。"①鉴于犯罪行为分析知识主要是依托专家证言而得到具体运用，因此有必要梳理美国专家证言可采性标准的发展历史，如此才可以明晰何种内容的犯罪行为分析专家证言具备可采性。

一、专家证言可采性标准的发展历史

（一）普通法确立的"普遍接受"（general acceptance）标准

1923年，哥伦比亚特区上诉法院在弗赖依（Frye）案中，对新型科学知识的专家证言可采性，提出了"普遍接受"标准。

在该案中，被告人的辩护律师提出了一个专家证人，旨在对被告人进行的测谎结果作证。该测试被称为心脏收缩压测谎。据称血压会受到证人情绪变化的影响，心脏收缩压的升高，是大脑向自主神经系统的交感神经发送神经冲动所导致的。实验表明，恐惧、愤怒和疼痛总是导致心脏收

① [美]迪·金·罗斯姆：《地理学的犯罪心理画像》，李玫瑾等译，中国人民公安大学出版社2007年版，第8页。

缩压的升高，有意识的欺骗或者说谎、隐匿事实或者有罪，伴随着受测试的人对谎言被发现的恐惧，将导致心脏收缩压呈曲线形式升高，这恰恰与被测试者试图欺骗测试者的关键点时其内心的恐惧与试图控制恐惧之间的斗争情况相呼应。

在审判之前，被告人弗赖依进行了"心脏收缩压侧谎"测试来证明自己无罪。辩护律师提出由进行这种测试的科学家作为专家就测试结果作证。控方提出了异议，初审法院支持了该异议。辩护律师又提出让该专家证人在陪审团面前进行这种测试，初审法院亦驳回申请。

被告人被判二级谋杀。在上诉时，被告人声称，初审法院错误地拒绝专家证人就测谎结果作证。哥伦比亚特区上诉法院认为："科学原理或者科学发现何时跨越实验阶段和确证阶段之间的界限，这个问题很难作出明确回答。我们必须承认科学原理证明力的这个灰色地带。虽然在采纳从公认的科学原理或者科学发现中演绎出来的专家证言方面，法院将发挥很大作用，但是，据以进行演绎的事情必须得到充分的确证，在其所属领域获得了普遍接受。"哥伦比亚特区上诉法院认为，心脏收缩压测谎并没有在生理学和心理学领域获得这样的地位和科学认可，因此，本案维持原判。①

总体而言，弗赖依案确立的"普遍接受"标准，门槛较高，对新型科学知识专家证言的可采性"不甚友好"，因为新型科学知识在发展之初，可能并不会在相关领域获得"普遍接受"，这种情形会导致关于新型科学知识的专家证言不会得到法庭认可。"如果一个理论，即使数据表明其具有有效性，但是缺少必需的流行程度，则根据 Frye 标准会导致对相关的有效科学证据的排除。"②

(二)《联邦证据规则》确立的"有助于事实裁判者"(helpful)标准

1975 年，美国制定的《联邦证据规则》第 702 条规定："如果科学、技术或者其他专业知识能够帮助事实裁判者理解证据，或者确定案件事实，那么，基于知识、技术、技能、培训或者教育而具备专家资格的证人，就可以通过意见或者其他形式出庭作证。"该规则为专家证言的可采性确立了"有助于事实裁判者"标准。在实际运用中，该标准通常是指一旦法院认定某个证人具备专家资格，那么，他的技能也就自动地获得了资格。

总体而言，《联邦证据规则》确立的"有助于事实裁判者"标准，门槛较低。这是因为只要专家证人陈述的知识内容有助于事实裁判者理解证据

① See Frye v. United States, 293 F. 1013 (D. C. Cir. 1923).

② 王进喜：《美国〈联邦证据规则〉(2011 年重塑版)条解》，中国法制出版社 2012 年版，第 214 页。

或者确定案件事实，则该知识内容就具有可采性，并不需要这些知识内容在相关领域达到“普遍接受”的地步。尽管如此，由于在制定《联邦证据规则》时未能清晰交待“有助于事实裁判者”标准和“普遍接受”标准之间的关系，导致在20世纪70年代和80年代的联邦法院（甚至州法院）中间产生了极大的混乱。①

（三）联邦最高法院确立的多伯特（Daubert）标准

1993年，联邦最高法院在多伯特案中明确指出，《联邦证据规则》第702条已经取代了“普遍接受”标准。联邦最高法院认为，《联邦证据规则》第702条根本就没有将“普遍接受”确立为可采性的一个绝对前提条件。起草时并没有提及弗赖依案，并且一个严格的“普遍接受”要求与《联邦证据规则》的“自由推进”和它们“放宽对‘意见’证言之传统限制的一般方法”相悖。考虑到《联邦证据规则》的容许性背景以及它们规定的关于专家证言的具体规则并没有提及“普遍接受”标准，《联邦证据规则》在一定程度上吸收了弗赖依案的主张是没有说服力的。弗赖依案使“普遍接受”成了采纳专家科学证言的唯一标准。这一严格的标准，在《联邦证据规则》中阙如，并且与《联邦证据规则》不相容，不应当在联邦审判中适用。

联邦最高法院进一步认为，《联邦证据规则》第702条要求审判法官发挥“守门人”作用，要保证提出的专家证言具有最低限度的可靠性。在确定科学证据是否可采时，审判法官要考虑四个因素：（1）可证伪性。“今天的科学方法，基于形成假设并检验它们，来看它们是否能被证伪。”（2）同行评议与发表情况。“提交科学界进行审查是‘良好科学’的一个组成部分，在一定程度上是因为这样做增加了其方法中的实质缺陷被发现的可能性。”（3）已知或潜在的误差率，以及是否有关于技术操作的标准。（4）相关领域的普遍接受性。“在判定特定证据的可采性时，广泛的接受可以是一项重要因素。”②

必须提及的是，上述四个因素并不需要同时具备，而是呈灵活的组合关系，对各个因素的考虑，审判法官具有广泛的裁量权。“Daubert案关于具体因素的清单，既非必要性也非排他性地要适用于所有的专家或者每个案件。相反，就像地区法院在最终可靠性决定上所享有的自由度一样，在

---

① 参见［美］W. 杰瑞·奇泽姆、［美］布伦特·E. 特维编著：《犯罪重建》，刘静坤译，中国人民公安大学出版社2010年版，第535页。

② 509 U. S. 579（1993）.

它决定如何确定可靠性时,法律赋予了它同样宽的自由度。"[①]

总体而言,多伯特标准比弗赖依案确立的"普遍接受"标准,门槛更低、更灵活,即使专家证言所言及的方法或知识在其领域内没有得到普遍接受,也可能因具有可靠性而被法庭采纳。多伯特标准的确立,为新型科学知识专家证言的可采性打开了方便之门。

(四)多伯特标准的扩展适用

1999年,在"锦湖轮胎案"[②]中,联邦最高法院明确表示,多伯特标准亦适用于"技术"和"其他专门知识"的专家证言。在该案中,联邦最高法院面临的问题是,在确定"工程专家证言的可采性"时,审判法院是否可以考虑多伯特案提出的四个具体因素。

联邦最高法院认为:首先,《联邦证据规则》第702条对"科学"知识与"技术"或者"其他专门知识"未作相关区分。它清楚地表明,任何这样的知识都可以成为专家证言的主题。在多伯特案中,法院明确说明,是该规则中的"知识"而不是修饰该词的词(如"科学"),确立了证据可靠性标准。因此,作为一个语言问题,该规则将其可靠性标准适用于所有处于其范围内的"科学"、"技术"或者"其他专门知识"事项。

其次,多伯特案指出,《联邦证据规则》第702条和第703条赋予专家证人其他证人所没有的证言自由度,这是建立在这样的"假设"上的,即"专家的意见将在其学科领域内的知识和经验方面,具有可靠的基础"。《联邦证据规则》将该自由度赋予了所有专家,而不仅仅是"科学"专家。

最后,如果法官的"守门人"义务取决于"科学"与"技术"或者"其他专门知识"之间的区别,则要求法官运用这样的证据规则,即使不是不可能,也是非常困难的。二者之间没有清晰的界限,进行这样的区分也没有令人信服的需要。[③]

多伯特标准的扩展适用意味着,类似犯罪行为分析这样的其他专门知识,只要具备最低限度的可靠性,亦会被法庭采纳使用。

(五)《联邦证据规则》第702条的修正

2000年12月,《联邦证据规则》进行了修正。其中,第702条在吸收联邦最高法院最新判例精神的基础上,将内容修正为:"在下列情况下,因知识、技能、经验、训练或者教育而具备专家资格的证人,可以以意见或者

---

① 王进喜:《美国〈联邦证据规则〉(2011年重塑版)条解》,中国法制出版社2012年版,第216页。

② Kumho Tire Co. v. Carmichael, 1999.

③ 526 U. S. 137(1999).

其他的形式就此作证：

(a)专家的科学、技术或者其他专门知识将会帮助事实审判者理解证据或者确定争议事实；

(b)证言基于足够的事实或者数据；

(c)证言是可靠的原理和方法的产物；

(d)专家将这些原理和方法可靠地适用于案件的事实。”

根据该条规定，采纳专家证言，必须达到三个标准：第一，证言基于充足的事实或者数据，即专家对其证言有足够的铺垫；第二，证言是可靠的原理和方法的产物；第三，证人将这些原理和方法可靠地适用于案件的事实。①

二、犯罪行为分析在法庭证明中的具体运用

多伯特标准的确立为犯罪行为分析类专家证言进入法庭提供了可能。只要这类证据有助于事实裁判者理解证据或者确定案件事实，能够满足最低限度的可靠性，就可以被允许进入法庭，供陪审团或法官听审。综观美国司法实践，犯罪行为分析类专家证言已大量出现在法庭审判中，并从不同侧面发挥着证明作用。

（一）并案分析类的专家证言

并案分析类的专家证言，是指犯罪行为分析专家通过分析、比对各个案件案犯犯罪手段及犯罪标记行为方面的特点，得出同一案犯作案的结论。在 1993 年的路易斯安那州诉纳撒尼尔·科德案②中，FBI 行为分析专家约翰·道格拉斯曾作出并案分析类的专家证言，并被法庭接受。以下是约翰·道格拉斯作证的主要内容：

道格拉斯解释了犯罪手段与犯罪标记行为之间的差异。犯罪手段是习得的行为，习得的犯罪行为能够改变、能够模仿，并能根据特殊情境需要而调整；而犯罪标记行为是不能改变的，它与案犯对某些事物的内在需要有关。

道格拉斯承认，这些案件在进入现场、使用的犯罪工具以及杀害被害人的时间顺序等方面差异性很大。但是，这些案件有一些相同的犯罪标记行为。其中最重要的就是明显的手铐式捆绑方法。道格拉斯以前从来没

---

① 参见王进喜：《美国〈联邦证据规则〉(2011 年重塑版)条解》，中国法制出版社 2012 年版，第 216 页。

② Louisiana v. Code，1993. 该案的基本案情为：纳撒尼尔·科德被控谋杀了黛博拉·福特、维维安·查妮一家四口、威廉·科德一家三口，最终被判处死刑。

有见过这种捆绑方法,他问过的侦查人员也没有一个人见过这种方法。案犯捆绑方式是如此独特,以至于他说,如果你把这些案件合起来放到一个文件里,你会发现并说,这些都发生在一个案件中,简直是同一个例子。他指出,维维安·查妮和威廉·科德就是被相同的方式捆绑的。

道格拉斯认为,案犯另一个行为特点是他操纵、支配、控制被害人的需要。案犯将被害人的尸体放置在不同的房间里,表现出这种仪式特点。案犯放置黛博拉·福特和卡丽莎·查妮的方式几乎是一样的。

道格拉斯还指出,每个犯罪现场都有案犯对被害人过度施暴的特征。譬如,被害人不仅被刺死,而且几乎被割下头颅。这些特征是如此相同,以至于道格拉斯说,我们认为在这些案件中确认标记方面并不困难,到过3起案件现场的每一名侦查人员都确信,这些案件是由同一人所为。

初审法院认为,道格拉斯所做的专家证言是可以接受的,因为它是清楚的、令人信服的、极少有偏见而证明力高的。路易斯安那州最高法院同意初审法院的判决,同意黛博拉·福特、维维安·查妮、威廉·科德谋杀案的仪式特点是如此明显,能够得出"它们是由同一作案人所为"这一结论。

当然,如果法庭认为并案分析类的专家证言欠缺可靠性,也会排除使用这类证言。

在新泽西州诉史蒂文·福蒂案①中,控方聘请退休的FBI官员、犯罪行为分析专家罗伊·哈兹伍德来分析有关帕迪拉谋杀案②与案犯攻击加德纳事件的材料,目的在于通过两起案件的"并案分析"来确定这两起罪行是否为同一名案犯所为。

哈兹伍德分析,这两起案件中,有15处相似的犯罪手段行为。具体包括:犯罪风险高;实施犯罪时有明显的冲动性;被害人都是女性;被害人的年龄相仿;被害人都是从犯罪人身边走过;被害人单身一人;袭击行为发生在擦身而过之时;犯罪地点都选在邻近或就在高速路边道上;犯罪都发生在黑暗中;袭击都没有使用凶器;用重拳伤害被害人,致使其鼻子断裂,主要拳击脸的上部,牙齿未受损伤;下身的衣服被扒下;在被害人的短裤或者裤子里发现了紧身短裤;衬衫被扒掉、胸罩脱落;被害人体内或身上没有发现精液。

---

① New Jersey v. Steven Fortin,2000. 该案的基本案情为:1995年4月3日,缅因州的警察、34岁的维姬·加德纳遭到强奸,脸部严重受伤并被勒死。史蒂文·福蒂承认了这起罪行,因而被判处20年监禁。

② 该案的基本案情为:1994年8月,新泽西州25岁的梅莉莎·帕迪拉在一家便利店购物后,于回家路上遭到强暴,凶手重击她、抢劫她,最后将她扼死。

哈兹伍德又指出，案犯行为中有5个发泄愤怒的相似标记行为，具体包括：咬下巴；咬侧面的左乳房；穿透并伤害至肛门；残忍的面部击打；从正面用手扼死被害人。

哈兹伍德最后作出总结："我35年来经历了美国、欧洲、加拿大和加勒比海地区大量的暴力犯罪。我还从未见过一起暴力犯罪中包含如此多的行为特征。不同的案犯若能实施这样两起如此高度相似的案件那几乎是不可能的。根据这两起案件的犯罪手段和标记行为的比较结果，我认为是同一个人先杀害了梅莉莎·帕迪拉，之后又杀害了维姬·加德纳。"

但是，新泽西州最高法院认为，哈兹伍德并案分析的专家证言缺乏足够的可靠性，不能采用。新泽西州最高法院指出，哈兹伍德的证言缺乏检验，特别是其中的并案分析只是哈兹伍德和他几位亲密的合作者才涉猎的领域。在这方面，没有与其水平相同的人来验证他的理论，也没有重复检验结果的方法。隆（Long）法官在附和意见中也指出："哈兹伍德提出的同一性认定有着可信度的缺陷。并案分析只是犯罪侦查中的一种手段，当发现不同案件中的犯罪手段和仪式特征有很高的相似性时，侦查人员或许得出结论说，这可能是由同一名案犯所为。同一性认定是并案分析的另一种说法，当哈兹伍德作为一名侦查人员而不是一名仪式行为分析专家作证时仍不具有更多的可靠性。"

（二）犯罪现场特征类的专家证言

犯罪现场特征类的专家证言，是指犯罪行为分析专家就犯罪现场呈现何种特征、犯罪现场是否被伪造、案犯可能的犯罪行为及作案过程所作的分析结论。

在桑迪·斯蒂文斯和麦赫特·威尔逊被害案[①]中，被告人威廉·斯蒂文斯的辩护律师聘请退休的犯罪行为分析专家格雷格·麦克格雷作证。主要内容为"针对该案的犯罪现场进行侦查分析，具体包括分析犯罪现场、研究被害人，以便确定哪些因素可能增加了她们成为被害人的风险，查看基础性的法庭科学被告，并且查看犯罪行为是如何发生的"。

在审前听证会上，麦克格雷作证指出："整个犯罪现场十分零散并且非常混乱。犯罪现场显示出一种缺乏控制的场面。犯罪现场一片狼藉——衣服被扔在地上，钱包和药片被扔在地上，物品十分凌乱，圣诞树也被撞倒在地——所有这些对于实施谋杀行为而言是不必要的。根据现场情况看，

---

① Tennessee v. Stevens，2001. 该案的基本案情为：威廉·斯蒂文斯被指控雇用科里·米利青实施了两起一级预谋杀人案件以及一起严重抢劫案件，并导致他的妻子桑迪·斯蒂文斯及其岳母麦赫特·威尔逊死亡。

很可能有一名以上的案犯。首先，案犯使用了不同的工具杀害了被害人：麦赫特·威尔逊女士是被刺死的，桑迪·斯蒂文斯女士是被一条绷带勒死的。其次，在桑迪·斯蒂文斯女士的房间里并未发现大量的转移性血迹。案犯并没有试图将犯罪现场伪装成入室盗窃的现场。"

麦克格雷将该犯罪现场称为"无组织力犯罪杀人现场"。他认为桑迪·斯蒂文斯是案犯的主要目标，也是性侵害的重点对象。麦赫特·威尔逊仅仅是一个机会型的被害人，她是在错误的时间出现在错误的地点。麦克格雷解释道，在一个无组织力的杀人案件中，被害人和犯罪地点已经为案犯所知晓，同时，在被害人和案犯之间很少存在人际关系。他指出，通常情况下，在这种案件中，案犯通常实施"闪电战"或者突然的暴力袭击。犯罪现场十分零散并且非常混乱。案犯很少约束自己的行为。在此类案件中，被害人的尸体通常被置于犯罪现场的醒目位置，并且在犯罪现场遗留大量的物证。

麦克格雷将无组织力的犯罪现场与有组织力的犯罪现场进行比较。有组织力的犯罪现场，如典型的"雇用杀人案件"，通常涉及彼此陌生的被害人和犯罪行为人。在犯罪行为之前往往存在某种私人联系，如通过编造某种借口将被害人引诱出来。有组织力的犯罪现场具有以下特点：显示出总体上的控制感；通常能够发现行为的约束；在被害人死亡之前存在暴力进攻行为；被害人的尸体通常被隐藏起来，尽管有时可能为了引起轰动效应而将被害人的尸体予以展示；犯罪行为人在进入现场之前挑选自己的武器，并且在犯罪之后将之带离现场；犯罪行为更加具有"证据意识"，通常存在运输尸体行为。

麦克格雷被问及这种分析方法的潜在准确率是否得到了证实。他指出，FBI 已经开展了一项调查，并且得出结论认为，FBI 工作人员进行犯罪现场分析和心理画像的准确率在 75% ~80% 。他解释，这种类型的分析"并不属于那种可以进行控制试验并且提供确定试验比率的硬科学"，但是，这种方法的实践需求不断增加，这也显示出其有效性。麦克格雷指出，在他最初进入 FBI 行为分析部门时，该部门只有 7 名工作人员，当他离开该部门时，该部门已有 12 名工作人员。后来，该部门的工作人员数量增加到 40 人。他指出，"有关这种方法有效性和可靠性的证据就是它正在得到接受。同时，这种做法正在得到应用，而且实践需求已经超过了我们现有的资源承载"。

法官最终裁定，在庭审过程中，麦克格雷可以就下列问题出庭作证，包括犯罪现场、现场伪装、存在两个犯罪行为人的可能性以及警方应当开展但是未能开展的工作等。“麦克格雷提供的大部分证言都是他分析犯罪现场之后得出的结论。例如,他指出,在犯罪现场上,各种室内物品都被仔细地移动、展示、损坏或者破坏,这就意味着犯罪行为人曾经伪装或者改变犯罪现场,从而试图误导警方。法院认为此类证言具有充分的可靠性,可以提交给陪审团。”

(三)犯罪动机类的专家证言

犯罪动机类的专家证言是指犯罪行为分析专家就某起犯罪的真实动机所作的分析结论。

在亚拉巴马州诉克拉伦斯·西门斯案[①]中,法庭采纳了FBI行为分析专家托马斯·内尔的专家证言。在对犯罪现场和其他证据进行分析后,内尔指出,这起犯罪是以性为动机的。案犯这么做是为了得到性的满足。内尔解释了他所运用的“犯罪侦查分析”方法的合理性。“犯罪侦查分析是一种从各个方面来研究侦查活动的过程。并且一些案件之所以会提供给我们是因为它们一直未被侦查或已经成为悬案。犯罪侦查过程需要我们站在被害人的角度对案件进行审视。我们研究被害人,力图分析被害人的许多特点——为什么这个人会成为被害人?为什么伤害发生在这个地方?我们把注意力集中在现场本身,并从犯罪现场得到推论。我们依靠法医的报告和现场照片,依靠各种毒物学的发现,我们通常注意该地区的人口统计特征,我们注意地图,因此我们在提出一项评估之前要考虑许多方面的问题。”

被告人认为,这份证言并不可靠,法庭采纳它是错误的,因而提起了上诉。上诉法院认为,内尔的证言并不是犯罪心理画像的专家证言,它并不是试图将一般的系列杀人案特征用于分析一个特殊的犯罪人特征。内尔并没有指控西门斯犯罪,而是强调犯罪现场与被害人尸体的物理状态能够显示出在谋杀过程中都发生过什么。证明那些具有某种犯罪特征的犯罪人可能更多地实施某类犯罪行为的证词与通过犯罪现场上的物证来证明这是由具有哪种特征的犯罪人所为的证词是有很大区别的。

上诉法院指出,犯罪现场分析与被害人研究并非依赖一般的科学原则。这些领域由专门知识组成。这种专门知识将对研究对象进行观察与比较。这种观察和比较是基于专家受过的训练、技能或经验,这些都能帮助陪审团去理解或决定事实。上诉法院最终认为,该案中内尔的证言是可以被采纳的。

---

① Alabama v. Clarence Simmons,1999.

(四)被害人风险类的专家证言

被害人风险类的专家证言,是指犯罪行为分析专家就被害人遇害的风险所作的分析结论。根据被害人学的理论,低风险的被害人遇害一般是其熟悉的亲友所为,高风险的被害人遇害则可能是外来的陌生人所致。

在吉娜·甘布尔谋杀案[①]中,控方聘请的犯罪行为分析专家迈克尔·布罗丹分析认为,吉娜·甘布尔是一名低风险的被害人。被告人聘请的犯罪行为分析专家布伦特·E. 特维则认为,吉娜·甘布尔是一名暴力犯罪的高风险被害人,理由如下:

(1)被害人曾被诊断为执抑对抗性精神障碍患者。她的精神治疗医生形容她的特点是突然发脾气,蓄意与他人对抗,拒绝遵从父母的教导,易冲动。

(2)被害人是一个很轻浮的人,这使她在面对某一类的性犯罪人时非常容易上钩。

(3)被害人经常在某些社交场合同那些没有大人看管的、与她年龄不符的男性来往。

(4)被害人还曾与一名性犯罪人有过来往,这名犯罪人选择的被害人就是像吉娜这一年龄段的女孩子。

(5)被害人被认为可能和她从卡迈罗特娱乐场所认识的一个人上了车。

(6)被害人的哥哥戈林·甘布尔曾经贩毒,并把毒品藏在家里。[②]

(五)甄别被害人陈述类的专家证言

甄别被害人陈述类的专家证言,是指犯罪行为分析专家通过现场分析和重建,就被害人陈述的真实性和可靠性所作的分析结论。

在一起伤害案件中,一名女性被害人声称,自己男友的新任女朋友及其几位女性朋友攻击了自己。女性被害人陈述包括:

"将我推倒在地上。"

"……当我被犯罪嫌疑人仰面推倒在地上之后,我被另一个女子翻转过来。"

"……当我被翻转过来呈俯卧姿势时,另外两个女子过来抓住我的

---

① 该案的基本案情为:道格拉斯·毛塞因为谋杀了他14岁的继女——吉娜·甘布尔而被起诉。吉娜赤裸的尸体于1995年10月14日在加利福尼亚州的瓦特福特郡沿干溪河畔的山坡上被发现,死因为被勒死。

② 参见[美]布伦特·E. 特维:《犯罪心理画像——行为证据分析入门》,李玫瑾等译,中国人民公安大学出版社2005年版,第151-154页。

双腿。"

"……当我被翻转过来呈俯卧姿势时，我感觉自己的衬衫被割开，然后自己背部上方区域有刺痛的感觉。"

"……我开始试图从这些女子的控制下逃跑，这时，我的衬衫正面位置被犯罪嫌疑人撕开。"

"我从未看到武器，不过，我感觉到武器正在割伤自己，我因此感到血液正顺着自己的肩膀部位滴落下来。"

"……不知道自己在被割伤多少次之后，成功地从诸多犯罪嫌疑人处逃跑了。"

犯罪重建专家对现场进行重建后出具的案件审查报告认为，已有的证据并未证实所谓的"被害人"陈述的事件情况，不排除现场存在伪造或者伪装的可能性。具体理由包括：

（1）被害人声称，她与4个将自己压倒在地的女子进行了搏斗。如果她曾经与人发生过搏斗，那么，当她在与之紧密接触的水泥地面上移动时，她的衣服应该存在擦刮痕迹。不过，在她的衣服上并没有发现擦刮痕迹。

（2）被害人声称，她被人推倒在地上背部着地，然后又被翻转过来，同时被两个女子抓住双腿。她指出，她被4个女子压倒在地。这件衬衫的前面存在一些工作期间黏附的油污。如果这些区域曾经与地面泥土产生接触，就应当有泥土黏附到衬衫表面。不过，该衬衫的正面或者背面都没有发现泥土痕迹。

（3）衬衫上的划痕参差不齐地指向了衬衫的顶端。这是由于衬衫的这个区域存在褶皱，或者被折叠起来。划痕的顶端停止在脖领接线位置。如果使用的是锋利的工具，那么，就会在领口部位发现划痕，而且整个划痕都应当是平滑的。衬衫表面的划痕更像是由剪刀所造成的。

（4）损伤是在脱下衬衫之后制造的，所谓的"被害人"等待血液干涸之后又穿上了衬衫。[①]

（六）有关量刑信息的专家证言

在爱达荷州诉沃尔特·查普曼案的量刑听证会上，控方提供了马托克斯警官所作的专家证言。马托克斯警官引用了其提交的侦查报告，这一侦查报告中涉及查普曼在本案中的罪行、前科记录、体形和喜欢的衣服风格都与强奸犯的心理画像特征相符。辩方律师要求排除查普曼关于与强奸

① 参见［美］W.杰瑞·奇泽姆、［美］布伦特·E.特维编著：《犯罪重建》，刘静坤译，中国人民公安大学出版社2010年版，第535页。

犯心理画像特征相匹配的任何证言。

上诉法院认为,法庭的量刑判决没有错误,在量刑审判中运用犯罪心理画像证据是合理的,因为一名法官“对他考虑的信息种类或者信息来源要做广泛的、大量的、不受限制的调查”①。

第二节 犯罪行为分析在我国法庭证明中的运用

犯罪行为分析是一种重要的侦查手段,在我国法庭证明中也多有运用,并发挥了一定的证明作用。以下笔者结合具体案例,就犯罪行为分析在我国法庭证明中的运用作一类型总结。

一、证明犯罪主观方面

在我国刑法理论界和实务界,犯罪构成四要件说一直处于主流地位。根据四要件说,“任何一个犯罪的成立都必须具备四个方面的构成要件,即犯罪客体、犯罪客观方面、犯罪主体、犯罪主观方面的构成要件”②。所谓犯罪主观方面,是指行为人有罪过(包括故意或过失)。其中,有些罪的犯罪构成还要求有特定的犯罪目的或动机。

犯罪主观方面是行为人的心理态度,基于趋利避害的一般人性,行为人往往会避重就轻、不吐露真实的心理态度,而准确认定犯罪主观方面对定罪量刑具有重要意义。在此情形下,通过分析被告人的客观行为间接证明其主观方面的内容,就成为司法实务中法官倚重的主要方法。“就意欲要素的证明来说,意欲要素不能采用描述的方法加以定义,只能使用推定的方法进行证明。换句话说,通过客观化的已知事实,根据人类同一的经验常识,来推定行为人的意欲。”③

在分析被告人客观行为推定证明其主观方面内容时,犯罪行为分析知识可以发挥重要作用。“通过行为证据分析可以准确判断行为的主观表现、行为意向,可以正确理解犯罪心理轨迹,还有助于形成逻辑严谨、结构合理的证据链条。”④

(一)证明犯罪故意

犯罪故意是指明知自己的行为会发生危害社会的结果,并且希望或者

---

① 参见[美]布伦特·E. 特维:《犯罪心理画像——行为证据分析入门》,李玫瑾等译,中国人民公安大学出版社2005年版,第370-371页。

② 高铭暄、马克昌主编:《刑法学》,北京大学出版社、高等教育出版社2010年版,第55页。

③ 王彪:《犯罪主观要件证明问题研究》,法律出版社2016年版,第152页。

④ 杨玉章:《刑事侦查与行为证据》,河南科学技术出版社2019年版,第7页。

放任这种结果发生的主观心理态度。实务中，法官往往结合在案证据，分析被告人的客观行为，认定被告人犯罪故意是否成立。

例如，在张萌故意杀人案中，法官在裁判文书中认为，虽然张萌用刀捅刺被害人的部位不是致命部位，但其在被害人身上割划数刀，并且在用刀将被害人右上臂捅刺后竟将家中大门紧锁，对被害人没有任何救治行为，最终致被害人因大量失血而死亡，从其一系列行为分析，其行为显系故意杀人。① 又如，在殷德磊故意杀人案中，被告人辩称有防卫意识，是正当防卫。法官结合鉴定意见"死者(被害人)李某2双手掌侧、背侧多发切割伤、划伤，左上臂一处浅划伤，左眉弓一处断条形创口，上述损伤均为锐器伤，上述损伤系死者格挡、抵抗或者躲避攻击过程中均可形成"，认定被害人死前应有格挡、抵抗或者躲避攻击行为，这与证人证言"李某2已经将刀具丢弃并向被告人求饶"相互印证，进而认为，从被告人的作案过程和作案行为分析其杀害被害人的主观故意是明确的，并不存在防卫意识。②

上述两案是正面认定杀人故意存在的事例，实务中，法官也会运用行为分析知识，排除杀人故意，认定被告人属伤害故意。例如，在郑桂春、郭海军故意伤害案中，法官在裁判文书中认为，被告人用刀扎了被害人下腹部，伤害部位在一般人认知中属非致命部位，后郭海军将赵某送往医院救治，通过其客观行为分析，被告人郭海军的犯罪行为不具备故意杀人的主观故意。③

除了认定直接故意外，亦可运用行为分析知识认定持放任心态的间接故意。例如，钟奎平以危险方法危害公共安全案，法官在裁判文书中认为，从上诉人钟奎平的上述行为分析，上诉人钟奎平作为一名有18年驾龄的老司机，明知车辆有故障仍强行驾驶车辆在高速公路行驶，在发现车辆刹车失灵后，其非但没有采取任何紧急避险措施防止危害后果发生，而是继续驾驶车辆驶入高速收费站，上诉人钟奎平理应意识到高速出口会有行人或车辆经过，但其却放任严重危害后果的发生，仍强行驾驶车辆冲出高速收费出口，并撞向被害人的车辆，最终导致4人死亡、两车损毁的重大事故发生。上诉人主观上属于听之任之、放任危害后果发生的间接故意，客观上造成了4人死亡、两车损毁的后果，其行为符合以危险方法危害公共安全罪的构成要件。④

---

① 参见陕西省高级人民法院刑事裁定书，(2019)陕刑终57号。

② 参见甘肃省嘉峪关市中级人民法院刑事附带民事判决书，(2019)甘02刑初2号。

③ 参见河北省廊坊市中级人民法院驳回申诉通知书，(2021)冀10刑申1号。

④ 参见广东省河源市中级人民法院刑事裁定书，(2019)粤16刑终182号。

（二）证明主观明知

主观明知是犯罪主观方面中的认识要素，也是故意犯罪是否存在的判断起点，其中对特定对象的明知还是一部分故意犯罪成立的前提。明知属于行为人内心世界的认识因素，实务中，行为人往往以对特定对象的不明知为辩解理由，对此，法官亦会运用行为分析知识，判断被告人是否存在主观明知。

例如，在邓文胤非法收购、运输、出售珍贵、濒危野生动物、珍贵、濒危野生动物制品案中，法官在裁判文书中认为，结合邓文胤在本案中收取高额的运输费用，因为猴子气味臭而戴口罩开车，以及开车冲卡、弃车逃跑等行为分析，邓文胤对于其运输的动物属于国家重点保护的珍贵、濒危野生动物系明知的。① 又如，丁德全、曾令松诈骗、掩饰、隐瞒犯罪所得、犯罪所得收益案，法官在裁判文书中认为，上诉人丁德全交给曾令松的银行卡均非丁德全本人银行卡，且有多张，在曾令松异地帮丁德全取钱后，又将钱转回丁德全指定的账号，结合曾令松戴墨镜、去不同乡镇取钱的行为分析，上诉人曾令松的取款行为明显不符合常理，上诉人曾令松对原判认定的其掩饰、隐瞒犯罪所得的全案事实，主观上有概括的故意，可以认定其明知是违法所得而予以转移。②

（三）证明非法占有目的

非法占有目的是指排除权利人，将他人的财物作为自己的所有物进行支配，并遵从财物的用途进行利用、处分的意思，即非法占有目的由“排除意思”与“利用意思”构成。③ 非法占有目的是犯罪故意之外的主观超过要素，是行为人永远性地排除原权利人占有，将他人财产据为己有的主观目的。④ 实务中，在认定被告人是否具有非法占有目的时，法官多会借助行为分析知识进行审查。

例如，在张文瑞诈骗案中，二审法官结合客观行为分析认定，张文瑞主观上具有非法占有目的：从收取款项的行为分析，张文瑞收取白某款项时向白某虚构了该银行卡的户名系其弟弟张鹏的事实；从资金流向分析，张文瑞在获得白某支付的380万元后，除向仝炳东支付150万元外，其余资金均被其挥霍耗用，并未用在其向白某所宣称的融资项目上；从事后行为

---

① 参见广西壮族自治区玉林市中级人民法院刑事裁定书，（2019）桂09刑终162号。

② 参见湖南省岳阳市中级人民法院刑事裁定书，（2018）湘06刑终392号。

③ 参见张明楷：《论财产罪的非法占有目的》，载《法商研究》2005年第5期。

④ 参见蒋铃：《论刑法中“非法占有目的”理论的内容和机能》，载《法律科学（西北政法大学学报）》2013年第4期。

分析，张文瑞指使肖某向白某谎称其因酒驾被公安机关拘留，以此中断与白某的联系，其隐匿消息、逃避打击的故意明显。① 再如，苏孙忠合同诈骗、贷款诈骗案，二审法官结合上诉人贷款的事前、事中、事后行为分析，认定其主观上具有非法占有目的：事前，上诉人在金溪县向银行贷款260万元，民间借贷200多万元，只有少部分用在公司经营，大部分款项被转走，去向不明；事中，上诉人在取得两笔贷款后，不是按贷款用途使用贷款，而是骗取工程款所有人的信任，将绝大部分贷款用于归还其他债务和个人使用；事后，上诉人在2014年10月外出逃跑，躲避债权人，拒不归还贷款。②

（四）证明预谋杀人

司法实践中，预谋杀人虽不是法定从重处罚情节，但因其直接体现被告人的主观恶性和人身危险性，故属于对适用死刑有较大影响的情节。预谋杀人所体现的主观恶性和人身危险性要明显大于临时起意杀人特别是激情杀人，对预谋杀人犯罪适用死刑的根据也更加充分。

例如，在朱晓东故意杀人案中，被告人朱晓东辩称是激情杀人，不是预谋杀人。最高人民法院的法官通过审查案发前后被告人朱晓东的一系列行为表现，认定其系预谋杀人，可以依法对其适用死刑。

一是案发前购书的情节。被告人朱晓冬于2016年8月28日（案发前一个多月）凌晨2时许购买包括《死亡哲学》《死亡解剖台》在内的5本书籍，其中《死亡解剖台》的相关内容与朱晓东的杀人手段，特别是藏尸方式高度相似。

朱晓东的购书行为有以下反常之处：第一，朱晓东购书的时间是在其供称与杨某某离婚未果（因杨某某称如离婚就自杀）2天后的凌晨，使离婚未果与买书之间建立一定关联，且朱晓东自称平时从不看书，其下单买书更显异常。朱晓东辩称该批订单书籍均系杨某某想买，让其帮忙下订单，但从杨某某卧室内其他书籍来看，反映不出杨某某爱看《死亡解剖台》这类书，杨某某的好友亦证实该书不属于杨某某爱看的类型。第二，朱晓东下单时将收货人信息填写为其父姓名、电话、地址，让其父代为收货，此举也让人生疑，他可能是不希望杨某某知道其购买该书。第三，朱晓冬上述订单中购买的书籍，唯有《死亡解剖台》一书去向不明，其他4本均在现场找到，朱晓东无法解释该书去向。

二是案发前购买冰柜的情节。被告人朱晓东在案发前20多天（其辞

① 参见四川省成都市中级人民法院刑事裁定书，(2019)川01刑终65号。

② 参见江西省抚州市中级人民法院刑事判决书，(2018)赣10刑终275号。

职2天后）购买一台冰柜，即后来藏尸所用冰柜。朱晓东对此辩称，其饲养冷血动物常需冷冻存放喂宠物的食物，家中原有冰箱用来放宠物的食物，购买冰柜用来存放其夫妇二人的食物。该情节有以下反常之处：第一，朱晓东购买冰柜是在其购买《死亡解剖台》一书3周后、杨某某提出辞职8天后、其本人辞职2天后，时间的"巧合性"异常。第二，朱晓东夫妇的住处为一居室（无厅），面积不大，且只有二人居住生活，即便朱晓东需为宠物冷冻部分食物，也没有必要在已有冰箱的情况下购买同款冰柜中容积最大的。事实证明，购买该冰柜后并未储存过多食物。因此，从购买时间和实际需求来看，朱晓东购买冰柜可能系作案后用于藏尸。

三是被告人朱晓东作案后的行为表现也不支持其系激情杀人。朱晓东掐死妻子杨某某后，不是立即自行施救或拨打120或亲友电话求救，反而很快修改杨某某的支付宝账户密码将杨某某的4.5万元转至自己账户，随后预订韩国首尔的酒店和往返机票，并在下午联系朋友邀约当晚聚会，后清洗现场床单，出门扔弃床垫，当晚与朋友喝酒玩乐至次日凌晨。这一系列行为，与社会生活中冲动下失手杀人后的通常反应存在巨大差异，看不到朱晓东的惊愕、恐慌，也看不到懊悔、愧疚和积极补救。[①]

二、运用行为分析结论发挥印证作用

印证证明是指在刑事诉讼中利用不同证据内含信息的同一性来证明待证事实，这里的同一性包括信息内容的同一与指向的同一。印证证明既适用于个别证据的判断，也适用于证据的综合判断，还适用于对证据真实性、合法性和相关性的判断。其作用机理一是真理（真实）融贯论，二是真理（真实）符合论，三是归纳逻辑与溯因推理。[②]

印证证明是我国刑事司法实践中法官运用的一种主要证明方法。印证证明不仅得到了理论界的首肯，也受到实务界的推崇。《最高人民法院关于适用〈中华人民共和国刑事诉讼法〉的解释》（以下简称《刑诉法解释》）有多个条文规定了"印证"的证据审查方法，即是明证。例如，第140条第2项规定"证据之间相互印证，不存在无法排除的矛盾和无法解释的疑问"。第141条规定："根据被告人的供述、指认提取到了隐蔽性很强的物证、书证，且被告人的供述与其他证明犯罪事实发生的证据相互印证，并

---

① 参见方文军、刘岩岩：《朱晓东故意杀人案［第1367号］——对有证据指向是预谋杀人但被告人否认的，如何审查判断证据》，载最高人民法院刑事审判第一、二、三、四、五庭主办：《刑事审判参考》总第124集，法律出版社2020年版。

② 参见龙宗智：《刑事印证证明新探》，载《法学研究》2017年第2期。

排除串供、逼供、诱供等可能性的,可以认定被告人有罪。"

实务中,法官可以运用行为分析的结论,印证相关证据的信息,借以审查证据的真实性和可靠性,为正确评价证据的证明力提供帮助。

例如,在李二胜故意杀人案中,合议庭依职权通知安徽省公安厅物证鉴定管理处法医病理损伤检验科的秦明法医作为有专门知识的专家辅助人出庭,就相关专业问题发表意见。

秦明法医当庭陈述:经检验,死者龚传福死亡原因符合颅脑损伤致死。附加性损伤第一处是左腿膝关节内侧数条浅表条索状划痕,清楚的有3条,较为浅淡的有2条,由末端较为尖锐的条索性钝性物体形成,常见的物体包括手指指甲。第二处是右侧肩前部片状方向性擦挫伤,此处附加伤起始端整齐,有方向性并可以看出皮纹的断裂,由凸起的钝器轮边刮擦右肩部形成。经过对现场的勘查,窗台上窗轨或墙边可以形成此处创伤。相关伤情亦有尸体照片相印证。

根据检验和勘查,死者损伤的形成与他人抱着死者左腿从窗户扔下坠落符合法医学解释。尸检结论、照片、专家证人的证言等证据证实龚传福左腿膝关节内侧有划痕、右侧肩前部有方向性擦挫伤,同李二胜有罪供述中抱着龚传福左腿将其从窗台推下一节能够相互印证。①

又如,在康文良故意杀人案中,法官运用行为分析知识认定,该案的部分重要情节得不到康文良供述或与康文良有关联的证据印证。从现场勘验和尸检情况来看,徐某某进行了较为激烈的搏斗,行为人身上应当沾染血迹,而在现场没有提取到康文良指纹、鞋印等关联性痕迹物证,在康文良的家中和衣服上没有提取到可疑血迹。康文良的供述与其他证据之间有相当一部分得不到印证,上述供证关系和供证的印证情况严重影响了康文良有罪供述的证明力。②

三、运用行为分析知识审查判断被告人辩解

被告人辩解通常是指被告人对其行为性质或者罪责大小所提出的意见,如主张公诉机关指控的犯罪事实并不存在,或者主张其行为是正当防

---

① 参见樊朝勇:《李二胜故意杀人案[第1366号]——死刑案件被告人翻供且缺乏客观证据的审查判断》,载最高人民法院刑事审判第一、二、三、四、五庭主办:《刑事审判参考》总第124集,法律出版社2020年版。

② 参见肖凤:《康文良故意杀人案[第1272号]——如何审查判断DNA鉴定意见的关联性及被告人的翻供》,载最高人民法院刑事审判第一、二、三、四、五庭主办:《刑事审判参考》总第115集,法律出版社2019年版。

卫,或者提出自己具有自首、立功等从轻、减轻甚至免除处罚的情节。实务中,在没有直接证据认定被告人辩解是否成立时,法官往往会结合在案证据,运用相关行为分析知识,审查判断被告人辩解的合理性。

例如,在徐科故意杀人案中,被告人徐科在上诉时提出辩解,案发当晚徐科从租住处驾驶摩托车载被害人鞠某途经一丁字路口时,摩托车撞到该路口的路桩上,徐科和摩托车均未摔倒,但被害人鞠某摔倒在摩托车右侧地面上,头部碰到路沿,并因此死亡。

法官结合在案证据,运用行为分析知识认定这一辩解不能成立,理由如下:

第一,尸体检验结论及法医分析意见书证实,被害人尸体枕骨距"人字缝"顶端下3厘米处见一"Y"字形骨折,右侧颅顶骨见一3厘米×3厘米的骨荫,"Y"形骨折与骨荫不在同一平面内,二者不是同一次外力作用形成的损伤状态,且骨荫为生前损伤;"Y"形骨折与骨荫明显不符合被害人在交通事故中头部往右倒地形成的损伤形态,也不符合抛尸过程中形成的损伤状态,被害人系头部受到钝器作用致严重颅脑损伤死亡的可能性大。同时,该路段路况较差,且所处方位正好是丁字路口,徐科驾驶摩托车的车速不是很快(徐科当时并未摔倒,摩托车也未倒地),因此,即使徐科驾驶的摩托车撞到路桩,也不会产生很大的作用力,结合被害人头部骨折和骨荫分别位于枕骨和右侧颅顶的情形,可以认定被害人头部损伤并非徐科所称的交通事故造成。结合尸体检验结论,法医也专门出庭针对被害人的死亡原因作出说明,排除了被害人系交通事故致死的可能性。

第二,徐科除辩解被害人系交通事故致死外,还对其将被害人带至抛尸现场的方式作出如下供述:被害人在交通事故中受伤致死后,徐科将被害人放在摩托车后座上,用右手驾驶摩托车,左手在自己胸前抓住被害人的双手,将已死亡的被害人带至案发现场抛尸。该案法医亲自查看现场情况后出具意见表明,被告人租住处到抛尸现场距离约60公里,该路段路况较差,山路坡度较陡,行程时间长,徐科不借助其他固定方式,难以将死亡的被害人放置在两轮摩托车后座并骑行带至抛尸现场。同时,侦查实验表明,与被害人身高相仿的女子在放松的状态下坐在被告人驾驶的摩托车后座上,双脚会自然地垂落在地面上。此种情况下被告人驾驶摩托车骑行数十公里,加上山路崎岖不平,必然导致被害人所穿的鞋子严重磨损,但提取在案的被害人所穿的鞋子并无明显磨损,该情况能够反证徐科所称其将已死亡的被害人带至抛尸现场的说法不能成立。[①]

又如，在王某某故意伤害案中，被告人王某某辩解，是许某持刀扎他时，在抢刀的过程中他无意伤到许某。对此，法官运用法医学知识及行为分析知识对证据进行了审查：

一是伤口深度。通过分析被害人伤口的长度、部位和皮肤破损状况可以看出，被害人腹主动脉所受 1.5 厘米划伤系横行伤口，基本处于一个平面，且对皮肤造成的破损深度为左侧较右侧深，参照被告人王某某亲笔所画的致伤工具——尖刀图形，能够认定该处划伤可以由近刀尖部形成，证明两人相向站立时刀尖朝向被害人一方。

二是伤口位置。被害人所受致命伤位于腹主动脉，腹主动脉作为人体的大动脉，直接延续于发自左心室的主动脉、胸主动脉，沿脊柱左侧下行，主要负责腹腔脏器和腹壁的血液供应。通过对致命伤的具体位置进行细化，可以看出破裂的腹主动脉位于人体近脊柱前侧，即在腹腔很深的解剖位置，证明尖刀应系被他人用力刺入被害人腹部。

三是伤口形状。根据法医学常识，双方相互夺刀时，如果一方在力量上具有明显的优势，则力量弱的一方更容易受伤或受伤较重，形成的刀伤相对比较稳定；如果双方力量相当，由于双方对刀的作用力大小和作用力方向不同，加之双方夺刀时的体位变化，此过程中形成的刀伤多不稳定，且伤口方向多不一，创道方向也可以发生较大变化。王某某与许某案发时均系 20 多岁的成年男子，二人身高、体重相仿，在双方相向站立且同时发力夺刀的情况下，伤口、创道必然呈现明显的不规则形态。然而，从尸体检验照片可以看出，被害人所受致命伤的形状规则、创道稳定，并不符合双方夺刀过程中形成的刀伤特征。

通过对尸体检验报告、照片等客观证据的分析，可以推断出王某某是在刀尖朝向被害人的情况下，以极大力量持刀向被害人胸腹部扎刺，由此否定了王某某所提其在抢刀过程中无意伤到被害人的辩解。[②]

上述两案是法官运用行为分析知识否定被告人辩解的案例，实务中，亦不乏相反案例，即法官运用行为分析知识认定被告人辩解具有合理性。

---

① 参见刘静坤、王英：《徐科故意杀人、强奸案［第 729 号］——如何审查判断被告人的翻供和辩解及如何结合被告人的庭前认罪供述认定案件事实》，载最高人民法院刑事审判第一、二、三、四、五庭主办：《刑事审判参考》总第 82 集，法律出版社 2012 年版。

② 参见杜邈：《王某某故意伤害案［第 1213 号］——如何运用间接证据认定被告人否认犯罪的案件》，载最高人民法院刑事审判第一、二、三、四、五庭主办：《刑事审判参考》总第 111 集，法律出版社 2018 年版。

例如，在张洁清故意杀人案中，被告人张洁清上诉时辩称，他是在被害人先持刀对其实施伤害的情况下实施自卫行为，没有杀人及伤害的故意。

在死刑复核程序中，最高人民法院法官结合被害人邢某某的尸体鉴定意见，被告人张洁清的活体鉴定意见，法医专家咨询意见，现场勘验、检查笔录及照片，运用行为分析知识认定，被告人张洁清辩解的邢某某持刀先对其实施侵害，其为自卫才就地持木锤打击邢某某头部的情节，具有合理性，依法作出不核准张洁清死刑的裁定。[①]

四、运用行为分析知识认定"特别残忍手段"

"特别残忍手段"是我国刑法中关系到是否对被告人适用死刑的一个重要量刑情节。在《刑法修正案（八）》颁布前，除故意伤害罪有明文规定外[②]，"特别残忍手段"一般是作为严重暴力犯罪中从重情节所考量的一个客观行为因素。《刑法修正案（八）》在《刑法》第 49 条中增加了第 2 款"审判的时候已满七十五周岁的人，不适用死刑，但以特别残忍手段致人死亡的除外"。根据该规定，"特别残忍手段"已经由酌定量刑因素，上升为一个法律明文规定已满 75 周岁的人适用死刑的必要条件。

由于"特别残忍手段"直接关系对被告人是否适用死刑，因此对其含义的理解及司法认定就尤显重要。全国人大常委会法制工作委员会刑法室的专家认为，故意伤害罪中的"特别残忍手段"是指故意要造成他人严重残疾而采用毁容、挖人眼睛、砍掉人双脚等特别残忍的手段伤害他人的行为。[③] 有学者总结了实务中法官对"特别残忍手段"的理解，主要包括如下类型：

第一，刀具捅刺为常见多发的杀人手段，只要具备某种情节，就基本被认为是"手段特别残忍"，如存在反复性的动作（如砍杀 20 余刀）、打击部位集中在要害部位（如头部、颈部）。

第二，使用非常规杀人手段杀人的，被认为"手段特别残忍"，如火烧、溺杀。

第三，恶意延长被害人痛苦时间或者增加被害人痛苦程度的，被认为

---

① 参见许昱：《张洁清故意杀人案[第 1258 号]——故意杀人犯罪事实清楚，但不能排除其行为具有防卫性质的，能否适用死刑》，载最高人民法院刑事审判第一、二、三、四、五庭主办：《刑事审判参考》总第 114 集，法律出版社 2019 年版。

② 《刑法》第 234 条第 2 款将"以特别残忍手段致人重伤造成严重残疾"作为故意伤害罪的量刑情节。

③ 参见王爱立主编：《中华人民共和国刑法释义》，法律出版社 2021 年版，第 495 页。

"手段特别残忍",如使用钝器多次击打被害人头面部和全身多处,折磨时间长。

第四,施暴后扼杀被害人求生机会的,被认为"手段特别残忍",如将被害人推入化粪池后为防止被害人获救将出口封死,又如在被害人受伤躲避后仍然持刀追杀。

第五,具备其他恶劣情节的,被认为"手段特别残忍",如杀人后肢解尸体。①

从上述类型总结可以看出,如果故意伤害及杀人的手段属于侵害式的犯罪标记行为,如第一类列举的存在反复性动作,属于侵害式犯罪标记行为中的过度杀戮(伤害)行为,第三类列举的恶意延长被害人痛苦时间,属于侵害式犯罪标记行为中的过度折磨行为,第五类列举的杀人后肢解尸体,属于侵害式犯罪标记行为中的切割(毁损)尸体器官行为,那么该犯罪手段就会被认定为"特别残忍手段",进而对被告人适用死刑。

例如,在刘传林故意伤害案中,刘传林利用被害人刘甲(8岁)、刘乙(5岁)对长辈的信任,将二被害人骗至村外,当着自己孙子(5岁)的面,强行向刘甲灌食硫酸,遭到反抗后又朝刘甲身上泼洒硫酸,致刘甲面目全非,构成一级重伤、一级伤残。刘传林孙子吓得大哭后,他仍不罢手,又朝刘乙强行灌食和泼洒硫酸,致刘乙体表和上消化道极重度烧伤死亡。在本案中,刘传林采用灌、泼硫酸的方式故意伤害两名未成年人,手段显属非必要,其性质属于侵害式的犯罪标记行为,目的在于通过过度伤害、折磨被害人,发泄怨恨。最高人民法院法官最终认定该手段属于"特别残忍手段",依法核准刘传林死刑。②

五、运用行为分析知识认定被告人作案时的刑事责任能力

刑事责任能力是指行为人能够辨认或者控制自己行为,并对自己行为负责任的能力。《刑法》第18条中规定:精神病人在不能辨认或者不能控制自己行为的时候造成危害结果,经法定程序鉴定确认的,不负刑事责任;间歇性的精神病人在精神正常的时候犯罪,应当负刑事责任;尚未完全丧

① 参见袁博、聂慧苹:《关于刑法中"以特别残忍手段致人死亡"如何适用的探讨——以刑法修正案(八)新增条款为分析视角》,载最高人民法院刑事审判第一、二、三、四、五庭主办:《刑事审判参考》总第101集,法律出版社2015年版。

② 参见王秋玲、李彤:《刘传林故意伤害案[第1287号]——对采用灌、泼硫酸方式故意伤害他人的,如何把握死刑适用标准》,载最高人民法院刑事审判第一、二、三、四、五庭主办:《刑事审判参考》总第117集,法律出版社2019年版。

失辨认或者控制自己行为能力的精神病人犯罪的，应当负刑事责任，但是可以从轻或者减轻处罚。

对于有精神障碍的行为人，医院临床诊断或司法鉴定可能会因诊断或鉴定角度不同、侧重点不同而得出不同的结论。当二者关于被告人精神状态的判断不一致时，法官可以结合相关证据，运用行为分析知识，认定被告人作案时是否具有刑事责任能力。

例如，在连恩青故意杀人案中，被告人连恩青作案前曾在其家人劝说下到上海市精神卫生中心进行了为期 2 个多月的精神疾病方面的治疗，被诊断为持久妄想性障碍，作案时刚出院 10 天。浙江省立同德医院在连恩青归案后对其进行司法精神病鉴定，认为：连恩青患有疑病症，未达到妄想程度；作案时意识清醒，作案动机现实，辨认和控制能力存在，有完全刑事责任能力。可见，连恩青所患是持久妄想性障碍还是疑病症，医院诊断结果与司法鉴定意见并不一致。

最高人民法院法官在咨询专家，并分析连恩青作案过程的基础上，最终认定其具有完整的辨认和控制自己行为的能力，裁定核准连恩青死刑，主要基于以下两点。

一是连恩青作案对象明确，作案思路清晰。连恩青作案前准备了铁锤和尖刀，确定其要报复的王云杰、蔡朝阳均在医院坐诊后才决定动手；因其认为找王云杰看过病后所拍 CT 片都有问题，致无法反映其鼻部问题、无法做手术，故最痛恨王云杰，决定先杀王云杰，再杀蔡朝阳和林海勇，事先确定了报复的对象和顺序；对王云杰动手前先思考了一两分钟；撞不开蔡朝阳诊室的门，就用刀柄敲碎门玻璃，感觉时间不多便赶紧离开；对江晓勇作案时，发现捅刺对象错误后即停止行为。以上种种行为表现说明连恩青具有清晰判断自己行为性质的能力，对自己实施的行为能够完全控制。

二是连恩青作案时具有很强的自我保护意识。连恩青捅刺王云杰时发现一只鞋子掉了，离开后又返回穿鞋，连恩青供称，如穿一只鞋会引起他人注意、怀疑，可能会被抓住，故返回穿好鞋离开；连恩青离开捅刺王云杰的现场，准备下楼时将尖刀隐藏，与上楼的保安擦肩而过时对保安说“捅人的人还在楼上”，以误导保安，为自己继续作案争取时间，充分反映连恩青作案时具有很强的自我保护意识。①

① 参见余淼、许常海：《连恩青故意杀人案［第 1286 号］——如何结合临床诊断证明和司法精神病鉴定意见准确认定被告人作案时的刑事责任能力》，载最高人民法院刑事审判第一、二、三、四、五庭主办：《刑事审判参考》总第 117 集，法律出版社 2019 年版。

第三节 犯罪行为分析在我国法庭证明中运用的特点

前文笔者描述了犯罪行为分析在我国法庭证明中的运用现状，深入分析该现状可以总结出犯罪行为分析在我国法庭证明中运用的主要特点。

一、证明作用发挥机理方面的特点

在证明作用发挥机理方面，犯罪行为分析知识主要是作为一种经验法则助力法官审查判断证据。所谓经验法则，是指人类以经验归纳所获得的有关事物因果关系或性质状态之法则或知识。[①] 对于指导法官正确评价证据证明力，经验法则具有重要的指导作用。《刑诉法解释》第 140 条即规定："没有直接证据，但间接证据同时符合下列条件的，可以认定被告人有罪：……（五）运用证据进行的推理符合逻辑和经验。"

有学者指出，在司法证明中，经验法则主要作为准演绎推理的大前提以及似真推理的假说确立依据。[②] 从运用的现状而言，现阶段犯罪行为分析主要是作为一种经验法则，构成法官审查判断相关证据的大前提或者依据。

从知识来源进行分类，犯罪行为分析知识可分为一般经验法则和特殊经验法则。一般经验法则是人们从日常社会生活中体验、感知到的规律性认识。作为一般经验法则的犯罪行为分析知识是指法官通过自身的日常生活总结出的关于犯罪行为分析的相关知识，这类知识往往属于"常识常情常理"的内容。特殊经验法则是人们从特殊行业活动中体验、感知到的规律性认识。作为特殊经验法则的犯罪行为分析知识是指某些专家学者在自身的特殊行业活动中总结出的关于犯罪行为分析的相关知识，这类知识并不为法官直接掌握，属于超出"常识常情常理"范围的一种特殊知识。

运用一般经验法则的犯罪行为分析知识时，法官往往直接据此审查被告人的相关行为，作出事实认定。例如，前述列举的张萌故意杀人案，法官认为虽然张萌用刀捅刺被害人的部位不是致命部位，但其在被害人身上割划数刀，并且在用刀将被害人右上臂捅刺后竟将家中大门紧锁，对被害人

---

① 参见纪格非：《经验法则适用之正当性研究》，载《证据科学》2012 年第 1 期。

② 参见王志坚：《刑事审判中经验法则的运用研究》，西南政法大学 2021 年博士学位论文。所谓似真推理，是指从不完善的前提得出有用的、暂时可接受的结论的推理。参见栗峥：《司法证明的逻辑》，中国人民公安大学出版社 2012 年版，第 48 页。

没有任何救治行为,最终致被害人因大量失血而死亡,从其一系列行为分析,其行为显系故意杀人。

该案的分析推理为:

大前提:一个人割划另一个人数刀,且阻止该人救治,说明此人有杀人故意。

小前提:本案中,被告人张萌在被害人身上割划数刀,用刀将被害人右上臂捅刺后竟将家中大门紧锁,对被害人没有任何救治行为。

结论:被告人张萌系故意杀人。

该分析推理的大前提实际就是法官从日常生活中总结出的关于犯罪行为分析的一般知识,属于"常识常情常理"。

在借助作为特殊经验法则的犯罪行为分析知识审查判断证据时,由于这部分知识并不直接来源于法官自身,法官需要寻求外界的帮助。

第一种帮助途径是法官依职权通知专家辅助人出庭,让其就相关问题发表意见,助力合议庭审查判断证据。《刑诉法解释》第 251 条规定:"为查明案件事实、调查核实证据,人民法院可以依职权通知证人、鉴定人、有专门知识的人、调查人员、侦查人员或者其他人员出庭。"前述列举的李二胜故意杀人案中,合议庭就是依职权通知安徽省公安厅物证鉴定管理处法医病理损伤检验科的秦明法医作为有专门知识的专家辅助人出庭,就相关专业问题发表了意见。

第二种帮助途径是法官行使职权调查,向相关专家咨询犯罪行为分析的专门知识。我国刑事诉讼程序属于大陆法系职权主义模式,在职权主义模式下,查明案件事实真相不仅要依靠控辩双方的推动,也是法官的当然职责。为此,职权主义国家的刑事诉讼法均规定了法官职权调查原则。所谓职权调查原则是指为查明真相,庭审法官(或审判长)可不受控辩双方所提供的证据材料的约束,而依职权主动调查及收集所有可能对揭示真相有意义的事实和证据。庭审法官(或审判长)可亲自或委托相关机构或个人采取各种类型的侦查行为,包括勘验、检查、查封、扣押、鉴定甚至是技术侦查。这在职权主义国家的刑事诉讼法中均有明确规定(如《德国刑事诉讼法典》第 238 条,《法国刑事诉讼法典》第 310 条、第 328 条及第 422 条,《西班牙刑事诉讼法典》第 688 条)。① 我国《刑事诉讼法》第 196 条也作了类似的规定:"法庭审理过程中,合议庭对证据有疑问的,可以宣布休庭,对

① 参见施鹏鹏:《刑事证明责任理论体系之检讨与重塑》,载《中国法律评论》2022 年第 6 期。

证据进行调查核实。人民法院调查核实证据,可以进行勘验、检查、查封、扣押、鉴定和查询、冻结。”

行使职权调查,向相关专家咨询犯罪行为分析的专门知识,可以帮助法官排解证据疑问。例如,前述列举的连恩青故意杀人案中,法官就是在咨询了专家并分析连恩青作案过程的基础上,认定其具有完整的辨认和控制自己行为的能力,裁定核准连恩青死刑。

第三种帮助途径是鉴定意见。根据物质交换原理,案犯作案时总会在现场遗留下行为痕迹,对这些行为痕迹进行科学鉴定,可以重现案犯在现场的相关行为,为法官准确认定案件事实提供依据。

例如,在陈乃东故意杀人案中,陈乃东拒不认罪。死刑复核时,最高人民法院指出,本案指向陈乃东作案的客观性证据确实充分。物证、书证、DNA 鉴定等客观性证据,受主观因素影响较少,具有较高的证明力。对于“零口供”案件,又没有目击证人等直接证据的,客观性证据的指向性越明确,越有利于定案。该案有 4 个重要的鉴定意见:一是证明从案发现场提取的血指纹系陈乃东所留的指纹鉴定意见;二是证明该血指纹系黏附被害人李伟的血迹形成的 DNA 鉴定意见;三是证明从案发现场提取的 2 处血迹系陈乃东所留的 DNA 鉴定意见;四是证明从陈乃东家提取到的棉布条上检出李伟的基因分型且不排除含有罗红梅基因分型的 DNA 鉴定意见。这 4 个鉴定意见充分证实,陈乃东去过案发现场,手上黏附过李伟的血迹,还在案发现场受伤。鉴于上述 4 个鉴定意见是本案最重要的客观证据,为确保这些证据真实、可靠,有必要从检材的收集固定、鉴定程序、意见形成等方面进行全面、细致的审查。

关于指纹鉴定意见。该指纹黏附在现场客厅冰箱上放置的相框背部边缘,而冰箱及地面上均有较多血迹,故作案人在此处留下指纹较为自然。为慎重起见,复核期间,办案部门又专门聘请 6 名专家对该鉴定意见作了审核。专家们一致认为,该血指纹与陈乃东的右手中指指纹的 10 个细节特征具有同一性,能够确定该枚血指纹确系陈乃东右手中指所留。指纹鉴定意见客观、准确。

关于血指纹系黏附李伟的血迹形成的 DNA 鉴定意见。该鉴定是检察机关在审查起诉期间要求补作的。鉴定人员用纱布从相框边缘转移了血指纹黏附的血迹送检,鉴定后确定该血指纹黏附的血迹在 10 个 STR 基因座上与李伟的基因分型相同。意见亦客观、准确。

关于从现场提取的 2 处血迹系陈乃东所留的 DNA 鉴定意见。该 2 处血迹从现场提取,表明陈乃东在现场受伤,与人身检查笔录所证实的陈乃东双手有伤、可出现外出血、受伤时间在案发时间段等情况相印证。在这2处血迹中,陈乃东留在电脑桌上的血迹是一处独立血迹,且电脑桌位于李伟尸体旁,故公安人员提取了该血迹。陈乃东留在厨房、阳台地面上的血迹虽在擦拭血迹之上,但形态明显独立,分析系滴落形成,故公安人员亦予提取,且在提取时只对该滴落血迹表面进行转移,尽最大努力避免其被下层血迹干扰。据鉴定人员介绍,若两个个体血迹的混合样本比例在10:1以上时,所占比例小的个体样本会被完全抑制,在STR分型检验中只表现为比例大的单一个体。因此,在对此处血迹进行DNA检验时只发现陈乃东的基因分型亦属正常。

关于从陈乃东家提取的棉布条上检出二被害人混合血迹的DNA鉴定意见。公安人员持搜查证依法对陈乃东家进行搜查时发现了该棉布条,当时有见证人在场,陈乃东也在搜查证上签字。虽然陈乃东未在搜查笔录上签字,但公安机关对此出具情况说明称,当时陈乃东因不配合搜查而离家,故未在搜查笔录上签字。陈乃东亦承认该情节。经专门询问见证人,二人亦均证实搜查过程客观、真实。

据此,最高人民法院认为,被告人陈乃东故意非法剥夺他人生命,其行为构成故意杀人罪,依法核准死刑。①

第四种帮助途径是侦查实验笔录。侦查实验是指在侦查过程中,侦查机关对与本案有关的某些事实,按照某一事件发生时的条件进行实验性重演,以判明在特定条件下能否发生相同的情况,或者能否造成某种特定后果的一种侦查活动。侦查实验可以分成三种类型:(1)感知可能性实验,即测试被害人、证人的感觉和知觉能力,审查其陈述的真实性的实验,如验证在现场条件下被害人、证人能否听到某种声音或者看到某种情形。(2)行为可能性实验,即为验证在一定环境条件下某人实施和完成某种行为的可能性所进行的实验。(3)现象可能性实验,即为验证在一定条件下发生某些自然现象(痕迹)及变化可能性所进行的实验。

侦查实验能有效重现案发过程中相关人的真实行为,助力法官准确认定案件事实。例如,在一次追捕劫匪的过程中,一名警察开枪击中了一名劫匪,这名劫匪跑了一段距离后死了。该警察陈述,在追捕过程中,他只开了一枪。在随后的尸检中,法医发现死者身上有两处子弹伤口,一颗子弹进入了左大腿的前面,子弹仍嵌在肌肉里。另一颗进入了后背,从下腹穿

① 参见李睿懿、张建英:《陈乃东故意杀人案[第654号]——对"零口供"案件如何运用间接证据定案》,载最高人民法院刑事审判第一、二、三、四、五庭主办:《刑事审判参考》总第77集,法律出版社2011年版。

出。法医推断:这名警察开了两枪,第一次在较远的距离,击中了劫匪的前面,第二次击中了劫匪的背部,有可能此时劫匪已经跌倒在地。基于法医的推论,该警察被逮捕,并被指控谋杀。著名的法医学专家西德妮·史密斯(Sydney Smith)重新检视了劫匪的衣服,并考虑了当时的情境——劫匪身体的位置及姿势的影响。他认为这名警察的说法是真实的,这仅有的一颗子弹进入了劫匪的后背,透入他的身体,从他的下腹穿出,又进入了他前面的大腿,因为他当时在逃跑,腿抬得较高。通过侦查实验,西德妮·史密斯利用假人和劫匪的衣服重建了当时的情境。

从盖然性角度而言,一般经验法则的盖然性较低,特殊经验法则的盖然性较高。法官在运用一般经验法则的犯罪行为分析知识审查判断证据时,应当进行充分的说理,以备上级法院审查。如果法官不对推理的大前提——作为一般经验法则的犯罪行为分析知识进行归纳明确,那么二审法院就无法审查一审法院在认定事实时是否有违经验法则,从而不利于发挥二审的复审功能。

二、证明作用发挥载体方面的特点

从证明作用发挥的载体而言,现阶段犯罪行为分析主要是依附于法定的证据种类发挥作用。我国《刑事诉讼法》规定了 8 种证据,分别是物证,书证,证人证言,被害人陈述,犯罪嫌疑人、被告人供述和辩解,鉴定意见,勘验、检查、辨认、侦查实验等笔录,视听资料、电子数据。可见,《刑事诉讼法》目前并没有将犯罪行为分析意见规定为一种独立的证据种类。换言之,犯罪行为分析意见并不是法定的证据种类。据此,实务中有法官援引《刑事诉讼法》的规定,否定犯罪行为分析意见的证据资格。

例如,在覃国栩抢劫案中,一审法院认定覃国栩故意杀人罪不成立,人民检察院提起抗诉,并在二审中聘请有专门知识的人邹某制作了《技术性审查意见书》,该审查意见书有大量犯罪行为分析的内容:

③根据现场物证痕迹及尸体上的损伤表现等,经分析推理,对现场进行重建,推断作案过程如下:A. 在现场进行死后焚尸处置尸体的行为,使用助燃剂(汽油)进行焚烧的可能性极大。B. 推断焚烧尸体时,河水应处于尸体位置之下。C. 判断助燃剂(汽油)主要是洒在尸体头面部进行燃烧,且点燃之后,才将雨衣等丢放在焚烧的尸体上。D. 尸体头顶枕部创口纵横交错,皮下出血明显,符合生前损伤特征;左额部及左面部创口密集平行,相对较重,表现固定体位衬垫砍击形成的特点,且皮下出血不明显,反映出濒死期或死后损伤特征。可认定头面部及胸腹部的锐器伤为杀人行

为形成的损伤，其中左前臂和左手掌的锐器创表现出抵抗行为形成的损伤特征。损伤形成的前后顺序分析为，死者身体在低位状态（如坐、蹲等体位）被案犯砍击形成头顶枕部锐器创，死者抵抗形成左前部损伤，倒地后右侧头部衬垫顶在地面上体位固定被砍击形成左额面部锐器伤。E. 推断桥底水下范围为杀人现场。

④现场及尸体上存在焚烧尸体（主要面部）的毁证行为，反映案犯杀人后针对尸体所实施的旨在掩饰自己身份的行为；而且焚烧尸体后，还找来广告膜掩盖包裹尸体，反映案犯杀人后旨在平息内心的不安和愧疚的行为，毁证行为和愧疚行为均反映出案犯与被害人较为熟悉的特征。此外，结合杀人现场的环境分析，反映出熟人激情杀人的行为特征。

⑤上述现场重建、作案行为及案犯刻画分析的科学依据及技术方法规范是：命案现场分析的核心技术方法，实际上就是依据现场物证和痕迹，尤其是尸体上的损伤进行的行为分析。据了解，美国是将其列为行为证据学进行研究和应用的，国内也有很多学者进行了这方面的研究，其中以公安部特邀刑侦专家闵建雄主任法医师为代表，他的代表作有《命案现场重建概论》《命案现场分析概论》，对于本案的现场重建、作案行为及案犯刻画分析，主要依据了他的研究成果，同时结合自己多年的工作经验，在审阅核实本案相关资料、勘查现场及相关物证后作出的判断。

但二审法官认为，有专门知识的人所作的分析推断意见，不属于《刑事诉讼法》规定的法定证据种类，不能作为定案的依据。全案证据未达到事实清楚，证据确实、充分的证明标准，裁定驳回抗诉、维持原判。①

由该案可见，由于犯罪行为分析意见不是法定的证据种类，导致这种类型的意见不能直接、独立地发挥证明作用，在现阶段，犯罪行为分析知识只能依附于法定的证据种类发挥作用，常见的是依附于鉴定意见、侦查实验笔录，如前述徐科故意杀人、强奸案，犯罪行为分析知识就是依附于鉴定意见和侦查实验笔录发挥作用的。

三、在证明对象方面的特点

在证明对象即待证事实方面，犯罪行为分析目前主要用于证明犯罪主观方面的事实以及甄别被告人供述和辩解。从前述的类型总结可以看出，犯罪行为分析多用于证明犯罪故意、主观明知、非法占有目的、预谋杀人等主观方面的事实，或者作为一种经验法则，为甄别被告人供述和辩解的真

---

① 参见广西壮族自治区高级人民法院刑事附带民事裁定书，(2018)桂刑终128号。

实性和可靠性提供判断依据。在并案分析、案件性质、作案过程、犯罪现场特征、案犯特征的证明方面,犯罪行为分析的运用还受到较大局限,这与美国已将犯罪行为分析广泛运用于司法证明的实务现状相比,存在一定距离。

例如,在苏光虎故意杀人案中,控方指控苏光虎犯有两起故意杀人案,分别是:

(1) 2002 年 4 月 14 日 16 时许,被告人苏光虎从山上收“捕铁猫”(捕野鸡和兽的专用工具)返回途经本屯附近的“坡古斋”(地名)山坡处时,遇本屯妇女周某在此地放牧,便对周某进行调戏。遭周某拒绝后,苏光虎顿生杀人之念,拔出随身携带的自制双刃尖刀,朝周某的胸、腹部连捅数刀,将周某杀死,并将周某的尸体拖到十余米外的树林隐藏后,逃离现场。

(2)2007 年 1 月 8 日 12 时许,苏光虎到本屯附近的“陇那直”山上砍柴时,遇本屯妇女苏某也在附近砍柴,便对苏某进行调戏,遭拒绝。苏光虎想起几天前苏某曾骂自己,顿生报复杀人念头,遂趁苏某捆柴不备之机,用自己柴刀的刀背朝苏的头后部猛砸一下,又拔出苏某插在腰背后的柴刀,用刀背猛砸苏某的头部一下。苏某被砸后滚到一处泥坑里,苏光虎又捡起一块大石头朝苏某面部连砸两下,导致苏某当场死亡。

在复核该案时,最高人民法院法官认为,虽然根据司法经验推断,该起犯罪(第一起犯罪)由苏光虎所为的可能性极大,公安机关也正是基于周某被杀地点、手段、性质等方面与苏某被杀有不少类似之处而并案侦查的,但该起事实仅有苏光虎本人的供述作为直接证据,且其供述未能得到其他证据的补强,在案证据尚不能形成完整证据链。为慎重起见,最高人民法院裁定苏光虎杀死周某的事实不清,证据不足,公诉机关指控的相关事实不能成立。①

由该案可见,尽管公安机关从犯罪行为分析方面提出了并案侦查的意见,但最高人民法院更加重视客观证据的证明力,对基于犯罪行为分析的并案侦查意见的证明力,态度较为谨慎保守。

---

① 参见林玉环:《苏光虎故意杀人案[第 762 号]——对死刑案件如何把握“证据确实、充分”的定案标准》,载最高人民法院刑事审判第一、二、三、四、五庭主办:《刑事审判参考》总第 85 集,法律出版社 2012 年版。

第十一章　行为证据分析意见的证据资格

《刑事诉讼法》第50条规定："可以用于证明案件事实的材料，都是证据。证据包括：(一)物证；(二)书证；(三)证人证言；(四)被害人陈述；(五)犯罪嫌疑人、被告人供述和辩解；(六)鉴定意见；(七)勘验、检查、辨认、侦查实验等笔录；(八)视听资料、电子数据。证据必须经过查证属实，才能作为定案根据。"根据该规定，我国学术界和实务界的传统观点认为，证据材料必须属于《刑事诉讼法》规定的"法定证据种类"，否则该证据材料不具备证据资格，不能在刑事诉讼中使用。例如，前述提到的覃国栩抢劫案，尽管控方提交了包含犯罪行为分析内容的《技术性审查意见书》，但法官以该审查意见书不属于《刑事诉讼法》规定的法定证据种类为由，否定了该审查意见书的证据资格。

客观而言，这种传统的机械的观点既不符合证据法理，也不能满足司法实务的需要。有学者指出："证据法的主要使命在于为证据转化为定案根据设定必要的法律条件和准入资格。至于证据的载体和表现形式，一旦受到法律的限制，就有可能扼杀证据制度的弹性和活力，使得大量明明记载着证据事实的载体形式被排除于证据范围之外。"①在此背景下，有必要探讨行为证据分析意见的证据资格问题。

第一节　学术界关于行为证据分析意见证据资格的探讨

随着犯罪行为分析技术研究的深入，众多学者已不满足于仅在侦查领域运用犯罪行为分析的知识，开始探讨如何在刑事诉讼证明中运用行为证据分析意见。

一、行为证据分析意见的概念

万立华认为，能够证明与案件相关的行为实施过程和特征、行为手段、行为顺序及相关物证材料所反映出的潜态信息即称为行为证据。行为证

① 陈瑞华：《刑事证据法》(第3版)，北京大学出版社2018年版，第249页。

据是依据客观的犯罪结果,运用科学的逻辑思维,回溯性解释在具体的时空条件下某一犯罪究竟为何发生和如何发展的,以及犯罪过程中各行为之间内在的逻辑关系如何的证据材料。行为证据应该包括两个方面:一是用以证明行为的证据,主要是证明发生了什么行为和行为是怎么发生的;二是依据对犯罪行为的分析形成证据,主要是依据对犯罪行为的分析形成对案件的认识意见。行为证据分析是指通过综合现场的所有证据及其他与案件有关的证据材料或者信息,根据经验规则和逻辑规则,对特定人员,主要是犯罪嫌疑人或被告人的行为倾向、行为方式、行为轨迹及由此而反映出来的行为心理等作出的分析、判断意见。①

闵建雄认为,行为证据有广义和狭义的区分。广义的行为证据是指个体行为所产生的反映案件事实的信息,并不都是或仅仅是物证。在这类信息中可能包含三种情况:第一种情况是通过勘查和检验可以直接固化成证据形式的信息,如指纹、足迹、精斑等;第二种情况是可以间接固化成证据形式的信息,如通过检验人体损伤推断致伤物体等;第三种情况是无法固化成证据形式的信息,如人体上的威逼损伤、血迹的形成方式等。第三种情况就是狭义的行为证据。②

郝宏奎认为,行为证据的外延,包括“用以证明涉案行为的证据”和“依据涉案行为而形成的证据”两大方面。行为证据中“用以证明涉案行为的证据”,包括以下内容:用以证明发生了什么行为的证据;用以证明行为是怎么发生的证据(行为发生的过程、顺序、方式);用以证明行为特征的证据,包括行为的独特性和不同案件中涉案行为之间的相同或相似性,等等。行为证据中“依据涉案行为而形成的证据”,主要包括借助于对涉案行为的分析研究而形成的对案件构成要素方面的认识意见,如对涉案行为人行为当时心理状态、精神状态、刑事责任能力的认识意见,对犯罪动机的认识意见,对犯罪人作案条件与个体特征的认识意见,对案件性质的认识意见,对整个侦查结论的认识意见,等等。③

杨玉章认为,行为证据分析,顾名思义,是指从行为本身寻找证实犯罪的证据,能够证明与案件相关的行为实施过程、行为特征、行为手段、行为发生的顺序及相关物证材料所反映出的潜态信息即称为行为证据。行为证据分析意见是指在综合现场所有信息的基础上,汇总各类行为证据分析

① 参见万立华主编:《命案现场重现——全国案例精选》(第3卷),中国人民公安大学出版社2013年版,第303页。

② 参见闵建雄:《行为证据及其实践应用价值初探》,载《刑事技术》2013年第4期。

③ 参见郝宏奎:《行为证据浅探》,载《河南警察学院学报》2013年第5期。

的结论形成的规范化、标准化意见。[1]

仔细研究上述概念可以发现，学者们都注重通过行为证据分析意见挖掘犯罪现场及相关行为所包含的潜态信息。在学者们看来，现有的证据形式不能容纳这些潜态信息，因此有制作行为证据分析意见将之用于诉讼证明的必要。

例如，郝宏奎认为，诉讼法规定的证据形式，多侧重于单独的证据，对证据之间的关系难以进行充分说明，行为证据则可以把证据放在一个相互关联的系统之中，借助于经验规则和逻辑规则，扩大认定事实的信息源和信息量。[2] 杨玉章认为，犯罪现场是关于犯罪行为的信息库，但是现场的静态信息是凌乱的、没有层次的，需要经过分析才能将之还原为完整的犯罪过程。在盗窃案件的现场，犯罪行为人的足迹可能散布于门口、客厅、卧室、厨房甚至卫生间等处，犯罪行为人的指纹可能散布于门把手、茶几、衣柜把手、床头柜等处。如果不经专业分析，那么以上信息只是静态地反映犯罪行为人身体局部特征的信息，对于侦查活动来说毫无价值可言。但是，如果能够明确这些静态信息之间的关系并将之串联起来，那么这些信息将被激活，能够"描绘"出一幅具体的犯罪行为人作案的画面。在侦查终结后，行为证据分析意见和其他证据类型一起发挥构建证据体系的作用来完成案件事实的证明。

笔者认为，学者们的上述见解有合理之处。目前《刑事诉讼法》规定的8种法定证据种类，并不能全面地反映出犯罪现场及相关行为的潜态信息，不利于法官准确评价单个证据的证明力，正确认定案件事实。在司法证明中，如能借助行为证据分析意见，将相关证据种类有效"串联"起来，可进一步增强这些证据种类的证明力，有利于法官形成心证。"现行八种法定证据类型是以单一、孤立的证据形式出现的，各证据之间的关联性较弱，行为证据以其独特行为属性特征，弥补了各证据之间的缺失，以行为和行为过程为纽带串联了各种涉案证据，补充了案件证据之间的关联性，使整个证据链条严谨、牢固，提升了证据的整体证明力。"[3]对此，笔者可举一案例略作说明。

某年12月9日早6时，有人发现村民李某死于自己家中。经勘查，死者仰卧于自己独居卧室的床上，死者的衣兜被翻动、掏出，身盖一棉被；头

① 参见杨玉章：《刑事侦查与行为证据》，河南科学技术出版社2019年版，第17页。

② 参见郝宏奎：《行为证据浅探》，载《河南警察学院学报》2013年第5期。

③ 杨玉章：《刑事侦查与行为证据》，河南科学技术出版社2019年版，第189页。

部两侧的床面上有大量喷溅血迹，头部左侧颅骨塌陷；肋骨呈广泛性骨折；颈部有9厘米长的切割伤。该床下一块红砖的棱角处沾有血迹和毛发（经鉴定系死者李某的）。靠东墙的壁洞里有一把铁柄菜刀，刀刃上沾有血迹（经鉴定系死者李某的）。刀柄上有两枚灰粉指纹。床边桌子上的煤油灯罩上有两枚加层指纹。室内被翻动，大量谷物、地瓜粉散落在地。经法医检验，死者是最后一次进餐6小时后死亡的。经调查死者8日晚6时在邻居家吃的晚饭。

作案过程分析：案犯乘李某熟睡之机，骑于李某胸部（依据：肋骨呈广泛性骨折，死者仰卧于自己独居卧室的床上，案发时间为夜晚12时后），先用红砖打击头部（依据：头部两侧的床面上有大量喷溅血迹，头部左侧颅骨塌陷，床下一块红砖的棱角处沾有血迹和毛发），然后点燃桌上煤油灯（依据：煤油灯罩上有两枚加层指纹），大量翻动室内物品（依据：室内被翻动，大量谷物、地瓜粉散落在地），后用菜刀切割李某颈部后逃离现场（依据：刀柄上有两枚灰粉指纹，颈部有9厘米长的切割伤）。

由该案可见，仅仅依据现场勘查记录、现场提取的物证、法医鉴定报告等证据，法官并不能清楚地认知案犯的整个作案过程。借助作案过程分析意见，上述证据被有效地"串联"起来，法官不仅能了解被告人实施相关行为的先后顺序，而且能了解各种物证形成的原因和机理，这对于法官形成心证，准确评估被告人罪责大有裨益。

综合上述学者见解，笔者认为，行为证据分析意见，是指侦查人员借助相关知识，对案犯现场行为、被害人行为以及犯罪现场状态所蕴含的潜态信息进行分析，得出的一种有利于证明案件事实的专门意见。这些潜态信息的主要内容一般包括：案犯的作案过程、特定犯罪手段和犯罪标记行为的揭示和分析、案件性质、案犯特征、串并案件分析意见等。

二、行为证据分析意见的证据形式

关于行为证据分析意见的证据形式，学者们的观点有"非独立说"和"独立说"两种。"非独立说"认为，行为证据分析意见不是一种独立的证据种类，应视情况归属于法定的证据种类。"独立说"认为，行为证据分析意见是一种独立的、新的证据种类。

持"非独立说"观点的史立梅认为，行为证据分析意见应列入专家证人证言的范围，属于广义上的证人证言范畴。闵建雄认为，可行的途径就是将行为证据附加在合适的载体上，使其具备证据的某一类型。就目前而言，似乎比较适合的证据法定类型是（专家）证人证言。在具体形式上，至少可以考虑以下三种载体方式:一是公开出庭作证,二是法庭内部听证,三是专家分析意见。①

持“独立说”观点的郝宏奎认为,行为证据不是《刑事诉讼法》规定的8种证据形式之一,它是一种新的证据形式,它的含义不是“以行为形式存在、呈现的证据”或“以行为为载体的证据”,而是指“与涉案行为直接相关联的具有证据意义的材料”,包括“用以证明涉案行为内容、过程、特征的证据”,在这里,“行为”是证明的对象,或需要证明的内容(待证的事实);也包括“依据已知涉案行为内容、过程、特征或借助于对涉案行为内容、过程、特征的分析研究而形成的证据”;在这里,“行为”是证明的依据,或用以证明的内容(证据的“原材料”)。② 杨玉章认为,可以创新表现行为证据的证据形式,即把破案报告作为表现行为证据的一种新的证据形式,先试点,后修法。诉讼法规定的证据形式,多侧重于单独的证据,对证据之间的关系难以进行充分说明,行为证据则可以把证据放在一个相互关联的系统之中,借助于经验规则和逻辑规则,扩大认定事实的信息源和信息量。因此,用破案报告这样一种新的证据形式表现行为证据,不仅可以确保行为证据充分参与刑事诉讼,充分发挥功能作用,也有助于对证据体系及其所证明的案件事实的系统审查,有助于提高证明质量。③

第二节　行为证据分析意见应当具有证据资格

学者对行为证据分析意见证据资格的探讨极具启发意义,但仍存在不足,主要表现为未能结合证据法学原理和最新的司法解释规定进行分析论证,导致未能充分阐述支持的理据。下面笔者运用证据法学原理,结合最新的相关司法解释规定,论证行为证据分析意见应当具有证据资格。

一、刑事诉讼证据资格的含义

刑事诉讼证据资格是指某种证据材料准入刑事诉讼程序使用的资格。在我国司法实践中,证据资格扮演着把守刑事诉讼程序“大门”的角色,凡不具备证据资格的证据材料,不能进入刑事诉讼程序中使用,遑论成为最

① 参见闵建雄:《行为证据及其实践应用价值初探》,载《刑事技术》2013年第4期。

② 参见郝宏奎:《行为证据浅探》,载《河南警察学院学报》2013年第5期。

③ 参见杨玉章:《刑事侦查与行为证据》,河南科学技术出版社2019年版,第190页。

终的定案根据。[①] 梳理我国刑事司法实践，不具备证据资格的证据材料大致有如下类型：

其一，由不具备侦查权的其他机关收集的证据材料无证据资格。例如，在2012年《刑事诉讼法》修改之前，由行政机关收集的言词证据和实物证据均无证据资格，这些证据如需在刑事诉讼中使用，需转化使用或由侦查机关重新取证。2012年修改的《刑事诉讼法》第52条[②]第2款规定："行政机关在行政执法和查办案件过程中收集的物证、书证、视听资料、电子数据等证据材料，在刑事诉讼中可以作为证据使用。"据此，行政机关收集的实物证据具备刑事诉讼证据资格，可以直接在刑事诉讼程序中使用，但行政机关收集的言词证据仍需由侦查机关重新取证后，方具备证据资格。

例如，王志余、秦群英容留卖淫案的裁判要旨中指出：从现行刑事诉讼理念出发，刑事诉讼中据以定案的证据必须系具有侦查权的主体依照《刑事诉讼法》的规定收集、调取、制作，并经庭审质证才可以作为证据使用。行政执法机关并非法定的刑事侦查主体，故严格按照上述理念，无论是行政执法部门收集、调取、制作的物证、书证、视听资料、检验报告、鉴定意见、勘验笔录、现场笔录等客观性证据，还是证人证言、当事人陈述等主观性证据，均应在进入刑事诉讼程序后由侦查机关重新收集。然而，从实际情况出发，特别是从主观性证据和客观性证据的形成过程进行分析，主观性证据系在取证时临时生成，其内容受取证程序的影响较大；客观性证据在取证前业已存在，其内容受取证程序的影响较小。为提高诉讼效率，节约司法资源，允许在行政执法程序中收集的客观性证据经一定程序转化为刑事证据是可行的、必要的。最高人民法院、最高人民检察院、公安部于2011年联合发布的《关于办理侵犯知识产权刑事案件适用法律若干问题的意见》首次对行政执法部门收集、调取、制作的证据在刑事诉讼中的效力问题作出规定，根据证据的性质将行政执法部门收集、调取、制作的证据在刑事诉讼中的效力区分为两种情形："行政执法部门依法收集、调取、制作的物证、书证、视听资料、检验报告、鉴定结论、勘验笔录、现场笔录，经公安机关、人民检察院审查，人民法院庭审质证确认，可以作为刑事证据使用。行政执法部门制作的证人证言、当事人陈述等调查笔录，公安机关认为有必

① 因此，"不能进入刑事诉讼程序中使用"至少包括两层含义：其一，不能在审判期日进行的法庭调查程序中使用；其二，不能作为法官认定事实的定案根据。

② 现为《刑事诉讼法》第54条。

要作为刑事证据使用的，应当依法重新收集、制作。”[①]

再如，在监察体制改革之前，纪委收集的言词证据材料无证据资格，如需在刑事诉讼中使用，需要经过相应转化。“监察体制改革以前，纪委在双规调查后将涉嫌职务犯罪的案件移送检察院立案侦查，移送证据的做法是：物证、书证等实物证据移送后直接适用于侦查阶段；询问笔录、证人证言等言词证据不直接移送，由检察院重新收集，转化为合法的证据材料。”[②]监察体制改革后，纪委和监察机关合署办公，成为法定的职务犯罪调查主体。《监察法》第33条第1款规定：“监察机关依照本法规定收集的物证、书证、证人证言、被调查人供述和辩解、视听资料、电子数据等证据材料，在刑事诉讼中可以作为证据使用。”据此，监察体制改革后，监察机关收集的证据材料已具备刑事诉讼证据资格。

其二，收集证据材料的侦查措施欠缺《刑事诉讼法》的特别授权，导致证据材料无证据资格。例如，2012年修改《刑事诉讼法》之前，侦查机关采取技术侦查措施收集的证据材料，因欠缺《刑事诉讼法》上的特别授权依据，无证据资格。如需在刑事诉讼中使用这些证据材料，必须进行相应转化。2012年《刑事诉讼法》修改，增加了关于技术侦查措施的特别授权规定，第152条[③]规定“依照本节规定采取侦查措施收集的材料在刑事诉讼中可以作为证据使用”。据此，侦查机关采取技术侦查措施收集的证据材料具备刑事诉讼证据资格。

其三，由于取证对象不适格，收集的证据材料无证据资格。例如，《刑事诉讼法》第62条第2款规定：“生理上、精神上有缺陷或者年幼，不能辨别是非、不能正确表达的人，不能作证人。”据此，侦查机关对不具备证人资格的人收集的言词证据，不具备刑事诉讼证据资格。例如，苏劲恒故意伤害案的裁判文书中指出：“公安机关于2018年5月31日拍摄的对严某进行询问时的视频录像显示，严某并不能独立、清晰地表述出案发经过，每一个问题均需要在询问人提示答案后才能作出回答。其在此次被询问前已就本案接受过多次询问但仍不能独立讲述案发经过，这也反映出其在记忆、语言表达上存在的缺陷。综上，本院认为，严某作为智力残疾为二级的

① 参见杜开林：《王志余、秦群英容留卖淫案［第972号］——行政执法过程中收集的言词证据，是否可以直接作为刑事证据使用以及重新收集的言词证据是否在程序上具有特殊要求》，载最高人民法院刑事审判第一、二、三、四、五庭主办：《刑事审判参考》总第97集，法律出版社2014年版。

② 陈光中、邵俊：《我国监察体制改革若干问题思考》，载《中国法学》2017年第4期。

③ 现为《刑事诉讼法》第54条。

残疾人，并不能正确表达所看到的事实。根据《中华人民共和国刑事诉讼法》第六十条规定，凡是知道案件情况的人，都有作证的义务。生理上、精神上有缺陷或者年幼，不能辨别是非、不能正确表达的人，不能作证人。故其不具备证人资格，对其证言予以排除。"①

再如，《刑诉法解释》第88条第1款规定："处于明显醉酒、中毒或者麻醉等状态，不能正常感知或者正确表达的证人所提供的证言，不得作为证据使用。"据此，收集的此类证人证言，无证据资格。例如，高某某2故意伤人案的裁判文书中指出：被害人聂某国、证人王某龙事发时处于明显醉酒状态，不能正常感知，聂某国的陈述、王某龙的证言不得作为证据使用。证据证明，聂某国、王某龙事发前均喝一斤半洮儿河白酒，事发时处于明显醉酒状态，对事发过程已不能正常感知。依据2012年《刑诉法解释》第75条"处于明显醉酒、中毒或者麻醉等状态，不能正常感知或者正确表达的证人所提供的证言，不得作为证据使用"的规定，聂某国的陈述、王某龙的证言不得作为证据使用。②

其四，证据材料因显然欠缺关联性而无证据资格。例如，《刑诉法解释》第88条第2款规定："证人的猜测性、评论性、推断性的证言，不得作为证据使用，但根据一般生活经验判断符合事实的除外。"证人的猜测性、评论性、推断性证言显然与待证事实欠缺关联性，故此类证言无证据资格。例如，杨某失火案的裁判文书中指出：周某某出庭作证，目的是对杨迎红门面是失火点作"专业性"解释，因非其亲眼看到，其解释是评论性、推断性的，根据2012年《刑诉法解释》第75条第2款"证人的猜测性、评论性、推断性的证言，不得作为证据使用"的规定，其解释不得作为证据使用。③

其五，证据材料因表现形式不符合法定要求而无证据资格。所谓证据表现形式的合法性，是指证据载体在记录证据收集过程和证据相关情况方面符合法定的要求。④ 例如，《刑诉法解释》第135条第3款中规定"公诉人提交的取证过程合法的说明材料，应当经有关调查人员、侦查人员签名，并加盖单位印章。未经签名或者盖章的，不得作为证据使用"。

其六，证据材料因不属于《刑事诉讼法》规定的8种证据，而无证据资格。传统的刑事诉讼法理论认为，证据材料只有属于《刑事诉讼法》规定

① 广东省珠海市斗门区人民法院刑事判决书，(2018)粤0403刑初36号。
② 吉林省扶余市人民法院刑事附带民事判决书，(2018)吉0781刑初30号。
③ 贵州省黔东南苗族侗族自治州中级人民法院刑事附带民事裁定书，(2015)黔东刑终字第103号。
④ 参见陈瑞华：《刑事证据法学》(第3版)，北京大学出版社2018年版，第138页。

的证据种类，才具备证据资格，可以在刑事诉讼程序中使用。但这种传统观点正日益受到挑战，有进一步分析论证的空间。

二、《刑事诉讼法》关于证据种类的规定具有开放性

虽然《刑事诉讼法》以列举方式规定了8种证据，但这种规定并不是一种封闭规定，不能简单地以行为证据分析意见不是法定的证据种类为由，否定其证据资格。

首先，从文义解释角度而言，《刑事诉讼法》第50条的用语是"可以用于证明案件事实的材料，都是证据。证据包括……"该规定选择的语词"都是""包括"反映出立法者对证据材料的包容性心态。如果立法者欲作封闭性规定，更合理的语词选择应是"才是""只包括"，第50条规定相应变为"可以用于证明案件事实的材料，才是证据。证据只包括……"因此，从文义解释而言，第50条规定不是一个封闭性规定，而是具有开放性，某种材料即使不是明确地属于某一列举的证据种类，但如果可以证明案件事实，也应当赋予其证据资格。

其次，从历史发展角度而言，证据种类与时俱进，呈现出动态开放特征，并未维持一成不变的僵化状态。例如，1979年《刑事诉讼法》只列举了6种证据种类，没有将录音、录像等"音像资料"列为法定证据种类。但随着科学技术的迅速发展，传统的物证、书证已经难以涵盖这类高科技的证据形式。在司法实践中，诸如录音磁带、录像带、软盘、光盘等证据载体逐步被运用到司法活动中，并被法院采纳为定案的根据。1996年修改《刑事诉讼法》时，立法机关顺应形势，增列"视听资料"为法定证据种类。其后，随着计算机技术及网络技术的发展，电子文档、电子邮件、电子数据交换、网络聊天记录、网络博客、手机短信等证据形式也被运用于司法证明中，2012年修改《刑事诉讼法》时，立法机关再次顺应形势，将"电子数据"列为法定的证据种类。

除了大的证据种类的发展呈现动态开放特征外，在每一证据种类内部，证据形式的发展也呈现开放特征。以笔录类证据为例，1996年《刑事诉讼法》将"勘验、检查笔录"列为法定的证据种类。但是，"勘验、检查笔录"只是众多侦查笔录中的一种。除了勘验、检查活动外，侦查机关还会采取侦查辨认、侦查实验措施，从而形成"辨认笔录""侦查实验笔录"，这些笔录也被广泛运用于司法证明中。2012年《刑事诉讼法》顺应司法实践需求，将"辨认笔录""侦查实验笔录"列为笔录类证据的一种。

再次，从司法实践角度而言，对某些不属于法定证据种类的证据材料，

法院大多采取包容态度，并未一律否定其证据资格。目前在司法实践中广泛使用的“搜查笔录”“扣押清单”“证据提取笔录”“情况说明”“破案经过”“抓捕经过”“社会调查报告”等材料，很难归属于某种法定证据种类，但“几乎没有任何法院以‘不属于法定证据种类’为由，将上述这些材料排除于法庭之外”①。

最后，从学理反思角度而言，学者越来越质疑证据的法定种类规定，该规定的学理正当性严重不足。例如，孙远指出，法定证据种类规定是我国在法治建设之初，对证据法和程序法的基本原理尚未充分把握的情况下作出的选择。时至今日，这种从证据种类出发的思维模式，已经极大地束缚了我国证据法和程序法学理论以及制度建设的进一步发展，法定证据种类是一个应当尽快抛弃的概念。② 陈瑞华认为，在法律中明确限定证据的法定形式，其必要性是值得反思的。这种旨在限定证据法定种类的规则可能是难以得到实施的。这本身既显示了法律规则的失灵，也说明这类涉及证据法定形式的规则是有其局限性的。③

三、行为证据分析意见的证据种类归属

以上分别从文义解释、历史发展、司法实践、学理反思等多个角度，分析论证《刑事诉讼法》关于证据种类的规定具有开放性，为行为证据分析意见具备证据资格提供了理论支持。需要进一步研究的问题是，在证据形式方面，究竟是采“非独立说”还是“独立说”。笔者认为，《刑诉法解释》已经为该问题的答案指明了方向，即采取“非独立说”更有规范依据。

《刑诉法解释》第 100 条第 1 款规定：“因无鉴定机构，或者根据法律、司法解释的规定，指派、聘请有专门知识的人就案件的专门性问题出具的报告，可以作为证据使用。”根据该规定，可将行为证据分析意见视为专门性问题报告的一种，归入广义的鉴定意见中。为更好地阐述这一问题，有必要梳理有专门知识的人在我国刑事司法证明中发挥作用的历史。

（一）鉴定意见

所谓鉴定意见，是指在诉讼活动中鉴定人运用科学技术或者专门知

① 参见陈瑞华：《刑事证据法》（第 3 版），北京大学出版社 2018 年版，第 248 页。

② 参见孙远：《论法定证据种类概念之无价值》，载《当代法学》2014 年第 2 期。

③ 参见陈瑞华：《刑事证据法》（第 3 版），北京大学出版社 2018 年版，第 248 页。其他反思证据种类的代表性文献还可参见龙宗智：《证据分类制度及其改革》，载《法学研究》2005 年第 5 期；张嘉军、张红战：《我国证据种类的反思与重构》，载《甘肃政法学院学报》2005 年第 2 期；罗海敏：《关于证据种类之思考》，载《国家检察官学院学报》2005 年第 4 期。

识,对诉讼涉及的专门性问题通过分析、判断所形成的一种鉴别意见。我国1979年《刑事诉讼法》即将鉴定意见(鉴定结论)确定为法定的证据种类,可以说,鉴定意见是有专门知识的人在刑事司法证明中发挥作用的最重要载体。

《全国人民代表大会常务委员会关于司法鉴定管理问题的决定》规定,国家对从事以下司法鉴定业务的鉴定人和鉴定机构实行登记管理制度:法医类鉴定;物证类鉴定;声像资料鉴定;根据诉讼需要由国务院司法行政部门商最高人民法院、最高人民检察院确定的其他应当对鉴定人和鉴定机构实行登记管理的鉴定事项。其中与行为证据分析联系最密切的是法医类鉴定。法医类鉴定具体分为法医病理鉴定、法医临床鉴定、法医精神病鉴定、法医物证鉴定和法医毒物鉴定。尽管与行为证据分析联系紧密,但法医类鉴定意见主要是运用医学专门知识进行分析、判断,并没有为行为证据分析知识的运用提供足够的空间。对此,著名法医学家闵建雄就深有感触地指出:在现场勘查笔录中,不会强调特定的翻动行为和愧疚行为;在尸体检验鉴定文书中,不会指出颜面存在试探性损伤;在DNA检验报告文书中,不会对血迹的形态和形成原理进行分析。这些行为证据类型确实对证实犯罪事实和甄别、认定犯罪嫌疑人具有非常重要的价值。[①] 为此,闵建雄不满足于法医学知识在刑事司法证明中取得的成绩,另行创立了行为证据分析学。

(二)有专门知识的人提出的意见

2012年修改的《刑事诉讼法》第192条第2款[②]规定:"公诉人、当事人和辩护人、诉讼代理人可以申请法庭通知有专门知识的人出庭,就鉴定人作出的鉴定意见提出意见。"2017年最高人民法院制定的《人民法院办理刑事案件第一审普通程序法庭调查规程(试行)》(以下简称《法庭调查规程》)第13条第4款规定,为查明案件事实、调查核实证据,人民法院可以依职权通知有专门知识的人出庭就鉴定意见提出意见。据此,法庭可依职权和依申请,通知有专门知识的人出庭,就鉴定人作出的鉴定意见提出意见。

然而,有专门知识的人提出的意见并不是一种法定的证据种类,其无法作为行为证据分析意见的有效载体。"'提出意见'并非一种法定证据种类,只是作为有专门知识的人对相关事实或在证据审查基础之上提出的

① 参见闵建雄:《行为证据及其实践应用价值初探》,载《刑事技术》2013年第4期。
② 现为《刑事诉讼法》第197条第2款。

一种意见。这也意味着有专门知识的人向法庭提出的意见并不是一种法定证据种类，自然也就无法作为定案依据。”①加上有专门知识的人提出意见的对象被限定为鉴定意见，提出意见的内涵限定为提出怀疑性意见，这也大大限制了行为证据分析知识在意见中的运用。

（三）作为定罪量刑参考的检验报告

2012年《刑诉法解释》第87条第1款规定：“对案件中的专门性问题需要鉴定，但没有法定司法鉴定机构，或者法律、司法解释规定可以进行检验的，可以指派、聘请有专门知识的人进行检验，检验报告可以作为定罪量刑的参考。”该规定进一步扩展了有专门知识的人在司法证明中发挥作用的空间，但规定本身仍然略显保守：一是将有专门知识的人进行的活动局限于“检验活动”；二是只规定检验报告可以作为定罪量刑的参考，并未明确检验报告的证据资格。实践中上述规定不能满足实务需求，实务部门倾向于作扩大解释。

例如，2020年最高人民法院发布的指导案例147号——张永明、毛伟明、张鹭故意损毁名胜古迹案。江西省高级人民法院的生效裁判认为，“三被告人打入26个岩钉的行为对巨蟒峰造成严重损毁的程度，目前全国没有法定司法鉴定机构可以进行鉴定，但是否构成严重损毁又是被告人是否构成犯罪的关键。根据《最高人民法院关于适用〈中华人民共和国刑事诉讼法〉的解释》第八十七条规定：‘对案件中的专门性问题需要鉴定，但没有法定司法鉴定机构，或者法律、司法解释规定可以进行检验的，可以指派、聘请有专门知识的人进行检验，检验报告可以作为定罪量刑的参考。……经人民法院通知，检验人拒不出庭作证的，检验报告不得作为定罪量刑的参考。’故对打入26个岩钉的行为是否对巨蟒峰造成严重损毁的这一事实，依法聘请有专门知识的人进行检验合情合理合法。本案中的四名地学专家，都长期从事地学领域的研究，都具有地学领域的专业知识，在地学领域发表过大量论文或专著，或主持过地学方面的重大科研课题，具有对巨蟒峰受损情况这一地学领域的专门问题进行评价的能力。四名专家均属于‘有专门知识的人’。四名专家出具专家意见系接受侦查机关的有权委托，依据自己的专业知识和现场实地勘查、证据查验，经充分讨论、分析，从专业的角度对打岩钉造成巨蟒峰的损毁情况给出了明确的专业意见，并共同签名。且经法院通知，四名专家中的两名专家以检验人的身份出庭，对‘专家意见’的形成过程进行了详细的说明，并接受了控、辩双方

① 高通：《刑事诉讼中有专门知识的人出庭功能多元化之检讨》，载《法学》2021年第6期。

及审判人员的质询。‘专家意见’结论明确，程序合法，具有可信性。综上，本案中的‘专家意见’从主体到程序均符合法定要求，从证据角度而言，‘专家意见’完全符合刑事诉讼法第一百九十七条的规定，以及《最高人民法院关于适用〈中华人民共和国刑事诉讼法〉的解释》第八十七条关于有专门知识的人出具检验报告的规定，可以作为定罪量刑的参考”。

在生效裁判中，江西省高级人民法院对有专门知识的人出具的检验报告的定位仍然是定罪量刑的参考，但最高人民法院发布的该指导案例的“裁判要点”中，就对此规定作了扩大解释，该裁判要点指出：“对刑事案件中的专门性问题需要鉴定，但没有鉴定机构的，可以指派、聘请有专门知识的人就案件的专门性问题出具报告，相关报告在刑事诉讼中可以作为证据使用。”

（四）可以作为证据使用的专门性问题报告

2021年《刑诉法解释》完全吸收了上述裁判要点，第100条第1款规定：“因无鉴定机构，或者根据法律、司法解释的规定，指派、聘请有专门知识的人就案件的专门性问题出具的报告，可以作为证据使用。”根据该款规定，由有专门知识的人出具的专门性问题报告，具备证据资格，经法庭程序查证属实，可以作为定案根据。从司法实践而言，专门性问题报告主要包括以下类型：

其一，鉴定意见类报告，即以鉴定意见形式呈现，但不属于法定鉴定范围无法归入鉴定意见范畴而纳入专门性问题报告的类型。《全国人民代表大会常务委员关于司法鉴定管理问题的决定》将鉴定意见范畴限定在法医类、物证类、声像资料类以及“根据诉讼需要由国务院司法行政部门商最高人民法院、最高人民检察院确定的其他应当对鉴定人和鉴定机构实行登记管理的鉴定事项”四个方面，这意味着当鉴定机构或鉴定人员的鉴定资质超出前述四类范围便不具有法定鉴定资格，所出具的报告不属于司法鉴定意见。因此，由于司法鉴定范围有限，实践中便出现了广泛的鉴定意见类专门性问题报告。

例如，在王胜红、田桂平非法收购、运输、出售珍贵、濒危野生动物、珍贵、濒危野生动物制品案中，针对鉴定意见类专门性问题报告，辩护人提出“国家林业局森林公安司法鉴定中心不具有法定鉴定资质，其指派的鉴定人不具有法定的鉴定资质”，针对物种保护数量的鉴定意见不具有证据效力，而法院则从2012年《刑诉法解释》第87条角度出发进行解释：“国家林业局森林公安司法鉴定中心（国家林业局野生动植物刑事物证鉴定中心）是由国家公安部批准的专门性鉴定机构。即使是该机构暂时因特殊原因还没有在司法行政部门备案,但至少是拥有全国最具野生动植物专业知识的权威专家成员的机构之一",故对此类鉴定意见类报告予以采信。①

其二,检验报告类报告。根据2012年《刑诉法解释》的规定,检验报告是在无法确定鉴定机构时,由检验人提供的对案件专门性问题进行鉴定或检验的报告。在司法实践中,基于不同的检材或检验对象,检验报告可分为不同类型,如对有毒有害、不安全食品检验,对农作物产量检验,对爆炸物成分检验,对人体酒精含量的检验等。

其三,价格认定类报告。根据国家发展和改革委员会2016年施行的《价格认定规定》的规定,所谓价格认定是指经有关国家机关提出,价格认定机构对涉案的有形或无形资产以及各类有偿服务进行价格确认的行为。由于案件中有价资产的价值高低常关系被告人是否构罪以及罪刑轻重等问题,因此对涉案财物的价格认定也逐渐显示出其重要意义。

价格认定报告作为一项专门性问题报告的类别已得到最高司法机关的认可。在"关于就专门性问题出具的报告的使用"方面,2021年《刑诉法解释》起草小组便指出:"特别是,在盗窃、诈骗等侵财案件中,被广泛运用的价格认定报告就属于本条所讲的'报告'。"②同时,为规范此类报告,国家发展和改革委员会价格认证中心印发《被盗财物价格认定规则(2020年)》,明确了在涉及盗窃、抢劫、抢夺等侵犯财产罪案件中的价格认定规范,以及针对不同财物所适用的价格认定方法。

其四,专家意见类报告。例如,前述所举的张永明、毛伟明、张鹭故意损毁名胜古迹案,4名地学专家出具的就是专家意见类报告。

其五,其他类型专门性问题报告。由于实践之中需要鉴定或检验的事项繁多,因而除前述四类报告外,还有一些其他类型的报告,主要以调查报告形式存在,集中于对非法占用农地面积、非法砍伐树木面积等进行测量计算。例如,在岩某非法占用农用地案中,被告人岩某非法占用农用地,在未办理林地征占用手续和林木采伐手续的情况下,擅自到澜沧县某集体林内砍伐林木并种植茶叶,为更精确了解相关犯罪事实,经云南西大林业调查规划设计有限公司调查,出具调查报告对非法侵占的集体面积、砍伐面积等事项予以证明,此份报告后经法院审核便以专门性问题报告的形式纳入定案证据范畴之中。③

有鉴于此,可将行为证据分析意见视为专门性问题报告的一种,归属

---

① 参见湖北省荆州市沙市区人民法院刑事判决书,(2019)鄂1002刑初343号。

② 姜启波等:《〈关于适用刑事诉讼法的解释〉的理解与适用》,载《人民司法》2021年第7期。

③ 云南省澜沧拉祜族自治县人民法院刑事判决书,(2021)云0828刑初359号。

于专家意见类报告，明确其证据资格：

首先，行为证据分析意见所要证明的案件事实属于专门性问题。全国人大常委会法制工作委员会刑法室编著的《〈全国人民代表大会常务委员会关于司法鉴定管理问题的决定〉释义》一书中认为，“‘专门性问题’是必须依法运用科学技术手段或者专门知识进行鉴别和判断才能得出正确结论的案件证明对象范围内的事项”。行为证据分析意见的作出虽然没有运用科学技术手段，但是也要运用行为证据分析学、侦查学、刑事技术学、法医学、犯罪学等专门知识。此外，行为证据分析意见所要证明的事项集中在案犯的作案过程、特定犯罪手段和犯罪标记行为的揭示和分析、案件性质、案犯特征、串并案件分析意见等，这些证明事项都属于案件证明对象范围内的事项。

其次，行为证据分析意见是由有专门知识的人作出的。从实践情况而言，作出行为证据分析意见的主体不是一般的侦查人员，而是具有丰富经验的侦查专家、法医学专家、物证技术专家，这些人员应当属于有专门知识的人。

综上所述，行为证据分析意见属于有专门知识的人就案件的专门性问题出具的报告，可以在刑事诉讼中作为证据使用。

第三节　行为证据分析意见的制作与审查

一、行为证据分析意见的制作

（一）制作主体

行为证据分析意见的制作主体是单位还是自然人，这是值得首先研究的一个问题。传统上，刑事案件分析都是立案侦查部门汇集侦查技术人员意见，经过集体讨论，形成的分析结果。例如，侦查学认为，现场分析，是指现场勘查指挥员在现场勘查基本结束后，组织全体勘查人员根据现场访问和实地勘验所获得的材料，对现场和案件的情况以及初步侦查方案等问题进行分析研究，并作出判断的一项侦查活动。现场分析参与主体具有多元性，是形成对案件综合认识的重要过程。现场分析的内容包括：(1)侵害目标和损失；(2)作案地点、场所；(3)开始作案的时间和作案所需要的时间；(4)作案人出入现场的位置、侵入方式和行走路线；(5)作案人数；(6)作案方式、手段和特点；(7)作案工具；(8)作案人在现场的活动过程；(9)作案人的个人特征和作案条件；(10)有无伪装或者反常现象；(11)作案动机和目的；(12)案件性质；(13)是否为系列犯罪；(14)侦查方向和范围;(15)是否需要进一步勘验、检查现场;(16)处理现场的意见;(17)其他需要分析解决的问题。

笔者认为,如果将行为证据分析意见作为专门性问题报告的一种,则其制作主体不应是单位,而应是自然人。这是因为 2021 年《刑诉法解释》第 100 条明确规定,制作专门性问题报告的主体是"有专门知识的人"。这里"有专门知识的人"应为自然人,因为第 100 条第 3 款规定:"经人民法院通知,出具报告的人拒不出庭作证的,有关报告不得作为定案的根据。"由此可见,制作专门性问题报告的应为自然人,进一步推论,制作行为证据分析意见的主体也应为自然人。

明确行为证据分析意见的制作主体为自然人后,需要讨论的问题是,哪些自然人可以成为行为证据分析意见的制作主体?对此,郝宏奎认为,有一定资质的刑事技术人员、法医、具有一定阅历的侦查人员都可以作为行为证据的提供者。[①] 杨玉章认为,行为证据分析意见的制作主体须是具备法学、侦查学、犯罪心理学等多学科知识背景的人。有鉴于此,应推行严格的认证主体资格准入制度。[②] 笔者认为,从文义出发,凡是公安机关内具备行为证据分析专门知识的人都可以成为行为证据分析意见的制作主体,但从确保行为证据分析意见科学性、可靠性的角度考虑,行为证据分析意见的制作主体应限定为公安机关内得到普遍认可的侦查专家、刑事技术专家和法医学专家。

(二)制作内容

行为证据分析意见制作的内容主要包括:揭示案犯在现场的作案过程;对特定犯罪手段和犯罪标记行为的分析判断意见;对案件性质的分析判断意见;案犯的自然特征、社会特征、心理特征;串并案件分析意见等。

应当注意的是,行为证据分析意见的制作内容不得侵犯事实认定者自由评价证据的权力。以案犯特征的分析意见为例,制作主体只能就案犯的特征作类型化的描述总结,不能直接作出本案被告人特征符合(匹配)案犯特征的分析结论。

例如,弗吉尼亚州诉谢尔曼·阿里·约翰逊案中,起诉方聘请马克·沙伐瑞克提供专家证言,以证明约翰逊与系列强奸犯的犯罪心理画像相匹配。沙伐瑞克在审判前的听证会上进行论证道,他将霍尔女士案件中的行

---

① 参见郝宏奎:《行为证据浅探》,载《河南警察学院学报》2013 年第 5 期。
② 参见杨玉章:《刑事侦查与行为证据》,河南科学技术出版社 2019 年版,第 190 页。

为证据与另外两起指控约翰逊的强奸案证据相比较并发现了许多相似之处。他的结论是性侵犯攻击者与谋杀犯之间存在某种联系。被告约翰逊的犯罪心理画像与系列强奸犯的犯罪心理画像相匹配。辩护律师提出异议，申请排除这份证言。法官同意了证据排除异议，认为马克·沙伐瑞克的证言已经侵犯了陪审团的职能，陪审团完全可以依据相关证言得出相似结论。①

（三）制作格式

应当统一行为证据分析意见的制作格式。首先，就名称而言，目前实务中对证据分析意见的名称不尽统一，有的称为破案报告，有的称为案件分析报告，有的称为专家会诊意见、专家审查意见。应当将此类证据统一命名为行为证据分析意见。其次，应当写明分析的具体事项以及分析的依据、分析的方法、分析的知识来源。最后，制作人应当签名，制作人所在的单位应当盖章。

二、行为证据分析意见的审查

根据2021年《刑诉法解释》第100条第2款的规定，对专门性问题报告的审查与认定，参照适用鉴定意见的有关规定。作为专门性问题报告的一种，行为证据分析意见的审查可以参照鉴定意见的审查进行（《刑诉法解释》第97条），以下择其要者论之。

（一）鉴定机构和鉴定人是否具有法定资质

根据此点，法庭应当重点审查行为证据分析意见的制作主体是否具备行为证据分析的专门知识。为便于法庭审查，制作主体应当在行为证据分析意见后附页，记载自己的学习、培训、工作经历，取得的学历学位证书，获得的专业荣誉称号，发表出版的论文著作等。

（二）鉴定人是否存在应当回避的情形

行为证据分析意见的制作主体应当与案件处理及案件当事人没有利害关系，如果制作主体存在利害关系，应当适用《刑事诉讼法》规定的回避制度。应当注意的是，行为证据分析意见的制作主体往往来自立案侦查部门，此种情形下，制作主体是否应被视为与案件处理有利害关系，因而应当回避？笔者认为，如果确定该主体要制作行为证据分析意见，则其不应再参加后续的侦查活动。规范依据为《刑事诉讼法》第29条：“审判人员、检

① 参见［美］布伦特·E. 特维：《犯罪心理画像——行为证据分析入门》，李玫瑾等译，中国人民公安大学出版社2005年版，第151－154页。

察人员、侦查人员有下列情形之一的，应当自行回避，当事人及其法定代理人也有权要求他们回避：……（三）担任过本案的证人、鉴定人、辩护人、诉讼代理人的……”

（三）检材的来源、取得、保管、送检是否符合法律、有关规定，与相关提取笔录、扣押清单等记载的内容是否相符，检材是否可靠

根据此点，法庭应当重点审查行为证据分析意见制作的基础——相关犯罪行为及物证、痕迹是否真实存在。这是因为如果行为证据分析意见制作的基础——相关犯罪行为及物证、痕迹并没有真实存在，那么行为证据分析意见就是建立在虚假的信息来源之上，这样的分析意见不仅不能发挥证明作用，反而会误导事实认定者。例如，现场并没有犯罪标记行为或者伪装行为，行为证据分析意见的制作者却以所谓的犯罪标记行为或者伪装行为进行分析。例如，在吴金义故意杀人案中，周口市人民检察院起诉书指控：

（1）1998 年 7 月 23 日凌晨，被告人吴金义从南京市打工回来，到本村被害人孙某某（女，殁年 32 岁）家中，进屋后与孙某某发生争吵。吴金义对孙某某实施殴打，将其掐死。孙某某 2 岁的儿子吴某坤醒后喊妈，吴金义怕被人发现，即殴打吴某坤，并将其掐死。经法医鉴定，被害人孙某某、吴某坤系他人扼颈后形成机械性窒息死亡。

（2）2004 年 11 月 24 日晚 6 时许，被告人吴金义手持矿灯到本村被害人蒋某荣家中，进入堂屋东间，蒋某荣进屋时，吴金义用矿灯朝其头部连砸两下后逃走。经法医鉴定，蒋某荣的伤情属轻伤。

公诉机关认为被告人的行为已构成故意杀人罪、故意伤害罪，提请法院依法惩处。

被告人对公诉机关指控其故意杀人及故意伤害的犯罪事实当庭拒不供认，辩称杀人案发生时其在南京市打工，无作案时间；其辩护人辩称，被告人被采取强制措施后如实供述了故意杀人事实，应视为自首。

法院经审理认为，虽然被告人吴金义当庭拒不供认故意杀人的犯罪事实，但其在公安机关曾多次供认，且从现场提取的血掌印经鉴定确系吴金义所留，足以认定其实施了犯罪。判决被告人犯故意杀人罪，判处死刑，剥夺政治权利终身；犯故意伤害罪判处有期徒刑 3 年；决定执行死刑，剥夺政治权利终身。

一审宣判后，被告人吴金义以“没有杀人”为由向河南省高级人民法院提出上诉。

河南省高级人民法院经审理认为，该案事实清楚，证据确实、充分，足

以认定。关于被告人所提“没有杀人”的上诉理由。经查，吴金义曾多次供述其将孙某某和吴某坤杀死的犯罪事实，与证人证言、现场勘验笔录及尸体检查报告相吻合；二审期间公安部物证鉴定中心对现场提取的血掌印重新进行鉴定，该血掌印与吴金义的左掌有19个细节特征的相同点，结论为：血掌印与吴金义左掌样本同一，足以认定本案系吴金义实施，故上诉理由不能成立。上诉人吴金义故意非法剥夺他人生命，其行为已构成故意杀人罪，且其作案手段残忍，连杀两人，罪行极其严重，依法应予严惩。吴金义故意伤害他人身体，致人轻伤，其行为又构成故意伤害罪，亦应依法惩处。原判认定事实清楚，适用法律正确，定罪准确，量刑适当。审判程序合法。依照《刑事诉讼法》第189条[①]第1项的规定，裁定驳回上诉，维持原判，并依法报请最高人民法院核准。

最高人民法院经复核认为，一、二审认定被告人故意杀人案的主要证据是经鉴定为被告人所留的“血掌印”和被告人在侦查阶段的有罪供述。但现场勘验、检查笔录不能清楚地反映该掌印的来源，也无提取笔录；该掌印是否为“血掌印”也无证据证实，在案证据不能形成完整的证据链。一审判决和二审裁定认定被告人故意杀人犯罪事实不清，证据不足。

最高人民法院指出，该案中，关键物证“血掌印”的来源不清，虽然鉴定意见能够证明在案的掌印系被告人所留，但不能证明该检材就是现场床帮上的“血掌印”；现场勘查中记载的其他“血指印”未通过鉴定等形式予以固定，不能完全排除其他人作案的可能；在案的证人证言亦不能证明被告人作案。尽管被告人吴金义有罪供述的主要内容（如现场房间的结构、尸体的位置和朝向、从现场逃跑的路线等）与现场情况基本吻合，但被告人对被害人家比较熟悉，且在案发多年后才归案，作了有罪供述后又翻供，其口供的可信度较低。综上，该案的有罪证据不能形成完整的证据链，达到确实、充分的程度，故依法作出不核准被告人吴金义死刑，发回重审的裁定。[②]

（四）鉴定意见的形式要件是否完备，是否注明提起鉴定的事由、鉴定委托人、鉴定机构、鉴定要求、鉴定过程、鉴定方法、鉴定日期等相关内容，是否由鉴定机构盖章并由鉴定人签名

根据此点，法庭应当重点审查行为证据分析意见的格式是否规范、有

---

① 现为《刑事诉讼法》第236条。

② 参见李智明：《吴金义故意杀人案［第579号］——物证提取不全或来源不清案件的证据审查》，载最高人民法院刑事审判第一、二、三、四、五庭主办：《刑事审判参考》总第69集，法律出版社2009年版。

无制作者签名、是否加盖制作者所在单位印章。如果行为证据分析意见缺少签名、盖章,不得作为定案的根据。例如,在陈瑞亮等盗窃案中,裁判文书中指出:“对于公诉人当庭出示的霍州市价格认证中心出具的霍价认字(2016)第66号、69号、70号认定结论书,因该结论书没有鉴定人资质证明及鉴定人签名,根据《最高人民法院关于适用〈中华人民共和国刑事诉讼法〉的解释》第八十五条第七项的规定,鉴定意见缺少签名、盖章的不得作为定案的根据。因此,该证据不能作为本案定案的根据,故本院依法不予采纳。”①

（五）鉴定意见是否明确

根据鉴定意见的结论是否明确,可以将其分为肯定性的鉴定意见和倾向性的鉴定意见。倾向性的鉴定意见是一种“非典型意义上的”鉴定意见,是指鉴定人员接受委托或聘请对案件中提请鉴定的某些专门性问题进行检验、鉴别和评定后,由于种种主观或客观上的原因,未能予以肯定或否定,只是提出了自己对该问题的“倾向性看法”的一种鉴定意见。倾向性的鉴定意见是一种“未置可否”的不确定的意见。对倾向性的鉴定意见,事实认定者应当谨慎评估其证明力,不能盲目采信。

例如,杜某故意杀人案中,公安机关出具的尸检分析意见载明:被害人陈某尸表严重烧焦,部分已经炭化;提取尸体喉头、气管、双肺、心脏、脑组织做病理检验,检见有急性肺淤血;未检见疾病性致死改变,喉头、气管未见烧灼表现;分析认为符合死后被焚尸,并排除因头部受到外力打击致颅脑损伤而死亡和因心肺脑组织疾病引起的猝死。结论是陈某系被捂闷口鼻或者扼压颈部致机械性窒息死亡的可能性较大。

某市中级人民法院认为,被告人杜某故意非法剥夺他人生命,致人死亡后又焚尸灭迹,其行为构成故意杀人罪,判处其死刑,剥夺政治权利终身。一审宣判后,被告人杜某以“原审判决认定事实错误,陈某不是被其杀死的,不应当对此承担责任”为由向某省高级人民法院提出上诉。

二审法院审查尸检分析意见后认为,该案鉴定意见中的结论部分“陈某系被捂闷口鼻或者扼压颈部致机械性窒息死亡的可能性较大”,仅为推断性的意见,并不明确。一般而言,推断性意见的意义在于有助于缩小侦查范围,分析侦查方向,但仅据此推断性的意见不能确实、充分地证明被害人的死亡原因,不能直接据以认定相关事实。结合其他证据情况,二审法

① 山西省霍州市人民法院刑事判决书,(2017)晋1082刑初22号。

院认定杜某犯故意杀人罪的事实不清,证据不足,撤销原判,发回重审。①

因此,在审查行为证据分析意见时,亦要注意分析意见的结论是否明确。如果属于结论不明确的倾向性分析意见,事实认定者应当谨慎评估其证明力。

(六)鉴定意见与案件事实有无关联

按照《刑事诉讼法》第50条的规定,关联性是指证据材料具有证明案件事实作用的性质,②它主要是从经验事实层面指引控辩审三方收集证据、评价证据。在定案根据三阶层审查理论体系中,第一阶层和第三阶层都属于经验事实考量范畴,因此,都不可避免会涉及对关联性的判断,但应注意,刑事诉讼证明呈动态发展态势,两阶层对关联性的判断,由于判断的主体不同、判断所处的诉讼阶段不同、判断的信息环境不同,呈现出不同的风貌。陈朴生曾用证据能力关联性与证明价值关联性说明两种关联性判断的不同,"故证据之关联性,得分为证据能力关联性与证明价值关联性。前者,属于调查范围,亦即调查前之关联性;后者,属于判断范围,亦即调查后之关联性"③。

第一阶层的关联性判断,主要作用是指示收证人员,重点是判断关联性的有无,判断目的是将明显无关联性的证据材料预先筛选出刑事诉讼程序之外。这一阶层的关联性判断,处于侦查前阶段,认定犯罪嫌疑的心证门槛较低,加之判断关联性的其他辅助信息较少,收证人员亲历证据的收集活动,因此,在这一阶段,收证人员对关联性的判断都较为宽松。

第三阶层的关联性判断,主要作用是指示审判人员,重点是判断关联性的有无和强弱,判断目的是将查证属实的具有较强证明力的证据作为定案根据。这一阶层的关联性判断,处于审判程序的评议阶段,认定有罪的证明标准很高,加上判断关联性的其他辅助信息较多,审判人员并未亲历证据的收集活动,因此在这一阶段,审判人员对关联性的判断都较为谨慎。

这种谨慎表现在:第一,侦查人员收集的认为具有关联性的证据材料,审判人员在评议阶段可能认为并不具有关联性,从而否定其证明力。例如,在朱某故意杀人、盗窃案中,公安机关认为,现场提取的一只女式高跟

---

① 参见周小霖:《杜某故意杀人案[第877号]——如何把握"综合全案证据,对所认定事实已排除合理怀疑"》,载最高人民法院刑事审判第一、二、三、四、五庭主办:《刑事审判参考》总第93集,法律出版社2014年版。

② 有学者即认为,"可以用于证明案件事实的材料",是对刑事证据内容的解释,暗含证据的关联性。参见董坤:《证据、定案的根据:论刑事证据的概念——对〈刑事诉讼法〉第48条的解释》,载《西南民族大学学报(人文社科版)》2015年第12期。

③ 陈朴生:《刑事证据法》,台北,三民书局1979年版,第276页。

皮鞋是作案工具,与本案具有关联性。但省高级人民法院的法官经二审审理后认为,经查,该女式高跟皮鞋同本案的关联性无法确认,故不作为证据使用。①

第二,对于不能通过鉴真要求的实物证据或者依据关联性薄弱的检材作出的鉴定意见,审判人员会认为不具有关联性,从而否定其证明力。

鉴定意见能真正发挥证明作用,建立在鉴定的检材与案件事实有关联的基础之上。如果检材与案件事实并无关联或者关联性极其微弱,即使作出鉴定意见,该意见的证明价值也非常有限。

例如,在康文良故意杀人案中,侦查机关认定,被告人康文良用马扎(用绳子编制的木板凳)猛击被害人徐某某头面部数下,又将徐某某推倒在地扼住颈部致其死亡。马扎上检出康文良与徐某某的混合 DNA,能够认定康文良接触过徐某某家的马扎。

在死刑复核阶段,最高人民法院对本案中的 DNA 鉴定意见特别是其关联性进行了重点审查,并综合案件其他证据,认为不能依据该鉴定意见得出上述具有排他性的唯一结论,主要理由是:

(1)康文良家与徐某某家是邻居,徐家的马扎曾出借给其他邻居使用,马扎本身是能随意搬动之物,按照农村人经常搬动马扎或小凳随地而坐的生活习惯,难以全面彻底排除作为邻居的康文良接触徐家马扎的可能性。

(2)康文良在审判阶段辩解称,案发前一两个月,其路过徐某某家门口,徐某某要把借他家的铁锹还给他,叫他在门口坐一会儿,他不知道当时坐的是不是涉案马扎。现有证据无法排除康文良当时曾接触该马扎的可能性。

(3)康文良的上述辩解与其在侦查阶段关于不知道徐某某家有马扎,更没接触过徐家马扎的供述相矛盾,但不能据此就认定其没有见过、接触过徐家马扎:一是接触马扎是生活中的小事,未留下深刻记忆也属正常;二是徐某某被发现遇害时,康文良也到场围观,知道马扎是作案凶器,因此其在侦查阶段声称自己从未见过、接触过徐家马扎,不排除基于避祸心理,对马扎避而远之,以免引火烧身。

(4)一审法院的两次咨询未针对康文良“在案发前一两个月曾接触过马扎”的辩解进行。在复核阶段,承办法官就涉案混合 DNA 能否检出先

---

① 参见李彤、闫宏波:《朱某故意杀人、盗窃案[第 655 号]——如何把握死刑案件的证明标准》,载最高人民法院刑事审判第一、二、三、四、五庭主办:《刑事审判参考》总第 77 集,法律出版社 2011 年版。

后附着的时间,以及接触 DNA 能在物体表面保存多久的问题进一步咨询了公安部出具该鉴定意见的鉴定人员,得到的答复是:保存时间取决于保存条件等因素,有的汗斑、唾液可以保存几个月甚至几年,他们曾从一枚烟头上检出嫌疑人几年前留下的唾液;康文良和徐某某先后接触马扎,也可能从马扎上检出该两人的混合 DNA,且检验不出附着的先后顺序。因此,DNA 鉴定意见表明康文良曾经接触过马扎,而不能从科学层面否定康文良有关案发前一两个月曾接触过马扎的辩解,故该鉴定意见与案件事实的关联性很弱。

(5)证据材料显示,可以确定案发后至少有 3 人接触过涉案马扎,而 DNA 鉴定却未检出该 3 人的 DNA,说明在马扎上未检出 DNA 并不代表未接触马扎。也就是说,如果另有真凶,虽然使用了马扎作案,也可能检不出其 DNA,这从另一方面说明该 DNA 鉴定意见对证明案件事实不具有排他性。

综上,在马扎上检出康文良和徐某某的混合 DNA,只能表明康文良曾经接触过该马扎,不能得出康文良使用该马扎杀害徐某某的唯一结论。[1]

因此,在审查行为证据分析意见时,亦要重点审查行为证据分析的对象——相关行为、物证和痕迹,是否与案件事实有关联、关联性如何。如果认定分析对象与本案事实的关联性薄弱或者无关联性,则应否定行为证据分析意见的证明力。

① 参见肖凤:《康文良故意杀人案[第 1272 号]——如何审查判断 DNA 鉴定意见的关联性及被告人的翻供》,载最高人民法院刑事审判第一、二、三、四、五庭主办:《刑事审判参考》总第 115 集,法律出版社 2019 年版。

第十二章 展示性证据与行为证据分析

随着科学技术的发展,在法庭调查中,控辩双方出示的证据形态发生了一些新变化,越来越多的“图示化”“视听化”“动态化”证据被出示于法庭中。例如,2018 年 3 月,北京市第一中级人民法院开庭审理了一起故意杀人案件。公诉人借助“出庭示证可视化系统”以虚拟现实(Virtual Reality,VR)技术当庭演示了被告人张某某与被害人发生争执后持刀刺扎被害人的全过程,并且法医作为鉴定人出庭对出庭示证可视化系统进行详细解释,演示了被害人身体所受损伤情况以及致死原因。① 在该案例中,控方以展示性证据的形式出示了行为证据分析结论,由此派生出相关的证据法问题:控方以展示性证据形式出示证据是否合法?如果允许控方出示展示性证据,法庭应当如何审查这类证据?

第一节 展示性证据在美国的运用

展示性证据的概念来源于美国,欲明晰展示性证据的证据法理,有必要梳理该类证据在美国的运用情况。

一、展示性证据的含义及类型

在美国的证据法分类中,展示性证据(demonstrative evidence)是与实质性证据(substantial evidence)相对应的一种证据。所谓实质性证据,是指犯罪过程中留下的“实实在在存在的东西”(如犯罪工具、指纹、血迹、赃款、恐吓信件、目击证人的证言等实物、文书或证词性证据)。展示性证据,是指为了诉讼而创造或衍生出来的有视觉效果的证据(如控辩双方按既有证据整理出来的图表、证人在陈述时所提供的图表、犯罪现场的立体模型、道具刀枪、人体模特、当庭表演实验、重现犯罪过程的电脑动画)。这类证据基本上并不是犯罪过程所产生的实质性证据,而是事后才产生的说明性证据。

---

① 参见张鹏、张璇:《北京一中院首用“出庭示证可视化系统”审案》,载中国法院网 2018 年 3 月 7 日,https://www.chinacourt.org/article/detail/2018/03/id/3222539.shtml。

美国的展示性证据分为两种类型：一为摘要性证物（summary exhibits），二为教具性证物（pedagogical summaries）。

美国《联邦证据规则》第1006条规定："证据提出者可以使用摘要、图表或计算式去证明大量文件录音或照片，以方便法庭审理。提出者必须在合理的时间与地点备妥原本或复本供对照检视或拷贝，法院亦得命提出者在法庭内交出该等原本或复本。"[①]该条规定的证据即为"摘要性证物"，亦称为"替代证据"（substitute evidence）。

美国《联邦证据规则》第1006条规定的摘要性证物条件包括：(1)被简化摘要的信息必须是大量到不方便在法庭内逐一检视；(2)该摘要或图表必须是该等大量记录的正确汇集；(3)该等记录本身要有可采性；(4)该等记录的原本必须能够让人对照检视和拷贝。

教具性证物并不是直接从案件的实质证据整理出来的简化证据，而是用来向事实裁判者（陪审团或法官）说明既有证据与案情的关联性，或解释某种理论的简报或道具。例如，使用人体模特来解释子弹在人体内所可能的走向，使用模（同）型枪支来供证人辨识，使用电脑动画来描述犯罪现场或犯罪过程。上述人体模特、模（同）型枪支、电脑动画即属于教具性证物。

二、展示性证据的可采性问题

展示性证据的可采性问题主要是指教具性证物是否可采。因为摘要性证物本身即是实质性证据的简化物，只要实质性证据可采，摘要性证物的可采性即不成问题。教具性证物则是独立于实质性证据的一种证据，其是否可采往往成为控辩双方争议的焦点。

教具性证物的可采性争议最早见于沃森案。在该案庭审中，法庭允许控方使用一幅用于煽动叛国的旗帜的素描，辩方指出，该旗帜应通过口头描述而不是通过绘画描述的方式向法庭展示。然而，审理该案的艾伦·戈洛勋爵采纳了该幅素幅。他认为，没有理由去反对在说明一个证据时制作一张素描或者一个模型。[②]

其后，教具性证物开始在美国联邦法庭内使用，使用的法律依据是《联邦证据规则》第611(a)条。该条规定：法院应当对询问证人和提出证据的

---

① 王进喜：《美国〈联邦证据规则〉(2011年重塑版)条解》，中国法制出版社2012年版，第347页。

② See Cady & Elwyn L. Jr, *Objections to Demonstrative Evidence*, 32 Missouri Law Review 333, 334 (1967).

方式与顺序予以合理控制，以做到：(1)使这些程序能有效地确定真相；(2)避免浪费时间；(3)保护证人免受骚扰或者不当困窘。根据该条，在法官的裁量许可下，教具性证物属于让程序有效率地决定“真实”的方式，可以在法庭内使用以便让事实裁判者了解案情。

总体而言，在美国联邦法下，如果展示性证据经由《联邦证据规则》第1006条规定而进入法庭，则其就是实质性证据，不仅能在法庭上使用，而且能够进一步进入陪审团的评议室。但如果展示性证据不是通过第1006条的要求而是经由第611(a)条的规定进入法庭，那它就不是实质性证据，法官必须在法庭内提醒陪审团他们看到的并不是真正的证据，只是用来协助了解其他既有证据的图示或道具而已。①

教具性证物通常是经由第611(a)条进入法庭，所以只能在法庭审理时使用，基本上不能送进评议室让陪审员检视。例如，在明尼苏达州被控杀死黑人乔治·弗洛伊德(George Floyd)的警察德里克·沙文(Derek Chauvin)的审判过程中，专家证人马丁·托宾(Martin Tobin)向陪审团说明弗洛伊德被压制在地如何影响其呼吸时，即使用电脑动画还原案发现场的嫌犯与3名警察之相关位置与动作。该段电脑动画即属教具性证物，只能在法庭内使用而不能带进评议室。再如，在Baugh v. Cuprum S. A. De C. V.,730 F. 3d 701(2013)案中，被告(铝梯制造者)在主诘问己方专家证人时，使用一个同型铝梯作为道具(原来的铝梯已损坏)，主张其制造的铝梯并无瑕疵。一审法官在原告反对下准许该同型铝梯进入评议室，陪审团判原告败诉。原告不服上诉，上诉法院认为该同型铝梯不应进入评议室，且该错误并非“无害错误”，因而撤销原判，发回重审。重审时，该同型铝梯并未进入评议室，结果新的陪审团判决出现大逆转，变成原告胜诉。②

三、展示性证据在法庭内使用的裁量标准

展示性证据能否在法庭内使用，必须首先通过“相关性”标准和“可采性”标准的审查。

《联邦证据规则》第401条规定：“在下列情况下，证据具有相关性：(a)该证据具有与没有该证据相比，使得某事实更可能存在或者更不可能存在的任何趋向；并且(b)该事实对于确定诉讼具有重要意义。”如果展示性证据不具有相关性，那么该证据就不能在法庭内使用。反之，展示性证

---

① 参见陈瑞仁：《展示性证据在法庭内之法律地位》，载《月旦裁判时报》第108期(2021年)。

② See Maureen A. Howard & Jeffery C. Barnum, *Bringing Demonstrative Evidence in from the Cold: The Academy's Role in Developing Model Rules*, 88 TEMP. L. REV. 513(2016).

据会被法庭接受。

例如，在 State v. Landrum，559 N. E. 2d 710，716 - 17（Ohio 1990）案中，被告在接受检察官反诘问时，辩称其只是拿刀威胁被害人而没有砍杀被害人。于是检察官提供一把厨房刀当道具，请被告在陪审团面前表演威胁过程。俄亥俄州上诉法院认为，因为被告自己辩称只是威胁被害人，所以检察官要求其现场表演与待证事实有相关性，维持被告有罪判决。再如，在 State v. Jones，984 N. E. 2d 948（Ohio 2012）案中，被告在接受辩护人的主诘问时辩称，被害人其实是在合意性交时过度兴奋而死。于是检察官在反诘问被告性行为过程时，当着陪审团面取出一具人体模特，要求被告现场表演经过，包括趴在模特身上用双手掐住脖子。辩护人当场提出异议，但遭法官驳回。接着检察官主诘问检方的专家证人时，亦让该专家使用同一个人体模特，以专家意见对被告之辩词作出反驳，结果被告被判有罪且被判处死刑。被告上诉理由之一是该人体模特现场表演与待证事实无相关性，但俄亥俄州最高法院驳回上诉，维持被告有罪判决。

由上述两案可见，当被告提出辩解时，检察官命其在法庭内进行现场表演，这种展示性证据会被法院判定为有相关性。

《联邦证据规则》第 403 条规定："如果相关证据的证明价值为以下一个或者多个危险所严重超过，法院可以排除该证据：不公平损害、混淆争点或者误导陪审团、不当拖延、浪费时间或者不必要地出示重复证据。"如果使用相关的展示性证据有上述危险，则该证据不具有可采性。

例如，在亚利桑那州诉查普尔案中，被告被控谋杀。被告抗辩，法庭错误地容许了被害人瓦恩斯尸体和头颅的 4 张照片的出示。这 4 张照片都是鲜活的彩色照片，清晰地显示了被害人被烧焦的身体、面部和头颅，以及子弹进入头颅造成的伤口。一张照片显示的是被害人头盖骨被切掉一块，以便能够看清楚头颅里边的红色内容物，由于头颅被烧，里边有一圈紫色的焙烧痕迹；为了看清楚头颅里边的子弹，法医用铅笔指向头颅里边的紫色圆圈下边。最后一张照片显示的是子弹被移除后大脑内容物的状况。在上诉程序中，被告声称这些照片是如此恶心，具有煽动性，根本不应该在审判程序中出示。

上诉法院认为，这些照片与政府试图证明的谋杀是有关联的。尽管如此，我们认为这些照片对于这些争点的证明几乎没有价值。瓦恩斯被杀害的事实、他死亡的医学上的原因，以及被害人死亡后其尸体被如何处置等，在本案中均未引起争议。被告并没有争辩、反驳或者推翻两位证人的证言，并且甚至提出动议就死亡事实达成协议不再抗辩。因此照片中记载的事实实际上并非本案争点。本案中照片的展示是对无争议证言的累积。因此,我们判定,这些照片与审判中需要查明的争点只有极小的证据价值,容许它除了点燃陪审团的怒火以外几乎没有任何意义。①

对于模拟现场情境的展示性证据,还需要通过"相似性原则"的检验。"一个用来向陪审员说明现场情境的模拟实验,提出者必须释明其诸多条件之实质相似性,他们并不一定要同一,但一定要充分相似才能有公平的比较。"②

例如,在 State v. Woods,637 S. W. 2d 113(1982)案中,被告涉嫌买枪提供给受刑人越狱用,该枪支并未扣押在案,审判中法官允许检方用同型手枪提示给证人们指认。被告被判有罪后上诉理由之一是,容许使用该同型手枪属于法官滥用权力。密苏里州上诉法院驳回被告上诉,理由是,无法提出本案物件时,其模型或复制品是可以被容许的,只要检方能够说明该模型可以公平地代表该原件,且物件与重要事实有关联性即可。再如,在 Andrews v. State,811 A. 2d 282(Md. 2002)幼儿摇晃致死案中,检方请专家证人用人体模特表演会令婴儿死亡的摇晃程度给陪审团看。马里兰州最高法院判定该人体模特与案情中的婴儿的相似性不足(含大小与重量),故该专家证人的展示部分应不予许可,撤销一审有罪判决。

第二节 展示性证据在我国的运用

无论是从规范依据还是司法实践而言,展示性证据在我国已经显现出一些制度雏形。

一、规范依据

2017 年最高人民法院发布的《法庭调查规程》第 32 条第 1 款规定:"物证、书证、视听资料、电子数据等证据,应当出示原物、原件。取得原物、原件确有困难的,可以出示照片、录像、副本、复制件等足以反映原物、原件外形和特征以及真实内容的材料,并说明理由。"根据该款的规定,在法庭调查中,控辩双方可以出示照片、录像等更具"视觉性"的展示性证据。《法庭调查规程》第 33 条第 2 款规定:"出示证据时,可以借助多媒体设备等方式出示,播放或者演示证据内容。"根据该款的规定,在法庭调查中,控

① 参见易延友:《证据法学:原则 规则 案例》,法律出版社 2017 年版,第 111 - 113 页。

② Harvey v. General Motors,873 F. 2d 1343(10th Cir. 1989).

辩双方可以出示 flash、电脑模拟动画等更具“动态性”的展示性证据。

2018 年最高人民检察院印发的《人民检察院办理死刑第二审案件和复核监督工作指引(试行)》第 35 条中规定“重大、疑难、复杂的案件可以制作多媒体示证资料”。根据《最高人民检察院关于指派、聘请有专门知识的人参与办案若干问题的规定(试行)》第 9 条的规定,人民检察院在人民法院决定开庭后,可以指派、聘请有专门知识的人,协助诉讼人“拟定出示、播放、演示涉及专门性问题证据材料的计划”。第 11 条规定:“刑事案件法庭审理中,公诉人出示、播放、演示涉及专门性问题的证据材料需要协助的,人民检察院可以指派、聘请有专门知识的人进行操作。”《人民检察院公诉人出庭举证质证工作指引》第 6 条规定:“公诉人举证质证,应当注重与现代科技手段相融合,积极运用多媒体示证、电子卷宗、出庭一体化平台等,增强庭审指控犯罪效果。”根据以上规定,在法庭调查中,控方可以出示更具“视觉性”“动态性”的多媒体示证资料。

《公安机关办理刑事案件程序规定》第 221 条第 2 款规定:“进行侦查实验,应当全程录音录像,并制作侦查实验笔录,由参加实验的人签名。”从证据种类而言,侦查实验笔录是法定的证据种类;从证明内容而言,侦查实验往往是对感知可能性、行为可能性、现象可能性进行实验验证。如果在法庭调查中,控方在出示侦查实验笔录的同时,播放侦查实验的全程录音录像,则此录音录像也属于展示性证据。

二、司法实践中的具体类型

(一)现场示意图

根据《刑事诉讼法》第 50 条的规定,勘验笔录是法定的证据种类。《公安机关刑事案件现场勘验检查规则》规定,现场勘验、检查人员应当制作现场方位图、现场平面示意图,并根据现场情况选择制作现场平面比例图、现场平面展开图、现场立体图和现场剖面图等。现场方位图、现场平面示意图等现场图是现场勘验笔录的组成部分。与现场勘验文字记录相比,现场方位图、现场平面示意图更具有视觉效果,属于司法实践中常见的展示性证据。现场示意图能够发挥辅助的证明作用,印证犯罪现场的某些情况,帮助司法工作人员审查判断被害人陈述、证人证言的真实性和可靠性。

例如,在秦磊强奸、猥亵儿童案中,现场示意图标示,两处犯罪现场均有高十几厘米和二十多厘米的讲台,能够印证被害人柴某某关于秦磊采用站姿奸淫自己的细节描述——“秦磊让其站在讲台上、门槛高台上进行性器官接触”。据此,法院认为,多名被害人陈述和证人证言及其他相关证据能够相互印证，认定秦磊犯强奸罪、猥亵儿童罪的犯罪事实，证据确实、充分。[①]

现场示意图应当全面、客观、准确记载现场情况，如违反上述要求，现场示意图不能作为定案根据。例如，许学文等交通肇事案中关于道路交通事故现场图能否作为本案证据的问题。“经查，本案的道路交通事故现场图系在有交通事故处理资质的民警主持指挥现场勘验过程中，经对事故发生的地点、路面状况及车辆停靠的位置等数据进行测量，由协勤人员记录后，经在场民警核对无误签字确认绘制而成，绘制过程并未违反法律规定，且与现场照片等相互印证，能够如实反映肇事车辆最终停靠位置及现场路面基本情况。但现场散落物并非确定车辆撞击点的依据，且执法记录仪视频资料证实许学文也未明确指认确定撞击点的位置，道路交通事故现场图中确定撞击点的依据明显不足。故上诉人许学文及其辩护人提出道路交通事故现场图中撞击点位置与事实不符的上诉理由及辩护意见成立，本院予以采纳。”[②]

（二）人物关系图

在组织、领导传销活动罪，组织、领导黑社会性质组织罪的证明中，人民检察院往往会制作人物关系图、组织层级图等展示性证据，用于证明被告人及相关人员的上下线关系、犯罪组织的层级、犯罪成员的分工等。

例如，在孙海燕组织、领导传销活动案中，人民检察院就制作、出示了组织人物关系图、层级关系图，用于证明指控犯罪是组织、领导传销活动罪。法院认定，“本案系共同犯罪，涉及面广，被告人发展的下线形成的层级均在3层以上，不宜区分主从，应各自按照在共同犯罪中所起的作用承担相应的责任”。[③] 再如，在徐海军等组织、领导传销活动案中，公安机关在侦办该案时查获了徐海军等人用于实施犯罪行为所用的网络数据系统。因案件侦查需要，公安机关委托宝鸡市晨旭电子商贸行针对该案涉及网络数据系统进行了数据下载并制作了案件“人物关系图”应用程序，使该案涉案人员结构及关系更加清晰。[④]

（三）资金流/走向图

在集资诈骗罪、非法吸收公众存款罪的证明中，人民检察院往往会制

---

① 参见邢海莹：《秦磊强奸、猥亵儿童案——性侵未成年人犯罪案件中证据的采信以及相关量刑情节的认定》，载最高人民法院刑事审判第一、二、三、四、五庭主办：《刑事审判参考》总第129辑，人民法院出版社2022年版。

② 吉林省白山市中级人民法院刑事附带民事裁定书，(2017)吉06刑终55号。

③ 四川省成都市成华区人民法院刑事判决书，(2020)川0108刑初311号。

④ 参见陕西省宝鸡市渭滨区人民法院刑事判决书，(2014)渭滨刑初字第00305号。

作资金流/走向图等展示性证据,用于证明涉案资金的来往情况、被告人有不明收益情况等。例如,在刘耀文与朱某、韩某1等集资诈骗案中,人民检察院就制作、出示了××区××销售部资金流向图、××食品销售部资金流向图,用于证明涉案资金走向,进而证明被告人具有非法占有目的。① 再如,在马靖、包海洋等非法吸收公众存款案中,人民检察院制作、出示了润和公司中国银行账户资金流向图,证明被告人犯非法吸收公众存款罪。②

(四)物证、书证的复制件

2021年《刑诉法解释》第82条规定,对物证、书证应当着重审查以下内容:……物证的照片、录像、复制品或者书证的副本、复制件是否与原物、原件相符……第83条规定:"据以定案的物证应当是原物。原物不便搬运、不易保存、依法应当返还或者依法应当由有关部门保管、处理的,可以拍摄、制作足以反映原物外形和特征的照片、录像、复制品……物证的照片、录像、复制品,不能反映原物的外形和特征的,不得作为定案的根据。物证的照片、录像、复制品,经与原物核对无误、经鉴定或者以其他方式确认真实的,可以作为定案的根据。"上述规定中的照片、录像、复制品也属于展示性证据。

例如,在杨政、郭晓林贩卖、运输、制造毒品案中,公诉机关出示的扣押物品清单及物证照片证明:2018年7月1日13时许,林州市公安局民警在林州市抓获被告人王杰、苗旭明,从二人随身携带一个绿色背包内提取四个装有灰色粉末的透明塑料袋、一把三棱匕首及现金46,991元,在晋D×××××牌照白色众泰汽车内发现长砍刀一把、仿警服一件及苗旭明的山西潞宝集团保卫部上岗证,予以扣押。称重笔录及照片证明上述扣押四袋灰色粉末分别净重388.34克、396.38克、199.49克、43.44克。③

(五)模拟动画

就性质而言,模拟动画并不是一种法定的证据种类,而是控辩双方举证的方式。《法庭调查规程》第33条第2款规定:"出示证据时,可以借助多媒体设备等方式出示,播放或者演示证据内容。"借助模拟动画举证示证,控辩双方可以更加直观、生动、动态地模拟案发经过、作案过程等,影响法官心证。

例如,1997年广东铁路检察分院在对造成126人死亡的"4·29"案件提起公诉时,就运用多媒体模拟案发经过,真实地再现了由于被告人间接

---

① 参见新疆维吾尔自治区克拉玛依市中级人民法院刑事判决书,(2019)新02刑终80号。
② 参见湖南省株洲市中级人民法院刑事裁定书,(2021)湘02刑终293号。
③ 参见河南省高级人民法院刑事判决书,(2019)豫刑终482号。

故意犯罪导致的重大交通事故。[①] 再如，在邵国银交通肇事案中，检察机关举出事故动画模拟演示视频及情况说明证实，鉴定机构以模拟动画形式对该案交通事故过程予以还原并作出说明，证实川 L×牵引车牵引川 L×车通过事故发生路段，在向右侧横向位移时没有给川 Z×二轮摩托车留下足够的通行宽度。[②]

（六）全程录音录像

对某些侦查取证行为，侦查机关可以全程录音录像，由此形成的录音录像类证据也属于展示性证据。例如，《公安机关办理刑事案件程序规定》第 221 条第 1 款、第 2 款规定："为了查明案情，在必要的时候，经县级以上公安机关负责人批准，可以进行侦查实验。进行侦查实验，应当全程录音录像，并制作侦查实验笔录，由参加实验的人签名。"就类型而言，侦查实验可以分为如下三类：

第一，感知可能性实验。这类实验多用来测试被害人、证人的感觉、知觉能力，审查其陈述的真实性，如验证在现场条件下能否听到某种声音或者看到某种情形。

第二，行为可能性实验。这类实验是为验证在一定环境条件下，某人实施和完成某种行为的可能性所进行的实验。

第三，现象可能性实验。这类实验是为验证在一定条件下发生某些自然现象（痕迹）及变化可能性所进行的实验。

司法实务中，侦查实验证据可以发挥验证作用，验证被害人、证人陈述以及犯罪嫌疑人供述的真实性；可以发挥分析作用，为判明案（事）件性质提供依据；可以发挥重建作用，帮助侦查人员认识案犯犯案的具体过程及情节。

例如，在蒋敏故意杀人案中，呈请侦查实验报告书、侦查实验笔录、照片及路线示意图证明：用以确定蒋敏同赵某 1 分手后，赵某 1 骑自行车从古饶小学门口至原古饶初级中学张某 2 家需要多长时间。两地计 1.1 公里，以较快速度骑行 3 分 30 秒，匀速骑行 4 分 8 秒，骑行中途下车推着自行车吃完面皮再骑行，用时 12 分 54 秒。[③] 再如，在王某某故意杀人案中，侦查实验笔录证明，从现场提取的一枚十字钥匙（有"shill"字样）能打开赵某某家防盗门；用一把无齿平面小窝状钥匙（上有"made in china"字样）插

---

① 参见樊崇义等编著：《视听资料研究综述与评价》，中国人民公安大学出版社 2002 年版，第 203 页。

② 参见四川省乐山市中级人民法院刑事判决书，(2017)川 11 刑终 171 号。

③ 参见安徽省高级人民法院刑事裁定书，(2019)皖刑终 2 号。

入宁县电力局赵某某上班的材料门市，能打开挂锁。①

第三节　展示性证据的审查判断

我国对证据的审查判断方法，是依据法定证据种类构建起来的。展示性证据是学理概念，不是法定证据种类，对该证据的审查判断，应当适用法定证据种类的审查判断方法，即先判断展示性证据归属于何种法定证据，再依照该种证据的审查判断方法进行审查。例如，该展示性证据是物证照片，则按照物证的审查方法审查，在此不赘述。

笔者在此想重点论述的是侦查实验证据的审查判断问题，一是侦查实验证据往往会以模拟动画或者录音录像的形式呈现，是典型的展示性证据；二是侦查实验证据不同于其他证据，有自身的审查判断标准。“侦查实验笔录本身和其记载的内容并非直接来源于案件事实，其记载的内容是侦查人员组织实施的模拟案件事实的活动和结果，是侦查人员有目的有计划的‘有意为之’的结果，这是侦查实验笔录区别于勘验、检查笔录等记载和反应案件客观情况的其他种类证据的突出特点，是影响侦查实验笔录证明功能发挥的决定性因素。”②

2021 年《刑诉法解释》第 107 条规定：“侦查实验的条件与事件发生时的条件有明显差异，或者存在影响实验结论科学性的其他情形的，侦查实验笔录不得作为定案的根据。”根据上述规定，我国也是将“相似性条件”作为侦查实验证据的审查判断标准。换言之，只有在侦查实验条件与事件发生时的条件具有相似性时，侦查实验证据才可以作为定案根据，如果二者具有明显差异，则侦查实验证据不得作为定案根据。

一般认为，侦查实验的“相似性条件”包含如下内容：

第一，侦查实验场所的一致性。进行侦查实验，应当尽量选择在原地进行，尤其是在进行感知可能性实验和行为可能性实验时更应遵守该原则。只有在原地进行此类侦查实验，才可以测试出相关人员感知的真实性以及能否完成相关行为。

例如，某年 2 月 23 日 0 时，熊某在某市帝豪花园附近遇见被害人杨女，他抓住杨女并将其按倒在地欲劫财物，杨女大声呼救，熊某抢劫未遂逃离现场，帝豪花园两名保安员闻声赶来，拦住一辆汽车即追赶，后在一小卖

---

① 参见甘肃省庆阳市中级人民法院刑事判决书，(2014)庆中刑初字第 12 号。

② 杨东亮：《侦查实验笔录简论》，载《证据科学》2011 年第 5 期。

部里将熊某抓获。办案检察官在审查有关证据时发现:熊某始终否认自己作案,证据中只有被害人陈述及两名保安员的证言能证实熊某是作案者。小卖部主人钟某和妻子黄某证实当晚熊某是慢悠悠、神态自如地走进店里,不像被人追赶的样子。

承办此案的检察官会同公安机关侦查员回到案发现场进行侦查实验。实验结果表明:杨女被“歹徒”从背后夹住脖子头往地下按时,在黑夜和惊慌中未能认出“歹徒”特征;“歹徒”从案发现场跑到小卖部后呼吸急促、额头冒汗,无法保持正常神态。经反复实验测试,原有证据无法证明熊某实施了抢劫行为。

第二,侦查实验工具的同一性。为验证犯罪嫌疑人能否使用某种作案工具完成某行为或遗留某种痕迹,应当选择同一工具进行侦查实验。只有在作案工具灭失、损毁的情况下,才可以选用同类工具进行实验。选择同类工具时,要重点审查外形、型号、规格、性能、生产厂家等与原物是否近似。

例如,在王刘超、王俊勇、刘痛快盗窃案中,侦查实验笔录证明延津县公安局工作人员根据中石化八一加油站监控录像中三被告偷油的时间,在这个时间内用扣押被告人作案用的电瓶、塑料管、抽油机为实验工具抽水1140升,即得出二次所抽水2280升的结论。法院认为,公诉机关指控三被告人盗窃柴油2500升,只有被害人的陈述证明,被害人亦无其他证据相印证,对此盗窃升数,法院不予采纳。延津县公安局所做的侦查实验客观真实,应予以采信。①

第三,侦查实验环境的相似性。环境因素包括自然环境和社会环境。自然环境主要是指光线、温度、风向、风力等因素。社会环境因素主要是指人流密度、交通拥挤状况等因素。侦查实验应当尽量选择相似环境进行。例如,在某次侦查实验中,实验任务是确认偶然弹落的烟头能否引燃棉毡造成火灾,侦查人员为了营造与案发当时相似的环境,除了在被烧鸡棚所剩的水泥框架上搭建了一个与被烧鸡棚结构一样的模拟棚外,还根据案发当时“无风”的气象资料,选择在一个“无风”的天气条件下进行实验,通过实验得出的结论,有力地证明了案件中的争议问题。②

第四,侦查实验主体的相似性。在行为可能性实验中,选择的实验人员应当与案件中的行为人条件相似,如年龄、身高、体态、精神状况、敏捷程

① 参见河南省延津县人民法院刑事判决书,(2013)延刑初字第124号。

② 参见任瑞红、张治亮:《一个烟头》,载《检察日报》2011年9月1日,第4版。

度大体相当。如果实验人员与原行为人的条件差异性较大，实验结论的可靠性就会受到怀疑。例如，在裴金德故意伤害案中，侦查实验中裴金德的扮演者系某特警支队民警覃某，覃某不仅身材比裴金德本人高，而且裴金德被指控酒后作案，但侦查实验中的“裴金德”毫无酒后特征。在行为方式方面，被告人供述中所称的“徒步跟进”被害人的情况，在实验中被实验人员的“快速跑动”代替。该案中，无论是实验人员的身体特征还是行为方式都与行为人存在明显区别，因此，该实验结论的可靠性备受怀疑。[①]

第五，侦查实验过程的完整性。在行为可能性实验中，行为的顺序、过程、步骤是案件事实的重要组成部分，侦查实验应当完整地再现整个行为过程，不能遗漏重要环节，否则得出的实验结论可靠性存疑。例如，在裴金德故意伤害案中，警方进行了侦查实验，由特警扮演的“裴金德”从出发到杀人抛尸再到回到原地，全过程仅 10 分 12 秒，远低于辩护律师通过实验得出的耗时 47 分钟的结果，也低于公诉方指控的 16 分钟。检察机关据此认定裴金德等人完全具备作案时间。对此结论，被告人及其辩护律师提出质疑，认为警方在侦查实验过程中忽略了案发当时“路边等车、招呼上车、停车付款”等环节。[②]

第六，侦查实验活动的多次性。为保障侦查实验结论的可靠性，应当多次进行侦查实验。只有通过多次实验，才能反复验证条件和结果的因果关系，准确判断案情。“从侦查实验科学性角度看，多次实验得出的同一结论比一次实验得出的相同结论更为可靠，因为它可以最大限度地减少误差，使事物之间的关系得到充分揭示，从而保证实验结论具有可检验性。”[③]

例如，在夏某交通肇事案中，铅山县公安局交警大队出具的《呈请侦查实验报告书》、《侦查实验笔录》、现场侦查实验照片及随案移送侦查实验现场视频光盘二张，证明经多次实验车辆倒车没有向前移动的痕迹。《侦查实验笔录》的主要内容为：时间是 2016 年 6 月 17 日 9 时 40 分—10 时。侦查人员姓名：查定良、陈达国、李长嵩、杨通。侦查实验目的：确定车辆在静止状态时从空挡挂倒挡倒车，此时车辆是否会先向前移动，移动多少；驾驶员在车下时，完成上车、倒车、停车这些动作需多长时间。现场情况：位

① 参见《北海新“实验”——模拟现场 开放旁听 “73 条”》，载凤凰网 2012 年 3 月 31 日，https://news.ifeng.com/c/7fbnzSBDtJ4。

② 参见《北海新“实验”——模拟现场 开放旁听 “73 条”》，载凤凰网 2012 年 3 月 31 日，https://news.ifeng.com/c/7fbnzSBDtJ4。

③ 韩旭：《论侦查实验笔录证据能力的审查判断》，载《法商研究》2015 年第 1 期。

于铅山县青溪老汽车站路段水泥路面，有效路宽 7 米，机非混合道。实验车辆：赣 E × × × × × 型货车，装载细沙 40 吨。结果：共做 10 次倒车实验，其中 3 次为精确定位（与原事故位置相同），3 次连带做上车、倒车至停车所需要时间实验，3 次以紧急制动方式停车后倒车，1 次紧急制动后立即倒车，所有实验结果均为车辆未向前移动；上车、倒车至停车所需要时间平均值为 12.76 秒。法院据此认定，侦查实验证明倒车没有向前移动的痕迹，现有证据不能证明被告人夏某有二次碾压行为，只能证明被告人夏某构成交通肇事罪。①

① 参见江西省铅山县人民法院刑事判决书，(2015)铅刑初字第 177 号。

第十三章　法律推定与行为证据分析

司法实务中,某些犯罪的主观要件事实存在证明困难。为解决这一难题,我国制定了一些规则。这些规则规定,只要追诉机关能证明被告人实施了某一特定行为,法官就可据此认定该被告人存在相应的主观心态。例如,最高人民法院、最高人民检察院、公安部制定的《办理毒品犯罪案件适用法律若干问题的意见》规定:"走私、贩卖、运输、非法持有毒品主观故意中的'明知',是指行为人知道或者应当知道所实施的行为是走私、贩卖、运输、非法持有毒品行为。具有下列情形之一,并且犯罪嫌疑人、被告人不能做出合理解释的,可以认定其'应当知道',但有证据证明确属被蒙骗的除外:……(七)采用高度隐蔽的方式交接毒品,明显违背合法物品惯常交接方式的……"根据该规定,只要行为人实施了高度隐蔽的交接物品行为,而查获的物品是毒品,法院就可以认定被告人明知该物品是毒品,除非存在相反证据。就证明技术而言,上述规定属于法律(准法律)推定,法律推定的创设赋予了某些特殊的行为证据更广阔的证明作用。本章拟在系统梳理相关理论的基础上,进一步探讨法律推定与行为证据之间的关系。

第一节　法律推定的含义与基本结构

所谓推定,是指只要证明基础事实 A,事实裁判者就可以认定待证的推定事实 B 已经得到证明,除非存在相反证据。有观点认为,根据推定是否明定于规则中,可以将推定分为法律推定和事实推定。法律推定就是有明确规范依据的推定,事实推定则无明确的规范依据,委诸事实裁判者在个案中裁量运用。对此,有学者认为,不应当存在事实上的推定,以经验法则为基础作出的事实推定,实际上都是认定;所谓推定都是法律上的推定,而不是事实上的推定。[①] 笔者赞同这一观点,认为事实推定没有存在的必要。主要原因在于事实推定实际上是事实裁判者自由评价证据的一种表现,其作用形式等同于间接证据证明,完全可以用间接证据证明代替,没有必要再创设事实推定这一概念。因此,本书所指的推定仅指法律(准法

---

① 参见龙宗智主编:《刑事证明责任与推定》,中国检察出版社 2009 年版,第 4 页。

律)推定。

法律推定作用的范围仅止于事实认定领域,这一特点将法律推定与相关概念区别开来。创设法律推定的目的在于降低负证明责任的一方对某些待证事实的证明难度,故法律推定的作用范围仅止于事实认定领域,这已成为学界共识。"法律推定的运用一直与案件事实的认定联系在一起……无论学界对于法律推定的概念存在多么深刻的分歧,多数学者在'法律推定解决的是事实认定'的问题上形成了一致的意见。"①

法律推定由基础事实、推定事实和常态联系三个构成要素组成。

第一,基础事实。基础事实是法律推定发挥作用的起点和前提。由于作为待证事实的推定事实存在证明困难,法律才允许负证明责任的一方以证明基础事实的方式来代替推定事实的证明。作为法律推定中的基础事实,具有如下特点:

一是证明难度不宜过高。前文已指出,法律推定创制的目的在于降低负证明责任的一方对某些待证的推定事实的证明难度,为此提出的解决方案是,允许负证明责任的一方以证明基础事实的方式来代替推定事实的证明。这一"替代证明"思路暗示出不能给基础事实的证明设定过高的证明难度,否则这一"替代证明"方案实际上就无存在的必要。例如,对于证明难度较高的推定事实——犯罪主观要件事实,就不能再将某些难以证明的内心活动事实设定为基础事实。只有将基础事实设定为外显的、易于证明的特定行为或特定状态,才能实现法律推定意欲的"替代证明",降低证明难度的目的。

以前述所举的《办理毒品犯罪案件适用法律若干问题的意见》为例,基础事实除了"采用高度隐蔽的方式交接毒品,明显违背合法物品惯常交接方式"外,还包括:执法人员在口岸、机场、车站、港口和其他检查站点检查时,要求行为人申报为他人携带的物品和其他疑似毒品物,并告知其法律责任,而行为人未如实申报;以伪报、藏匿、伪装等蒙蔽手段逃避海关、边防等检查;执法人员检查时,有逃跑、丢弃携带物品或者逃避、抗拒检查等行为;体内藏匿毒品的;为获取不同寻常的高额或不等值报酬而携带、运输毒品;采用高度隐蔽的方式携带、运输毒品。上述基础事实的共同特点是均属于外显的、易于证明的特定行为或特定状态。

二是应为数量有限的单一事实。对基础事实的数量,学术界欠缺深入

---

① 纪格非:《论法律推定的界域与效力——以买受人检验通知义务为视角的研究》,载《现代法学》2020年第6期。

的思考,实际上确定适当的基础事实数量关乎法律推定的有效运行。有学者认为,推定依赖于一个或一批基础性事实。① 换言之,基础事实的数量可以是多个。笔者认为,将基础事实的数量设立为多个,有悖于法律推定的创设目的。法律推定的创设目的在于降低待证推定事实的证明难度,如果基础事实的数量为多个,负担证明责任的一方要对多个基础事实进行证明,这实际上并没有降低证明难度。此外,对多个基础事实进行证明时,要大量使用解释、推理技术,既会使法律推定的运行混同于间接证据证明,又会影响基础事实的证明程度。如果再以证明程度受损的基础事实证明去代替推定事实的证明,无疑会影响法律推定适用的正当性。从立法技术层面而言,设定多个基础事实,必将使法律推定的表述冗长,有违立法简洁的要求。

因此,笔者认为,应将基础事实限定为数量有限的单一事实。仍以前述所举的《办理毒品犯罪案件适用法律若干问题的意见》为例,其确定的7个基础事实均为数量有限的单一事实。例如,“以伪报、藏匿、伪装等蒙蔽手段逃避海关、边防等检查”只包括两个行为,即以伪报、藏匿、伪装等蒙蔽手段携带、运输、邮寄物品的行为和逃避海关、边防等检查的行为。这两个行为具有前后因果上的联系,属于数量有限的单一事实。

第二,推定事实。一般认为,推定事实是待证的案件事实,非案件事实不能成为推定事实。例如,《民事诉讼法》第72条规定:“经过法定程序公证证明的法律事实和文书,人民法院应当作为认定事实的根据,但有相反证据足以推翻公证证明的除外。”这一规定的外在形式与法律推定相似,但其实质并非法律推定。因为上述规定只是规定了公证文书在民事诉讼中的证明力,要求法院在无足以推翻它的相反证据的情况下,必须把经过公证证明的法律行为、法律事实和文书作为认定案件事实的依据,而不像其他书证那样必须经过审查判断之后才能作为认定案件事实的根据。上述规定的实质是对公证文书证明力的规定,而不是对案件事实的认定。②

推定事实一般是较难直接证明的事实,如果推定事实容易得到直接证明,就没有必要创设法律推定,用对基础事实的证明来替代对推定事实的证明。从立法实践来看,较难证明的某些主观要件事实,如“明知”“非法占有目的”易成为推定事实。有学者统计,我国《刑法》中就有约40种推定“明知”的情形。除此之外,在犯罪客观方面,某些不易直接证明的行为

---

① 参见龙宗智:《推定的界限及适用》,载《法学研究》2008年第1期。

② 参见张云鹏:《刑事推定论》,法律出版社2011年版,第14页。

的性质或者财产的性质,也往往成为推定事实。例如,新加坡制定的《防止贪污法》第 8 条规定:“除非有反证证明,在被告被控违反本法第 5 条(一般受贿罪)或第 6 条(代理人受贿罪)之程序中,公职人员自欲与公务单位交易之人所收取之报酬,均应被推定为贿赂。”《贪污、贩毒及其他重大犯罪所得利益没收法》第 5 条规定:“……(6)为本法之目的,行为人持有或无论何时曾经持有之任何财产或利益(包括此等财产或利益之收益)与其收入来源并不相称,而又未能就其持有向法院作出合理解释时,应推定为犯罪行为所得。”再如,我国香港 1971 年制定的《防止贿赂条例》第 10 条规定:“(1)任何现任或曾任官方雇员者(a)高于与其现在或过去公职薪俸相称之水准;或(b)控制与其现在或过去公职薪俸不相称之金钱资源或财产,除能就其如何能维持该生活水准或就该等金钱资源或财产如何归其控制向法庭为合理说明者外,即属犯罪。”其后,该条又补充规定:“在因第(1)(b)款所订罪行而进行的法律程序中,法庭经顾及任何人与被告关系的密切程度及其他情况后,如信纳有理由相信该人为被告以信托形式持有或以其他方式代被告持有金钱资源或财产,或因被告的馈赠而获取该等金钱资源或财产,则在没有相反证据的情况下,该等金钱资源或财产须推定为由被告控制。”我国《刑法》第 395 条第 1 款中规定“国家工作人员的财产、支出明显超过合法收入,差额巨大的,可以责令该国家工作人员说明来源,不能说明来源的,差额部分以非法所得论”。该规定将较难直接证明的非法所得作为推定事实。

第三,常态联系。之所以可用对基础事实的证明来替代对推定事实的证明,依据在于基础事实与推定事实之间存在常态联系。常态联系是指两个事物在通常情况下具有伴生关系,即当一个事物存在时另一个事物也存在。基础事实与推定事实之间存在的常态联系,是一种具有较高盖然性的或然性联系,正是因为这种常态联系具有或然性,所以法律推定必须允许相对方提出反驳,以防止事实认定错误。不允许相对方提出反驳的规定都不是真正意义上的法律推定,而是一个法律适用方面的实体规定。例如,很多学者都将《最高人民法院关于贯彻执行〈中华人民共和国继承法〉若干问题的意见》(已失效)中的一个规定视为法律推定。从形式上看,该规定中出现了“推定”字眼,似乎是一个法律推定。[①] 但如果仔细分析,事实 A(相互有继承关系的几个人在同一事件中死亡)和事实 B(没有继承人的

---

① 该规定为“相互有继承关系的几个人在同一事件中死亡,如不能确定死亡先后时间的,推定没有继承人的人先死亡”。

人先死亡),根本没有经验法则上的常态联系,有继承人的人完全有较高概率先死亡。这种规定“并不是根据基础事实与推定事实之间的伴生关系做出的推断,而是法律基于一定的价值考量做出的规定”①。因此,从性质上说,上述规定根本不是法律推定,而是一个实体性的法律规则。

有学者认为,可以基于某些刑事政策或价值导向的需要,创设法律推定。笔者认为,即使基于上述需要创设的法律推定,其基础事实与推定事实之间也应具备最低限度的常态联系,完全抛弃基础事实与推定事实之间最低常态联系而创设的法律推定,要么因为无法反驳而沦为法律适用方面的实体规定,要么因为盖然性较低而被反驳推翻,无法真正发挥替代证明的作用。例如,我国虽然是基于打击贪污腐败的刑事政策需要创设了巨额财产来源不明罪中的法律推定,但该推定中基础事实与推定事实之间存在最低限度的常态联系。时任全国人大常委会秘书长王汉斌同志在《关于惩治贪污罪贿赂罪的补充规定(草案)》的说明中就指出:“近几年来国家工作人员中出现了个别财产来源不明的‘暴发户’,或者支出明显超过合法收入,差额巨大,不是几千元,而是几万元,十几万元,甚至更多,本人又不能说明财产的合法来源,显然是来自非法途径。”②

第二节　法律推定与相关概念的区别

由于立法中滥用“推定”一词的现象严重,加上理论研究不够精细,以致识别出真正的法律推定困难重重。“推定的概念十分混乱。可以肯定地说,迄今为止人们还不能成功地阐明推定的概念。”③“在实定法(法典)上亦未必以统一之意义使用‘推定’一词,故使用‘推定’字句之法条是否全部均可被认为系推定规定?不无疑问。”④为凸显法律推定的准确内涵,本节将辨析法律推定与相关概念的区别。

一、法律推定与拟制

拟制,是指法律将 A 情形看作 B 情形,并赋予 A、B 情形发生同一的

---

① 何家弘:《司法证明方法与推定规则》,法律出版社 2018 年版,第 212 页。

② 马克昌等主编、《刑法学全书》编委会编:《刑法学全书》,上海科学技术文献出版社 1993 年版,第 910 页。

③ [德]莱奥·罗森贝克:《证明责任论》,庄敬华译,中国法制出版社 2002 年版,第 206 页。

④ 骆永家:《推定之研究》,载《台大法学论丛》第 1 卷第 1 期(1971 年)。

法律效果。“法学上的拟制是:有意地将明知为不同者,等同视之。”[①]在立法上,拟制一般用“视为”“以……论”“依照……定罪处罚”来表述。例如,我国《刑法》第 67 条第 2 款规定:“被采取强制措施的犯罪嫌疑人、被告人和正在服刑的罪犯,如实供述司法机关还未掌握的本人其他罪行的,以自首论。”按照我国《刑法》规定,自首应当具备两个条件:一是犯罪以后自动投案;二是如实供述自己的罪行。第 67 条第 2 款规定情形明显不符合自首的第一个条件,但法律仍然将其视为自首,并赋予与自首同一的法律效果。因此,上述规定是典型的拟制。法律推定与拟制至少存在以下区别:

其一,适用的领域不同。法律推定主要适用于案件事实认定领域,是一项事实认定的替代证明技术。拟制主要解决的是法律适用问题,是一项柔性发展法律的技术。“为什么各种不同形式的拟制特别适合于社会的新生代,这是不难理解的。它们能满足并不十分缺乏的改进的愿望,而同时又可以不触犯当时始终存在的、对于变更的迷信般的嫌恶。在社会进步到了一定阶段时,它们是克服法律严格性最有价值的权宜办法。”[②]可以说,适用领域的不同是法律推定与拟制的最大区别。“如果某项法律规定并不涉及事实认定问题,而只涉及法律如何看待或规定的问题,那就不属于推定的范畴。这也正是区分推定和法律拟制的基本标准。”[③]

其二,联系的纽带不同。在法律推定中,作为基础事实的 A 和作为推定事实的 B 具有经验法则上的常态联系,依据这种常态联系,若基础事实 A 存在,则可推定事实 B 存在的可能性较高。美国学者华尔兹曾指出:“推定产生于下面这种思维,即根据对已知的基础事实的证明来推断出另一个未知事实,因为常识和经验表明该已知的基础事实通常会与未知事实并存。”[④]在拟制中,A 情形和 B 情形并不具有这种经验法则上的常态联系。

其三,法律推定可以反驳,拟制不可以反驳。作为认定案件事实的一种替代证明技术,尽管基础事实 A 和推定事实 B 具有经验法则上的常态联系,但这种联系并没有达到绝对确定的程度,因而应当允许对方当事人质疑、反驳。因此,法律推定都是可以反驳的,不允许反驳的都不是法律推定,而是一个实体性质的法律规定。对此,最高人民法院法官早已明确指

① [德]卡尔·拉伦茨:《法学方法论》,陈爱娥译,台北,五南图书出版公司 1996 年版,第 160 页。

② [英]梅因:《古代法》,沈景一译,商务印书馆 1959 年版,第 160 页。

③ 何家弘:《司法证明方法与推定规则》,法律出版社 2018 年版,第 195 页。

④ [美]乔恩·R. 华尔兹:《刑事证据大全》,何家弘等译,中国人民公安大学出版社 1993 年版,第 314 页。

出:“根据已经实施的司法解释和学界比较一致的理论可以得出这样一种结论:允许反驳是推定的基本属性。”[①]与之相比,拟制解决的是法律适用问题,A 情形和 B 情形并不具有发生关系上的常态联系,因而拟制不可以反驳。

其四,法律推定是认定案件事实的替代证明技术,适用主体是承担证明责任的一方当事人;拟制主要解决的是法律适用问题,因此,即使双方当事人未申请适用,法官也应当依职权适用拟制。[②]

二、法律推定与间接证据证明

在推理结构上,推定与间接证据证明类似,均是由已知事实推论未知事实,因此二者很容易混淆。例如:因民事纠纷,村民汤某被派出所传唤,其幺叔陪同前往。幺叔等候在外约 10 分钟后,警察出来问幺叔:“你侄儿有病吗?”幺叔随即入内见汤某右手抓住椅子边儿,左手发抖,脸色转青,眼睛发愣,呼吸困难,说不出话来,汤某在被送往医院的途中死亡。在善后处理中,县公安局以汤某曾患肾病为由,认定汤某系肾病发作死亡,公安机关对此不负任何责任。汤某家属一再要求进行尸检,但县公安局不仅拒绝尸检和法医鉴定,还责成汤某家属立即火化尸体并最终促成尸体火化。

有学者认为,对于上述案件可以作出刑讯逼供致死或者基于其他原因故意伤害致死的推定。进行这一推定的基础事实是:(1)身体健康的汤某在被警方传唤时死亡;(2)一个健康的人死于特定环境(除警察和死者外,无第三人在场);(3)在查清死因的唯一途径是进行尸检和法医鉴定并且家属一再要求尸检的情况下,公安机关极力阻挠尸检和鉴定并力促火化;(4)死者死前的种种症状符合受电击后的人体反应症状。[③] 笔者认为,上述观点实则混淆了间接证据证明和推定,有鉴于此,有必要进一步辨析二者的区别。法律推定与间接证据证明至少存在以下区别:

其一,证明对象不同。法律推定不直接证明待证的推定事实,而是通过证明基础事实代替推定事实的证明;间接证据证明是直接面向待证事实的证明。

其二,基础事实的数量不同。创设法律推定的目的在于降低证明难

---

① 陆建红:《掩饰、隐瞒犯罪所得、犯罪所得收益罪之“明知”构成要件适用研究》,载最高人民法院刑事审判第一、二、三、四、五庭主办:《刑事审判参考》总第 104 集,法律出版社 2016 年版。

② 参见纪格非:《论法律推定的界域与效力——以买受人检验通知义务为视角的研究》,载《现代法学》2020 年第 6 期。

③ 参见邓子滨:《刑事法中的推定》,中国人民公安大学出版社 2003 年版,第 56 - 57 页。

度,为此,拟证明的基础事实不宜过多,一般为数量有限的单一事实。间接证据证明则要求必须有一定数量的间接事实,如果间接事实的数量较少,将会导致不能形成完整的证据链,无法完成对案件主要事实的证明。"间接证据在量上必须达到一定程度的数目,即案件中的各个间接证据结合起来,必须能构成一个完整的证据体系。"①

其三,法律推定中基础事实和推定事实之间的常态联系具有类型化和较高盖然性特点;间接证据证明中运用的经验法则往往需要在个案中提炼总结,盖然性程度也高低不一。我国台湾地区学者陈朴生就指出:"推定,系事实相互关系使类型化;而间接事实之推理作用,则系一般判断之标准。且推定,固系以经验法则为其基础,使之类型化,其盖然性程度较高。"②与之相比,间接证据证明中运用的经验法则往往需要法官在个案中提炼总结,盖然性程度也依个案情形高低不一。"在从间接证据到间接事实的推理中,推理前提并不总是一般有效法则和科学定则,在很多推理中,仅有非一般有效法则作为前提,即推理前提仅为一个或然性的判断或命题。"③

例如,甲的证言证明,在抢劫案发生后,其于 20 米之外看到被告人乙慌张逃离抢劫现场。在该案中,用"甲的证言"(间接证据)证明或推理"乙于案发后慌张逃离现场"或"乙于案发时在现场"(均为间接事实)就是一个或然性推理,间接事实结论只是一项或然性判断,其未必为真。对上述推理前提进行分析不难发现,其仅为一条非一般有效的经验法则。即使甲持这种说法,乙是否真的到过现场也还不能完全确定。

其四,法律推定的推理过程直接、简单,间接证据证明中的推理过程复杂、繁琐。在法律推定中,基础事实和推定事实的关系已为法律明定,一旦基础事实得到证明,如果没有相反证据,法官就应当认定推定事实,整个推理过程直接、简单。在间接证据证明中,推理过程可因个案情况不同而呈现复杂、繁琐的局面,具体表现为推理的链条比较长,推理的方向多元化。例如,我国台湾地区学者姜世明就认为,间接证据证明的推理结构可包含复杂证据链模型和证据环模型。所谓复杂证据链模型,是指间接证据先证明一间接事实,唯该间接事实居于推论过程中,仍须透过经验法则或逻辑法则推论与直接证据较为相关另一间接事实,由该间接事实再透过经验法则或逻辑法则推论主要事实之存在。所谓证据环模型,是指间接证据或以单独,或以联合方式证明间接事实,而间接事实必须同时集合方能证明直

① 阮堂辉:《间接证据理论的思辨与实证》,人民出版社 2009 年版,第 104 页。
② 陈朴生:《刑事证据法》,台北,三民书局 1979 年版,第 585 页。
③ 阮堂辉:《间接证据理论的思辨与实证》,人民出版社 2009 年版,第 126-127 页。

接事实存在。[①]

三、法律推定与意思表示的解释

我国《民法典》第734条中规定，租赁期限届满，承租人继续使用租赁物，出租人没有提出异议的，原租赁合同继续有效。该规定将出租人保持沉默的行为推断为同意继续出租租赁物的意思表示。有观点认为，这些法律上对意思表示的含义的规定是法律推定。笔者认为，这种观点混淆了法律推定与意思表示的解释之间的区别。

上述关于意思表示的推断规定实际上是意思表示的解释规定，主要针对行为人意思表示不明确时应当赋予何种明确的法律效果。“意思推定非如上述之属于事实之内心意思之推定，而为意思表示有不明了或不充分时，应认其具有何等法律效果之规定，非事实推定也，而被称为‘解释规定’。”[②]纪格非教授也认为：“法律推定以发现事实、解决司法证明中的问题为目的。意思表示的解释也高度重视探寻行为人的真意，二者确实有一定相似。但是，由于对意思表示的解释的宗旨是探寻其规范意义，此与法律解释的目的相同，因此本质上属于法律问题而非事实问题。”[③]

四、法律推定与法律的解释规定

《民法典》第544条规定：“当事人对合同变更的内容约定不明确的，推定为未变更。”《合同法》（已失效）第125条第2款规定：“合同文本采用两种以上文字订立并约定具有同等效力的，对各文本使用的词句推定具有相同含义。各文本使用的词句不一致的，应当根据合同的目的予以解释。”这两条规定都使用了“推定”一词，但性质上都属于法律推定吗？

实际上，类似规定虽然使用了“推定”一词，但性质上并不属于法律推定，而是有关法律的解释规定。原因在于：首先，这些规定欠缺待证明的基础事实；其次，这些规定解决的是法律适用问题；最后，这些规定并没有如法律推定般产生证明责任的转移。“法律的解释性规范的根本目的在于解释法律，而非发现事实。这些规范的适用是法律问题，它们不会对证明责任的分配、证明评价或证明标准产生影响。对于根据解释规范适用法律的结果，也不存在推翻或反驳的问题。双方当事人可以质疑、辩论，但是作为

---

① 参见姜世明：《间接证据证明研究》，载《政大法学评论》第135期（2013年）。

② 骆永家：《推定之研究》，载《台大法学论丛》第1卷第1期（1971年）。

③ 纪格非：《论法律推定的界域与效力——以买受人检验通知义务为视角的研究》，载《现代法学》2020年第6期。

法律问题，法官有不受制于当事人的主张和意见的最终解释权。"①

第三节　法律推定对证明责任分配的影响

法律推定一旦成立，就会对证明责任分配产生影响，然而，法律推定成立后究竟会对证明责任产生何种影响，学者聚讼纷纭，值得进一步思考。

一、既有学说

在美国，法律推定对证明责任分配的影响有两大基本学说，即塞耶（James Thayer）的转移举证负担说和摩根（Morgan）的转移说服负担说。塞耶认为，推定属于更广泛意义上的法律推理活动，其在证据法上的效力与在其他法律推理领域中的效力并无不同，应当体现人类思维的基本规律。推定的程序效果只限于将举证负担转移给反方当事人，从而只是在推定事实没有遭遇相反证据的情况下取得一种证明上的便利。一旦对方当事人提交了相反证据，推定的效果即归于消灭。至于反方当事人应当提交多大分量的相反证据才能抵消推定的效果，塞耶认为并不需要就此作出特别的规定。从推理的一般情况来看，相反的证据只要使人感到与推定事实相对立的观点是"合理可能的"，推定的效果就不应再存在了。由于塞耶的理论认为推定的程序效果极易消失，因此该理论也被称为"气泡理论"，意喻推定的效力就像上升的气泡一样容易消失。

摩根是"气泡理论"最强有力的批评者。在摩根看来，"气泡理论"是不合情理、不能被接受的，最主要的原因在于塞耶赋予推定"极其微弱和转瞬即逝"的程序效力。如果严格适用塞耶的观点，对于以经验法则为法理基础的推定来讲尚可，但是对于以公共政策为法律基础的推定来说，无异于灭顶之灾。摩根认为，推定的诉讼价值与证明责任分配所依据的法律基础并无本质上的差别，因而没有必要将推定仅仅视为一种转移举证负担的机制，而应当增强它的效力，即一旦基础事实得以确立，不仅要求对方当事人承担关于推定事实不存在的举证负担，同时也应当要求他就此承担说服负担。②

就立法而言，在美国《联邦证据规则》制定过程中，联邦最高法院和国会对其中的第 301 条是采用"气泡理论"还是摩根学说存在重大分歧。最

---

① 纪格非：《论法律推定的界域与效力——以买受人检验通知义务为视角的研究》，载《现代法学》2020 年第 6 期。

② 参见秦策：《美国证据法上推定的学说与规则的发展》，载《法学家》2004 年第 4 期。

初,联邦最高法院赞成摩根学说,即同时转移说服责任,但是后来国会修改了该条文,转而采用“气泡理论”。第 301 条规定:“在所有民事诉讼及其他民事程序中,除国会所制定的法律和本规则外,推定强加给受不利推定的当事人,由其承担提出证据反驳或对付该推定的负担,但并不将说服的危险意义上的证明负担转移给当事人,(此证明负担)在整个审判程序中,始终由原承担人负担。”

“气泡理论”和摩根的学说对我国刑事诉讼领域法律推定程序效力的界定影响有限。主要原因是上述学说主要适用于英美法系当事人主义民事诉讼领域,我国刑事诉讼模式则为典型的大陆法系职权主义,在此模式下,由于存在无罪推定原则和法官职权调查原则,简单照搬上述学说并不适宜。

在我国刑事诉讼领域,关于法律推定对证明责任分配的影响大体可以分为两种观点,即证明责任倒置说和证明责任转移说。

有学者认为,法律推定是通过倒置证明责任的方式实现立法者对特定价值的追求,其对证明责任的倒置具有确定性,这种“倒置”不随具体诉讼的进行情况发生变动,结果意义上的证明责任始终在被告人一方。该学者以巨额财产来源不明罪为例进行说明。他认为,立法者以推定的方式对该罪的证明责任作出倒置性配置,控诉方只需要完成初始推进性的证明,即用充分的证据证明被告人的财产或者支出明显超出合法收入且差额巨大即可,而差额部分财产来源的合法性证明则由被告人承担。也就是说,被告人承担的是完全意义上的证明责任,包括客观的或曰结果意义上的证明责任。①

支持证明责任转移说的学者在证明责任转移的具体内容上有不同观点。有学者认为,推定转移的只是主观意义上的证明责任,即提供证据的责任,客观意义上的证明责任,即说服责任还是由原来一方当事人承担。②有学者认为,推定转移了证明责任,但并未说明只转移主观证明责任还是主观证明责任和客观证明责任一并转移。③ 有学者认为,法律推定的效力不是单一的,存在调整说服责任与调整提供证据责任两种情况。调整说服责任的推定,应由法律明确规定其调整说服责任分配的特殊效力。在法律未明确规定时,对推定的效力应该慎重处理,被告人至多承担提供证据的

---

① 参见张云鹏:《刑事推定论》,法律出版社 2011 年版,第 187 页。

② 参见樊崇义、冯举:《推定若干问题研究》,载龙宗智主编:《刑事证明责任与推定》,中国检察出版社 2009 年版,第 11 页。

③ 参见龙宗智:《推定的界限及适用》,载《法学研究》2008 年第 1 期。

责任。对法律推定调整提供证据责任的,被告人承担的责任是疑点形成责任,只要能证明到引起事实审理者产生合理怀疑即可。对法律推定调整说服责任于被告人的,被告人需要证明到证据优势程度。①

二、笔者观点

在我国刑事诉讼领域,笔者不赞成依据巨额财产来源不明罪的规定提出的法律推定产生证明责任倒置的法律效果的观点。

首先,该规定中的“不能说明来源”的含义违背证明责任倒置的分配原理。证明责任倒置须以证明责任一般原则为前提,公诉案件证明责任的一般原则由《刑事诉讼法》第51条明确规定为由人民检察院承担。如果“说明来源”规定属于证明责任倒置,就应当由被告人承担“财产来源合法”的举证责任,既然是由被告人承担举证责任,“不能说明来源”的含义应当只包括指示被告人行为的内涵,不包括指示司法机关行为的内涵。但司法解释对“不能说明来源”含义的规定同时包括指示两个行为主体:一是被追诉之人拒不说明、虚假说明、不能说明的行为;二是司法机关查证的行为。试想,如果是由被告人承担举证责任,何必再将控诉方纳入行为主体指示范围。

有学者就正确指出:“如上述最高审判机关对‘不能说明’的司法解释,追诉机关显然不可能仅凭被告人、犯罪嫌疑人是否能说明来决定自己是否放弃追诉,能否查明持有物品的具体来源与用途,说到底还是追诉机关的事情……这里没有减轻或转移追诉机关的证明责任。”②我国台湾地区有学者也认为,如果采举证责任倒置说,有违反无罪推定原则的疑虑,正确的理解应是,被告人不用负担证明“财产具有合法来源”的程度,只要被告人提出可信的来源依据,达到足以“释明(非证明)来源”程度,原则上就可以排除本罪的成立,至于该释明内容是否属实,则是刑事司法机关应尽的调查责任,与被告人无关。③

其次,证明责任倒置说也不符合司法实践。按照证明责任原理,证明责任可以分为主观证明责任和客观证明责任。主观证明责任从当事人的角度说明证明责任,客观证明责任从法院裁判的视角解析证明责任,将证

① 参见赵俊甫:《刑事推定论》,知识产权出版社2009年版,第141页。
② 李曙光:《论持有型犯罪的“附加条件”》,载《法学家》2015年第2期。
③ 参见邱忠义:《财产来源不明罪与贪污所得拟制之评析》,载《月旦法学杂志》第164期(2009年)。

明责任定性为法院处理要件事实真伪不明的裁判规则。[①] 按照主观证明责任，对于所提主张，当事人应当先提出证据予以证明，再围绕所提证据进行分析、论证，证明到相应证明标准，履行说服责任后，始能卸除举证责任，摆脱承受不利裁判后果的危险境地。[②]

因此，如采证明责任倒置说，对其所提出的财产来源合法主张，被告人应提出证据予以证明，其后还需围绕所提证据进行分析、论证，证明到相应证明标准，履行说服责任后，始能卸除举证责任。但从司法实践来看，有相当一部分案件，被告人仅单纯提出意见、主张（类似于上述所提之"释明"），并没有提出证据进行证明，也得到法官的支持，很难说这是履行证明责任的表现。

例如，车某某巨额财产来源不明案中，车某某提出评审费是其合法财产的主张，尽管他并未提出任何证据证明，但法院结合他总工程师的身份，认为不能排除存在合法来源的可能性和合理性，酌情认定了5万元。[③] 再如，张某巨额财产来源不明案中，张某自述外借到其他单位的收入8万元应是合法收入，尽管项目单位均不存在，无账可查，法院仍结合张某的外借工作年限估算，认为张某的自述尚属合理，采信了该主张。[④]

笔者认为，有的学者之所以得出"证明责任倒置"的错误判断，是因为其误判了"不能说明来源"规定的性质，将"不能说明来源"当成了基础事实，继而认为应将差额部分财产来源的合法性证明倒置给被告人承担。实际上，"不能说明来源"规定并不属于基础事实规定，而是属于允许对该法律推定进行反驳的规定。[⑤] 之所以得出这一结论，主要是因为：

第一，如果将"说明来源"规定视为基础事实规定，明显有违立法意图。巨额财产来源不明罪是作为贪污罪、受贿罪的堵截性罪名、补充性罪名而设立，目的在于严密法网，加大反腐败力度。为达此立法目的，法条采取法律推定结构，以降低该罪证明难度。如果将"说明来源"规定视为基础事实规定，则追诉机关要对两个基础事实进行证明：一是行为人的财产、

① 参见李浩：《证明责任的概念——实务与理论的背离》，载《当代法学》2017年第5期。

② 参见林辉煌：《刑事审判之证明负担及证明程度——比较法之分析》，台北，元照出版有限公司2011年版，第21－31页。

③ 参见山西省吕梁市中级人民法院刑事判决书，(2014)吕刑终字第300号。

④ 参见上海市浦东新区人民法院刑事判决书，(2013)浦刑初字第1676号。

⑤ 李本灿认为，该规定中的"不能说明"是"可以说明"的同义语，是一个问题的另一面表述。故而，该规定是允许被告人进行说明的。参见李本灿：《巨额财产来源不明罪实行行为的重新界定：非法获取》，载《政治与法律》2014年第7期。在笔者看来，允许被告人进行说明，实质就是允许被告人对该法律推定提出反驳。

支出与其合法收入之间存在巨大差额;二是行为人无法说明财产的来源。而且,要将两个基础事实证明到事实清楚,证据确实、充分的程度,推定事实"差额部分是非法所得"才成立。要将"被告人不能说明来源"事实中的第三、四种情形证明到事实清楚,证据确实、充分的程度,对控方而言显属困难。[①] 如果将这两种情形视为控方要证明的基础事实,明显有违立法者欲降低该罪证明难度的意图。

第二,如果将"说明来源"规定视为基础事实规定,则有违不得强迫自证其罪原则。根据司法解释,"被告人不能说明来源"包括"行为人拒不说明财产来源"的情况,即面对侦查机关调查时,如果行为人保持沉默,司法机关应以其沉默的事实,作不利于行为人的推断,这种做法明显违背不得强迫自证其罪原则。

不得强迫自证其罪原则是现代刑事诉讼的一项重要原则,2012 年修改的《刑事诉讼法》于第 50 条[②]增加了"不得强迫任何人证实自己有罪"的规定。从诉讼法理而言,不得强迫自证其罪原则往往是被告人享有沉默权的法理基础,域外法治国家和地区大多将被告人享有沉默权作为不得强迫自证其罪原则的核心内涵。[③] 为保障被告人行使沉默权,域外法治国家和地区禁止司法机关以沉默的事实作不利于被告人的推断。"拒绝自我入罪,既是被告权利,就不会因行使权利而遭受程序上的不利益,否则,若对全部沉默的被告施以不利益的评价,被告将担心沉默会导致不利益推论而被迫不行使沉默权,所谓沉默权之保障,遂成空谈。"[④]反之,将"说明来源"规定视为允许反驳的规定,将大为缓和与不得强迫自证其罪原则的紧张关系。因为在这种情况下,被告人之所以招致不利益的事实认定,并非以被告人沉默的事实直接推论而来,而是被告人提出的反驳不能推翻基础事实的结果。

第三,也是最重要的,如果将"说明来源"规定视为基础事实规定,而非准许反驳的规定,将违背最高人民法院、最高人民检察院制定的司法

---

① 按照司法解释,被告人"不能说明"来源包括四种情况:(1)行为人拒不说明财产来源;(2)行为人无法说明财产的具体来源;(3)行为人所说的财产来源经司法机关查证并不属实;(4)行为人所说的财产来源因线索不具体等原因,司法机关无法查实,但能排除存在来源合法的可能性和合理性的。

② 现为《刑事诉讼法》第 52 条。

③ 参见林钰雄:《刑事程序与国际人权》,台北,元照出版有限公司 2007 年版,第 277 - 333 页。

④ 王士帆:《不自证己罪原则》,春风煦日学术基金(台北)2007 年版,第 138 - 139 页。关于"说明来源"规定侵犯不得强迫自证其罪原则的进一步分析,还可参见许恒达:《不明财产来源说明义务与不自证己罪特权的冲突》,载《月旦裁判时报》第 83 期(2019 年)。

解释。

2017年1月,最高人民法院和最高人民检察院制定公布了《关于适用犯罪嫌疑人、被告人逃匿、死亡案件违法所得没收程序若干问题的规定》(以下简称《没收违法所得规定》)第1条明确将巨额财产来源不明罪列入违法所得没收程序适用罪名,这是因为适用违法所得没收程序的前提是犯罪嫌疑人、被告人逃匿或死亡,既然犯罪嫌疑人、被告人已经逃匿或死亡,就不会有被告人说明财产来源的行为(尤其是在被告人死亡状态下),没有被告人说明财产来源的行为,就谈不上被告人不能说明来源四种情形的判断,没有被告人不能说明来源这一基础事实,推定事实"差额部分是非法所得"就不可能成立,如此,违法所得没收程序就不应当将巨额财产来源不明罪列入适用罪名。但最高人民法院、最高人民检察院偏偏将该罪列入适用罪名范围,并要求在立案受理阶段对犯罪事实部分进行实质审查和认定,[①]这充分反映出,最高人民法院、最高人民检察院根本未将被告人对财产来源的说明行为作为法律推定中的基础事实规定。"犯罪嫌疑人、被告人未到案作出说明一般不会影响巨额财产来源不明基本事实的认定。如果在案物证、书证、证人证言等证据足以证明'国家工作人员的财产、支出明显超过合法收入,差额巨大',那么犯罪嫌疑人、被告人没有到案说明来源一般不会影响巨额财产来源不明犯罪的认定。"[②]

如果将"说明来源"规定视为允许反驳的规定,则将消弭上述矛盾,与《没收违法所得规定》的相关规定吻合。《没收违法所得规定》第17条第2款规定:"巨额财产来源不明犯罪案件中,没有利害关系人对违法所得及其他涉案财产主张权利,或者利害关系人对违法所得及其他涉案财产虽然主张权利但提供的相关证据没有达到相应证明标准的,应当视为本规定第十

① 《没收违法所得规定》第9条将人民法院立案受理没收违法所得申请案件的条件明确为"属于没收违法所得申请受案范围和本院管辖,且材料齐全、有证据证明有犯罪事实"。由上述规定可知,与普通刑事案件立案受理阶段仅进行形式审查不同,没收违法所得申请案件在立案受理阶段除了形式审查还涉及实体内容审查,即还要对犯罪嫌疑人是否实施犯罪的事实、证据进行实体审查。虽然没收违法所得申请案件最终无须定罪,但违法所得没收程序在适用上具有罪名限制,加上不同的犯罪基本构成事实也不同,故在审查认定实施犯罪的事实部分,应当认定具体实施了何种犯罪。参见刘晓虎、张宇:《任润厚受贿、贪污、巨额财产来源不明违法所得没收申请案[第1235号]——关于违法所得没收程序具体操作规范和裁判要点解析》,载最高人民法院刑事审判第一、二、三、四、五庭主办:《刑事审判参考》总第112集,法律出版社2018年版。

② 刘晓虎、张宇:《任润厚受贿、贪污、巨额财产来源不明违法所得没收申请案[第1235号]——关于违法所得没收程序具体操作规范和裁判要点解析》,载最高人民法院刑事审判第一、二、三、四、五庭主办:《刑事审判参考》总第112集,法律出版社2018年版。

六条规定的‘申请没收的财产属于违法所得及其他涉案财产’。”从该规定可见，最高人民法院、最高人民检察院允许利害关系人对法律推定的违法所得提出反证，进行反驳。从结果而言，利害关系人对法律推定的违法所得进行反驳，有利于被告人，因此将其视为被告人一方提出的反驳并无不妥，这也间接证明，在巨额财产来源不明罪的审理中，最高人民法院、最高人民检察院是允许被告人提出反驳的，只有在被告人一方提出的反驳不成立，没有削弱法官对基础事实心证的条件下，推定事实“差额部分是非法所得”才能得到司法上的最终认定，进而，被告人才构成巨额财产来源不明罪。

在排除了证明责任倒置说后，笔者认为，在判断法律推定对证明责任产生何种影响时，应当结合被告人反驳指向的对象、基础事实证明的难易程度、经验法则盖然性的高低进行综合分析，不能一概而论，下文将结合具体案例详述。

第四节　法律推定效果的排除及对证明责任的具体影响

根据法律推定的结构，欲排除法律推定的效果，有两种方法：一是反驳基础事实不成立；二是反驳推定事实不成立。[①]

一、反驳基础事实不成立

基础事实得到充分证明是直接认定推定事实的前提，因此，被告人欲排除法律推定的效果，首要的方法是让控方对基础事实的证明陷入不充分、有合理怀疑的情形。一般而言，被告人对基础事实进行反驳时，只需承担行为意义上的举证责任，不用承担结果意义上的说服责任。换言之，被告人只需举证反驳控方对基础事实的证明未达确实、充分的证明标准，存有合理怀疑即可。

例如，在童桂连走私毒品案中，控方指控，被告人童桂连携带毒品从白云机场入境拟从广州转机飞泰国，其对行李箱内藏有毒品应当明知，其行为构成走私毒品罪。控方认定童桂连“应当明知”其箱内藏有毒品的依据是相关司法解释规定的(准)法律推定。依据该规定，控方认定童桂连“应当明知”其箱内藏有毒品主要是因为该案中存在如下基础事实：(1)被告

① 参见骆永家：《推定之研究》，载《台大法学论丛》第1卷第1期(1971年)。

人童桂连在过海关时走无申报通道，未向海关申报任何物品，其有多次出入境记录，应当知晓携带他人物品须申报的常识，故可推定其“应当知道”。（2）本案通过在行李箱夹层藏匿毒品和人力运输的方式，属于以高度隐蔽的方式走私毒品。（3）被告人童桂连所获得的报酬不局限于额外的5000元，还应包括“客户”给的花费、“免费旅游”、“增长见识”、“锻炼口语”等潜在回报，总费用在23,000元人民币左右，时间成本需要10天，属于为获取不同寻常的高额或不等值的报酬而携带、运输毒品的情形。（4）被告人童桂连在荷兰购买当地电话卡，行程须由客户安排，须坐指定航班，不能乘坐廉价航班，交接物品方式非常隐蔽，明显违背合法物品惯常交接方式。

对上述基础事实，被告人童桂连或提出辩解或提出证据加以反驳：

（1）过海关时未申报，是自己主观意识上认为其只是帮朋友携带一些衣物样品，并不知道行李箱夹层内藏有疑似毒品，并无明知走私毒品而故意逃避海关检查的故意。两个行李箱及箱内物品均系JOJO安排他人提供给自己的，并非本人所有。在执法人员检查时，自己没有逃跑、丢弃携带物品或者逃避、抗拒检查，而是积极配合海关检查。

（2）在荷兰机场称重时，为了节省托运费，被告人在公众场合多次打开行李箱拿出包，并对箱子偏重产生疑惑，但涉案行李箱夹层内及毒品的包装上并未提取到被告人童桂连的指纹，行李箱也并非被告人童桂连所有，其对行李箱背部夹层内藏有毒品并不知情。被告人童桂连每次出国运送样品，其家人、朋友都知情，其顺便旅游和帮朋友代购，随时发布微信动态，也和家人朋友打电话保持联系，整个行程都公开。向JOJO报告行踪问题，是因为被告人是在帮助朋友JOJO做事，其完全信赖JOJO，对JOJO的关心询问，她也是如常回复，根本没有任何想要通过高度隐蔽方式犯罪的想法；微信聊天记录也可以看出，两人前后的聊天内容都是正常的，并没有与犯罪有关的隐晦词汇。

（3）样品虽然实际价值并不确定，但其实质的“商业价值”并非简单地等值于“样品价值”。因此，被告人收取JOJO支付人民币5000元左右的报酬，并不属于“不同寻常的高额或者不等值的报酬”。如果被告人童桂连对如此大数量的毒品是明知的，面对如此大的风险，却只要5000元左右的报酬，也明显不符合常理。

（4）被告人童桂连为了节省几千元的路费，故意向JOJO隐瞒其变更了运送线路。如果其主观明知，应当是走上次的安全路线，可以尽量减少海关检查，最大限度地减小风险，而非舍弃之前已经成功一次的直飞路线。

法院审查认为：

（1）被告人童桂连辩解对JOJO形成信任关系、未怀疑所带样品有问题而未申报有一定合理性。首先，从被告人童桂连的供述及其与JOJO的微信聊天记录中可看出，被告人童桂连与JOJO认识时间长，JOJO经常到童桂连商店采购物品，久而久之形成商业信任关系；随后两人成为朋友，在交往中产生信任感，随后JOJO请求童桂连帮忙带样品也顺理成章。此后童桂连帮忙运送七八次样品出境，均先由童桂连垫付费用，JOJO再结算，由此形成了互相信任的兼职带货模式。其次，童桂连对JOJO对其关爱有加的照顾和深厚感情深信不疑。微信聊天记录证实两人日常互相关心、互相倾诉的情感交流，证人韩某亦证实童桂连对其外国老板很信任。特别是JOJO警示Lee涉毒，使童桂连更加信任JOJO是会为其前途命运着想的朋友。最后，童桂连与JOJO的微信聊天记录无涉毒等异常信息。由此可见，JOJO在与童桂连处心积虑地相知相交中，不仅扮演了一个有信用的商业伙伴、关心人的朋友，更扮演了一个值得信赖的精神挚友，从而一步步使毫无防备的被告人遭受蒙骗，故童桂连主观上只是帮朋友携带一些衣物样品出境而未申报的辩解有一定合理性。

（2）所获报酬不属于不同寻常的高额或不等值的报酬。作为商人追求商业价值的样品，其价值体现的并非样品的个体价值，而是所能带来的商业利益，童桂连停薪请假10天时间送样品，仅收取5000元的报酬并不算高。且微信聊天记录、转账记录和借支单证实，第一次荷兰之行JOJO和客户不但未及时支付童桂连垫付的费用，后又以样品出了问题没有支付报酬，导致童桂连亏了钱，须借支工资才能偿还信用卡，而第二次荷兰之行也未谈及报酬。更何况，走私如此大数量的毒品承担如此高风险，却仅仅获得5000元报酬也与惯常的毒品犯罪不相符。

（3）该案不属于采用高度隐蔽的方式交接物品的情形。被告人童桂连作为受雇佣的带货者，事前货比三家，精打细算，订最便宜的夜间航班，住私密性差的多人一间的酒店，童桂连考虑的是能否更便宜，而非是否更“安全”。童桂连经常在朋友圈晒行程，所有按客户要求报告之事均是其公开的行程，符合正常的商业交接方式，故而不符合以往毒品犯罪采用高度隐蔽的方式交接物品的情形。

（4）带货目的地非中国，童桂连擅自改变路线的做法与正常人趋利避害的做法相悖。童桂连发现荷兰—香港—广州—泰国的路线比从荷兰直飞泰国便宜4000元左右，但没有联程航班，需要在香港、广州重新办理入境手续及提取托运行李过海关，而其为了节省并自己赚这几千元，故意向

JOJO 隐瞒变更运送路线这一事实。如果童桂连明知所带系毒品，应当走更安全路线，最大限度减小犯罪被发现的风险。聊天记录亦证实童桂连向 JOJO 抱怨客户“为何不让选廉价航空公司”，更印证她不知道行李箱藏有毒品。故其舍弃更安全路线与走私藏匿毒品的惯常方式不相符合。

最终法院认为，现有证据不足以证实被告人童桂连明知是毒品而走私入境，公诉机关认定被告人童桂连明知毒品而走私的证据不足，指控被告人童桂连犯走私毒品罪不能成立。[①]

在该案中，被告人就是通过提出辩解或提出证据的方式对基础事实进行反驳，最终导致控方对基础事实的证明未达确实、充分的证明标准，存有合理怀疑，排除了(准)法律推定的效果。

二、反驳推定事实不成立

在被告人反驳推定事实的情形下，判定被告人应承担何种证明责任，应当结合经验法则的盖然性高低、被告人提出的相反事实的具体情形综合分析。具体而言，如果该条规定中的经验法则具有较高盖然性，被告人提出推定事实的相反事实，则被告人应当承担行为意义上的举证责任和结果意义上的说服责任。如果该条规定中的经验法则盖然性一般，被告人提出推定事实的相反事实，则被告人仅承担行为意义上的举证责任，以引起法官对推定事实的合理怀疑即可。

以《办理毒品犯罪案件适用法律若干问题的意见》为例。仔细分析该规定可以发现，该规定明确列举的 7 种可以认定其“应当知道”的情形实际上在经验法则的盖然性高低方面有一定差异，其中第四种情形“体内藏匿毒品的”具有最高的盖然性，相比之下，第六种情形“采用高度隐蔽的方式携带、运输毒品的”盖然性就要低一些。因此，如果被告人被抓获时，体内藏匿毒品，其提出不明知是毒品的辩解，应当承担行为意义上的举证责任和结果意义上的说服责任，才能排除法律推定的效果。这是因为在基础事实“体内藏匿毒品”和推定事实“明知是毒品”之间起连接作用的是具有较高盖然性的经验法则，被告人反驳的强度应当随之提高，方能排除该法律推定的效力，如果被告人的反驳不能说服法官，则反驳无效，法律推定的效果成立。

例如，在张奉运输毒品案中，公诉机关指控，2009 年 11 月 29 日，被告人张奉乘坐车牌号为×××号客车从云南省普洱市前往昆明市，当晚 22

① 参见广东省广州市中级人民法院刑事判决书，(2019)粤 01 刑初 557 号。

时许，途经云南省玉溪市玉元高速公路青龙厂路段时，被公安机关查获，从其体内排出海洛因208克。被告人张奉辩称，自己受他人利用运输不知名的东西。法院认为，被告人张奉以体内藏匿毒品的方式运输毒品，足以认定其主观明知所运输的系毒品，其受他人利用的上诉理由，无证据证实。①

如果被告人被抓获时，公诉机关指控被告人是以"高度隐蔽的方式携带、运输毒品的"，被告人提出不明知的辩解，仅承担行为意义上的举证责任，以引起法官对推定事实的合理怀疑即可。这是因为在基础事实"采用高度隐蔽的方式携带、运输毒品的"和"明知是毒品"之间起连接作用的是具有一般盖然性的经验法则，对于一般盖然性的经验法则，对被告人反驳的强度不宜设定过高，其反驳足以引起法官对推定事实的合理怀疑即可。

例如，在王某某运输毒品案中，公诉机关指控，2014年8月16日12时许，被告人王某某到广州市白云区广州白云国际机场，拟乘坐CZ352航班前往沈阳再转机至境外。过安检通道时，安某从被告人王某某随身携带的双肩背包夹层内查获甲基苯丙胺（冰毒）一包（经鉴定，净重1101克，检出甲基苯丙胺成分，含量为63.6%），遂将被告人王某某抓获。被告人王某某辩称其不知道携带的背包里藏有毒品，该背包是一名黑人男子通过快递公司交给他的，其遭到了陷害。

法院审查认为，现有证据不能排除被告人王某某认为自己携带的是合法物品的可能性，依据是：

（1）虽然证人王某（机场安检员）的证言反映其用工具打开背包夹层发现了一包物品后再问被告人王某某，王某某仍坚持说是文件。但是，由于背包是之前诈骗团伙用来装文件送给王某某的，王某某根据其过往经历而推断回答背包里面的东西同样也是别人给他的文件自然合理，况且，毒品的外包装与快递件极为相似，也容易造成误判。

（2）在案证据证明王某某接收背包是为了拿到属于自己的文件，不是帮助他人托带的不明物品。涉案背包在王某某看来只是装文件的工具，并非他人托带的物品，况且，涉案毒品被隐藏在背包的夹层内，王某某接收到背包后即使已尽到当着快递员的面翻看的注意义务，但因毒品藏匿巧妙而不可能被其通过常规方法发现。另外，快递员送达背包时已超过了约定时间，王某某接收到背包后必须立即赶往机场乘飞机，时间上并不容许其对文件、背包的事宜作过多的思考分析及处理。因此，王某某认为其没有携带违禁品及没有申报他人托带物品而选择走无申报通道属自然合理。

① 参见云南省高级人民法院刑事裁定书，(2018)粤刑终1363号。

(3)证人李某某和王某的证言证实被告人王某某在机场被检查并发现毒品时,仍然神情镇定及配合检查的冷静行为表现,与明知背包内藏有毒品被发现及可能被审判而应有的慌张、逃跑表现截然相反,上述行为表现不仅不能证明王某某对毒品明知,相反,其不明知才会无知无畏,坦荡镇静。

(4)被告人王某某受过高等教育并多次乘机往返过国内与境外,有着丰富的社会阅历,因此,王某某对背包内藏匿毒品过机场安检会被发现以及从事毒品犯罪将会被判重刑等常识应当明知,但本案并无证据证明其明知是危险而不惜以身犯险的合理理由。相反,现有证据足以证实非洲诈骗团伙向王某某编造巨额“银行放款”的骗局诱惑,才使王某某愿意盲目接受该团伙的安排。①

上述二案例揭示出,在具体的司法适用时,要注意分析不同基础事实与推定事实之间的经验法则的盖然性高低,不能仅因为规定于同一法条中,就将不同的经验法则的盖然性高低视为一致,让被告人过度负担证明责任。这也同时提醒法律(准法律)推定的制定者,在制定法律(准法律)推定时,要事先评估经验法则的盖然性高低,在基础事实和推定事实之间至少具有一般意义的经验法则时,才可以创设法律(准法律)推定,如果经验法则的盖然性较低,则根本无创设法律(准法律)推定的必要。

① 参见广东省高级人民法院刑事裁定书,(2018)粤刑终1363号。

第十四章　隐蔽性证据规则与行为证据分析

习近平总书记指出，要加强对我国法治的原创性概念、判断、范畴、理论的研究，加强中国特色法学学科体系、学术体系、话语体系建设。[①] 作为我国刑事诉讼的一项特有证据规则，隐蔽性证据规则自 2010 年首次规定于《关于办理死刑案件审查判断证据若干问题的规定》（以下简称《死刑案件证据规定》）中，即引起了学术界的关注。[②] 2021 年《刑诉法解释》第 141 条规定："根据被告人的供述、指认提取到了隐蔽性很强的物证、书证，且被告人的供述与其他证明犯罪事实发生的证据相互印证，并排除串供、逼供、诱供等可能性的，可以认定被告人有罪。"这一举动表明，隐蔽性证据规则作为我国刑事诉讼特有证据规则的地位得到了具有法律效力的司法解释的保障。[③] 在犯罪过程中，案犯如果实施了消极的伪装行为，如毁尸弃尸、毁损作案工具、丢弃被害人物品，或者实施了某些特定的犯罪标记行为，如收集"纪念品"或"战利品"的行为，很可能会产生隐蔽性证据。因此，司法工作人员应当在认真分析案犯行为的基础上，结合隐蔽性证据规则，准确认定案件事实。

对这一特有的证据规则，我国学术界虽然进行了初步研究，但仍然存在诸多不足。例如，既有研究更多地注重规范分析，未能充分关照隐蔽性证据规则的实务运用。由于欠缺一定数量的实务案例支撑，既有研究对隐蔽性证据含义的解读空洞、模糊，无法充分解释实践。再如，既有研究对隐蔽性证据规则的性质缺乏深入思考，目前提出的几种观点——审查判断隐蔽性物证、书证证明力的规则说、口供补强规则说、证明标准说，均未能准确揭示该规则的真实性质，有进一步分析论证的空间。同时，由于学术界未能从理论上准确揭示隐蔽性证据规则的真实性质，导致部分实务界人

---

① 参见习近平：《坚持走中国特色社会主义法治道路　更好推进中国特色社会主义法治体系建设》，载《求是》2022 年第 4 期。

② 参见万毅：《"隐蔽性证据"规则及其风险防范》，载凤凰网，https://news.ifeng.com/c/7fcLHcvDXJ9；秦宗文：《刑事隐蔽性证据规则研究》，载《法学研究》2016 年第 3 期。

③ 参见《最高人民法院关于司法解释工作的规定》第 5 条规定："最高人民法院发布的司法解释，具有法律效力。"

士在规则适用的情形、隐蔽性证据种类的把握等问题上存在一些错误认识。

有鉴于此,笔者拟在充分关照隐蔽性证据规则实务运用的基础上,对这一证据规则进行理论再思考。为此,笔者特从"北大法宝"、"威科先行"、"中国裁判文书网"、《刑事审判参考》等案例资源库中,收集到适用该规则的35个案例进行分析,以期夯实理论研究的实践基础。在立足实务、运用合理经验的前提下,笔者试图进一步明确隐蔽性证据的含义、揭示该证据规则的真实性质、分析实务运用中应注意的问题,俾能为正确运用该规则提供理论指导。

第一节　隐蔽性证据的含义

目前的司法解释和规范性文件并没有界定隐蔽性证据的含义。现有观点主要是从"只有作案人知晓"的角度去界定隐蔽性证据的含义。例如,万毅认为,"隐蔽性证据"是指含有隐蔽性信息的证据。"隐蔽性信息"则是指不为外人所知而只有作案人才知晓的案件细节。① 秦宗文认为,隐蔽性证据是指不易为案外人察觉而通常只有作案人才可能知晓的案情信息。② 上述界定存在的主要问题是:其一,仅从"只有作案人知晓"这一外在形式界定隐蔽性证据的含义,以偏概全,逻辑上不周延。其二,未能从内涵上挖掘作案人知晓的隐蔽性证据信息的具体类型,以致定义空洞、模糊,不能有力指导实践。

从实践而言,有较多隐蔽性证据并非"只有作案人知晓"的案情信息。例如,在某杀人案件中,案犯杀人后又实施了收集被害人贴身衣物的犯罪标记行为(收集"纪念品"或"战利品"的行为)。在现场勘查中,侦查人员发现被害人贴身衣物有丢失现象,据此推测分析应是案犯实施犯罪标记行为所致。按照上述定义,侦查人员已经知晓了作案人才知道的案情信息(丢失的被害人贴身衣物),因此这一证据应不属于隐蔽性证据。但如果抓获案犯后,案犯供述他将被害人的贴身衣物藏匿于某棵树下,侦查人员据此提取到这一物证,③该物证应当属于司法解释规定的隐蔽性很强的物证。因此,仅从"只有作案人知晓"这一外在形式去界定隐蔽性证据的含

---

① 参见万毅:《"隐蔽性证据"规则及其风险防范》,载凤凰网,https://news.ifeng.com/c/7fcLHcvDXJ9。

② 参见秦宗文:《刑事隐蔽性证据规则研究》,载《法学研究》2016年第3期。

③ 参见郭云忠:《从聂树斌案看隐蔽证据》,载《法律适用》2018年第18期。

义,逻辑上并不周延。

从实践角度考察,某种证据之所以成为隐蔽性证据,是因为只有作案人知晓如下类型的证据信息所致:

第一类是只有作案人知晓的证据存放的地点(空间)信息。隐蔽性证据规则的用语是,“根据被告人的供述、指认提取到了隐蔽性很强的物证、书证”。“提取到了”证据的前提是,提取主体知晓证据存放的具体地点。根据《现代汉语词典》的解释,作为形容词的“隐蔽”意指被别的事物遮住不易被发现。结合二者分析,“提取到了隐蔽性很强的物证、书证”意指提取到的物证、书证的存放的地点被“别的事物遮住”,很不易被人发现。因此,这里的“隐蔽性很强”首先指证据存放的地点(空间)很隐蔽,不易被人发现。一般而言,仅有作案人知道这个地点(空间),案外人很难知晓。

从实践而言,这种类型的隐蔽性证据所占比例最高。在笔者分析的正面运用隐蔽性证据规则的30个案例中,证据存放的地点(空间)很隐蔽的案例有21个,占总数的70%。

例如,孙旭均故意杀人案的裁判文书中载明:孙旭均将被害人张燕的尸体用布包裹,再用金属丝捆扎后,运至慈溪市桥头镇一山上,掩埋在其家的杨梅树附近。孙旭均归案后带领民警指认了掩埋张燕尸体的地点,后民警在该处找到尸体。[①] 在该案中,物证(张燕的尸体)之所以成为隐蔽性证据,是因为物证存放的地点(空间)信息(杨梅树下)很隐蔽,不易被案外人知晓。再如,鲁某某故意杀人案的裁判文书中载明:通过鲁某某指认,侦查人员打捞并确认了鲁某某丢弃在府河中的马某1的两部手机和一双布鞋。[②] 在该案中,物证(手机和布鞋)之所以成为隐蔽性证据,是因为物证存放的地点(空间)信息(府河中)很隐蔽,不易被案外人知晓。

第二类是作案人处置物证、书证的去向较为隐蔽,通常只有作案人知晓。在某些案件中,证据存放的地点(空间)似乎并不隐蔽,有些地点(空间)甚至呈公开状态,但由于作案人处置这些证据的去向较为隐蔽,通常只有作案人知晓,案外人很难察觉,因此,这些证据仍属于隐蔽性证据。

例如,在高佑铭抢劫案中,高佑铭到案后即供认,同月24日晚其抢劫被害人一条金项链,次日将项链卖给一首饰加工店的事实。侦查机关从该首饰加工店店主朱美爱处调取到该金项链。法院认为,根据被告人的供

① 参见浙江省高级人民法院刑事附带民事裁定书,(2014)浙刑三终字第141号。

② 参见湖北省孝感市中级人民法院刑事附带民事判决书,(2016)鄂09刑初26号。

述、指认，提取到了被其出售的被害人李淑珍遇害时佩戴的项链等隐蔽性很强的物证。① 在该案中，物证（金项链）被存放于公开开设的首饰加工店中，地点似乎不够隐蔽，但由于仅有作案人知晓这是处置的赃物，因此可以从物证处置的去向来解释其是隐蔽性证据。再如，梅杰灵抢劫案的裁判文书中载明：侦查人员正是根据梅杰灵供述的把作案时穿的上衣及帽子抛弃在天伦王朝酒店停车场附近的情况，到梅杰灵供述的地点提取了隐蔽性很强的上衣、帽子等物证。② 在该案中，物证（上衣及帽子）存放于公开的酒店停车场附近，地点似乎不够隐蔽，但法院仍从物证处置的去向具有隐蔽性，认定这些物证属于隐蔽性证据。

第三类是物证、书证与案件事实的关系（关联性）较为隐蔽，通常只有作案人知晓，案外人很难察觉。有些物证、书证与案件事实的关系较为直接，很容易就可以发现其与案件事实的关系。例如，侦查人员一眼就可以判定该物证、书证是作案工具，是赃款赃物。然而，也有一些物证、书证与案件事实的关系（关联性）较为隐蔽，不容易为案外人察觉。

例如，符东兴贩卖毒品案的裁判文书中载明：根据被告人用剪刀等工具切割毒品以便贩卖的供述，侦查人员从其家中提取到的六把剪刀系隐蔽性证据，六把剪刀均检出海洛因成分，这从另一个侧面印证了被告人关于自己贩卖毒品的供述。③ 在该案中，六把剪刀的存放地点并不隐蔽，被告人也没有主动隐藏剪刀的去向（就在家中），但如果被告人不供述，侦查人员很难知晓这些剪刀是被告人零包贩毒的作案工具。因此，从该物证与案件事实的关系（关联性）较为隐蔽的角度，法院认定六把剪刀系隐蔽性证据。再如，马林、王忠校寻衅滋事案的裁判文书中载明：公安机关根据马林的供述提取到了隐蔽性很强的书证，即马林名下的中国农业银行账户 2016 年交易明细，印证了马林所述王忠校于事后给付其所承诺 10 万元报酬的事实。④ 在该案中，书证（银行账户交易明细）存放的地点并不隐蔽，被告人也没有主动隐匿账户去向，但如果被告人不供述，侦查人员很难知晓账户交易明细与案件事实的关系。因此，从该书证与案件事实的关系（关联性）较为隐蔽的角度，法院认定账户交易明细是隐蔽性证据。

---

① 参见王锋永、王婷婷：《高佑铭抢劫案［第 1261 号］——根据被告人的供述、指认提取到了隐蔽性很强的物证，且与其他证据相互印证并排除串供、逼供、诱供等可能性的，可以认定有罪》，载最高人民法院刑事审判第一、二、三、四、五庭主办：《刑事审判参考》总第 114 集，法律出版社 2019 年版。

② 参见北京市第二中级人民法院刑事判决书，（2015）二中刑初字第 1443 号。

③ 参见海南省第一中级人民法院刑事判决书，（2013）海南一中刑初字第 78 号。

④ 参见黑龙江省黑河市中级人民法院刑事判决书，（2020）黑 11 刑终 42 号。

综上所述,笔者认为,应从外在形式和实质内容两个角度去界定隐蔽性证据的含义。所谓隐蔽性证据,是指根据犯罪嫌疑人、被告人的供述、指认提取到的存放地点、处置去向、与案件事实之间的关系不易为案外人知晓的物证、书证。该定义的特点有:其一,摒弃了仅从"只有作案人知晓"这一外在形式定义隐蔽性证据的做法,以"根据犯罪嫌疑人、被告人的供述、指认提取到"取代,既与隐蔽性证据规则的原文表述保持一致,又凸显出犯罪嫌疑人、被告人的供述、指认与证据提取之间所具有的因果关系,更符合规则本意。其二,从存放地点、处置去向、与案件事实之间的关系三个角度解读隐蔽性,充实了隐蔽性的内涵,使隐蔽性证据的含义更加明确、具体。

最后需要说明的是,不能将隐蔽性证据规则所指的隐蔽性证据与案件事实中的隐蔽性信息混淆。在学术研究中,有一种将隐蔽性证据规则所指的隐蔽性证据与案件事实中的隐蔽性信息混淆的倾向。例如,有学者认为,"隐蔽性证据"实质上不表现为法定形式的"证据",而是"线索信息",这些信息的具体表现是多样化的,需要侦查人员根据"隐蔽性"的实质作个案判断,这些"线索信息"具有非常高的印证证明价值。① 笔者认为,隐蔽性证据规则所指的隐蔽性证据与案件事实中的隐蔽性信息的区别至少有以下几点:

其一,从外延上而言,案件事实中的隐蔽性信息外延大于隐蔽性证据规则所指的隐蔽性证据。隐蔽性证据属于案件事实中的隐蔽性信息,但并不是所有案件事实中的隐蔽性信息都可称为隐蔽性证据规则所指的隐蔽性证据。

其二,从存在的概率而言,隐蔽性证据并非存在于所有案件中,在相当多的案件中,可能并没有隐蔽性证据。案件事实中的隐蔽性信息则有可能存在于所有案件中,只要该案犯罪嫌疑人、被告人的供述中包含了不为案外人所知的细节信息,这些细节信息都属于案件事实中的隐蔽性信息。

其三,从具体运用而言,隐蔽性证据的运用必须紧密结合相关司法解释规定的隐蔽性证据规则进行,具有较强的规范性。案件事实中的隐蔽性信息主要是司法工作人员运用经验法则和逻辑法则进行自由判断,规范性较弱。

---

① 参见倪春乐:《侦查中的隐蔽性证据信息及其应用》,载《中国人民公安大学学报(社会科学版)》2018 年第 3 期。

第二节 隐蔽性证据规则的性质

隐蔽性证据规则的性质为何,是一个值得深入思考的问题。只有从理论上准确揭示隐蔽性证据规则的真实性质,才能正确指导该规则的实践运用。目前学术界提出的几种观点解释力不强,有进一步分析论证的空间。

一、审查判断隐蔽性物证、书证证明力的规则说

隐蔽性证据规则最早见于2010年的《死刑案件证据规定》,该规定第34条规定:“根据被告人的供述、指认提取到了隐蔽性很强的物证、书证,且与其他证明犯罪事实发生的证据互相印证,并排除串供、逼供、诱供等可能性的,可以认定有罪。”仔细分析该条文义,“且与其他证明犯罪事实发生的证据互相印证”一句欠缺明确的主语,隐含的主语可以指隐蔽性很强的物证、书证,因此,该条的意旨似乎是在确保隐蔽性很强的物证、书证的证明力。

龙宗智在把隐蔽性证据对被告人供述证明的方式归于印证模式的同时,积极肯定了隐蔽性证据的证明力。“……不为非作案人所知的某些隐蔽性证据,一旦和口供相印证,其证明效力更是高于其他印证。”①秦宗文认为,“隐蔽性证据规则有两个突出特点:其一,它是证明力规则。在过去,什么证据可作补强证据,其证明力如何,均由法官自由裁量。隐蔽性证据规则强调了隐蔽性证据的证明力,一旦有该类证据出现,法官一般可认定被告人有罪”②。另有学者认为,从规定的内容看,并非找到隐蔽性的物证、书证就补强了被告人的供述,被告人的供述还需要与其他证明犯罪事实发生的证据相互印证,隐蔽性证据规定强调的只是隐蔽性证据的证明效力而非被告人的供述需要补强。③

以上观点的共同之处是,将隐蔽性证据规则看作确保隐蔽性很强的物证、书证证明力的规则。实践中,一旦出现这种证据,法官就不能自由评价该证据的证明力,而必须赋予这种证据极强的证明力。

司法实务中,亦有法官运用该规则评价隐蔽性证据证明力的案例。例如,马得彪故意杀人案的裁判文书中载明,根据马得彪的供述和指认,侦查

① 龙宗智:《刑事印证证明新探》,载《法学研究》2017年第2期。

② 秦宗文:《刑事隐蔽性证据规则研究》,载《法学研究》2016年第3期。

③ 参见刘奕武:《隐蔽性证据规定的理解与适用》,载《中国刑警学院学报》2021年第3期。

机关在其家窗户外侧平台一管道井内起获了被害人雷某尸体，系隐蔽性很强的证据，该证据证明力强。[①] 再如，汪金星故意杀人案的裁判文书中载明，被告人汪金星供述其用从隧道内捡来的铁锹掩埋尸体，后随手将铁锹扔在隧道口水池边的排水渠内。在汪金星的带领指认下，公安人员从已被水泥板封盖掉的排水渠内找到一把铁锹，汪金星辨认称该铁锹系其作案埋尸所用，该证据属于隐蔽性证据，未参与作案的人员不可能知道，该铁锹的证明力强。[②]

笔者认为，审查判断隐蔽性物证、书证证明力的规则说存在以下不足，导致该说的解释力有限：

首先，尽管《死刑案件证据规定》第 34 条“且与其他证明犯罪事实发生的证据互相印证”一句因欠缺明确的主语，导致文义上隐含的主语可以指隐蔽性很强的物证、书证，从而让人以为该条意旨似乎是在确保隐蔽性很强的物证、书证的证明力，但是，2012 年《刑诉法解释》（已失效）已经修改了该条文字内容，明确“与其他证明犯罪事实发生的证据相互印证”的是被告人的供述。这一修改表明，规则制定者的意图应是在确保被告人供述的证明力，而不是规定隐蔽性很强的物证、书证的证明力。

其次，如果该条只是单纯的审查判断隐蔽性物证、书证证明力的规则，那么在规则最后结尾的表述上，就应聚焦于该隐蔽性物证、书证的证明力高低的评价上，如可以这样表述“……该隐蔽性很强的物证、书证证明力强，可以作为定案的根据。”[③]然而，隐蔽性证据规则最后结尾的表述直接跳跃到“可以认定被告人有罪”上，这一表述是从全案事实的认定上着眼，已经远远超出了审查判断单一证据证明力的范畴。

最后，从体系上而言，如果将隐蔽性证据规则定位为审查判断隐蔽性物证、书证证明力的规则，则应将该规则规定于第四章“证据”第二节“物证、书证的审查与认定”中，但 2021 年《刑诉法解释》却将该规则规定于第四章“证据”第十节“证据的综合审查与运用”中，且该规则所涉内容并不止隐蔽性物证、书证一种证据，还包括被告人供述、其他证明犯罪事实发生的证据。从体系位置和规则包含的证据种类看，规则制定者更强调的是综合运用上述证据认定案件事实。

---

① 参见甘肃省高级人民法院刑事裁定书，（2020）甘刑核 21914763 号。

② 参见浙江省高级人民法院刑事裁定书，（2019）浙刑终 193 号。

③ 类似的表述如 2021 年《刑诉法解释》第 83 条第 3 款：“物证的照片、录像、复制品，经与原物核对无误、经鉴定或者以其他方式确认真实的，可以作为定案的根据。”这样的表述才是典型的确保某一单一证据证明力的表述。

二、口供补强规则说

将隐蔽性证据规则的性质界定为口供补强规则是目前最流行的一种观点，此种观点不仅得到实务界的推崇，也得到学术界的肯认。例如，最高人民法院认为，“这一规定（隐蔽性证据规定）标志着口供补强规则在我国刑事证据法中的正式确立”①。这一规定“是对《刑事诉讼法》确立的口供补强规则的具体细化和完善”②。在学术界，有学者认为，隐蔽性证据规定建立了一种隐蔽性证据（细节）补强模式，这是中国语境下的一种口供补强模式。③ 亦有学者认为，隐蔽性证据规则是积极意义的口供补强规则。④司法实务中，亦有法官将该规则作为口供补强规则，用于判断口供的真实性，进而决定该口供能否作为定案根据。例如，在梅杰灵抢劫案中，法官认为，侦查人员正是根据梅杰灵供述的把作案时穿的上衣及帽子抛弃在天伦王朝酒店停车场附近的情况，到梅杰灵供述的地点提取了隐蔽性很强的上衣、帽子等物证，证明了梅杰灵供述的真实性。⑤

笔者认为，将隐蔽性证据规则理解为口供补强规则，是对口供补强规则的误读，原因在于：

其一，在语言表述上，典型的口供补强规则一般采取“否定式”的句法结构。例如，被认为是我国口供补强规则法律依据的《刑事诉讼法》第 55 条中规定的“只有被告人供述，没有其他证据的，不能认定被告人有罪和处以刑罚”。《日本刑事诉讼法》第 319 条第 2 款规定：“不论被告人的自白是否在审判庭上作出，该自白是不利于自己的唯一证据时，不能认定被告人有罪。”⑥英国早期的补强规则规定：被控以威胁、恐吓等手段与女性进行非法性交，或利用药物达成性交之目的，或强制妇女卖淫，或与 21 周岁以下女性进行非法性交之被告，不能仅仅根据未经补强之证人证言定罪。美国早期创立的补强规则规定：强奸案件或其他性侵害案件中的被害人证言未经补强不得认定被告人有罪。⑦

---

① 张军主编，最高人民法院刑事审判第三庭编著：《刑事证据规则理解与适用》，法律出版社 2010 年版，第 257 页。

② 江必新主编：《最高人民法院刑事诉讼法司法解释理解与适用》（上），人民法院出版社 2015 年版，第 348 页。

③ 参见董坤：《规范语境下口供补强规则的解释图景》，载《法学家》2022 年第 1 期。

④ 参见向燕：《论口供补强规则的展开及适用》，载《比较法研究》2016 年第 6 期。

⑤ 参见北京市第二中级人民法院刑事判决书，（2015）二中刑初字第 1443 号。

⑥ ［日］田口守一：《刑事诉讼法》，张凌、于秀峰译，法律出版社 2019 年版，第 493 页。

⑦ 参见李训虎：《变迁中的英美补强规则》，载《环球法律评论》2017 年第 5 期。

从以上列举的法条可见，典型的口供（证言）补强规则在语言表述上均是采取“否定式”的句法结构——“不能认定被告人有罪”。我国的隐蔽性证据规则采取了“肯定式”句法结构——“可以认定被告人有罪”，这显然不符合口供补强规则的惯用表达。

其二，在补强的证据种类上，单纯的口供补强规则并未限制补强口供的证据种类，举物证、书证、证人证言等，皆可成为补强证据；而隐蔽性证据规则却将“补强”被告人口供的证据明示限定于隐蔽性很强的物证、书证，其意图已不仅止于担保口供的真实性，似有更深远的意旨。

其三，从口供补强规则的目的和内涵来看，制定口供补强规则的目的在于限制评价口供的证明力，这是自由心证主义的例外。[①] 为实现这一目的，应将口供补强规则的真实内涵解释为，在欠缺补强证据担保口供的真实性之前，法官根本不应评价被告人口供的证明力，即此时被告人口供的证明力为零，即使法官依其经验单独判断该口供的真实性可能性较大。我国台湾地区台上字第 809 号刑事判例要旨即指出：“……故被告虽经自白，仍应调查其他必要之证据，以察其与事实是否相符，苟无法证明其与事实相符，根本即失其证据之证明力，不得采为判断事实之根据。”[②]隐蔽性证据规则的目的并不是限制评价口供的证明力，而是旨在增强口供的证明力，这恰与口供补强规则的目的相反。

其四，从规则的内容而言，口供补强规则仅强调补强证据对口供的单向“补强”，以担保口供的真实性，而隐蔽性证据规则的内容不仅有隐蔽性物证、书证对口供的单向“补强”（根据被告人的供述、指认提取到了隐蔽性很强的物证、书证），而且有被告人供述与其他证据的双向“印证”（且被告人的供述与其他证明犯罪事实发生的证据相互印证），其内容已远超单纯的“补强”内涵，以口供补强规则来界定隐蔽性证据规则的性质，名不副实。

三、证明标准说

晚近有学者提出新观点，认为隐蔽性证据规则是特定情形下的证明标准。“根据被告人供述、指认提取到的隐蔽性物证、书证，构成了被告人与犯罪事实之间的关联，验证了被告人供述的真实性。《刑事诉讼法解释》第 106 条还进一步规定‘被告人的供述与其他证明犯罪事实发生的证据相

---

① 参见［日］田口守一：《刑事诉讼法》，张凌、于秀峰译，法律出版社 2019 年版，第 493 页。

② 参见苏凯平：《重新探索自由心证》，载《台大法学论丛》第 49 卷第 1 期（2020 年）。

互印证'，并以'排除串供、逼供、诱供等可能性'来确保不致发生虚假供述的情况，以此对抽象的'证据确实、充分'的证明标准进行细化。因此，隐蔽性证据规定应该是一项细化的证明标准，而不是'印证模式'或'口供补强'规则。"①

此说乍看之下似有道理，因为我国的有罪证明标准为"案件事实清楚，证据确实、充分"，此已为《刑事诉讼法》第200条第1项明定。② 隐蔽性证据规则条文内容最后的落脚点是"可以认定被告人有罪"，以"认定被告人有罪"为连接桥梁，隐蔽性证据规则似可与"案件事实清楚，证据确实、充分"直接画上等号。

司法实践中，也有将隐蔽性证据规则当成证明标准运用的案例。例如，在董某某故意杀人案中，法官认为，董某某在侦查阶段多次供述了自己投放农药的经过，且详细供认了农药的来源。农药放置于被告人董某某哥哥房间电视柜下面的抽屉内，隐蔽性很强。侦查人员根据其供述，查扣了剩余农药，所扣押的装有农药的矿泉水瓶的种类、大小与被告人董某某供述一致，足以证实被告人董某某供述的客观真实性。被告人董某某的供述还得到了现场勘验检查工作笔录、现场勘验检查提取痕迹、物品登记表的印证。上述证据已经形成完整的证据锁链，足以认定董某某实施了投放农药的行为。③

笔者认为，将隐蔽性证据规则视作有罪证明标准的观点存在如下缺陷：

首先，根据《立法法》第11条的规定："下列事项只能制定法律：……（十）诉讼制度和仲裁基本制度……"有罪证明标准属于刑事诉讼制度的核心内容，只能由《刑事诉讼法》加以规定，而隐蔽性证据规则目前规定于《刑诉法解释》中，该解释的效力等级低于法律，如果将隐蔽性证据规则视作有罪证明标准将有违《立法法》的规定。

其次，如果隐蔽性证据规则条文内容最后的落脚点是"可以认定被告人有罪"，再以"认定被告人有罪"为连接桥梁，将该规则解读为有罪证明标准，同样地，亦应该将2021年《刑诉法解释》第140条关于间接证据定案规则解读为有罪证明标准，因为该规则条文内容最后的落脚点也是"可以

① 刘奕武：《隐蔽性证据规定的理解与适用》，载《中国刑警学院学报》2021年第3期。

② 《刑事诉讼法》第200条规定："在被告人最后陈述后，审判长宣布休庭，合议庭进行评议，根据已经查明的事实、证据和有关的法律规定，分别作出以下判决：（一）案件事实清楚，证据确实、充分，依据法律认定被告人有罪的，应当作出有罪判决……"

③ 参见江苏省金湖县人民法院刑事判决书，（2014）金刑初字第0139号。

认定被告人有罪”。但是,我国的学理通说从未将间接证据定案规则解读为有罪证明标准。例如,权威解释认为,《刑诉法解释》第 140 条是关于依靠间接证据定案的规则的规定。[①] 权威教材也只认为,上述规定为运用间接证据证明案件事实提供了规则指引。[②] 由此可以反推出,隐蔽性证据规则与间接证据定案规则一样,不能解读为有罪证明标准。

再次,从关于有罪证明标准的立法表述来看,各国多使用灵活、有弹性的表述,以适应不同的个案证据情形。“正是由于人类目前无法找到可以适用于所有案件的证据组织加减公式,所以各国关于认定被告人有罪的标准都是带有一定弹性的表述,诸如证据确实、充分,排除合理怀疑,内心确信等,以适应千变万化的证据世界,强调有合理疑点或者其他可能性的,不得认定被告人有罪。”[③]如果将隐蔽性证据规则视为有罪证明标准,则将丧失这种灵活和弹性,退回到法定证据主义僵化、机械地适用证据的状态,违背了证据评价制度的发展规律。

最后,运用隐蔽性证据规则认定的案件事实仍然会与“案件事实清楚,证据确实、充分”的有罪证明标准存在差距。试举一例:甲、乙系父子关系,乙 12 岁,母亲去世。后甲娶丙为妻,丙为乙的继母。甲丙夫妻感情甚好,但丙经常偷偷打骂乙。一日,乙趁甲不在家,准备杀死丙。犯罪过程中,甲突然回家,但未能阻止悲剧发生。乙见事情败露,也怕甲指责,于是逃走。甲为包庇乙,将尸体挪走藏匿,作案工具埋藏。后来案发,甲被抓获,他担心儿子被抓,于是供述了杀死乙的经过。经现场勘验,甲供述的犯罪事实与证据相互印证,且根据甲的供述、指认找到了尸体、作案工具等证据,上面还可以提取到甲的指纹等检材。但是,根据警方对被告人、被害人邻里亲戚的调查,甲丙夫妻关系一直很好,甲缺乏作案动机,且案发后乙一直处于失踪状态。[④]

该案虽然符合隐蔽性证据规则规定的条件,但据此认定的案件事实仍然存在“合理怀疑”,尚未到“案件事实清楚,证据确实、充分”的有罪证明标准。正是看到二者存在差距,隐蔽性证据规则的制定者才使用了“可以认定被告人有罪”的弹性用语,否则如将二者视为等同,规则制定者应使用

---

① 参见江必新主编:《最高人民法院刑事诉讼法司法解释理解与适用》(上),人民法院出版社 2015 年版,第 340 页。

② 参见《刑事诉讼法学》编写组编:《刑事诉讼法学》(第 3 版),高等教育出版社 2019 年版,第 156 页。

③ 李昌盛:《口供消极补强规则的实质化》,载《证据科学》2014 年第 3 期。

④ 该案例参见李昌盛:《口供消极补强规则的实质化》,载《证据科学》2014 年第 3 期。

“应当认定被告人有罪”的刚性用语。

四、隐蔽性证据规则的真实性质

以上三种观点都存在法解释上的逻辑硬伤，笔者认为，隐蔽性证据规则的真实性质应和间接证据定案规则一样。如果说间接证据定案规则的性质是运用间接证据定案的条件规则，那么隐蔽性证据规则的性质也应是运用隐蔽性很强的物证、书证定案的条件规则，之所以得出这一结论是因为：

其一，从规则起源和规则所处的体系而言，隐蔽性证据规则一直和间接证据定案规则如影随形。隐蔽性证据规则和间接证据定案规则均起源于2010年《死刑案件证据规定》。间接证据定案规则表现为该规定的第33条，隐蔽性证据规则表现为该规定的第34条。从规则体系而言，两条规则自从被《刑诉法解释》吸收后，一直位于“证据”一章“证据的综合审查与运用”一节中，且体系位置前后相邻。

其二，从规则内容而言，两条规则均明确规定了运用某种特殊证据定案的具体条件。间接证据定案规则直接列举了五个条件[①]，隐蔽性证据规则虽然没有明确列举条件，但从规则内容中可以提炼出运用隐蔽性证据定案的三个条件：(1)根据被告人的供述、指认提取到了隐蔽性很强的物证、书证；(2)被告人的供述与其他证明犯罪事实发生的证据相互印证；(3)被告人供述排除了串供、逼供、诱供等可能性。

其三，从规则的指向而言，在满足规则所列举条件的前提下，两条规则均指向“可以认定被告人有罪”。间接证据定案规则直接采取如下表述间接证据“同时符合下列条件的可以认定被告人有罪”。隐蔽性证据规则最后的落脚点亦是“可以认定有罪”。

其四，在运用上述两条规则定案、判处被告人死刑时，均要求特别慎重。间接证据定案规则曾在《死刑案件证据规定》第33条第2款中规定：“根据间接证据定案的，判处死刑应当特别慎重。”2012年《刑诉法解释》吸收间接证据案规则时，虽然删除了第2款规定，但最高人民法院的权威意见认为：“在运用间接证据认定死刑案件时必须慎之又慎，要反复审查证据

---

① 2021年《刑诉法解释》第140条规定：“没有直接证据，但间接证据同时符合下列条件的，可以认定被告人有罪：(一)证据已经查证属实；(二)证据之间相互印证，不存在无法排除的矛盾和无法解释的疑问；(三)全案证据形成完整的证据链；(四)根据证据认定案件事实足以排除合理怀疑，结论具有唯一性；(五)运用证据进行的推理符合逻辑和经验。”

的真实性与推理的严密性，严格遵守上述定案规则。”[①]同样地，在司法实务中，最高人民法院在运用隐蔽性证据规则定案，判处被告人死刑（立即执行）时，亦特别慎重。例如，在徐汝宝绑架案中，被告人徐汝宝供述，那天他带去两部手机，一部是平时自己用的；另一部是专门带去为绑架作案用的，手机号码不清楚，作案后扔在汽车南站附近的一条人行道上。公安机关根据其供述，通过技侦手段找到该手机的现持有人商某。商某证明，他于2009年12月10日左右，在金华市双龙南街的东侧一人行道上，捡到一个诺基亚直板手机。该手机的捡拾时间、地点与徐汝宝供述的丢弃手机的时间、地点相一致。最高人民法院复核死刑时认为，被告人徐汝宝虽供认不讳，但缺乏对定案具有较大价值的客观性证据对其口供予以补强。虽然提取到个别不为人知的隐蔽性证据，但与案件事实的关联性不强（该手机在作案过程中并未使用过，与案件的关联性不强，对案件的证明价值不高），故未达到死刑案件的证明标准。为此，最高人民法院未核准徐汝宝的死刑，将本案发回重审。[②]

再如，在刘某抢劫案中，被告人刘某化名潜逃至湖南省新化县，在案发20年后被抓获归案时，对其实施抢劫犯罪的基本事实供认不讳。根据刘某的供述，公安机关在刘某两个亲属处分别扣押到刘某交给他们的隐蔽性很强的物证。法院认为，该物证经过检验，不能够直接追溯到被告人刘某。现有证据可以认定被告人刘某实施了抢劫犯罪，但并未达到法律、司法解释规定的可以对罪犯适用死刑并立即执行的证据标准和要求。[③]

需要特别指出的是，在司法实务中，有法官引用隐蔽性证据规则审查判断隐蔽性物证、书证的证明力，审查判断被告人口供的真实性，这只是表明隐蔽性证据规则具有向下兼容的作用。之所以具有这种向下兼容作用，主要是因为隐蔽性证据规则内含“通过相互印证方法审查判断证据证明力”的经验法则，但这种向下兼容作用只是隐蔽性证据规则发挥的附带作用，不能据此将该规则的性质就界定为审查判断隐蔽性物证、书证证明力的规则或者口供补强规则，它的真实性质是运用隐蔽性很强的物证、书证定案的条件规则。

---

① 江必新主编：《最高人民法院刑事诉讼法司法解释理解与适用》（上），人民法院出版社2015年版，第347页。

② 参见聂昭伟：《缺乏直接客观性证据案件的死刑适用》，载《人民司法》2014年第10期。

③ 参见四川省高级人民法院驳回申诉通知书，（2019）川刑申190号。

第三节　运用隐蔽性证据规则定案应注意的问题

揭示出隐蔽性证据规则的真实性质具有重要的理论和实践意义。这是因为理论上对该规则的误读,实务上对该规则的误用,都是缘于未能准确把握隐蔽性证据规则的真实性质。司法实务中,法官如果要援引隐蔽性证据规则认定被告人有罪,必须如同援引间接证据定案规则认定被告人有罪一样,严格遵守司法解释明文规定的条件,不能随意解释、扩大解释。

一、适用情形

隐蔽性证据规则适用于先供后证情形还是先证后供情形,理论上一直有争议。所谓先供后证,是指被告人先供述,侦查人员根据被告人的供述寻找、提取到相关证据。例如,向祥芳强奸、故意杀人案的裁判文书中载明,案发后公安机关即封锁了现场,并经侦查人员及警犬在现场附近较大范围搜寻相关物证,均未发现被害人的裤子和鞋袜。向祥芳于2009年12月23日凌晨第一次供述即向公安机关交代了作案的过程和其藏匿被害人裤子和鞋袜的地点,2009年12月23日13时,向祥芳带领侦查人员沿着自己作案线路进行现场指认。同步录音录像显示,由向祥芳在前面带路对现场进行自由指认,向祥芳指认,被害人在地里捡了一些木柴生火的地点,该地点恰好有一堆烧过的柴灰,其供述的细节与现场情况相吻合;向祥芳又带侦查人员到煤洞,指认了其强奸和杀害被害人的地点,并对其作案手段进行解释,侦查人员准备了手电筒,在向祥芳的带领下深入煤洞进行了指认。出了煤洞,向祥芳称其逃离现场前将被害人的裤子、鞋袜等藏在附近,随后侦查人员要求其带路寻找,向祥芳即带侦查人员在距离杀死被害人的煤洞南侧12米处一极其隐蔽的枯草丛中找到被害人的裤子和鞋袜,经被害人父母及亲友辨认,确认系被害人生前所穿。[①]

所谓先证后供,是指侦查人员先发现、提取相关证据,被告人后供述出这些证据的下落。有观点认为,隐蔽性证据规则可以适用于先证后供情形。“无论被告人翻供与否,都应当强制补强其他证据。本条(隐蔽性证据规则)规定的内容即针对后一种情况(先证后供)。”[②]还有观点认为,隐

---

① 参见杨锐、吴含中:《无客观证据与被告人作同一认定的证据分析》,载《人民司法》2014年第8期。

② 江必新主编:《最高人民法院刑事诉讼法司法解释理解与适用》(上),人民法院出版社2015年版,第352页。

蔽性证据规则可适用于先供后证和先证后供两种情形。“无论在‘先证后供’还是‘先供后证’的情形下,隐蔽性证据都具有防止犯罪嫌疑人、被告人恶意翻供的功能。”①

笔者认为,如果只是运用隐蔽性证据规则所内含的“通过相互印证方法审查判断证据证明力”的经验法则,可以将该规则适用于先证后供情形,但是如果运用隐蔽性证据规则认定被告人有罪,则必须严格遵守相关司法解释规定的运用隐蔽性证据定案的条件,即只能适用于先供后证场合。

前文已指出,“根据被告人的供述、指认提取到了隐蔽性很强的物证、书证”是运用隐蔽性证据规则定案的首要条件。仔细分析这一条件可见,隐蔽性证据规则只能适用于先供后证情形。这是因为依据《现代汉语词典》的解释,此处的“到”用作动词的补语,表示动作有结果。“了”则为动态助词,表示动作的结束。“提取到了”就是指提取这个动作不仅结束了,还有提取的结果。结合整句分析,该条件不仅体现了明显的时间顺序,还清晰地显示出前后两个动作所具有的因果逻辑关系,即先有被告人的供述、指认,后根据这一供述、指认所包含的信息,侦查机关提取到隐蔽性很强的物证、书证。因此,根据条文原意,隐蔽性证据规则只能适用于先供后证情形。

二、隐蔽性证据的种类

根据被告人的供述、指认提取到的隐蔽性证据是否仅限于物证、书证,理论上亦有争议。有观点认为,隐蔽性证据可及于言词证据等主观证据。“‘先供后证’时,言词证据有时也可视为隐蔽性证据。如室内放火案中,被告人先供述,详细描述了原始现场情况、作案经过;侦查人员能确定供述的作案经过可导致现场发生什么变化,但不能确定供述的原始现场情况是否真实;通过向现场户主核实原始现场情况,就能确定供述是否真实。”②在笔者收集的案例中,隐蔽性证据为物证、书证的占绝大多数,为言词证据的仅有 2 个案例。具体而言,隐蔽性证据为物证的情形时,可将物证分为以下四类:

第一类为被告人控制、支配的作案工具。例如,庞某 3 故意毁坏财物案的裁判文书中载明,根据被告人庞某 3 的供述、指认,公安机关提取到了

---

① 高源:《隐蔽性证据:概念、功能与运用》,载《北京警察学院学报》2016 年第 6 期。

② 刘静坤:《法庭上的真相与正义——最高法院刑庭法官审判笔记》,法律出版社 2014 年版,第 73 页。

隐蔽性很强的物证,即竹丛里的甲氰菊酯农药瓶。① 再如,李邵平故意杀人案的裁判文书中载明,根据李邵平的指认,提取到已被丢弃的、隐蔽性很强的作案凶器菜刀。②

第二类为被告人作案时所穿的衣物。例如,梅杰灵抢劫案的裁判文书中载明,侦查人员根据梅杰灵供述的把作案时穿的上衣及帽子抛弃在天伦王朝酒店停车场附近的情况,到梅杰灵供述的地点提取了隐蔽性很强的上衣、帽子等物证。③

第三类为被害人所有的物品。例如,鲁某某故意杀人案的裁判文书中载明,通过鲁某某指认,打捞并确认了鲁某某丢弃在府河中的马某1的两部手机和一双布鞋。④ 再如,在徐科故意杀人、强奸案中,徐科作出认罪供述后带领侦查人员在抛尸现场找到被害人的手表表扣,并带领侦查人员在其抛尸后返回家中途经的关联现场找到其作案后丢弃的被害人的衣服、鞋子(里面装有内裤、内裤上带血的卫生巾一条)、手表、眼镜等物证。⑤

第四类为被害人尸体。例如,孙旭均故意杀人案的裁判文书中载明,孙旭均将张燕尸体用布包裹,再用金属丝捆扎后,运至慈溪市桥头镇一山上,掩埋在其家的杨梅树附近。2013 年 12 月 6 日,孙旭均归案后带领民警指认了掩埋张燕尸体的地点,后民警在该处找到尸体。⑥ 再如,马得彪故意杀人案的裁判文书中载明,根据马得彪的供述和指认,在其家窗户外侧平台一管道井内起获了被害人雷某尸体,系隐蔽性很强的证据。⑦

隐蔽性证据为书证的案例有 2 个,书证均为银行账户转账明细。例如,唐志祥受贿案的裁判文书中载明,经查,该起事实系被告人唐志祥在侦查机关未掌握的情况下主动供述,侦查机关之后根据其供述调取了李某的银行账户明细、转账凭证等隐蔽性证据,结合侦查机关调取的李某的证言、交警支队与百川公司的供货合同、该公司的企业资料等,印证了被告人供述的真实性,在案证据足以认定被告人唐志祥利用职务便利收受百川公司 26 万元贿赂的事实。⑧

---

① 参见广东省湛江市坡头区人民法院刑事附带民事判决书,(2016)粤 0804 刑初 113 号。

② 参见湖南省邵阳市中级人民法院刑事判决书,(2016)湘 05 刑初 77 号。

③ 参见北京市第二中级人民法院刑事判决书,(2015)二中刑初字第 1443 号。

④ 湖北省孝感市中级人民法院刑事附带民事判决书,(2016)鄂 09 刑初 26 号。

⑤ 参见刘静坤、王英:《徐科故意杀人、强奸案[第 729 号]——如何审查判断被告人的翻供和辩解及如何结合被告人的庭前认罪供述认定案件事实》,载最高人民法院刑事审判第一、二、三、四、五庭主办:《刑事审判参考》总第 82 集,法律出版社 2012 年版。

⑥ 参见浙江省高级人民法院刑事附带民事裁定书,(2014)浙刑三终字第 141 号。

⑦ 参见甘肃省高级人民法院刑事裁定书,(2020)甘刑核 21914763 号。

⑧ 参见河南省安阳市文峰区人民法院刑事判决书,(2017)豫 0502 刑初 158 号。

隐蔽性证据为言词证据的案例有 2 个。例如,张慧光贪污案的裁判文书中载明,根据 2012 年《刑诉法解释》第 106 条[①]的规定,根据被告人的供述、指认提取到了隐蔽性很强的物证、书证,且被告人的供述与其他证明犯罪事实发生的证据相互印证,并排除串供、逼供、诱供等可能性的,可以认定被告人有罪。本案中,张慧光在侦查阶段的供述和张某 2 的证言高度一致,在受贿、行贿的时间、地点、次数、金额等细节问题上高度吻合,且有相关证人证言、银行交易明细、交易凭证等书证与张慧光的供述和张某 2 的证言相互印证,形成了完整的证据链条。[②]

笔者认为,如果仅将隐蔽性证据作为审查判断被告人供述真实性的佐证,可以将隐蔽性证据种类扩展至言词证据等主观性证据(类似于口供补强规则的运用),但如果直接运用隐蔽性证据规则认定被告人有罪,则证据种类应仅限于物证、书证,不宜扩展至主观性强的言词证据,这是因为:

首先,法官在直接运用隐蔽性证据规则认定被告人有罪时,应当严格遵守该规则确立的三个条件。其中第一个条件的文义很明确,只列举了隐蔽性很强的物证、书证,并没有使用“等证据”的表述。故而,法官在运用该规则时不能随意扩大解释。

其次,《刑诉法解释》之所以将隐蔽性证据限定为物证、书证等客观性证据,是因为这些证据往往直接来源于案发现场、来源于被告人和被害人自身,客观关联性强且较为稳定,有较高的证明价值。“实物证据的存在能够强化法官作出有罪判决的确信……实物证据的存在往往能够证明被告人与犯罪行为人的同一性,从而能够直接将被告人与犯罪事实相联系,实现证明的完整性。”[③]

最后,将隐蔽性证据限定为物证、书证等客观性证据才容易通过有罪证明标准的检验,成功实现定罪。反之,将隐蔽性证据扩展为言词证据等主观证据,则不容易通过有罪证明标准的审查,这将大大降低隐蔽性证据规则运用的成功率,继而影响到该规则的权威性。

按照我国司法实务通说,“证据确实、充分,排除合理怀疑”的有罪证明标准,是一个主客观标准相统一的标准。“刑事诉讼证明标准实际上包含着主客观这两个相辅相成、不可分割的方面。在两者的关系上,客观标准是衡量主观标准的依据,并对主观标准起着根本性制约作用,有利于避免主观标准的不确定性;主观标准是客观标准实现的途径,有利于防止客

---

① 现为《刑诉法解释》第 141 条。

② 参见北京市高级人民法院刑事裁定书,(2017)京刑终 142 号。

③ 向燕:《论口供补强规则的展开及适用》,载《比较法研究》2016 年第 6 期。

观标准的机械性。审判工作中,应当坚持主客观相统一的原则,既不能机械地执行客观标准,也不能过分强调主观标准,尤其在当前配套制度尚不完备的情况下,为防范冤假错案件的发生,主观标准更应受到客观标准的制约。"[①]实践中,为保障客观标准的实现,法官都十分注重在案证据是否收集到证明力较强的客观性证据这一因素,如果缺少客观性证据,即使法官主观上认为被告人很可能涉嫌犯罪或者被告人供述了犯罪,也会以未达到证明标准为由不认定相关事实。例如,在袁某抢劫、破坏电力设备案中,公诉机关指控被告人抢劫杀害了陈某某。法院认为,对于抢劫致死被害人陈某某的事实,虽然根据现有证据,结合办案经验和逻辑分析,系被告人袁某所为的可能性很大,但本案现场没有提取到证实袁某作案的有力客观证据,根据袁某供述提取到的个别证据价值不大,部分影响定罪量刑的关键事实缺乏确凿证据证明,证实被害人的死因、身份、死亡时间的证据尚不能排除合理怀疑,对于袁某抢劫致死陈某某的事实无法得出确定、唯一的结论。[②]

因此,如果一方面将隐蔽性证据规则用于认定被告人有罪,另一方面将隐蔽性证据扩展至主观性强的言词证据,则无法保障客观标准的实现,进而会降低运用隐蔽性证据规则定案的成功率。

三、被告人供述的限定

适用隐蔽性证据规则的首要条件是提取的隐蔽性物证、书证来源于被告人的供述或者指认,那么,被告人供述是仅限于被告人自身供述,还是包括同案被告人的供述?在笔者收集的案例中,有 2 个案例的法官作了扩大解释,即认为被告人供述也包括同案被告人供述。例如,马林、王忠校寻衅滋事案中,被告人王忠校及其辩护人提出指控王忠校犯寻衅滋事罪的事实不清,证据不足,指控罪名不能成立的辩解、辩护意见。法院认为,在法庭审理期间,公安机关根据马林(同案被告人)的供述提取到了隐蔽性很强的书证,即马林名下的中国农业银行账户 2016 年交易明细,印证了马林所述王忠校于事后给付其所承诺 10 万元报酬的事实,据此,驳回了王忠校关

---

① 胡晓明、李静然:《袁某抢劫、破坏电力设备案[第 1010 号]——如何把握刑诉证明标准的主客观相统一性》,载最高人民法院刑事审判第一、二、三、四、五庭主办:《刑事审判参考》总第 99 集,法律出版社 2015 年版。

② 参见胡晓明、李静然:《袁某抢劫、破坏电力设备案[第 1010 号]——如何把握刑诉证明标准的主客观相统一性》,载最高人民法院刑事审判第一、二、三、四、五庭主办:《刑事审判参考》总第 99 集,法律出版社 2015 年版。

于10万元为借款的辩解。[①] 在该案中，提取的隐蔽性书证来源于同案被告人的供述。

笔者认为，在共同犯罪情形下，可以通过提取的隐蔽性证据来源于同案被告人的供述这一事实，认定同案被告人供述的真实性，进而依据这一事实，审查判断被告人供述、辩解的真实性。但如果被告人没有供述、辩解，法官依据同案被告人的供述提取到隐蔽性证据，若径行适用隐蔽性证据规则认定被告人有罪，则应当谨慎。正确的做法应是运用隐蔽性证据规则认定同案被告人有罪，再综合考虑同案被告人有罪的事实和其他证据，确定其他未供述的被告人是否有罪。

第四节　相关完善建议

笔者在充分关照司法实践的基础上，对隐蔽性证据规则进行了理论反思，得出以下初步研究结论：

第一，对隐蔽性证据含义的把握，不能仅止于“不为外人所知而只有作案人才知晓”这个形式要件，还应当揭示其具体内涵。借鉴司法实务经验，隐蔽性证据规则所称的隐蔽性证据是指根据犯罪嫌疑人、被告人的供述、指认提取到的存放地点、处置去向、与案件事实之间的关系不易为案外人所知的物证、书证。

第二，从性质而言，隐蔽性证据规则虽然内含有“通过相互印证方法审查判断证据证明力”的经验法则，但它的真实性质其实同于间接证据定案规则，是运用隐蔽性很强的物证、书证定案的条件规则。

第三，在准确把握隐蔽性证据规则真实性质的前提下，法官在运用该规则认定被告人有罪时，应将适用情形限定于先供后证情形，将隐蔽性证据限定为物证、书证等客观性证据，将被告人供述限于被告人自身供述。

在得出初步研究结论的基础上，针对隐蔽性证据规则的立法完善和司法运用，笔者特提出以下完善建议。

一、立法方面的完善建议

其一，隐蔽性证据规则这一名称未能准确揭示该规则的真实性质，建议学术界和实务界弃用这一名称。从直观含义而言，隐蔽性证据规则这一名称的着重点在于强调隐蔽性很强的物证、书证，这容易让人产生误解，认

① 参见黑龙江省黑河市中级人民法院刑事判决书，(2020)黑11刑终42号。

为这一规则的目的仅在于评价隐蔽性证据的证明力。实际上，正如前文分析，该规则的真实性质应是运用隐蔽性很强的物证、书证定案的条件规则，建议效仿2021年《刑诉法解释》第140条“间接证据定案规则”的命名，改为“隐蔽性物证、书证定案规则”。

其二，在规则表述方面，将“并排除串供、逼供、诱供等可能性的”一句提前至“隐蔽性很强的物证、书证”后。之所以做这样的语句顺序调整是因为这有助于确保被告人供述的真实性，也更符合证据审查顺序。按照证据审查原理，应当先审查证据的证据能力，再审查证据的证明力。“在证据能力与证明力的关系问题上，应当先判断证据能力的问题，再审查证明力的有无和大小。对于不具备证据能力的证据，不必进行下一步的证明力审查，更不能作为定案的根据。”[①]“逼供、诱供”的审查属于证据能力审查，只有首先确保被告人供述具有证据能力，才能进一步依据提取的隐蔽性证据评价被告人供述的证明力，确保供述的真实性。在确认被告人供述真实性的前提下，再依据相互印证规则，评价对案件事实的证明是否已达到有罪证明标准，进而认定被告人有罪。

二、侦查阶段的运用建议

鉴于隐蔽性证据规则在认定案件事实方面发挥着重要作用，在具体的案件办理过程中，侦查人员应当注意发现可能生成的隐蔽性证据。从案犯行为角度而言，最有可能生成隐蔽性证据的案犯行为有以下两类：

一是消极的伪装行为。前文已指出，消极的伪装行为是指案犯实施的破坏现场、毁迹灭证的行为，其目的在于妨碍侦查。案犯在实施消极的伪装行为时，容易产生隐蔽性证据。例如，案犯在丢弃作案工具、被害人物品时，所丢弃的作案工具、被害人物品就很容易演变为隐蔽性证据。前文所举的徐科故意杀人、强奸案就是案犯实施消极的伪装行为生成隐蔽性证据的典型例证。在该案中，徐科作案后将被害人衣物（衣服、鞋子、手表、眼镜）丢弃在距离抛尸现场较远的一座桥下的河流中。依据徐科的供述，侦查人员扩大搜索范围，最终在该河流下游找到被害人衣物。法官认为，该关联现场及现场物证均具有极强的隐蔽性，如非徐科事先知晓案情，根本不可能知晓该现场及物证情况，同时，公安人员从该关联现场提取被害人衣物时，被害人衣物的包裹形态与徐科的庭前供述能够相互印证。据此，法官依据隐蔽性证据规则，认定徐科有罪。

① 《刑事诉讼法学》编写组编：《刑事诉讼法学》（第3版），高等教育出版社2019年版，第136页。

二是收集“纪念品”或者“战利品”的犯罪标记行为。案犯实施犯罪标记行为较有可能生成隐蔽性证据。“实务中，一旦出现标记行为办案人员应立刻予以重视，因为其一般属于案件的隐蔽性细节。”①尤其是案犯实施了收集“纪念品”或者“战利品”的犯罪标记行为，侦查人员应当高度重视。前文已指出，收集“纪念品”或“战利品”的犯罪标记行为，是指案犯作案后，收集被害人的某些物品带离现场的行为。案犯收集、带离这些物品的目的不是图财，而是满足自身畸形的心理需要。案犯收集、带离被害人物品后，往往会寻找隐蔽处所存放这些物品，由此被害人物品演变为隐蔽性很强的物证、书证。

例如，前文所举的聂树斌冤案中，案犯杀害康某某后，就收集带走了康某某所穿的连衣裙和内裤，并将其放置于玉米地的草堆下。如果在该案中，侦查人员率先抓获案犯，并根据案犯的供述提取到隐藏在草堆下的被害人衣物，这些物品就属于隐蔽性很强的物证。

在了解隐蔽性证据的生成机理后，侦查人员在运用隐蔽性证据规则时应当注意以下要求：

第一，仔细勘查犯罪现场，认真分析案犯行为。犯罪现场是分析案犯行为的逻辑起点。犯罪现场存储着因案犯行为引起的所有物质信息状态变化。只有仔细勘查犯罪现场，认真分析犯罪现场发生的物质信息状态变化，才能全面勾勒出案犯在现场实施的相关行为，从而为发现隐蔽性证据提供契机。如果发现案犯在现场实施了消极的伪装行为或者收集“纪念品”或者“战利品”的犯罪标记行为，更应注重寻找隐蔽性证据。

第二，详细询问被害人亲友，全面了解被害人物品情况。实证研究发现，有相当部分的隐蔽性证据来源于被害人物品。因此，在案件发生后，侦查人员应当详细询问被害人亲友，全面了解被害人遇害前携带物品情况，再与现场发现的物品对比，如果发现某些物品下落不明，应当专门记录下来。抓获案犯以后，在讯问时，侦查人员应当主动询问案犯失踪物品的下落，一旦案犯供述物品下落，应当立即组织力量提取固定证据，以免证据灭失。

第三，规范隐蔽性物证、书证的提取行为，确保证据收集的合法性。在提取隐蔽性物证、书证时，侦查人员应当注重证据收集行为的合法性，避免因证据收集不合法，引发对隐蔽性物证、书证证明力的怀疑。如果犯罪嫌疑人供述的隐蔽性物证、书证，所在之处位于相关人员的住宅，侦查人员应

① 高源：《隐蔽性证据：概念、功能与运用》，载《北京警察学院学报》2016 年第 6 期。

当事先开具搜查令状,提取隐蔽性物证、书证后,应当当场制作搜查笔录和扣押物品清单。如果犯罪嫌疑人供述的隐蔽性物证、书证,所在之处位于公共场所或者被相关人员掌握,侦查人员应当制作现场勘查笔录或者提取笔录,清晰记载隐蔽性物证、书证的来源。如果有条件,可以对提取隐蔽性物证、书证的全过程进行录音录像,避免争议。

第四,及时处理隐蔽性物证、书证,牢牢建立隐蔽性证据与案件事实的联系。提取隐蔽性物证、书证后,侦查人员应当及时对该证据进行处理,更加牢固地建立隐蔽性物证、书证与案件事实的联系。如果隐蔽性物证、书证具备鉴定条件,应当及时送检,通过相关鉴定意见将隐蔽性物证、书证与案件事实牢固联结。如果隐蔽性物证、书证不具备鉴定条件,则应组织犯罪嫌疑人、被害人或相关人员对证据进行辨认,通过辨认笔录建立隐蔽性物证、书证与案件事实的联系。

第五,严格保守侦查工作秘密,不泄露隐蔽性证据的相关信息。隐蔽性证据之所以具备较高的证明力,是因为证据信息隐蔽,不为外人所知。因此,侦查人员在发现、提取隐蔽性证据后,应当严格保守侦查工作秘密,不得泄露隐蔽性证据的相关信息。同时,要做好相关知情人员的工作,让其承担保密义务,避免让他人知晓隐蔽性证据的详细信息,防止出现“替身犯”。

三、审判阶段的运用建议

第一,在司法运用上,法官应当准确把握隐蔽性证据规则的性质,在将该规则作为定案规则运用时,要严格审查个案情形是否符合规则规定的定案条件,如果发现不符合相关条件,应放弃运用该规则定案。值得欣慰的是,司法实务中,已有法官认识到了此点,对个案中的条件进行了严格审查。例如,金荣贵、金春连故意杀人、拐卖人口案的裁判文书认为,侦查阶段调取的不是金荣贵供述的吴某龙本人的存折而是银行存取款凭条,不属于2012年《刑诉法解释》第106条①“根据被告人的供述、指认提取到了隐蔽性很强的物证、书证”之情形。法院审查认为:金荣贵供述称案发时收到吴某龙之存折的事实存疑。②

第二,在裁判文书的表述上,不能径行以隐蔽性证据规则代替有罪证明标准。前文已指出,运用隐蔽性证据定案的条件规则并不等于有罪证明

---

① 现为《刑诉法解释》第141条。

② 参见江西省高级人民法院刑事裁定书,(2017)赣刑终181号。

标准。在个案中,即使已经表面符合运用隐蔽性证据定案的条件,法官仍然要审查这些条件所形成的整体证明力是否已达到“案件事实清楚、证据确实、充分”的证明标准,只有认为已达到有罪证明标准,才应认定被告人有罪。① 相应地,在裁判文书的表述上,法官应先审查该案是否已满足运用隐蔽性证据定案的三个条件,然后再分析这些条件所形成的整体证明力是否已达到有罪证明标准。法官不能以隐蔽性证据定案的条件代替有罪证明标准,做“跳跃式”表述。

事实上,最高人民法院公布的权威指导案例就采取了“两步走”的论述思路,值得借鉴。例如,高佑铭抢劫案的裁判文书中指出:根据被告人的供述、指认提取到了被其出售的被害人李淑珍遇害时佩戴的项链等隐蔽性很强的物证;被告人供述取证程序合法,所供内容尤其是细节得到在案间接证据的印证,足以作为定案的根据;全案证据能够形成完整的证据链条,证明方向一致并能排除其他合理怀疑,足以认定被告人高佑铭抢劫致被害人死亡的犯罪事实。② 该表述中,“全案证据”以前的表述分析该案满足运用隐蔽性证据定案的三个条件,“全案证据”以后的表述再论述这些条件所形成的整体证明力是否已达到有罪证明标准,论证思路清晰,准确把握了运用隐蔽性证据定案的条件规则与有罪证明标准之间的关系。

---

① 事实上,法官运用有罪证明标准审查个案中已经满足的定案条件实有必要,因为这些条件都是抽象的表述,在不同个案中,这些条件是否已达有罪证明标准仍有分析判断空间。例如,仅以提取到的隐蔽性物证、书证本身的质量而言,其质量不同(该隐蔽性物证、书证是否直接关联案件现场、关联被告人或被害人,该隐蔽性物证、书证产生于犯罪过程中还是犯罪行为完成后,该隐蔽性物证、书证是否在犯案过程中被被告人实际使用,等等),就可能对法官心证造成影响。实际上,前述提及的袁某抢劫、破坏电力设备案就证明了这一点。该案中,虽然根据袁某供述提取到个别证据,但因证据价值不大,法官仍然认为,控方指控的袁某抢劫致陈某某死亡的事实没有达到有罪证明标准。

② 参见王锋永、王婷婷:《高佑铭抢劫案[第1261号]——根据被告人的供述、指认提取到了隐蔽性很强的物证,且与其他证据相互印证并排除串供、逼供、诱供等可能性的,可以认定有罪》,载最高人民法院刑事审判第一、二、三、四、五庭主办:《刑事审判参考》总第114集,法律出版社2019年版。

第十五章　证明标准与行为证据分析

《刑事诉讼法》第200条中规定，案件事实清楚，证据确实、充分，依据法律认定被告人有罪的，应当作出有罪判决；证据不足，不能认定被告人有罪的，应当作出证据不足、指控的犯罪不能成立的无罪判决。据此，我国的有罪证明标准被确定为“案件事实清楚，证据确实、充分”。从司法实践来看，正确运用行为证据分析有助于审判人员判断被指控的犯罪事实是否已达到有罪证明标准。本章结合具体案例重点阐述二者的关系。

第一节　我国刑事证明标准的含义与特点

一、我国刑事证明标准的含义

证明标准是指证明主体运用证据证明待证事实所要达到的法定程度或者要求。[①] 我国的有罪证明标准是“案件事实清楚，证据确实、充分”，根据这一标准，对指控的犯罪事实，人民检察院或者自诉人应当证明到“案件事实清楚、证据确实、充分”的程度，人民法院才可以作出有罪判决。

为了让司法工作人员进一步理解、掌握有罪证明标准的具体内涵，《刑事诉讼法》第55条第2款对“证据确实、充分”作了进一步明确的规定：“证据确实、充分，应当符合以下条件：（一）定罪量刑的事实都有证据证明；（二）据以定案的证据均经法定程序查证属实；（三）综合全案证据，对所认定事实已排除合理怀疑。”

“定罪量刑的事实都有证据证明”，是指作为认定犯罪嫌疑人、被告人犯罪、犯何种罪，决定是否对其判处刑罚，判处何种刑罚依据的事实，包括构成某种犯罪的各项要件和影响量刑的各种情节，都有办案机关经法定程序收集的证据证明。这是认定“证据确实、充分”的基础。

“据以定案的证据均经法定程序查证属实”，是指侦查机关、人民检察院、人民法院按照法律规定的程序对证据进行查证后，作为定案根据的证据被认定属实。这一条件侧重认定证据“确实”的方面。

---

① 参见《刑事诉讼法学》编写组编：《刑事诉讼法学》（第3版），高等教育出版社2019年版，第173页。

"综合全案证据，对所认定事实已排除合理怀疑"，是指办案人员在每一证据均查证属实的基础上，经过对证据的综合审查，运用法律知识和逻辑、经验进行推理、判断，使认定的事实达到排除合理怀疑的程度。[①]

为了防范冤假错案，解决超期羁押和久押不决问题，我国还将疑罪从无的精神吸收到了证明标准之中。[②] 疑罪从无，是指在刑事诉讼中，对案件主要事实的认定处于真伪不明状态，证据不够确实、充分，不足以对指控犯罪进行确凿的证明，不能认定被告人有罪，从而推定被告人无罪，对被告人作出无罪的处理决定。《刑事诉讼法》第 200 条第 3 项规定，证据不足，不能认定被告人有罪的，应当作出证据不足、指控的犯罪不能成立的无罪判决。该规定正是疑罪从无精神的体现，将疑罪从无吸收到证明标准中，不仅可以强化司法人员的人权保障意识，还可以有效促进侦控机关侦查及证实犯罪能力的提升。

二、我国刑事证明标准的特点

从 1979 年《刑事诉讼法》确立"事实清楚，证据确实、充分"的有罪证明标准以来，证明标准制度已在我国持续发展了 40 余年。梳理 40 余年的发展史可以发现，我国刑事证明标准呈现出以下特点：

第一，证明标准的内涵逐步充实、具体、明确。1979 年《刑事诉讼法》尽管确立了"事实清楚，证据确实、充分"的有罪证明标准，但对这一标准的具体内涵没有明确规定。由于内涵不明，如何理解掌握运用这一标准成为当时司法实务的难题。其间，为有效打击严重暴力犯罪，最高司法机关又提出"两个基本"的证明标准，即基本犯罪事实清楚和基本证据确凿，就可以认定被告人有罪。但何为"基本犯罪事实清楚"，何为"基本证据确凿"，也缺乏清晰的指引，导致实践中理解不一，宽严有别，为冤假错案的发生埋下了隐患。

1996 年《刑事诉讼法》虽然仍未对有罪证明标准的内涵进行正面明确，但因新增加了体现疑罪从无精神的证据不足的无罪判决规定，因此可以认为，有罪证明标准的内涵从反面得到了一定的明确，即"证据不足，不能认定被告人有罪的"属于未达"事实清楚，证据确实、充分"的要求。

2010 年出台的《死刑案件证据规定》在总结大量冤假错案发生原因的基础上，从五个方面就"证据确实、充分"的内涵作出规范：一是定罪量刑

---

① 参见郎胜主编：《中华人民共和国刑事诉讼法修改与适用》，新华出版社 2012 年版，第 123 页。

② 参见孙长永主编：《中国刑事诉讼法制四十年：回顾、反思与展望》，中国政法大学出版社 2021 年版，第 417 页。

的事实都有证据证明;二是每一个定案的证据均已经法定程序查证属实;三是证据与证据之间、证据与案件事实之间不存在矛盾或者矛盾得以合理排除;四是共同犯罪案件中,被告人的地位、作用均已查清;五是根据证据认定案件事实的过程符合逻辑和经验规则,由证据得出的结论为唯一结论。

2012 年《刑事诉讼法》借鉴了《死刑案件证据规定》,从三个方面对"证据确实、充分"的内涵作出规范:一是定罪量刑的事实都有证据证明;二是据以定案的证据均经法定程序查证属实;三是综合全案证据,对所认定事实已排除合理怀疑。从以上发展史可见,证明标准的内涵逐步充实、具体、明确。

第二,在客观标准的基础上增加了主观认识因素。在 2012 年修正《刑事诉讼法》之前,我国法律对证明标准的描述一直采用客观标准描述,2012 年《刑事诉讼法》首次将"排除合理怀疑"引入证明标准内涵。所谓"排除合理怀疑",是指对于认定的事实已没有符合常理的、有根据的怀疑,实际上达到确信的程度。引入"排除合理怀疑"表述使我国的证明标准增加了主观认识因素,立法权威解释就指出:"本条使用'排除合理怀疑'这一提法,并不是修改了我国刑事诉讼的证明标准,而是从主观方面的角度进一步明确了'证据确实、充分'的含义,便于办案人员把握。"①

第三,我国的证明标准是主客观相统一的标准。首先,主客观相统一的标准得到了立法者的肯认。立法权威解释就指出:"'证据确实、充分'具有较高的客观性,但司法实践中,这一标准是否达到,还是要通过侦查人员、检察人员、审判人员的主观判断,以达到主客观相统一。只有对案件已经不存在合理的怀疑,形成内心确信,才能认定案件'证据确实、充分'。"②

其次,主客观相统一的标准也得到了最高司法机关的肯认。最高人民法院公布的指导案例就认为,2012 年《刑事诉讼法》第 53 条在规定"证据确实、充分"条件的同时,借鉴了英美证据体系中"排除合理怀疑"的表述。这一规定是对我国刑事诉讼证明标准的科学完善,旨在进一步确立主客观相统一的证明标准。刑事诉讼证明标准实际上包含着主观和客观这两个相辅相成、不可分割的方面。在两者的关系上,客观标准是衡量主观标准的依据,并对主观标准起着根本性制约作用,有利于避免主观标准的不确定性;主观标准是客观标准实现的途径,有利于防止客观标准的机械性。

① 郎胜主编:《中华人民共和国刑事诉讼法修改与适用》,新华出版社 2012 年版,第 123 页。
② 郎胜主编:《中华人民共和国刑事诉讼法修改与适用》,新华出版社 2012 年版,第 123 页。

审判工作中,应当坚持主客观相统一的原则,既不能机械地执行客观标准,也不能过分强调主观标准,尤其在当前配套制度尚不完备的情况下,为防范冤假错案件的发生,主观标准更应受到客观标准的制约。①

第二节　合理怀疑与行为证据分析

前文已论及,我国有罪证明标准引入了"排除合理怀疑"这一主观认识因素,因此,在案件审理过程中,法官如何发现"合理怀疑"将影响到指控的犯罪事实是否已达到"案件事实清楚、证据确实、充分"的证明标准。为帮助法官发现"合理怀疑",有学者对"合理怀疑"的发现途径进行了总结。例如,"合理怀疑"的情形主要有以下几个方面:一是证据之间以及证据与案件事实之间存在矛盾,或者矛盾无法得到合理排除;二是根据全案证据无法得出唯一的结论,或者无法排除其他可能性;三是在被告人作出有罪供述的情况下,所供述的犯罪事实无法得到其他证据的印证;四是在案件没有直接证据的情况下,全案间接证据无法相互印证,难以形成完整的证明体系或证据锁链。② 有学者通过对裁判文书的大数据分析,提炼出了合理怀疑的 8 种具体版本,分别是:(1)依赖口供且存在相反供述型;(2)仅有证人证言型;(3)在场与不在场证据并存型;(4)时间、地点、人物、工具等存在双重解释型;(5)有悖逻辑常识、客观规律或一般经验型;(6)缺乏客观性证据型;(7)另有真凶可能型;(8)多被告、多证人陈述不一、相互矛盾型。③

借鉴上述经验,笔者主要从行为证据分析的角度,总结发现"合理怀疑"的途径,具体包括:

第一,案犯在现场实施了侵害性强的犯罪标记行为,但抓获的犯罪嫌疑人明显不符合这种犯罪标记行为反映的人格特质。前文已指出,实施侵害性强的犯罪标记行为反映出案犯人身危险性大、主观恶性深,具有畸形的心理需要。如果抓获的犯罪嫌疑人明显不具备以上人格特质,则应引起法官的"合理怀疑"。

例如前文所举的孙万刚冤案和张志超冤案。在孙万刚冤案中,案犯实

---

① 参见胡晓明、李静然:《袁某抢劫、破坏电力设备案[第 1010 号]——如何把握刑事诉讼证明标准的主客观相统一性》,载最高人民法院刑事审判第一、二、三、四、五庭主办:《刑事审判参考》总第 99 集,法律出版社 2015 年版。

② 参见陈瑞华:《刑事证据法》(第 3 版),北京大学出版社 2018 年版,第 471 页。

③ 参见栗峥:《合理怀疑的本土类型与法理建构》,载《中国社会科学》2019 年第 4 期。

施了多个侵害式犯罪标记行为，反映出该案犯主观恶性深、人身危险性大、犯意坚决、性格残忍。但警方锁定的犯罪嫌疑人孙万刚，胆小怕事，是一名性格软弱的大一新生，与实施侵害式犯罪标记行为的案犯相比，人格特质相差太远。在张志超冤案中，案犯也实施了多个侵害式犯罪标记行为，反映出该案犯主观恶性深、人身危险性大、性格残忍。但警方锁定的犯罪嫌疑人张志超是一名不满16周岁、涉世不深的高一学生。

推而广之，如果犯罪嫌疑人供述的作案手段与其自身人格特质明显有差异，也应引起法官的“合理怀疑”。以聂树斌冤案为例。攻击方式是犯罪手段的重要组成部分，仔细分析案犯采取的攻击方式有助于准确刻画案犯特征。闵建雄就指出：“攻击行为的方式方法可能差异最明显，而这种差异，很大程度上与作案人的选择有关，而作案人的选择性，往往可能反映作案人个体心理或生理的特点。”[①]从聂树斌口供来看，其自述的攻击方式可概括为搭讪式攻击。聂树斌的供述：当他走到孔寨村西南北方向石粉路的大约一半时，他追上了被害人说：“你去哪儿呀，你不认识我啦？咱们是一个厂的。”被害人扭头看了看没理他，继续向前骑。他就骑车跟着被害人说：“咱们玩玩吧，天还早，着什么急。”他一边说一边用自行车别被害人的自行车，把被害人的自行车别到了路西，被害人就下了车说：“你是谁呀，我怎么不认识你，你还这么小别胡来。”说完她就推车向南走，他就用右手抓住她的自行车把，他也就下了车。他的自行车倒在了地上，那女的就往前推车，他就拦着不让她走。她就打他的手并说：“你到底想干什么，你再这样我就喊人了。”他说：“你敢喊，喊就打你。”她就喊：“救人啦，有人劫道啦。”他就害怕了，她还想喊，他就用左手捂她的嘴，右手勾住她的脖子开始往东边玉米地里拽她。

从这一供述可以看出，在正式攻击之前，聂树斌与被害人进行了大量的对话。从这一对话过程来看，聂树斌是一个较为自信、外向、具有较强言语交际能力的人，但这与现实中的聂树斌形成了鲜明的反差。根据聂树斌母亲张焕枝的询问笔录，聂树斌是一个患有严重口吃，内向、自卑的人，这一点也得到聂树斌口供的印证，其自述：“我从小有口吃的毛病，小学四年级的时候有一次老师提问，我回答问题时口吃，同学们都笑我，我感到害羞，气得慌，生我嘴的气，有时说话一着急就口吃得厉害，有一次我父母都说我：你说话着什么急，不能慢慢说呀，你这样大了怎么给你找媳妇。从那以后我就感到很自卑，一想我的嘴心里就生气。”

---

① 闵建雄编著：《命案现场分析概论》，中国人民公安大学出版社2013年版，第81页。

从犯罪行为分析的角度而言,一个患有严重口吃且性格内向、自卑的人,在实施暴力犯罪时往往倾向于采用闪电式攻击的方式。以下以侦查史上著名的“林中小径杀手”案例来说明。1979 年到 1981 年的两年间,在美国旧金山湾区一带的丛林里跑步和徒步旅行的人们时常受到一名男子的暴力攻击,共有 8 名妇女和 1 名男子被杀。FBI 行为科学组特工约翰·道格拉斯认真研究了案犯的攻击方式发现,案犯善于埋伏,被害人多从背后遭到袭击。道格拉斯认为案犯采取闪电式攻击方式,说明此人性格内向、自卑,不善于与人交流,很可能患有口吃的毛病。其后,真凶戴维·卡蓬特被逮捕归案,道格拉斯先前对案犯特征的刻画得到了证实。

第二,案犯在现场实施了再犯可能性较高的犯罪标记行为,但抓获的犯罪嫌疑人却并没有实施系列犯罪的可能。前文已述及,犯罪现场出现内源性的犯罪标记行为或者收集“纪念品”或“战利品”的犯罪标记行为,强烈提示案犯的再犯可能性高,案犯是系列案犯的可能性大。如果案犯在犯罪现场实施了类似的犯罪标记行为,但抓获的犯罪嫌疑人却并没有实施系列犯罪的可能,则应引起法官的“合理怀疑”。

仍以聂树斌冤案为例,在该案中,案犯实施了收集“纪念品”或“战利品”的犯罪标记行为,强烈提示案犯为系列案犯的可能性较大。这一情形更符合王书金的供述及其人格特质,与聂树斌的供述及其人格特质不相符合。

第三,案犯供述称对被害人实施了犯罪标记行为,但并未发现相对应的痕迹证据,应当引起合理怀疑。根据前述论及的物质交换原理,如果案犯供述称对被害人实施了犯罪标记行为,尤其是侵害性的犯罪标记行为,则会在现场或者被害人身上产生相对应的痕迹证据,如果这些痕迹证据缺失,法官应当怀疑案犯供述的真实性。

例如,在胡某故意杀人、强奸案中,胡某供称,其杀死被害人苏某后,用镰刀背部砸击苏某的阴部数下,这属于过度伤害的犯罪标记行为。但法医验尸时发现,被害人阴部并无挫伤,且在胡某的镰刀上未检出 DNA 成分。2010 年 10 月,全国 DNA 数据库弹出比中通报:从苏某阴道内提取的精斑 DNA 分型与因犯强奸罪被判刑的赵志林(男,1986 年出生)的 DNA 分型一致。经讯问,赵志林供认了抢劫、强奸及杀害苏某的事实。[①]

第四,经被害人风险评估,如评定被害人是高风险被害人,而锁定的犯

① 参见闫宏波等:《胡某故意杀人、强奸案[第 929 号]——除供述外没有指向明确的证据,且供述不稳定、与其他证据相矛盾的案件,能否作出有罪判决》,载最高人民法院刑事审判第一、二、三、四、五庭主办:《刑事审判参考》总第 95 集,法律出版社 2014 年版。

罪嫌疑人是被害人的熟人，但犯罪嫌疑人辩称无罪，且缺乏客观性证据，应当引起合理怀疑。前文已提及，如果被害人是高风险被害人，则成为“机会被害人”的概率随之升高，这意味着被害人被陌生人侵害的可能性较大。如果警方锁定的犯罪嫌疑人是被害人的熟人，但犯罪嫌疑人辩称无罪，且缺乏客观性证据，法官应当审查被害人是否存在被陌生人侵害的可能。

例如，在张高平叔侄冤案中，被害人王某凌晨1时30分到达杭州市，人生地不熟，且要孤身一人前往另一地点与朋友会合。结合时空环境及被害人情况分析，王某此时是一名高风险被害人，成为“机会被害人”的概率较大，不应排除被陌生人侵害的可能。然而，本案中的司法工作人员却忽视了这种可能，即使出现了有利于张高平叔侄的客观性证据，亦视而不见，酿成冤案。

第五，被告人供述的作案手段与鉴定意见矛盾。根据物质交换原理，被告人实施的犯罪手段行为会在现场或者被害人身上产生相对应的痕迹证据，如果这些痕迹证据产生的规律与鉴定意见矛盾，则应当引起合理怀疑。

例如，在呼格吉勒图冤案中，法院再审判决无罪的一个重要理由就是，呼格吉勒图供述的犯罪手段与鉴定意见不符，主要体现在呼格吉勒图供述的犯罪手段与尸体检验报告不符。呼格吉勒图供称其从杨某某身后用右手捂杨某某嘴，左手卡其脖子同时向后拖动杨某某两三分钟到隔墙，与“死者后纵隔大面积出血”的尸体检验报告所述伤情不符；呼格吉勒图供称其在杨某某被担在隔墙上，头部悬空的情况下，用左手卡住杨某某脖子十几秒钟，与“杨某某系被扼颈致窒息死亡”的尸体检验报告结论不符；呼格吉勒图供称杨某某被担在隔墙上，其对杨某某捂嘴时杨某某还有呼吸，也与“杨某某系被扼颈致窒息死亡”的尸体检验报告结论不符。

再如，在余华平、余后成被控故意杀人案中，余华平对作案工具进行了辨认，确认侦查机关提取的铁丝圈是勒死被害人使用的工具。从提取的铁丝圈特征看，中间有四股铁丝，两边为两股；而法医鉴定检验，被害人颈部喉结下有一45厘米×2厘米的横行开放性索沟，绕过颈根部向双侧肩胛内侧延伸，颈前面及左侧索沟内有4条压痕，向肩背部延伸合并为1条，颈右侧索沟为1条压痕，内有少量点状擦伤。根据鉴定，提取的铁丝圈能否形成上述伤痕有疑问。①

---

① 参见罗少雄、陈光昶：《余华平、余后成被控故意杀人案[第449号]——如何把握故意杀人案件证据确实、充分的证明标准》，载最高人民法院刑事审判第一、二、三、四、五庭主办：《刑事审判参考》总第57集，法律出版社2007年版。

第六,案犯供述的伪装行为不合情理。案犯实施伪装行为的目的是逃避侦查打击,如果案犯供述的伪装行为前后不一致,且部分行为偏离了行为目的,应当引起合理怀疑。

例如,在晏朋荣故意杀人、抢劫案中,晏朋荣供述其将作案用的木棒遗留在现场,将事先锯下的木棒的另一截和作案时所戴手套留在家中,还把自己屋里的箱子上的锁撬开,是为了制造假象避免被怀疑。事实上,将作案工具木棒的另一截放在家中,反而会增加作案嫌疑,晏朋荣在作案后即将所穿的衣服、鞋子及蒙面的黑布烧掉,却将作案用的木棒及该木棒的一截分别遗留在两处现场也不合情理。①

以上主要从行为证据分析的角度,总结了发现"合理怀疑"的六条具体途径,当然,正确运用行为证据分析,也有助于法官排除"合理怀疑",形成内心确信。例如,在刘德铭故意杀人案中,被告人刘德铭供称其持刀捅刺刘在月脖子下方,但尸体检验鉴定书证实刘在月第九肋间有创缘整齐的裂创,二者情况不完全相符。合议庭分析认为:

(1)被告人刘德铭捅刺刘在月是在其数次持榔头砸击之后,此时作为初犯的刘德铭情绪激动,意识能力应有所减弱。正如在正当防卫中不能要求反击力度与侵害力度完全对等,对刘德铭的认知准确度也不能要求过高,其所供称被害人脖子下方应当涵括第九肋间。

(2)刘在月服用酸奶后躺倒在床、侧卧昏睡,其身体必然有所弯曲,加之被砸击后痉挛,脖子与第九肋之间的距离应当明显缩短。这也会造成被告人刘德铭的视觉误差。因此,在案发的特定情形下,两份证据间的不同之处能够得到合理解释。

(3)被告人刘德铭口供与在案客观证据没有严丝合缝,也从侧面说明侦查机关记录真实、取证合法,可以排除指供、诱供嫌疑。这在一定程度上增强了合议庭有罪认定的内心确信。②

---

① 参见周进等:《晏朋荣故意杀人、抢劫案[第738号]——关键证据存在疑点,无法排除合理怀疑的案件,应当宣告无罪》,载最高人民法院刑事审判第一、二、三、四、五庭主办:《刑事审判参考》总第83集,法律出版社2012年版。

② 参见钱岩:《刘德铭故意杀人案——客观证据缺失的案件如何认定犯罪事实》,载最高人民法院刑事审判第一、二、三、四、五庭主办:《刑事审判参考》总第125辑,人民法院出版社2020年版。

主要参考文献

一、中文类

（一）著作类

［美］乔恩·R. 华尔兹：《刑事证据大全》，何家弘等译，中国人民公安大学出版社1993年版。

［美］罗伯·K. 雷斯勒、［美］汤姆·沙其曼：《疑嫌画像——FBI心理分析官对异常杀人者调查手记（1）》，李璞良译，法律出版社1998年版。

［美］罗伯·K. 雷斯勒、［美］安·W. 伯吉丝、［美］约翰·E. 道格拉斯：《变异画像——FBI心理分析官对异常杀人者调查手记（2）》，李璞良译，法律出版社1998年版。

［美］约翰·道格拉斯、［美］马克·欧夏克：《哈佛出来的博士杀手》，彭仕宜译，法律出版社1998年版。

［奥］阿尔弗雷德·阿德勒：《理解人性》，陈太胜、陈文颖译，国际文化出版公司2000年版。

［美］卡伦·荷妮：《神经症与人的成长》，陈收等译，国际文化出版公司2001年版。

［美］劳伦·B. 阿洛伊等：《变态心理学》（第9版），汤震宇等译，上海社会科学院出版社2005年版。

［美］布伦特·E. 特维：《犯罪心理画像——行为证据分析入门》，李玫瑾等译，中国人民公安大学出版社2005年版。

［美］迪·金·罗斯姆：《地理学的犯罪心理画像》，李玫瑾等译，中国人民公安大学出版社2007年版。

［美］约书亚·德雷斯勒、［美］艾伦·C. 迈克尔斯：《美国刑事诉讼法精解》（第1卷·刑事侦查），吴宏耀译，北京大学出版社2009年版。

［美］巴特尔（Bartol, C. R.）：《犯罪心理学》（第7版），杨波、李林等译，中国轻工业出版社2009年版。

［美］W. 杰瑞·奇泽姆、［美］布伦特·E. 特维编著：《犯罪重建》，刘静坤译，中国人民公安大学出版社2010年版。

［美］亚伯拉罕·马斯洛：《动机与人格》（第3版），许金声等译，中国人民大学出版社2012年版。

[美]布莱恩·隐内:《犯罪心理剖绘档案》,吴懿婷译,商周出版社2012年版。

[美]埃里希·弗洛姆:《人类的破坏性剖析》,李穆等译,世界图书出版公司北京公司2014年版。

[美]雷切尔·博巴·桑托斯:《犯罪分析与犯罪制图》,金诚等译,人民出版社2014年版。

[英]梅因:《古代法》,沈景一译,商务印书馆1959年版。

[英]布莱克本(Ronald Blackburn):《犯罪行为心理学:理论、研究和实践》,吴宗宪等译,中国轻工业出版社2000年版。

[英]坎特(Canter, D.):《犯罪的影子——系列杀人犯的心理特征剖析》,吴宗宪等译,中国轻工业出版社2002年版。

[英]艾思沃斯(Ainsworth, P. B.):《犯罪人特征剖析》,赵桂芬译,中国轻工业出版社2007年版。

[奥]西格蒙德·弗洛伊德:《精神分析导论讲演》,周泉等译,国际文化出版公司2000年版。

[奥]西格蒙德·弗洛伊德:《性欲三论》,赵蕾、宋景堂译,国际文化出版公司2000年版。

[奥]弗洛伊德:《诙谐及其与潜意识的关系》,车文博译,九州出版社2014年版。

[德]卡尔·拉伦茨:《法学方法论》,陈爱娥译,台北,五南图书出版公司1996年版。

[德]迪尔克·克斯勒:《马克斯·韦伯的生平、著述及影响》,郭锋译,法律出版社2000年版。

[德]莱奥·罗森贝克:《证明责任论》,庄敬华译,中国法制出版社2002年版。

[德]汉斯·韦尔策尔:《目的行为论导论》,陈璇译,中国人民大学出版社2015年版。

[日]田口守一:《刑事诉讼法》,张凌、于秀峰译,法律出版社2019年版。

[苏]拉·别尔金:《刑事侦察学随笔》,李瑞勤译,群众出版社1983年版。

王进喜:《美国〈联邦证据规则〉(2011年重塑版)条解》,中国法制出版社2012年版。

何家弘主编:《迟到的正义:影响中国司法的十大冤案》,中国法制出版社 2014 年版。

何家弘:《司法证明方法与推定规则》,法律出版社 2018 年版。

胡向阳:《犯罪现场分析》(增订本),中国法制出版社 2015 年版。

邓子滨:《刑事法中的推定》,中国人民公安大学出版社 2003 年版。

樊崇义等编著:《视听资料研究综述与评价》,中国人民公安大学出版社 2002 年版。

马忠红:《侦查学基础理论》,中国人民公安大学出版社 2006 年版。

徐俊文:《犯罪现场之犯罪心理痕迹解读技术》,中国人民公安大学出版社 2006 年版。

徐俊文:《解密侦查失败》,中国人民公安大学出版社 2008 年版。

公安部五局编:《命案案例评析》(一),中国人民公安大学出版社 2007 年版。

瞿丰、刘瑞榕主编:《侦查学总论》,中国人民公安大学出版社 2008 年版。

万立华主编:《命案现场重现》(第 2 卷),中国人民公安大学出版社 2009 年版。

万立华主编:《命案现场重现——全国案例精选》(第 2 卷),中国人民公安大学出版社 2013 年版。

翟恒利主编:《法医命案现场勘查与分析》,中国人民公安大学出版社 2009 年版。

李玫瑾:《犯罪心理研究——在犯罪防控中的作用》,中国人民公安大学出版社 2010 年版。

王锐编著:《新编犯罪行为心理学》,中国人民公安大学出版社 2010 年版。

河南省公安厅刑事侦查研究中心、河南省公安厅刑事侦查总队编著:《命案案例精解》,中国人民公安大学出版社 2012 年版。

栗峥:《司法证明的逻辑》,中国人民公安大学出版社 2012 年版。

陈林主编:《命案现场行为分析与法医鉴定》,中国人民公安大学出版社 2013 年版。

闵建雄编著:《命案现场分析概论》,中国人民公安大学出版社 2013 年版。

王建武:《北京大案》,群众出版社 1999 年版。

苑军辉等:《反侦查行为研究》,群众出版社 2003 年版。

杨玉章:《三定侦查法——犯罪心理画像实证研究》,群众出版社 2008

年版。

杨玉章主编:《刑事侦查与行为证据》,河南科学技术出版社 2019 年版。

胡康生、郎胜主编:《中华人民共和国刑法释义》,法律出版社 2007 年版。

张军主编,最高人民法院刑事审判第三庭编著:《刑事证据规则理解与适用》,法律出版社 2010 年版。

张明楷:《刑法学》(第 4 版),法律出版社 2011 年版。

张云鹏:《刑事推定论》,法律出版社 2011 年版。

刘静坤:《法庭上的真相与正义——最高法院刑庭法官审判笔记》,法律出版社 2014 年版。

王彪:《犯罪主观要件证明问题研究》,法律出版社 2016 年版。

易延友:《证据法学:原则 规则 案例》,法律出版社 2017 年版。

许卫平:《刑案伪装与识别》,警官教育出版社 1992 年版。

陈涛:《犯罪现场心理痕迹》,警官教育出版社 1995 年版。

吴宗宪:《西方犯罪学史》,警官教育出版社 1997 年版。

陈瑞华:《刑事证据法》(第 3 版),北京大学出版社 2018 年版。

付建中主编:《普通心理学》,清华大学出版社 2012 年版。

孙长永主编:《中国刑事诉讼法制四十年:回顾、反思与展望》,中国政法大学出版社 2021 年版。

张厚粲:《行为主义心理学》,浙江教育出版社 2003 年版。

阎子忠:《刑侦指挥探要》,黑龙江人民出版社 2004 年版。

梅传强:《犯罪心理生成机制研究》,中国检察出版社 2004 年版。

龙宗智主编:《刑事证明责任与推定》,中国检察出版社 2009 年版。

12 毫克:《美国杀戮》,云南人民出版社 2009 年版。

《刑事诉讼法学》编写组编:《刑事诉讼法学》(第 3 版),高等教育出版社 2019 年版。

高铭暄、马克昌主编:《刑法学》,北京大学出版社、高等教育出版社 2010 年版。

郎胜主编:《中华人民共和国刑事诉讼法修改与适用》,新华出版社 2012 年版。

江必新主编:《最高人民法院刑事诉讼法司法解释理解与适用》(上),人民法院出版社 2015 年版。

阮堂辉:《间接证据理论的思辨与实证》,人民出版社 2009 年版。

马克昌等主编,《刑法学全书》编委会编:《刑法学全书》,上海科学技术文献出版社 1993 年版。

赵俊甫:《刑事推定论》,知识产权出版社 2009 年版。

张平吾:《被害者学概论》,桃园,我国台湾地区警察大学出版社 1999 年版。

林灿璋主编:《犯罪剖绘(二)——连续杀人犯罪侦查》,桃园,我国台湾地区警察大学出版社 2000 年版。

许春金:《犯罪学》(第 5 版),校园,我国台湾地区警察大学出版社 2007 年版。

廖有禄:《犯罪剖绘——理论与实务》,桃园,我国台湾地区警察大学出版社 2010 年版。

林钰雄:《刑事程序与国际人权》,台北,元照出版有限公司 2007 年版。

林辉煌:《刑事审判之证明负担及证明程度——比较法之分析》,台北,元照出版有限公司 2011 年版。

许福生:《犯罪与刑事政策学》,2012 年自版发行。

侯友宜:《性侵害杀人犯罪之研究——透视本土真实案例》,台北,五南图书出版股份有限公司 2006 年版。

陈朴生:《刑事证据法》,台北,三民书局 1979 年版。

黄朝义:《刑事诉讼法》(五版),台北,新学林出版股份有限公司 2017 年版。

王士帆:《不自证己罪原则》,春风煦日学术基金(台北)2007 年版。

(二)论文类

刘品新:《论犯罪过程中的信息转移原理》,载《福建公安高等专科学校学报》2003 年第 1 期。

龙宗智:《证据分类制度及其改革》,载《法学研究》2005 年第 5 期。

龙宗智:《推定的界限及适用》,载《法学研究》2008 年第 1 期。

龙宗智:《刑事印证证明新探》,载《法学研究》2017 年第 2 期。

秦宗文:《刑事隐蔽性证据规则研究》,载《法学研究》2016 年第 3 期。

杨昌军:《如何把握作案手段的内在联系——随州市“1·6”抢劫杀人案剖析》,载《中国刑事警察》1994 年第 3 期。

魏津桅、毛星:《刑事犯罪现场行为分解分析法》,载《中国刑事警察》1997 年第 6 期。

康一凡、杨军:《三起三落——侦破王某明等抢劫强奸杀人系列案成败分析》,载《中国刑事警察》1999 年第 4 期。

董海:《杨树明心理分析》,载《中国刑事警察》2007 年第 2 期。

王铁兵:《命案中伴有附加性加害行为的犯罪心理分析》,载《中国刑事警察》2002 年第 4 期。

曾海泉:《从犯罪现场伪装伎俩看侦破得失——厦门市“2005 · 05 · 10”阜振康杀人案》,载《中国刑事警察》2006 年第 1 期。

刘奕武:《隐蔽性证据规定的理解与适用》,载《中国刑警学院学报》2021 年第 3 期。

郝宏奎:《论并案侦查条件的科学运用》,载《中国人民公安大学学报(社会科学版)》2006 年第 4 期。

郝宏奎:《行为证据浅探》,载《河南警察学院学报》2013 年第 5 期。

梅建明:《论环境犯罪学的起源、发展与贡献》,载《中国人民公安大学学报(社会科学版)》2006 年第 5 期。

倪春乐:《侦查中的隐蔽性证据信息及其应用》,载《中国人民公安大学学报(社会科学版)》2018 年第 3 期。

董坤:《证据、定案的根据: 论刑事证据的概念——对〈刑事诉讼法〉第 48 条的解释》,载《西南民族大学学报(人文社科版)》2015 年第 12 期。

蒋俊梅:《挫折攻击理论及其对青少年犯罪预防的启示》,载《商丘师范学院学报》2007 年第 5 期。

杨玉章:《行为证据中控制(能)力的分析及意义初探》,载《河南警察学院学报》2013 年第 4 期。

张嘉军、张红战:《我国证据种类的反思与重构》,载《甘肃政法学院学报》2005 年第 2 期。

罗海敏:《关于证据种类之思考》,载《国家检察官学院学报》2005 年第 4 期。

李玫瑾:《黄勇变态杀人心理剖析》,载《湖北警官学院学报》2004 年第 1 期。

李栋、李波阳:《物质交换原理在犯罪现场勘查中的运用》,载《湖北警官学院学报》2010 年第 4 期。

李瑞生:《空间、失序与犯罪——西方环境犯罪学研究综述》,载《新疆财经大学学报》2011 年第 3 期。

蒋俊平、徐国春:《关于犯罪标记行为几个问题的思考》,载《山东警察学院学报》2014 年第 3 期。

肖兴国、陈思源:《2005 年前三季度朝阳区命案发破案情况及打防对策》,载《北京人民警察学院学报》2006 年第 1 期。

高源:《隐蔽性证据:概念、功能与运用》,载《北京警察学院学报》2016年第6期。

骆永家:《推定之研究》,载《台大法学论丛》第1卷第1期(1971年)。

苏凯平:《重新探索自由心证》,载《台大法学论丛》第49卷第1期(2020年)。

聂昭伟:《缺乏直接客观性证据案件的死刑适用》,载《人民司法》2014年第10期。

杨锐、吴含中:《无客观证据与被告人作同一认定的证据分析》,载《人民司法》2014年第8期。

艾明:《系列杀人案件类型研究》,载《犯罪与改造研究》2007年第6期。

杨东亮:《侦查实验笔录简论》,载《证据科学》2011年第5期。

纪格非:《经验法则适用之正当性研究》,载《证据科学》2012年第1期。

李昌盛:《口供消极补强规则的实质化》,载《证据科学》2014年第3期。

闵建雄:《行为证据及其实践应用价值初探》,载《刑事技术》2013年第4期。

闵建雄:《被害人学在命案现场分析中的应用(Ⅲ)》,载《刑事技术》2015年第4期。

李本灿:《巨额财产来源不明罪实行行为的重新界定:非法获取》,载《政治与法律》2014年第7期。

张明楷:《论财产罪的非法占有目的》,载《法商研究》2005年第5期。

韩旭:《论侦查实验笔录证据能力的审查判断》,载《法商研究》2015年第1期。

蒋铃:《论刑法中"非法占有目的"理论的内容和机能》,载《法律科学(西北政法大学学报)》2013年第4期。

陈光中、邵俊:《我国监察体制改革若干问题思考》,载《中国法学》2017年第4期。

孙远:《论法定证据种类概念之无价值》,载《当代法学》2014年第2期。

李浩:《证明责任的概念——实务与理论的背离》,载《当代法学》2017年第5期。

纪格非:《论法律推定的界域与效力——以买受人检验通知义务为视角的研究》,载《现代法学》2020年第6期。

向燕:《论口供补强规则的展开及适用》,载《比较法研究》2016 年第 6 期。

郭云忠:《从聂树斌案看隐蔽证据》,载《法律适用》2018 年第 18 期。

施鹏鹏:《刑事证明责任理论体系之检讨与重塑》,载《中国法律评论》2022 年第 6 期。

栗峥:《合理怀疑的本土类型与法理建构》,载《中国社会科学》2019 年第 4 期。

高通:《刑事诉讼中有专门知识的人出庭功能多元化之检讨》,载《法学》2021 年第 6 期。

秦策:《美国证据法上推定的学说与规则的发展》,载《法学家》2004 年第 4 期。

李曙光:《论持有型犯罪的"附加条件"》,载《法学家》2015 年第 2 期。

董坤:《规范语境下口供补强规则的解释图景》,载《法学家》2022 年第 1 期。

李训虎:《变迁中的英美补强规则》,载《环球法律评论》2017 年第 5 期。

姜世明:《间接证据证明研究》,载《政大法学评论》第 135 期(2013 年)。

林汉堂:《精神分析侦讯法之研究》,载《警学丛刊》第 22 卷第 4 期(1992 年)。

庄忠进:《表征型连续杀人案件之侦查》,载《警学丛刊》第 28 卷第 4 期(1998 年)。

罗时强、曾春侨:《台湾地区多重杀人犯之研究初探》,载《警学丛刊》第 36 卷第 3 期(2006 年)。

邱忠义:《财产来源不明罪与贪污所得拟制之评析》,载《月旦法学杂志》第 164 期(2009 年)。

许恒达:《不明财产来源说明义务与不自证己罪特权的冲突》,载《月旦裁判时报》第 83 期(2019 年)。

陈瑞仁:《展示性证据在法庭内之法律地位》,载《月旦裁判时报》第 108 期(2021 年)。

李名盛:《犯罪模式分析之研究》,我国台湾地区警察大学警政研究所 1997 年硕士学位论文。

二、外文类

(一)著作类

Brent E. Turvey, *Criminal Profiling*, San Diego Academic Press, 1999.

Holmes, R. M. & Holmes, *Profiling Violent Crimes: An Investigative Tool*, 3rd ed. , Sage Publications, 2002.

(二)论文类

L. E. Cohen & M. Felson, *Social Change and Crime Rate Trends: A Routine Activity Approach*, American Sociological Review, 1979(Vol. 44)

J. Amber Scherer, M. A. & John P. Jarvis, *Criminal Investigative Analysis: Practitioner Perspectives (Part One of Four)*, the FBI Law Enforcement Bulletin, June 2014.

John E. Douglas & Corinne Munn, *Violent Crime Scene Analysis: Modus Operandi, Signature, and Staging*, the FBI Law Enforcement Bulletin, February 1992.

John E. Douglas & Lauren K. Douglas, *Modus Operandi and the Signature Aspects of Violent Crime*, *Crime Classification Manual (Second Edition)*, John Wiley & Sons 2006.

Marina Sorochinski & C. Gabrielle Salfati, *The Consistency of Inconsistency in Serial Homicide: Patterns of Behavioral Change across Series*, Journal of Investigative Psychology and Offender Profiling 7 (2010).

Amy Burrell & Ray Bull, *A Preliminary Examination of Crime Analysts' views and Experiences of Comparative Case Analysis*, International Journal of Police Science & Management Volume 13 Number 1.

Cady & Elwyn L. Jr, *Objections to Demonstrative Evidence*, 32 Missouril Law Review(1967).

Jill Thijssen, Corine DE Ruiter, *Instrumentaland Expressive Violence in Belgian Homicide Perpetrators*, Journal of Investigative Psychology and Offender Profiling. 8 (2011).

Maureen A. Howard & Jeffery C. Barnum, *Bringing Demonstrative Evidence in from the Cold: The Academy's Role in Developing Model Rules*, 88 TEMP. L. REV. 513(Spring, 2016).

Kocsis, R. N. & Coleman, *The Unexplored Ethics of Criminal Psychological Profiling*, In Godwin, G. M. ed. , *Criminal Psychology and Forensic Technology: A Collaborative Approach to Effective Profiling*, CRC Press, 2001.